잃어버린 낙원, 원명원

잃어버린 낙원, 원명원

초판 1쇄 펴낸날 2015년 5월 26일

지은이 | 왕롱주
옮긴이 | 김승룡 · 이정선

펴낸이 | 박명권
펴낸곳 | 도서출판 한숲

편집 | 김정은
디자인 | 윤주열

출판신고 | 2013년 11월 5일 제2014-000232호
주소 | 서울시 서초구 서초대로 62 2층
전화 | 02) 521-4626
팩스 | 02) 521-4627
전자우편 | klam@chol.com

ISBN 979-11-951592-4-6 93610

:: 책값은 뒤표지에 있습니다.
:: 파본은 바꾸어 드립니다.

:: 이 도서의 국립중앙도서관 출판도서목록(CIP)은 서지정보유통지원시스템 홈페이지(http://seoji.nl.go.kr)와
국가자료공동목록시스템(http://www.nl.go.kr/kolisnet)에서 이용하실 수 있습니다(CIP 제어번호: CIP2015012622).

A Paradise Lost
The Imperial Garden Yuanming Yuan

황실 어원인 원명원의 흥망성쇠는 청조 제국사의 축소판이다. 그 흥기는 강희제가 중국을 세계 질서에 우뚝 세웠던
것과 병행한다. 원명원은 반세기 가량 끊임없이 조영되었고, 역사상 가장 웅장한 제왕 궁원이 되었다. 서구인들에게
이 거대 정원은 '지상 낙원'으로 비쳤다. 이 제왕 궁원은 하늘의 유성처럼 갑자기 지상에서 종적을 감추었다. 그러나
이 사라진 궁원에 대한 기억은 끈질기게 이어졌다.

왕룽주 지음 | **김승룡 · 이정선** 옮김

※일러두기

1. 이 책은 『追尋失落的圓明園 = A Paradise Lost: The Imperial Garden Yuanming Yuan』(英漢對照版, 北京: 外語教學與硏究出版社, 2010. 9)을 저본으로 하되, 『A Paradise Lost: The Imperial Garden Yuanming Yuan』 (Honolulu: University of Hawaii Press, 2001), 『追尋失落的圓明園』(鍾志恒 譯, 南京: 江蘇敎育出版社, 2005) 등을 대조하며 번역했다.

2. 본문의 중국 인명은 1911년을 경계로, 그 이전은 우리식 한자음으로 표기하고, 그 이후는 현대 중국음으로 표기했으며, 지명은 현대 중국음으로 표기했다. 그러나 가능하면 통용되는 사례를 따랐다. 단, 원명원과 '직접' 관련된 지명은 우리식 한자음으로 표기하여 독자의 이해를 돕고자 했다.

3. 본문만으로 읽을 수 있도록 주석이 필요한 내용을 본문 안에 녹여 내거나 ( ) 안에 담아냈다. 아울러 저자의 주석은 미주로 처리하여 참조하도록 했다.

4. 이 책은 학술성을 바탕으로 한 대중서다. 저자의 의도를 고려하면서 가능하면 관심 있는 현대 독자들이 이해할 수 있도록 우리말로 다듬었다.

한국의 독자들에게

이『잃어버린 낙원: 원명원』의 초판은 영문판『A Paradise Lost: The Imperial Garden Yuanming Yuan』으로 미국 하와이 대학교 출판사에서 2001년 출판되어, 그해 전미 학술도서관 평가 최우수학술서로 선정되었습니다. 중문본은 처음 타이페이 마이티엔麥田 출판사에서 2004년 출판되었고, 그 후 난징 장쑤교육江蘇敎育 출판사에서 2005년 간체판*으로 나왔습니다. 타이페이 마이티엔출판사

---

*이 책은 본래 영어로 씌었기에 영어식 어법과 사유에 따라 저술되었다. 이 책의 중국어 번역자는 영어를 중국어로 옮기는 과정에서 원래의 어법과 사유를 벗어나 온전한 중국어로 바꾸기 어려웠을 것이다. 처음부터 중국어로 썼다면 서술 방법은 물론 전체 구도가 달라졌을 것이다.

는 2007년 재판본을 내기도 했습니다. 원명원 소실 150주년이 되는 2010년 10월, 베이징 외국어교육과연구外語敎學與硏究 출판사는 영중판을 냈는데, 이 최종본에 의거해 한국어판이 번역되었습니다.

비록 한국어를 알지 못합니다만, 한국어판이 세상에 나온다는 사실에 무척 기쁩니다. 한국의 많은 독자들이 원명원에 대해 관심을 가지길 기대해 봅니다. 일찍이 원명원을 찾았던 외국인 가운데 조선인이 많았습니다. 청나라 정부의 공식 문서 이외에도 조선의 사신들이 남겨놓은 기록을 본서에서 인용한『연행록선집燕行錄選集』에서 확인할 수 있습니다. 원명원 흥망성쇠의 역사는 비록 시간이 많이 흘렀어도 중국인들에겐 여전히 가없는 그리움과 슬픔을 안겨줍니다. 황혼녘 원명원에 우두커니 있다 보면 끝없는 아득함에 빠져 셸리Percy B. Shelley의 다음 시구를 떠올리곤 했습니다.

폐허 이외에는 아무 것도 없나니,
사라져가는 돌기둥의 잔해 주위로
끝도 없이, 그리고 황량하게
외롭고 고요한 모래밭만 아득하여라.
Nothing besides the remains,
Round the decay of the colossal wreck
Boundless and bare
The lone and level sands stretch far away.

아름다운 원림이 외국 침략자들에게 무참히 파괴되었습니다. 그러나 침략자들은 뼈에 사무치는 이 고통을 이해할 수 없었습니다. 일찍이 외세에 능욕을 당했던 한국인들은 아마도 중국인의 심정을 공감하실 겁니다. 이 책을 읽고, 원명원의 흥망을 안타까워하다가 혹여 서글픈 마음도 가지리라 생각합니다.

이 책의 한국어 번역을 맡아준 부산대학교 한문학과 김승룡 선생과 부산대학교 교양교육원 이정선 선생은 일찍이 몇 권의 중국 책을 같이 번역한 바 있고, 번역 문체도 아름답고 유려합니다. 그들의 노고에 진심으로 감사드립니다. 아울러 이 자리를 빌려 한국의 벗들에게 인사를 드리는 한편, 가르침을 아끼지 마시길 부탁드립니다.

2015년 2월 17일

미국 캘리포니아 어바인에서

왕롱주

원명원 소실, 역사 기억에 관하여

『잃어버린 낙원: 원명원』은 영문본이 2001년 미국 하와이 대학교 출판사에서 처음 간행된 뒤로, 3년 후 타이페이 마이티엔 출판사에서 중문번체판으로 번역되어 나왔으며, 이듬해 난징 장쑤교육 출판사에서 중문간체판으로 간행되었습니다. 그리고 2007년에 다시 마이티엔 출판사에서 신판이 발간되었습니다. 오늘 일면식도 없었던 베이징 외국어교육과연구 출판사의 우하오吳浩 선생이 '원명원 소실 150주년' 즈음하여 이 책의 영중판 간행을 권유했습니다. 저는 흔쾌히 동의했고 그의 진심에 감격했습니다. 그리고 이렇게 서문을 쓰는 동안 남다른 행복마저 느끼고 있습니다.

중국 원림 예술은 수천 년의 역사를 갖고 있으며, 가장 높은 수준에 올랐을 때 원명원이 지어졌습니다. 그러나 원명원은 영국-프랑스 연합군에 의해 소실되었고, 동치제가 그 일부를 복구했으나 다시 8개국 연합군에 의해 훼손되었으며, 민국 이래로 거의 돌보는 사람 없이 방치된 채 끊임없이 파괴를 당했습니다. 그래서 유적지에서 눈으로 볼 수 있는 것이라고는 겨우 서양루 구역에 남은 몇몇 담장뿐입니다. 그 때문에 많은 사람들은 '서양루'가 바로 원명원이라고 오해하기까지 합니다. 한편 원명원을 중국의 베르사유 궁이라고 말하는 것도 큰 오해입니다. 사실 서양루는 원명원의 극히 일부분에 불과하며, 베르사유 궁을 모방한 해안당도 서양루의 작은 부분일 뿐입니다. 원명원 내 서양루의 설계와 건축도 모두 전문가의 손에서 나온 것은 아니어서 서양식 건축의 정수도 아니며 원명원 내 수많은 경관지점과 같이 거론될 수준도 아닙니다.

빅토르 위고Victor Hugo는 원명원에 가본 적이 없었습니다. 그러나 원명원의 파괴를 보면서 서양 문명의 패권과 폭력을 꾸짖기도 했습니다. 다원화된 서양 사회에는 이처럼 도덕적 분노를 터뜨리는 양심적인 지식인이 적지 않았지요. 미국의 문호 마크 트웨인Mark Twain은 '어둠 속에 앉아 있는 사람에게To the Person Sitting in Darkness'라는 글에서 8개국 연합군의 살상과 약탈을 성토하며, 문명을 자랑하던 서양인들의 야만스런 강도짓을 비판했습니다. 프랑스의 위고와 미국의 트웨인은 제국주의의 약탈을 '강도 행위'로 규정했습니다. 만일 8국 연합군이 두 번에 걸쳐 파괴하지 않았다면 원명원이 이처럼 폐

허가 되지는 않았을 것입니다.

150년의 빛나는 역사를 지닌 원명원은 오늘로 소실된 지 150년이 되었습니다. 지난 일을 떠올려보노라니, 이 아름다웠던 원림을 왜 잃어버리게 되었을까 궁금해졌습니다. 원명원을 훼손시킨 영국-프랑스 연합군을 불러들이고 서양과의 외교 문제를 야기한 데에는 서로 다른 체제 사이의 충돌이라는 문제가 놓여 있습니다. 서양은 로마 제국이 붕괴된 이후, 천여 년을 지내오면서 수많은 '열국列國', 즉 민족 국가들로 변해 버렸지만, 청나라는 의연히 중화 제국을 잇고 있었습니다. 중화 제국의 입장에서 보면, 황제가 상대를 무릎 꿇리는 것은 당연한 것이었지만, 서양인에게는 강제로 굴욕을 당하는 것이었습니다. 물론 청나라 황제가 세계정세에 어두웠다고 말할 수도 있겠지만, 그렇다고 황제가 외국인의 감정을 고려하느라 자신의 체제마저 파괴하는 것이 가능했겠습니까? 세상의 어떤 지도자도 자신의 체제를 무너뜨리면서까지 멀리서 온 손님을 만나지는 않을 것입니다. 서로 다른 체제가 부딪히면서 서로 양보하지 않으면 끝내 무력에 호소하게 되고, 패배한 체제는 어쩔 수 없이 새로운 체제를 받아들이게 됩니다. 이는 필연적인 대세이지요. 그 안에 있는 수많은 우연적인 요소들은 말할 가치도 없게 되어버립니다.

영국-프랑스 연합군이 베이징으로 침입하기 전에, 청조는 위협적인 분위기에서 영국과 난징조약을 맺었습니다. 이 조약을 맺은 뒤 십 수 년이 흐르자 영국은 더 많은 이익을 원했고, 새롭게 조약을 수정하고자 했습니다. 청나라 정부는 마뜩치 않았지만 받아들일 수밖에 없었습니다. 그러나 외국인이 조약을 맺기 위해 베이징으로 어떻게 들어올 것인가가 문제가 되었습니다. 영국 측은 청나라 정부가 지정한 길을 받아들이지 않았고, 게다가 수천의 군대까지 거느리기를 원했습니다. 이에 함풍제는 저들의 마음을 의심하게 되었고 결국 화의和議는 타결되지 않았습니다. 화의를 위해 치러야 할 비용은 계속 상승했고, 끝내 전쟁으로 승부를 낼 수밖에 없는 상황이 되었습니다. 프랑스는 선교사의 죽음을 빌미로 영국과 손을 잡았고, 이는 우연한 일처럼 보이지만 사실 빌미에 불과했습니다. 만일 거대한 이익이 개입되지 않았다면 우발적인 살인 사건 하나 때문에 군대를 동원할 수는 없었겠지요. 중국의 두 번째 굴욕은 군사 기술이 낙후한 데서 빚어진 필연적인 결과였습니다. 영국군 3,000명은 인도를 정복해 식민지로 만들었습니다. 이와 견주면 청조 군대는 거의 승산이 없어 보였습니다.

우리는 청나라 정부의 무능을 지나치게 견책할 필요는 없습니다. 오히려 서양 제국주의의 패권을 그냥 스쳐서는 곤란하겠지요. 청나라 정부는 압박을 받아 불평등조약을 맺었고 조약을 이행하지 않으면 안 되었습니다. 그러나 그 이행 과정에서 상대는 계속 몽니를 부렸습니다. 이를테면 영국인은 베이징으로 들어와 조약을 맺고자 했으면서도 청나라 정부가 지정해준 길을 따르지 않았으며, 억지로 다구 포대를 경유하고자 했습니다. 또한 대규모 군대를 거느리려 했으니 청나라 정부의 의심을 샀던 것은 당연한 일입니다.

이는 지금의 국제관례에도 어긋나는 일입니다.

영국은 19세기 최강국으로서 인도를 정복했습니다. 그런데 왜 중국 전체를 삼키려 하지 않았을까요? 제가 보기에 저들은 그럴 생각이 없었던 것이 아니라, 그렇게 할 수 없었던 것입니다. 청나라는 인도처럼 무르지 않았고 중앙에서 지방까지 짜임새 있는 정치 구조를 갖고 있었으며, 인구도 많고 토지도 광활하여 이를 정복한다는 것은 결코 용이한 일이 아니었습니다. 19세기 말 중국을 분할하려 했던 것도 사실 완전하게 이뤄지진 않았습니다. 사실상 영국-프랑스 연합군은 경제적 이익을 획득한 뒤 서둘러 조약을 맺고 군대를 철수시켰습니다. 곧 겨울이 찾아오면 보급도 곤란해져 시일을 끌다가는 변고가 생길 수 있었기 때문이겠지요. 공친왕도 외국군의 철수를 다급하게 여겨 저들이 원하는 조건을 아낌없이 맞춰주었던 탓에, 애초 관여하지 않았던 러시아조차 '중국-러시아 베이징조약'을 통해 막대한 토지를 얻었습니다.

평화회담이 결렬될 즈음, 파크스를 대표로 하는 대표단은 달아나려다가 붙잡혀 인질이 되었습니다. 인질로 붙잡히는 것은 서양에서도 흔한 일이었습니다. 서양인의 눈에 비친 중국의 감옥은 매우 비인도적이었습니다. 수감자들에 대한 학대가 비일비재했기 때문입니다. 그래서 파크스 등은 외국인에 대한 치외 법권을 요구했습니다. 허나 그들에게만 별도의 기준이 적용될 리 만무했죠. 영국-프랑스 연합군도 퉁저우通州의 장관을 붙잡았다가 자신들의 감옥에서 옥사시켰으며, 더욱이 무고한 백성들에게 비인도적 행위를 한 것은 말할 나위도 없습니다. 이자명은 베이징에서 연합군이 중국 부녀자들에게 모질게 대하는 것을 목격했고, 『오가독일기^{吳可讀日記}』에 그것들을 남겨놓았습니다. 전쟁은 사실 야만스럽습니다. 그러나 야만은 어느 한쪽만의 것은 아니요, 양자 모두의 것이었습니다.

이른바 포로를 학대하여 영국을 분노하게 한 것이 원명원 소실의 가장 주요한 원인은 아니었습니다. 단지 불에다 기름을 부었을 뿐입니다. 영국군 총사령관 엘긴은 함풍제가 원명원을 아주 사랑하고 있음을 발견했습니다. 그래서 그는 그곳에 불을 질러야 중국 황제를 마음 아프게 할 수 있으리라고 판단했습니다. 여기에 또 다른 이유도 있을 것입니다. 즉 불을 질러 파괴하기 이전에 이미 원명원 내의 좋은 물건은 하나같이 갈취했으니, 그 현장을 방화하여 스스로 저지른 약탈의 흔적을 없애고자 했던 것입니다. 이제껏 본적이 없었던 범죄 은닉의 기도였던 것입니다. 엘긴 따위의 사람들에게 역사상의 악명을 부여할 생각은 없습니다. 유가의 나라인 중국이라 하더라도 춘추필법^{春秋筆法}이 난신적자^{亂臣賊子}들을 두렵게 만들지는 못했습니다. 진정 저들이 두려워했다면 역사상 난신적자들은 출현하지 않았을 것입니다.

프랑스 작가 브리제^{Bernard Brizay}의 『1860, 원명원 소실^{Le Sac du palais d'Été: Seconde guerre de l'Opium, L'expédition anglo-française en Chine en 1860}』은 영국-프랑스 연합군이 베이징을 공격하여 원명원을 약탈하고 소실한 내용을 아주 상세하게 기록한 책으로 참고할 만한 가치가 있습니다. 그러

나 저자가 프랑스인이다 보니 프랑스의 편에 서서 원명원 소실의 책임을 영국인에게 미루고 있습니다. 프랑스 군대는 영국 군대보다 하루 늦게 원명원에 도착했고, 도착한 뒤 곧장 약탈하지는 않았습니다. 그러나 객관적으로 말하면 약탈은 영국과 프랑스가 같이 시작했고, 누가 더하고 덜했는지 굳이 나눌 것도 없습니다. 프랑스인이 원명원 방화에 찬성하지 않았던 것은 분명합니다. 그들은 이 평화로운 황가의 원림에 폭력을 가해서는 안 된다고 생각했습니다. 프랑스는 또한 진정으로 불태우려면 중국 정치의 중심인 자금성의 황궁을 불살라야 합당하다고 말했습니다. 그래서 빅토르 위고가 영국과 프랑스를 '강도'라고 말한 것은 옳습니다. 황궁을 불사르든 원명원을 불태우든, 이는 강도들 사이의 논쟁일 뿐인 것입니다. 공친왕은 베이징에 남아 화의를 주관하면서, 이미 완전히 저들에게 굴복한 채 재차 엘긴에게 원명원을 불태우지 말라고 요청했습니다. 하지만 이것이 오히려 원명원을 불사르고자 한 엘긴의 욕망을 돋우고 말았던 것입니다.

그런데 브리제가 원명원 소실이 중국인의 감정을 해쳤다고 말한 것은 한번 되돌아 볼만한 점이 있습니다. 지금까지도 적지 않은 중국인이든 외국인이든 다들 원명원은 황가의 정원일 뿐이며, 일반 백성들과 무슨 관계가 있느냐며 반문하곤 합니다. 그러나 이들은 원명원이 중국 문화의 축소판이요 실질적인 문화의 구현으로서, 이런 문화가 폭력적으로 소실되었다는 것은 중국인만의 아픔이 아니라 문화를 사랑하는 전 세계인들의 슬픔이라는 점을 간과하고 있습니다. 따라서 중국인의 입장에서 원명원이 외부의 폭력에 훼손된 일은 당연히 국가적 수치이며, 이를 통해 역사의식을 고취하는 것도 크게 비난할 일은 아닌 것입니다.

청나라 황실이 원명원의 상실을 두고 참으로 가슴 아파한 것은 굳이 말할 것도 없습니다. 함풍제가 러허熱河에서 젊은 나이로 요절한 것도 원명원의 소실과 무관하진 않습니다. 자희 태후와 동치제가 정치적, 경제적 압박을 개의치 않고 줄곧 원명원을 복구하려고 했던 것도 이해할 만한 일입니다. 중국의 일반 국민이 애도했던 마음도 진심이었습니다. 역사가 천인커陳寅恪의 조부인 진보잠陳寶箴은 베이징의 다루에서 하늘로 치솟는 짙은 연기를 보면서 원명원이 불에 타고 있음을 알고는 통곡해마지 않았고, 캉유웨이康有爲도 파리에서 원명원의 유물을 보다가 가슴이 미어졌습니다. 민국 이래로 수많은 정부 측 혹은 민간의 인사들이 원명원에 애도의 마음을 표했고 심지어 분노하기까지 했습니다. 최근 해외에서 활동하는 중국계 작가인 장춘잉張純瑛은 원명원 폐허를 둘러보다가 눈물을 흘리고는 이곳을 '중국의 통곡의 벽'이라고 불렀습니다. 150년간 중국인의 슬픈 마음은 줄곧 지속되어 왔습니다. 상심하며 애도하던 끝에 이성을 회복하면 하나의 생각이 또렷해집니다. '나라가 실력을 지니고 있지 않으면 모욕을 당한다!' 원명원이 조성되며 활기차던 150년은 '문명의 흥기興起'라고 말할 수 있습니다. 그러나 무력이 뒷받침을 해주지 못하자 이 '문명'의 운명은 나락으로 무참하게 떨어지고 말았습니다. 대국이 만일 경제적·군사적으로 흥기할 수 없다면, 또한 흥기의 기초를 갖고 있지 못하다면, 어떻게 문명이나 문화의 흥기를 말할 수 있겠습니까?

원명원의 상실을 아파한다고 하여 굳이 원명원을 중건하려고 힘쓸 필요는 없습니다. 저는 일찍부터 중건을 찬성하지 않았습니다. 중건한다 한들 그것은 진짜가 아니며, 더욱이 돈이 있다한들 제대로 복원할 솜씨가 없기 때문입니다. 주하이珠海에 만들어진 '신원명원'을 보면 차마 눈뜨고 볼 수 없을 정도입니다. 그래서 네티즌 72.1퍼센트가 원명원의 중건이나 복원에 찬성하지 않는다는 사실을 알고 기뻤습니다. 지금 급선무는 어떻게 원명원 유적을 잘 보존할 것인가입니다. 원명원은, 관광을 위한 상업적 색채를 가능하면 줄이고 유적지로서의 비장한 분위기를 유지해야 합니다.

역사의식을 지닌 중국인들이라면 다들 원명원의 유실된 문물을 되찾고자 합니다. 어떻게 정당하고 합법적으로 '국보'를 되찾을 수 있을지 모르겠습니다. 저 '국보'들은 부당하고 비합법적으로 약탈당했기 때문입니다. 그러나 역사를 기억하고 유적을 보호하는 것과 문물 회수는 별개의 일입니다. 역사 기억의 문제는 원명원의 역사를 기억하는 것을 가리킬 뿐만 아니라 '역사에 대한 무지'도 환기시킵니다. 오늘날 대다수의 사람들은 역사를 중시하지 않습니다. 특히 젊은이들은 역사에 관심이 없으며, 역사 지식도 갈수록 천박해지고 있습니다. 중국뿐만 아니라 전 세계가 마찬가지입니다. 우리는 역사를 주목해야 합니다. 사람들이 역사를 기억하는 것이 얼마나 중요한지 알기를 소망합니다. 또한 원명원을 소실했다고

해서 청나라의 역사 자체가 무의미하게 여겨지지 않기를 희망합니다. 청나라의 역사적 가치는 요컨대 진실에 있습니다. 진실의 역사로부터 교훈을 얻을 수 있는 것입니다.

이 영중판『잃어버린 낙원: 원명원』은 저의 영문 원고와 종즈형鍾志恒의 중문 번역을 하나로 엮은 것입니다. 출판사 인문사회과학부의 이루易璐 여사는 아주 열심히, 그리고 자세하게 편집 작업을 해주었습니다. 그녀는 눈에 띄지 않았던 착오와 오기까지 바로잡았고, 두 판본을 대조하면서 중국어까지 윤문하여 대륙 독자들이 읽기에 더욱 쉽도록 만들어 주었습니다. 덕분에 이 책은 아주 새로운 모습을 갖추었고 오류도 확연히 줄었습니다. 이에 진심으로 고마운 마음을 보냅니다.

2010년 8월 31일

미국 하와이에서

제왕의 궁원, 원명원

영문판 머리말

제가 원명원과 같은 제왕 궁원에 관심을 갖게 된 것은 1981년 여름부터였습니다. 그때 베이징 대학교 부근에서 원명원 유적지를 돌아보았지요. 그로부터 몇 년 동안, 원명원에 대한 저작과 논문을 찾아 읽었습니다. 1986년, 미국 버지니아 공과대학 및 주립대학교에서는 건축학과의 왕취王絆 교수와 함께 원명원을 주제로 대학원생을 위해 강의해 줄 것을 의뢰해왔습니다. 왕 교수와 함께 강의하며 토론하는 동안 배운 바가 많았습니다. 같은 해 여름, 다시 원명원을 찾을 기회를 얻었고, 또한 중국 제1역사문서고에서 사료들을 읽을 수 있었습니다. 중국 사회과학원 근대사연구소의 양텐스楊天石

교수는 정성껏 몇 백 건의 자료를 초록해 주었습니다. 이 자리를 빌려 고마운 마음을 표합니다.

이 제왕 궁원에 대한 호기심은 저에게 영감을 주었고, 끝내 이렇게 책을 쓰게 되었습니다. 책을 준비하던 어느 날, 왕 교수는 나에게 건축학과 대학원생인 위신바이郁欣白 선생을 소개해 주었습니다. 그는 원명원의 풍경을 생생한 삽화로 그려 주었지요. 이 두 분의 호의에 진심으로 고맙다는 말씀을 전합니다.

1980년대, 운 좋게도 베이징에서 첸종수錢鍾書(1910~1998) 교수를 만나 모두 네 차례에 걸쳐 대화를 나눌 수 있었습니다. 청나라 통치자와 그들의 궁원에 대한 그의 흥미롭고 박식한 논의를 들을 때마다 경건한 전율이 느껴지곤 했습니다. 이 훌륭한 학인과 만났던 시간을 영원히 잊지 못할 것입니다.

뉴사우스웨일스 대학교 역사학과 재로우Peter Zarrow(현재 타이완 중앙연구원 근대사연구소 부연구원) 교수에게도 고마움을 전합니다. 그는 1997년, 귀중한 시간을 내 이 책의 초고를 읽어주었고, 많은 제안과 격려를 해 주었습니다. 또 익명의 두 비평자가 제시한 의견도 감사합니다. 원고를 수정하는 마지막 단계에서 프린스턴 대학교의 나퀸Susan Naquin 교수는 본적도 없는 저의 질문에 톈진에서 이메일로 성실히 답해주었고, 또 파리의 티레Regine Thiriez 박사에게 대신 질문해 주었습니다. 그로 말미암아 원명원 소실에 대한 티레 박사의 책인 『야만인의 거울Barbarian Lens』을 제때에 읽고 도움을 받을 수 있었습니다. 1998년, 중싱 대학교中興大學校의 쑨뤄이孫若怡 박사는 갓 완성한 박사 논문의 사본을 보내주었습니다. 이 논문은 원명원 내 유럽식 건축 부분을 다루고 있어, 그 안의 유용한 자료로 원고를 보완할 수 있었습니다.

1998년 봄, 슝빙젠熊秉眞 박사의 초청으로 중앙연구원 근대사연구소에서 타이완 각 지역의 학자들에게 원명원에 대한 연구를 발표하는 기회를 가졌습니다. 1시간가량의 토론을 통해 많은 자극을 받을 수 있었습니다. 강연 내용은 논문으로 정리되어 슝빙젠 박사가 주관하는 논문집에 수록되었습니다.

또한 이 책의 출판에 열의를 보여준 하와이 대학교 출판사의 편집책임자 크로스비Patricia Crosby에게 고마운 마음을 전합니다. 또한 편집장 이케다Masako Ikeda, 교열 담당 스위시Robyn Sweesy의 도움에도 감사하다는 말을 하고 싶습니다. 이들은 이 책을 만드는 데에 열정적이었으며, 저는 이들과 함께 일하게 된 것을 행운으로 생각합니다. 끝으로 아내 루산이陸善儀가 이 책을 위해 그림과 지도를 그려주었습니다. 참으로 고맙습니다.

2000년 어느 겨울
미국 버지니아에서

원명원의 추억

옮긴이의 말

따스한 황량의 기억

2006년 가을, 우연히 우리의 손에 한 권의 책이 들어왔습니다. 『A Paradise Lost: The Imperial Garden Yuanming Yuan』란 제목의 책이었는데, 책장을 여는 순간 아, 하는 탄성이 절로 나고 말았습니다. 그곳이 바로 이곳이었나? 우리는 순간 서로의 눈을 보면서 추웠던 어느 날로 돌아가고 있었습니다.

1997년 겨울, 우리는 베이징 대학교 북쪽 끝에 있는 베이자오北招에 살고 있었지요. 베이징의 겨울은 몹시 추웠습니다. 바람에 섞인 얼음을 느끼기는 그때가 처음이었어요. 아주 추운 곳에서 살아본 경험이 없었던 탓에 하루하루가 밖으로 외출하기도 버거운 날들이었지요. 흙먼지 뿌연 칼바람이 잠잠해진 어느 날, 우리는 햇볕도 쬘 겸하여 숙소에서 가까운 공원에 가기로 했습니다. 베이자오의 뒷담 너머로 길 하나를 건너면 바로 원명원이었습니다. 인적도 드문 공원이 왜 눈에 들어왔는지 모르겠습니다. 퇴락한 고가에 들어가는 듯한 불쾌한 느낌이 들었지만 그래도 '유적'이지 않나 하는 이상한 의무감에 가보기로 했습니다. 우리는 그리 비싸지 않은 입장료에 뭔가 걱정스러운 얼굴로 서로를 바라보았어요. 입장료가 싸면 쌀수록 둘러 볼만한 것이 별로 없다는 것을 체험으로 알고 있었기 때문입니다.

역시나! 이렇게 황폐하기 그지없는 곳을 돈을 주고 들어왔다니! 흙으로 쌓아올린 듯한 둑(그게 가산假山이란 것은 나중에 알았습니다) 사이로 사람들이 흘러가고 있었습니다. 베이징은 어딜 가나 사람으로 가득하다지만 이곳조차 사람들이 넘치리라고는 생각치 못했습니다. 그들은 다들 손에 큼직한 연밥을 하나씩 들고서 그 안에 들어있는 씨앗을 빼먹고 있었습니다. 이곳의 유일한 먹거리였습니다. 흔한 매점 하나 없는 곳, 첫눈에 광활하다고 느낄 만큼 널찍한 곳, 군데군데 먼지가 쌓여있는 집채들, 호수라는 이름이 아까울 정도로 그저 저수지 같은 택지澤池들만 눈에 보였습니다. 꽃나무 하나 없이 누런빛만이 이곳을 뒤덮고 있었습니다.

한참을 걷다 살짝 지친 우리는 호숫가 의자에 몸을 앉혔습니다.

가만히 먼 곳을 응시하노라니 마른 버드나무 가지 사이로 붉은 해가 뉘엿하며 식어가고 있었습니다. 하루의 제몫을 다하고 쉴 곳을 찾아 돌아가는 석양의 붉은 기운이 물에 비치면서 묘한 편안함을 주었습니다. 햇볕을 담아낸 듯한 함양涵陽의 호숫가에는 말라 꺾어져 그대로 풍경이 되어 버린 갈대들이 흔들리고 있었습니다. 문득 저무는 황량이 따스하게 느껴졌습니다. 알 수 없는 노릇이었습니다. 다시금 불어대는 얼음바람에 오래앉아 있을 수는 없었고, 이내 우리는 걸음을 재촉해 숙소로 돌아왔지요. 잠깐의 외출이 안겨준 저무는 풍경들, 뜻밖의 경관은 극히 인상적이었지만 우리는 곧 원명원을 잊었습니다.

왕롱주와의 인연

수많은 공간과 시간이 우리 주위를 선회하고 있습니다. 그러다 우연한 기회에 특정한 공간과 시간이 우리와 인연을 맺고, 그것은 우리의 삶을 이뤄가지요. 뜻하지 않게 기억난 추억이 인생을 바꿔놓는 일도 허다하다고 합니다. 어쩌면 지금 이 순간도 또 하나의 삶의 변전의 기회가 아닐까요? 지금은 알 수 없습니다.

한동안 잊고 있었던 기억을 일깨워준 책, 『A Paradise Lost: The Imperial Garden Yuanming Yuan』의 저자인 왕롱주汪榮祖 교수는 중국 안후이安徽 징더旌德 출신으로 1940년 상하이에서 태어났고, 타이완에서 성장해 타이완 대학교를 나온 뒤 미국 오리 건 대학교에서 석사 학위를, 시애틀 워싱턴 대학교에서 박사 학 위를 취득하고 버지니아 대학교의 사학과 교수를 지냈습니다. 지 금은 버지니아 대학교의 명예교수로서 타이완 중앙대학교 인문 연구센터 주임이자 중앙연구원 자문위원으로 있습니다. 저서로 『역사가 천인커 평전史家陳寅恪傳』,『캉유웨이와 장빙린을 논하다康章合 論』,『역사전기 개론史傳通說』,『세계를 향한 좌절: 곽숭도와 도광ㆍ함 풍ㆍ동치ㆍ광서 시대走向世界的挫折: 郭嵩燾與道咸同光時代』,『학림만보學林漫步』, 『시정사의詩情史意』,『역사학 9장史學九章』,『내셔널리즘 탐색: 장빙린章炳 麟과 혁명 중국Search for Nationalism: Zhang Binglin and Revolutionary China』등 10여 종 이 있습니다.

수년 전, 완성수위안萬聖書院의 신간 코너에서 서서 읽었던 책이 『학림만보』였습니다. 굳이 찾아 읽었던 것은 아니고 책 제목이 좋 아서 집어 들었던 것인데 마침 그 안에 한국의 황우석 박사 열풍에 대한 날카로운 비판이 있었던 것이 기억납니다. 중국인이 한국을 바라보는 시선이 늘 우호적인 것만은 아니기에 다소 불편하게 읽 었지만, 지금 생각해보면 가십으로 처리하지 않고 진지하게 살펴 본 역사가로서의 성실함이 그렇게 쓰도록 만들지 않았을까 싶습니 다. 그를 한 번도 본 적은 없습니다만 이래저래 그와의 인연은 어디 선가 닿고 있었던 것이지요. 이 책의 번역을 위해 나눈 대화에서도 그의 어투는 강단 있는 학자의 목소리였고 주관이 또렷한 목소리 였습니다. 여하튼 그로 인해 우리는 추억을 떠올리며 또 하나의 세계로 들어가게 되었습니다.

고전의 비장미

언젠가부터 우리에게 배달되는 책자 가운데 골동 경매와 관련된 것이 있습니다. 책자 속 이미지를 확인하다보면 문득 제가 그시대 어름에 있는 듯한 느낌을 받습니다. 더구나 내가 이젠 그것을 알아보는구나 하는 생각이 들면 어느새 내가 품격 있는 위치에 올라왔다는 착각에 빠지곤 합니다. '지금'과 다른 '옛날'이 주는 판타지는 특히 고전을 공부하는 우리에겐 떨쳐버릴 수 없는 유혹인 것이지요. 그래서 다소 의식적으로 고전풍을 좋아하고 손때 묻은 것을 환호하는 척하며, 희귀하다는 골동품이나 서책에 아낌없이 돈을 쏟아 붓기도 합니다. 지금도 고전을 공부하고 골동을 수집하며 옛 그림이나 글씨를 본뜨는 것, 그리고 옛 유적지를 떠도는 것이 혹여 그런 판타지에 기인한 것은 아닐까 하는 의문을 가져봅니다.

그러나 자본주의 사회에서 고급스런 상품으로 소비되는 고전을 볼 때면 고전을 공부하는 우리로서는 마뜩하지 않습니다. 우리의 공부가 공장의 기계로, 공부한 성과가 상품으로 전락한 느낌을 주기 때문입니다. 사실 골동품 경매 책자 속 고물들 곁엔 가격이 매겨져 있지요. 마치 우리들에게 가격이 매겨져 있는 것처럼. 자본의 시대를 살아가는 한 거부하기 어려운 일이겠지만 공부의 초심과 지향만이라도 늘 자본과의 긴장을 늦추지 말아야 한다고 다짐을 해봅니다.

　이 책은 우리의 다짐이 그다지 어긋난 일이 아니었음을 일깨워 주었습니다. '원명원'을 직접 가본 우리는 쇠락한 황폐미(이것도 '미美' 가 될 수 있는지는 확신하지 못합니다만) 이상을 느끼지 못했습니다. 수년 전 다시 찾았던 원명원도 베이징올림픽을 대비해 더 단장되었지만, 그 느낌은 그대로였습니다. 오늘 다시 찾는다 해도 이화원을 다녀갔을 때의 느낌보단 못할 것입니다. 그런데 문제는 그 유적에게 있지 않았음을 알게 되었습니다. 그곳을 바라보는 우리의 눈과 마음이 문제였지요. 왕롱주 역시 이를 힘주어 말합니다. 그는 원명원이 관광지가 되기를 원하지 않았습니다. 자신이 이렇게 흩어진 자료를 주워 모아 원명원의 옛 모습을 복원하고 그 내력을 하나하나 되짚는 것은 그것을 칭송하거나 상품으로 만들기를 원해서가 아니라고 했습니다. 그 이유는 바로 그곳이 그때 거기에 있었건만 이를 스쳐가면서도 알아보지 않는, 아니 못하는 이들에게 그곳이 '살아있음'을 말하려는 것이었습니다. 원명원은 태어난 뒤로 그 자리에 있었고 자신의 자리를 내어주고 자신의 것을 남김없이 빼앗겼지만, 끝내 누구도 알아주지 않는 그저 그런 곳이 되어 있음에 마음아파 했습니다. 역사란 그런 것이었습니다. 비록 그 당시는 알아주지 않아도 지금을 있도록 한 것이 바로 자신이었음을 묵묵히 허나 뚜렷하게 보여주는 것이었습니다. 희한하게도 훗날

의미 있는 역사는 그 당시에 잘 드러나지 않습니다. 기묘한 일입니다. 그래서일까요? 역사는 비장과 비극을 주된 정감으로 갖습니다. 미완의 혹은 미지의 더러는 미결의 그리고 패망하여 소실되는 비극적 운명을 살기 때문이지요. 그래서 우리는 저자가 말했듯이 비장미가 남아있는 원명원, 그런 역사로 남아있기를 원한다는 말에 동의합니다.

건축에 서린 역사, 그리고 사람들

이 책은 크게 두 부분으로 되어 있습니다. 하나는 건축이고, 다른 하나는 역사입니다. 하나의 물상을 복원하기 위해서는 지난 날 모습을 재구성하는 것이 필요합니다. 현재로는 흔적만 남아있는 터라 어떻게 생겼는지에 대한 이미지를 회복하지 않으면 아무리 그것이 생로병사를 거치고 있다 해도 실감이 나지 않기 때문입니다. 저자는 '건축'이라는 다소 무미건조한 제목으로 원명원의 이모저모를 훑고 있지만, 이는 무에서 유를 찾아가는 과정이었습니다. 저자의 목소리를 좇아 지도와 그림을 참조하면서 하나씩 더듬어 가는 동안, 어느새 원명원은 옛날 있었던 유적이 아니라 지금 내 눈앞에 생생하게 서 있는 현실이 되었습니다. 이 책을 읽는 독자들도 글만 따라오지 말고 지도와 그림을 참조하면서 상상의 길을 따라오시길 권합니다.

특히 『원명원40경도영圓明園四十景圖詠』과 이 책에 실린 각종 스케치들을 보노라면 원명원의 거대한 규모와 아름다운 경관이 그 모습을 드러낼 것입니다. 이 책의 번역을 준비하면서 우리는 베이징 대학교 앞 투수청圖書城의 한 서점 2층 귀퉁이에서 『원명원』*을 구했습니다. 공항으로 출발하기 5분 전에 눈에 띄어 구입했던 책인데 그 안에 중국인들의 원명원에 대한 애정이 오롯하게 담겨 있습니다. 원명원의 보존을 제안한 최초 발기문을 비롯해 발굴하면서 수시로 작성된 원명원 실측도 및 옛 자료들은 뒷날 저자 왕룽주가 원명원 내 주요 경관지점들의 스케치를 그릴 수 있었던 바탕이 되었습니다. 『원명원40경도영』의 유래에 대해서는 본문에도 잘 나와 있지만 건륭제 연간 거의 십여 년에 걸쳐 만들어진 그림들로서, 원본은 현재 파리국가도서관에 소장되어 있습니다. 원명원의 소실과 약탈의 증거인 셈이지요.

원명원은 '최초 원명원'(저자는 '원명원 본원'이라고 부릅니다)에서 장춘원, 기춘원 등을 확장하여 지금의 규모가 되었습니다. 현재 원명원의 정문을 들어서면 만나는 첫 번째 원림이 기춘원이고, 기춘원을 지나 서쪽의 커다란 호수, 즉 복해를 안고 둘러선 원림이 최초의 원명원이며, 그로부터 동쪽으로 옮아가 이른바 유럽식 건축군이 있는 원림이 장춘원입니다. 장춘원의 동쪽문, 즉 대동문을 나서면 바로 길 건너편에 칭화 대학교의 서문이 서 있습니다. 그리로 가면 칭화 대학

---

* 중국원명원학회(中國圓明園學會) 편, 『원명원(圓明園)』,(1~5집), 건축공업출판사(建築工業出版社), 1981~1992.

교의 고풍스런 캠퍼스가 펼쳐지지요. 원명원 정문에서 남쪽으로 길을 건너면 베이징 대학교 북쪽 담벼락입니다. 십여 년 전에는 작은 마을이 있었는데 지금은 과학기술단지가 들어서서 베이징 대학교에 편입되어 있습니다. 원명원의 남쪽과 서쪽이 모두 대학으로 둘러져 있는 것이지요. 베이징 대학교 서문 앞을 창춘원이라고 부르는데, 그곳이 바로 강희제가 살았던 곳입니다. 강희제는 옹정제에게 '최초 원명원'을 내려주었고, 옹정제는 이를 바탕으로 지금과 같은 거대한 원림을 조영하기 시작했던 것입니다. 창춘원은 현재 베이징 대학교 서문 건너편의 기숙사촌과 식당가 이름으로 기억되고 있습니다.

이 책의 제1부는 하드웨어적 탐색이고, 제2부는 원명원 내에서 이뤄진 사람들과 원명원 자체의 삶을 들여다보는 소프트웨어적 서술로 이뤄져 있습니다. 그래서 1부를 읽으면 사실 건조합니다만 꾹 참고 2부에 들어서면 촉촉한 느낌을 받을 수 있습니다. 원명원이 제왕의 궁원으로 성장했다가 아편전쟁의 와중에 영국-프랑스 연합군에 의해 소실되어 스러지는 장면을 청조의 융성 및 패망과 오버랩하면서, 저자는 원명원의 뒷그림자에 청조의 역사를 어른거리도록 만들었습니다. 역사가다운 서술입니다. 또한 각종 문헌 자료를 총체적으로 다루며 원명원 내 제왕^(건륭제)의 일상을 재구성하고 원내 조직과 역할을 보여줌으로써 원림이 그저 휴양의 공간이 아니라 청조 정치의 심장부였음을 복원시켜 놓았지요. 저자에 의하면 원명원은 청조의 제왕들의 주거 공간이면서도 정치 공간이었습니다. 아울러 자금성보다 원명원을 더 아꼈을 것이라고 추측합니다. 그곳이 끝내 유럽의 열강들의 손에 불살라졌고, 이는 사라지는 청조의 운명과 같았던 것이지요. 그러나 문제는 그것으로 끝나지 않았습니다. 청조를 뒤이은 민국정부, 나아가 신중국이 건설된 시기에도 원명원은 끊임없이 착취당하고 빼앗겨 지금과 같은 황량한 공원이 되었다고 했습니다. 원명원 약탈은 1970년대 원명원 복원의 움직임이 시작되고서야 멈추게 됩니다. 그리고 21세기가 되면 새로운 방식의 착취가 이뤄지는 바, 바로 자본주의적 상품화가 그것입니다. 원명원 근처에 '원명원'이라는 이름이 붙은 빌라가 생기고, 주하이珠海에는 홍콩 자본에 의해 짝퉁 '신원명원'이 생겼으며, 더욱 마음 아프게도 원명원이 '복원'되는 과정에서 급기야 '왜곡되어'가고 있었습니다. 저자가 영중판 머리말에서 강하게 비판했듯이 설령 복원한들 그것은 가짜일 것이요, 복원할 돈이 있다 해도 과연 예전의 모습대로 '재현'할 수 있는 솜씨가 있겠습니까? 어차피 진짜가 아니라면 더 이상 잘못된 덧칠은 그만두고, 지금 있는 모습을 그대로 유지하며 비장미라도 보존해야 하지 않겠는지요? 이렇게 저자는 영원히 원명원을 되찾지 못할 것이라며 상심합니다. 아, 잃어버린 낙원이여!

조선인의 기억들

다시 옛 기억 하나를 더듬어 봅니다. 베이징을 방문했던 조선의 사신들도 원명원에 대한 기록을 남겨둔 것이 있습니다. 그들의 기행록을 흔히 '연행록燕行錄'이라고 부릅니다. 정치적으로는 '조천록朝天錄'이란 말이 맞을 텐데, 청조를 비하하여 '연행'이라고 이름을 붙였다고 합니다. 저자도 한국에서 간행된 『연행록선집』*을 인용하며 조선의 사신에 대하여 언급하고 있지요. 이 책을 읽을 분들에게 원명원을 앞서 다녀간 조선의 지식인들의 눈과 기록이 참고가 될지 몰라 그 기억의 편린을 한두 가지 적어놓습니다. 그들의 기억에 췌언을 붙이지 않겠습니다.

멀리서 바라본 원명원

원명원은 창춘원 서쪽 10리에 있다. 옹정제의 이궁으로 건륭제도 때때로 거둥한다. 강희제가 천하를 다스린 60년 동안 검약하게 살았다는 것을 창춘원에서 볼 수 있었다. 그 뒤를 이은 황제들은 그 법도를 지키지 않고 별원別園을 세웠으니 어느새 선황의 마음을 저버렸다. 그 규모가 사치하고 거대하기가 십 배를 넘는데도 건륭제가 다시 보수해 황성의 궁궐보다 더욱 화려하다. 강희제가 검소하게 도성 밖에 거주했던 뜻은 어디에 있느뇨?

---

* 성균관대학교, 대동문화연구원 편, 『연행록선집(燕行錄選集)』, 1960.

○ (1776년) 2월 23일. 황제가 동릉으로 납신다는 소식에 그냥 서직문을 나와 창춘원을 거쳐 서쪽으로 원명원까지 갔다. 정문 밖에 석사자 한 쌍이 서 있는데 높이가 두 길 가량이었다. 그 앞으로 수백 보에 붉은 책목을 세워 사람의 출입을 막고 있었다. 멀리서 바라보니 창을 들고 칼을 찬 사람들이 길 양쪽으로 삼삼오오 도열한 채 아주 엄숙했다. 문 왼편으로 높은 전각이 즐비한데 문무관의 공청들이었고 울긋불긋한 담장과 벽들은 도관이나 절이었다. 책문 밖으로 치도^{馳道}가 남으로 서산까지 통하고, 치도 동쪽으로 사방 수백 보 되는 넓은 호수가 있다. 그때 얼음이 갓 풀렸고 수면은 거울 같아서 호수 동쪽의 정자나 누각들이 물에 거꾸로 비쳤다. 제방을 따라가며 바라보니 관청이며 사가들의 단청이 새로 칠한 듯이 찬란했다. 도성에선 볼 수 없는 것이었다. 원명원 내 대사^{臺榭}들이 얼마나 크고 화려할지 상상이 된다.*

원명원에서 창춘원까지

26일^(갑진). 원명원에서 황성까지 어도^{御道}는 석판으로 포장되어 있는데, 폭이 3칸 가량이었고 길 좌우로 채붕^{綵棚}이 이어졌으며 기이한 바위나 나무, 화각이며 패루가 형형색색으로 이루 다 지적할 수 없을 정도였다. 러허^{熱河}에 비하면 거의 백 배나 화려하다. 구경하는 남녀가 길을 메웠고 수레도 서로 부딪치며 말은 앞으로 나갈 수 없었다. 진정 천하의 장관이었다. 원명원은 옹정제가 저하로 있을 때 강희제가 하사했다. 도성 서직문 밖 20리에 있으며, 남쪽으로 하이뎬과는 8리 떨어져 있다. 둘레는 20리로 동문, 서문, 남문이 각각 3칸씩 있다. 문 앞 좌우에 석사자가 안치되어있고 그 앞에 거마목拒馬木을 세웠는데 '차叉'자 모양으로 붉게 칠했다. 남문의 편액에 '원명원'이라고 씌어 있는데 옹정제의 필치이다. 남문 거마목 밖으로 동서쪽에 각각 연못이 있는데 가로세로가 수백 보 가량이다. 남쪽은 석판을 깐 황도皇道이고, 연못의 양편은 모두 저자이다. 연못을 지나면서 길은 동쪽으로 꺾이는데 좌우가 죄다 시전市廛이다. 왕공 대신들의 정사亭榭와 관묘關廟, 불전佛殿이 서지西池의 남쪽에 많다. 채색 기와와 예쁜 담장이 10리나 이어지면 하이덴 창춘원에 이른다.[*]

원명원의 잔치에서 벌어진 놀이들

원명원은 창춘원 북쪽에 있다. 옹정제의 잠저潛邸이며 등극 후에는 피서하던 곳이다. 둘레는 10리인데 동서가 길고 남북이 짧으며 숲이 우거졌다. 정전은 '정대광명전正大光明殿'으로 2층 전각에 넓게 트였으며 단청이 눈부시다. 황제는 이곳에서 외국 사신들에게 잔치를 열어 잡희를 베풀어주었다. 가목架木 두 개를 뜰에다 세운 뒤 큰 북 하나를 높이 걸고는 그 아래 끈에 불을 놓아서 북이 절로 떨어지도록 하는데, 까막까치며 솔개 등 갖가지 새들이 갑자기 북 속에서 날아 나오며 온 하늘과 뜰을 뒤덮는다. 이것을 방생연放生宴이라고 한다.

---

[*] 홍대용(洪大容), 『담헌서(湛軒書)』 외집(外集) 권9, 연기(燕記), 「원명원」, 1765.
[*] 서호수(徐浩修), 『연행기(燕行紀)』, 「러허에서 원명원까지(起熱河至圓明園)」, 1790. 7. 26.

이튿날은 산고수장각山高水長閣에서 잔치를 열었다. 그곳은 기둥이 12개에 2층으로 침향목으로 난간을 둘렀다. 마당 안도 마치 푸른 병풍처럼 난간을 둘렀다. 갑자기 포 소리가 안에서 나더니 황제가 누각으로 나오고, 채찍이 울리며 대오를 정돈한 뒤 잡희를 벌였다. 어떤 사람이 깃털을 모자에 꽂고 등에는 그림 방패를 지고 춤추니, 이것을 간우무干羽舞라고 한다. 다시 서너길 높이로 가목 두 개를 세우고 사다리모양의 가름대를 둔 뒤 맨 위층 가름대 양쪽 끝에 각각 또 작은 가름대를 설치해놓고 위아래로 움직이길 마치 추기樞機가 돌아가듯 했다. 위층의 네 곳에 가름대를 만들고는 색동옷 입은 동자 여덟이 검은 다팔머리를 늘어뜨리며 가름대 끝에 섰다. 하나가 올라가면 하나가 내려오고, 하나가 내려오면 하나가 올라가면서 잇따라 공중을 날아다녔다. 이는 '서양 그네'라고 하는데, 이름은 '홀유유忽悠悠'이다. 그리고 희대戲臺를 지붕과 같이 높이 만들고 기화요초를 그 위에 늘어놓은 뒤 비단을 오려서 꽃을 만들고 구슬을 꿰어 과일을 만들어서 금보장錦步障을 펼쳐놓았다. 잡희를 하는 이들은 모두 수의를 입었는데 옷을 바꿔 입으며 번갈아 드나드는 자가 거의 천 명 남짓했다. 생황이며 퉁소, 피리들, 종경鐘磬과 금슬 등이 모두 연주되었다. 사람들은 저마다 금색으로 글자가 쓰인 판을 들고 있었는데 이를 합하면 '도광만년복수道光萬年福壽'가 되었다. 또 가화우선무假花羽扇舞, 씨름, 사자무獅子舞, 홍봉환축紅棒環逐 등의 놀이가 차례로 펼쳐진 뒤 곧 마무리되었다. 산고수장각의 위층의 창은 모두 커다란 유리를 끼웠는데 울긋불긋한 모습이 안에서 어른댔다. 통관이 말하기를, '황후와 비빈들이 안에서 본다'고 한다. 날이 어두워지자 등불놀이를 했다.*

원명원 가는 길, 그리고 박지원의 논평

(1883년 1월) 14일. 아침은 흐리고 늦게 맑음. 관소를 떠나 40리를 가서 원명원에 이르러 잤다. 황제는 원명원에서 대보름놀이를 열어 각국 사신들을 참석시켰으니, 이 또한 상례였다.

○ 〈원명원기〉는 다음과 같다. "대종사의 승려와 헤어진 뒤 길을 나서 원명원에 이르렀다. 이곳은 덕승문에서 40리 가량 떨어져있다. 길가는 조선의 동교나 서교와 비슷하다. 원명원은 서산 자락에 있어서 혹자는 '서산'이라고도 부른다. 옹정제의 이궁이다. 창춘원에 비해 더 크고 사치스럽다. 정문 앞에 석사자를 세웠고 길 좌우로 높은 층층집이 연이었으며 황제 거둥시 대신들의 관사로 이용되었다. 동쪽 담장 밖에 붉게 칠한 울타리를 세웠고 그 밖에 호수를 두었는데 둘레는 몇 리쯤으로 제방은 돌로 쌓았다. … 울타리 안으로 화려한 누각과 층층 정자가 많고 우거진 숲 사이로 은은히 비치는데 사람들의 출입은 금지되었다. 주기酒旗가 4, 5리를 이어있다.

박지원의 『열하일기』에 "강희제는 천하를 60년 동안 다스리면서 검소하게 지냈지만 그 뒤 임금들은 그를 따르지 않고 별원을 세웠으니 이미 선황의 마음을 잃었다. 원명원의 규모는 창춘원의 10배에 사치스럽기 그지없는데 건륭제가 더욱 꾸며서 화려하기가 황성보다 지나

---

* 박사호(朴思浩), 『심전고(心田稿)』 권2, 유관잡록(留館雜錄), 「원명원기」, 1828.

치다"고 한 것은 적절한 논평이다.[*]

에필로그: 원명원, 따스한 마음을 품다

수년 전부터 아니 가깝게 작년 어느 날에도 소더비 경매에 원명원 유물이 나온 적이 있었습니다. 그때마다 중국 정부는 강탈당한 유물이라며 경매에 나온 물건을 회수하고자 했고, 결국 그 물건의 경매는 흐지부지되고 말았습니다. 아마도 경매에 출품한 사람이 장물이라는 낙인과 중국인들의 원성이 두려워 출품을 포기한 듯했습니다(어쩌면 소문 없이 경매가 진행되었는지도 모를 일이지요). 어떤 화교는 서양루의 십이지신상만 세상에 나오면 큰돈을 들여서 구입한 뒤 중국에 환원하곤 한다는 소식도 들립니다. 우리가 접하는 원명원은 이렇게 소비되고 있었습니다.

따지고 보면 우리의 역사 유적, 유물도 별반 다르지 않지요. 하나의 오래된 물상으로서 어느새 물신화되어 자본으로 소비되는 역사들! 그곳에서 사람의 향기를 맡기란 쉽지 않은 일입니다. 혹시 담양의 소쇄원을 갔을 때 그곳의 광풍정에 누워 자고 있던 선비를 본 일이 있는지요? 경주 남산을 다니다가 바윗돌에서 불심을 읽어내며 부처를 새겨 넣던 석공의 눈빛을 바라본 적은 있나요? 아니 경

---

[*] 김경선(金景善), 『연원직지(燕轅直指)』 5, 「유관록(留館錄) 하」, 1882.

복궁의 경회루를 마주한 채 사진을 찍으면서 그곳에서 유흥을 즐기던 구한말 귀족들의 모습을 목격했던 적이 있는가요?

우리는 늘상 사람과 무관한 역사가 의미 없는 것이라고 되뇌고 있지만 실제로는 그저 물신화된 돈으로 된 역사만 찾아다니고 있는지 모를 일입니다. 아담한 도산서당을 서실 삼아 공부하고 제자를 키우던 이황이 지금의 화려하고 웅장해진 도산서원을 보면 과연 내가 살던 곳이라고 할까요? 사실 역사의 왜곡과 파괴는 현대인만이 저지르는 것은 아닙니다. 옛날부터 확장과 복원의 욕망은 왜곡과 파괴를 낳았고, 이는 또 하나의 권력이 되어서 끝내 원래 모습과 의미를 퇴색시켜 대체해 버리고 말았지요. 낯 뜨겁게도 고전을 공부하고 가르치는 우리들 역시 그런 오만한 행위에 동참하고 있지 않은지 되물어봅니다. 고전을 소재로 한 수많은 저작물들, 문화 콘텐츠라 불리는 가공물들, 돈을 벌기 위해 만들어지는 고전 강의들, 그런 상품화에 우리는 어떤 얼굴로 어떤 목소리를 내고 있는지요?

우리는 고전을 사랑합니다. 고전이 주는 지혜가 미래의 삶에 보탬이 되기를 진심으로 원합니다. 젊은이들이 고전 속에서 미래를 읽을 수 있는 아름다운 사회도 꿈꾸고 있습니다. 소박한 우리의 소망이 부디 자본에 종속되지 않고 자율적이고 독립적인 공부가 되고, 역사를 사람으로 기억하는 그런 향기로운 세상이 되기를 희망합니다. 아울러 이 책이 비록 중국의 원명원에 바쳐진 헌사이지만, 다시 우리의 삶을 돌아보는 그런 뜻 깊은 책이 되기를 기대해

봅니다.

어느새 한낮의 태양은 식으면서 다시 눈으로 붉은 황혼 빛이 들어옵니다. 아, 이제야 원명원의 황혼이 왜 따스한 느낌인지를 알았습니다. 처연한, 쇠락한 황량이 주는 따스함은 그 안에 사람들의 아픔과 기쁨, 성냄과 슬픔을 담아낸, 그리하여 한층 더 성숙한 마음을 담고 있기 때문이었습니다. 뼛속 아린 고통과 성난 분노를 안으로 삭였기에 뜨거운 햇볕을 가라앉힐 수 있었던 것이지요. 따스한 마음을 품은 원명원! 그를 이해하게 되었으니 우리도 전보다 조금은 성숙해진 것은 아닐는지요?

끝으로 이 책이 세상에 나오도록 도와준 분들에게 고마운 마음을 전하고자 합니다. 먼저 이 책을 소개하고 번역을 권해주었던 이요성 님에게 애틋한 고마움을 드립니다. 또한 어려운 출판 현실에도 기꺼운 마음으로 받아준 한숲, 그 이름만큼이나 '큰숲'이었습니다. 그리고 이 책을 곱게 만들어준 김정은 님에게 더욱 감사의 뜻을 전합니다. 특히 중국책의 번역어가 일반 대중에게 얼마나 낯선 것인지를 일깨워주고, 더욱 아름다운 우리말로 다듬도록 도와주었지요. 아울러 편지 한 통으로 아무 조건 없이 번역을 수락해 준 왕룽주 교수님께도 고마운 마음을 드립니다. 그리고 오래된 의리를 잊지 않고 중국 출판사와 연결해준 베이징 대학교의 왕단王丹 교수님에게도 깊은 우의를 표합니다. 마지막으로 번역 작업에 매달린 우리를 말없이 곁에서 응원해주며 자신을 스스로 성장시킨 두 딸들에게 미안한 마음을 전합니다. 늘 그렇듯이 하나의 일을 마무리하기까지 우리를 둘러싼 수많은 이들의 헌신과 보우가 뒤따랐습니다. 고맙습니다.

2015년 2월 14일

햇살 밝은 선원璿苑에서

김승룡 · 이정선

원명원의 흥망성쇠

황실 어원^{御園}인 원명원^{圓明園}의 흥망성쇠는 청조 제국사의 축소판이다. 그 흥기는 강희제^{康熙帝(재위 기간 1662~1722)}가 중국을 세계 질서에 우뚝 세웠던 것과 병행한다. 원명원은 반세기 가량 끊임없이 조영되었고, 역사상 가장 웅장한 제왕 궁원^{宮苑}이 되었다. 이른바 중국의 보배였다. 이 거대 정원은 프랑스 선교사 왕치성^{王致誠(Jean-Denis Attiret, 1702~1768)}의 눈에 '지상 낙원^{a veritable paradise on earth}'으로 비쳤다.

'원명^{圓明}'은 '원만하게 널리 비추다'는 뜻으로 완벽하게 아름다우며 진정으로 선한 경지를 의미한다. 사실은 불교 용어다. 당나라 승려였던 현장^{玄奘(600~664)}은, 섬부주^{瞻部洲}에 사는 석가족^{釋迦族} 정반왕^淨

원명원의 흥망성쇠

황실 어원(御園)인 원명원(圓明園)의 흥망성쇠는 청조 제국사의 축소판이다. 그 흥기는 강희제(康熙帝, 재위 기간 1662~1722)가 중국을 세계 질서에 우뚝 세웠던 것과 병행한다. 원명원은 반세기 가량 끊임없이 조영되었고, 역사상 가장 웅장한 제왕 궁원(宮苑)이 되었다. 이른바 중국의 보배였다. 이 거대 정원은 프랑스 선교사 왕치성(王致誠, Jean-Denis Attiret, 1702~1768)의 눈에 '지상 낙원(a veritable paradise on earth)'으로 비쳤다.

'원명(圓明)'은 '원만하게 널리 비추다'는 뜻으로 완벽하게 아름다우며 진정으로 선한 경지를 의미한다. 사실은 불교 용어다. 당나라 승려였던 현장(玄奘, 600~664)은, 섬부주(瞻部洲)에 사는 석가족(釋迦族) 정반왕(淨

飯王의 첫 번째 부인이 태자(석가모니)를 낳아서 참으로 기쁘니, 그는 장차 크게 깨달으실 분으로 분명 "모든 지혜를 두루 밝힐 것圓明一切智"이라고 말했다.¹ 강희제와 옹정제雍正帝가 불교를 좋아했던 것은 잘 알려진 사실이다. 강희제는 '불심천자佛心天子'로 불렸고 옹정제 자신도 '원명거사圓明居士'로 자칭했다. 강희제가 불교적 함의가 풍부한 이름을 궁원에 붙인 것은 전혀 놀랄 일이 아닌 셈이다. 또한 뜻밖의 일로 여겨지지 않는 것이 하나 더 있다. 바로 원명원과 청 제국이 영화과 굴욕을 함께했다는 점이다. 원명원의 파괴는 청 제국의 쇠퇴와 떼려야 뗄 수 없는 관계다. 정확히 말하자면, 19세기 청 제국이 쇠약해지면서 이 제왕 궁원은 보호받지 못한 채 나락으로 떨어졌다.

이 불광佛光이 '두루 비치는' 제왕 궁원이 진정 부처의 가피를 입었는지 여부는 알 수 없지만, 하늘의 유성처럼 갑자기 지상에서 종적을 감추었다. 그러나 이 사라진 궁원에 대한 기억은 끈질기게 이어졌다. 만청晚淸 이래로 중국인들은 연민과 상심이 뒤섞인 애틋함으로 이 비극을 지켜봤다. 장장 백여 년의 굴욕적인 역사 속에서 원명원은 외국 군대에 의해 불태워진 모습으로 기억되었고, 굴욕당한 사람들에게 아픔을 주었다.

혹자가 원명원의 옛 풍광을 회복하여 과거의 굴욕을 씻어내자고 건의했지만 그동안 그렇게 할 수 없었다. 이 잃어버린 궁원을 재건할 수 없었던 이유는 거기에 막대한 비용이 소요되기도 하지만 옛날의 원림 예술이 거의 다 사라져 알 수 없게 되어 지난날의 풍모를 다시 일굴 수 없었기 때문이다. 이 정원은 청조 전성기 때 수세기에 걸쳐 조영되었다. 원명원이 저 강대했던 제국의 모습을 표현하고 있다면, 제국이 쇠망한 뒤 다시 이 궁원을 똑같이 복원하는 것은 불가능한 일이다. 요사이 관광을 위해 원래 유적지에 건물 몇 채를 재건했지만 설계상으로나 예술적으로나 허점투성이일뿐으로, 사라진 원림 예술에 대한 아쉬움만 더해준다. 이제 이 장엄한 궁원을 창조한 수준 높은 예술은 세상에서 사라져 버렸다.

이 '잃어버린 낙원'을 복원할 희망이 아스라해진 지금, 우리는 과거의 기억에서 그 아름다운 풍광을 감상할 수밖에 없다. 사실 그 기억조차도 너무 빨리 사라져가고 있다. 특히 원명원과 관련해 서양의 사정은 더욱 그러하다. 말론^{Carroll Malone}의 『청조 베이징 여름 궁전의 역사^{History of the Peking Summer Palaces under the Ch'ing Dynasty}』(1934)와 댄비^{Hope Danby}의 『그지없이 찬란한 정원^{The Garden of Perfect Brightness}』이후로 진지한 저서가 나온 적이 없다. 이 책들도 역사서로서 엄정하다고 할 수는 없다. 따라서 서양의 중국학 연구자들이 원명원을 정확하게 알지 못하는 것이 놀랄 일은 아니다. 아담^{Maurice Adam}은 『18세기 구舊 예수회의 건축들^{L'Oeuvre Architecturale des Anciens Jesuites au XVIII Siècle(The Architectural Works of the Old Jesuits in Eighteenth Century)}』(1936)에서 원명원을 "18세기 예수회 선교사가 건축한 것"으로 오해했고, 근래 프랑스 학자 세르스테반스^{Perazzoli-t'Serstevens}도 '서양식 건물'을 원명원으로 오인했으며,² 스펜스^{Jonathan D. Spence}도 버젓이 건륭제乾隆帝가 임명한 예수회 소속 건축가와 설계가가 베이징 교외에 원명원을 완성하여 호수 공원의 하궁夏宮

을 세웠다고 말했다.[3] 사실 예수회 선교사가 설계한 유럽식 궁전은 원명원의 아주 작은 부분일 뿐이다. '하궁'으로 원명원을 부르는 것 역시 온당치 않다. 옹정제(재위 기간 1723~1735) 이래, 청조의 황제들은 모두 이곳을 피서지로 삼은 적이 없다. 옹정제, 건륭제(재위 기간 1736~1795), 가경제嘉慶帝(재위 기간 1796~1820), 도광제道光帝(재위 기간 1821~1850), 함풍제咸豐帝(재위 기간 1851~1861) 등 다섯 황제는 일 년 내내 원명원에 거처하다가 여름이면 러허熱河의 청더承德 피서산장避暑山莊으로 갔다.[4]

원명원은 현대 중국인들에게도 아주 잘 알려져 있다. 특히 외국 군대에 의해 훼손되었다는 사실은 뚜렷이 기억되고 있고 심지어 매료되었다. 수많은 작가들은 원명원과 관련된 일을 가지고 독자들을 유혹하고 각종 숨은 이야기들을 끊임없이 잡지나 신문에 기고했다. 홍콩 감독 리한샹李翰祥이 제작한 영화 '불타는 원명원火燒圓明園'은 아주 훌륭한 역사극으로 꼽힌다. 원명원 유적 공원이 외부에 공개된 이후 원명원을 연구하는 중국인의 저작도 1980년 이후 계속 증가했다. 저마다 다른 영역에서 자신의 전공 분야에 따른 미시적 연구가 진행되었고, 1984년 12월 1일엔 원명원학회圓明園學會가 발족해 자료 수집과 연구, 출판 활동을 통해 원명원 보호 작업을 수행했다. 그러나 아직까지도 이 궁원에 대하여 전면적이고 철저한 연구를 진행한 이는 없었다.[5]

내가 원명원에 대해 관심을 갖게 된 것은 1981년 이후이다. 당시 나는 베이징 서쪽 하이뎬구海澱區를 처음 방문하여 원명원 유적을 참관했다. 그곳에서 내가 본 것이라고는 고작 황폐한 벌판이었을 뿐으로, 그곳에서 어느새 나는 지나간 옛날을 떠올리고 있었다. 허나 구릉과 호수 사이에 150여 곳이 넘는 정교한 경관단위scenic units(風景區)로 이뤄진 거대한 궁원은 어디서도 찾을 수 없었다. 두말할 필요도 없이 수많은 건축과 정자와 누각들이 이젠 자취를 감추었다. 그래서 나는 원명원에 대한 문헌을 뒤지기 시작했다. 청나라 우민중于敏中의 『일하구문고日下舊聞考』(1774)와 청옌셩程演生의 『원명원고圓明園考』(1928), 그리고 원명원 안의 경관지점景點 40곳(이곳을 '원명원 40경'이라고 부른다)을 두고 쓴 시와 화첩은 제법 볼만한 가치가 있었다. 이외에 서양인이 남긴 자료도 있었다. 건륭제 때 선교사로 와서 직접 궁원을 목격했던 왕치성 신부와 약탈과 방화를 자행했던 영국과 프랑스 군인들이 쓴 견문기 등이 그러하다. 그러나 1985년이 되어서야 베이징의 제1역사문서고에서 원명원 관련 자료를 구할 수 있었다. 1986년 다시 베이징을 방문한 나는 문서고에서 유용한 자료를 복사했다. 그러나 여전히 일부분일 뿐이었다. 1991년, 문서고에서는 자료를 추려서 두 권의 책으로 간행했고, 1930년 이래 수집한 문헌 자료의 소장처 위치를 대폭 보완했다. 이 자료집은 소장 자료의 문헌 정보를 제공하고 있을 뿐 아니라, 원명원의 역사, 건축, 관리, 정치 활동, 황가의 일상, 보물, 파괴, 보수 등에 대한 내용도 일러 주었다. 이 문헌들은 비록 간추려진 것이지만 내겐 아주 유용했다. 아직 누구도 사용하지 않은 자료를 구해 이미 확보한 문헌을 보충한 뒤에야 이 주제에 대한 연구에 확신이 생겼다. 나는 제한된 자료 속에서나마 이 사라진 궁원을 재현하고, 다음 두 가지 질문을 던져본다.

첫째, 원명원은 도대체 어떻게 생겼을까? 또 어떻게 변화했는가?

둘째, 원명원, 그 안에서 일어난 일은 무엇인가? 도대체 어떤 일들을 겪었는가?

이 책에서는 모두 세 가지 방면에서 원명원을 살펴보려고 한다. 첫째, 나는 원명원 건축의 외관과 내부 및 건물, 정원, 다리, 경관단위 등을 드러낼 것이다. 아울러 이들이 어떻게 원명원을 구성하고 있는지 그 맥락과 유래를 논의하는 한편 그 변화 과정을 추적하고, 미학적 설계와 포국布局의 의미를 따질 것이다. 원명원 본원*은 1744년 완성되었고, 장춘원長春園은 1749년에, 수많은 작은 원림으로 구성된 기춘원綺春園은 1772년에 각각 원명원에 편입되었다. 익히 알려진 전성기 원명원은 사실 '원명삼원圓明三園'으로 구성된 것이다.

근래 조사에 의하면, 원명원 부지는 대략 840에이커(3.4평방킬로미터, 혹은 5,100묘畝), 둘레는 약 1만 미터의 장방형으로서, 동서로 약 2,415미터, 남북은 대략 1,890미터였다. 이처럼 드넓은 공간에 16만 평방미터의 건축물이 조영되었다. 건축물은 모두 전통적인 건축 양식을 따르면서 주위 환경과도 잘 조화를 이루었다. 독특한 유럽식 건축을 포함하여 세심한 배려와 창의적인 생각이 곳곳에서 드러나며, 서양식 건축조차 정원 전체와 교묘하게 결합되어 있다. 현재 잘

---

* '본원'은 '장춘원', '기춘원' 등 확장된 원림 전체를 '원명원'이라고 부르는 것과 구분해, '본래 원명원'을 가리킴.

보존되어 있는 이화원頤和園(원래 원명원 부속 원림이었다), 러허의 청더 피서산장, 그리고 각지에 다행히도 남아있는 명·청조 원림들은, 원명원의 건축 외관을 재건하는 데 있어서 참고할 만하다. 각 원림의 독특한 양식을 세심하게 살펴보면, 제왕 궁원을 시각적으로 상상하는 데에 참고가 될 뿐 아니라 문헌을 이해하는 데에 도움이 된다. 또한 원명원 전체가 그려져 있는 대형 지도와 개별 건축의 본래 모형도 주요한 안내가 된다. 본서의 제1부는 원명원의 풍경과 건축물을 다룰 것이다.

둘째, 원명원의 흥망성쇠를 검토하고, 청조의 전성기를 대표하는 문화, 사상과 정신 및 제국의 멸망과 문화 쇠락을 암시하는 침입, 약탈, 소실의 비극을 서술할 것이다. 또한 원명원이 소실된 후에 어떤 일이 일어났는지도 살펴볼 것이다. 청조는 결코 당면한 문제의 심각성을 알지 못했고, 이 소실된 궁원을 재건하려고 했다. 어떤 건축물은 복원되었지만 완성을 보진 못했다. 뒷날 의화단義和團 운동은 이곳을 심대하게 타격했고, 운명이 다한 청조는 이 궁원이 인재나 자연재해에 침식당해 황폐해지도록 내버려두었다. 이 장엄하고 굴욕적인 역사가 제2부의 내용이다.

셋째, 원명원은 청조의 다섯 황제가 거처했던 곳으로, 이들은 그 안에서 갖가지 인문적 활동을 펼쳤다. 황제 및 황실 성원, 시종, 대소 관원, 태감太監, 시위, 승려, 원호園戶 등이 원내에서 어떻게 생활했는지 살펴볼 것이다. 이를테면 유람하거나 빈객을 접대하고, 정무를 처리하며 시문을 창작하는 활동 등이다. 특히 황제들은 원명원에서 일 년 내내 머물렀으니, 이곳이 실제 제국의 심장부였던 것이다.

옹정제는 비로소 원내에 자금성紫禁城의 태화전太和殿과 같은 정전正殿을 지었다. 우리는 그가 편안한 원림 환경에서 지내는 것을 비교적 좋아한 것을 이해할 수 있다. 자금성 내 궁전은 지나치게 엄숙했던 것이다. 황제들이 원명원을 그들의 주된 거처로 삼은 것을 보면, 그들이 이곳을 중시했음을 알 수 있다. 시일이 지나면서 원명원으로 보배와 문물, 서적을 비롯한 재부가 모여들었다. 특히 도서관에 소장된 책들은 또 하나의 사고전서四庫全書라고 부를 정도로 많았다. 그밖에 온갖 건축물과 누각 안에는 서적과 공예품, 사치스런 가구와 값비싼 장식품 등이 들어 있었다. 아마도 원명원이 지금까지 온전히 보존되었더라면, 분명 세계에서 가장 위대하고 가장 수장품이 풍부한 박물관의 하나가 되었으리라. 그러나 원명원이 파괴되자, 그동안 원내에서 이뤄진 정치나 문화 활동은 스치는 바람처럼 종적이 사라졌다. 그러나 사정이 이러하더라도 우리는 근래 관련 자료의 공개로 인해 과거 원명원 안에서 이뤄지던 황제의 일상, 관리 조직과 기능, 범죄와 징벌 등의 편린이나마 상상할 수 있게 되었다.

A Paradise Lost
The Imperial Garden Yuanming Yuan

제1부

건축

:

제1장

처음

중국 역사에서 가장 웅장한 원림, 원명원의 흥기를 논의하기에 앞서 전통적인 원림 예술을 개관할 필요가 있다. 원림의 설계와 건축물의 조영은 전통문화의 정수로서, 아름답고 풍모가 다양한 산수에서 살아온 경험이 과거 3천 년 동안 특색 있는 원림 미학을 일궈냈다. 일반적으로 예술가든 시인이든 화가이든 혹은 원림 설계자이든 모두 자연을 본받고 하늘과 사람의 조화를 숭상했다.

주지하듯 시와 그림은 아주 밀접한 관계가 있다. 현대 학자들은 흔히 소식蘇軾(1036~1101)의 "시 안에 그림이 있고, 그림 안에 시가 있다詩中有畵, 畵中有詩"는 말을 인용하곤 한다. 이 말은 소식이 당나라의 화가

이자 시인인 왕유王維를 평가했던 말이다. 시와 그림은 저마다 기준과 형식을 갖고 있지만, 모두 산수의 아름다움과 그 안에서의 오묘한 정감을 강조하고 그것을 주제로 포착하기를 즐겨했다. 이 친밀한 관계는 시와 정원 사이에도 존재한다. 그래서 원림 전문가인 천충저우陳從周는 이상적 원림을 아름다운 한시에 비견했다.[1]

산수화와 원림 설계 사이도 마찬가지이다. 이를테면 화가나 원림 설계자는 모두 연상 작용을 기본 원칙으로 준수한다. 즉 멀리 떠 있는 듯한 산과 나무, 그리고 하늘 저편 끝에 떠 있는 배를 표현하는 것 등이 그것이다. 역사적으로 유명한 산수화에 의거해 조영된 원림이 적지 않다. 현대 건축학자인 펑이강彭一剛이 정확하게 지적했듯이, 회화와 원림을 조성하는 일은 같은 길을 걷고 있다.[2]

물론 산수화가들은 실제 자연 속에서 영감을 받기도 하지만 수묵 산수화나 한시가 표현하는 자연미의 영향도 깊이 받았다. 회화와 한시가 모두 전통 원림 예술에 아름다운 의경意境을 제공했던 것이다. 원림은 한시나 회화처럼 예술이요, 서정과 풍경의 하나다. 수많은 정원 설계자 스스로 격조 있는 화가이자 시인이었다. 그들은 자연스레 원림에 건축 형식을 주입했고, 이 건축에는 당연히 그림과 한시의 기질이 배어들었다. 이것이 수준 있는 전통 원림이 한 폭의 그림으로 여겨지는 이유이기도 하다. 원림은 인공적으로 조영되었지만 경관 전체는 실제인 것처럼 자연을 표현해냈다. 원림 건축이 주위 풍경과 조화를 이루는 것은 원림 설계의 필수조건으로서, 인위적 건축을 풍경 안에 두되 지극히 천연스럽도록 해 건축과 자연을 하나로 녹이고 있었던 것이다.

유럽 르네상스의 기하학적 정원과 달리 중국의 원림 예술은 어디에도 매이지 않은 아름다움을 숭상했고, 형식의 자유로움과 끊이지 않는 유동성, 상식으로 이를 수 없는 곡절 변화를 강조했다. 그러면서 실제처럼 보이는 자연환경은 오히려 인공적인 창조물이었다. 광활한 자연을 '산수'라는 틀 안에 농축시키면서 "지척 안에 우주를 창조하고咫尺創寰宇" "하늘과 땅을 그릇 안에 담으려고乾坤在一盒" 했다. 산봉우리, 낭떠러지, 구렁, 협곡, 시냇물, 폭포 등을 갖춘 가산假山은 원림의 기본이었다. 이와 달리 18세기 영국 정원은 전원의 풍모를 띠었다. 중국의 '상징적 표현주의'는 유럽의 사실주의와는 전혀 달랐던 것이다.

일반적으로 전통 원림은 네 가지 다른 범주로 구분할 수 있다. 즉 대중적 휴양지로서의 풍치 공원, 종교 단체의 사원 원림, 문인들의 저택 정원, 역사가 오래며 웅장한 황가의 원림(제왕 궁원)이 그것이다. 역사에서 제왕 궁원을 살펴보면 세 가지 공통점이 있다. 첫째, 그 규모가 참으로 웅장하며, 가장 아름다운 풍경을 끌어안았고, 거대한 건축군은 경외감까지 불러일으켜, 결국 천자의 위엄을 표현하고 있다. 웅장한 위용은 제왕 궁원의 가장 기본적인 예술적 특징이다. 둘째, 원림 건축은 화려하고 장엄한 외관을 추구하며 아주 호화롭다. 셋째, 봉래산蓬萊山과 같은 선경, 신화적 소재를 바탕으로 설계되어 장생불사長生不死의 세계에서 즐기는 듯한 몽환감을 준다.[3] 이들을 구현한 원명원은 웅장한 제왕 궁원으로서 원림 설계의 역사에 일찍이 없었던 존재였다.

제왕 궁원의 흥기

제왕 궁원은 역사상 아주 이른 시기부터 있었다. 중국의 통치자들은 세계 다른 나라의 제왕들처럼 향락을 좋아했다. 그들은 풍부한 자원을 운용하여 공식적인 정전 이외에 자신만을 위해 화려한 정원과 웅장한 원림을 지었다. 초기의 궁원은 국가의 형성과 거의 궤를 같이 한다. 반半-전설 시대인 하夏나라(기원전 2033?~1562?)의 걸桀은 사치스런 요대瑤臺를 지어서 향락 생활을 영위했다.[4] 상商나라(기원전 1562?~1066?) 유적에서 발굴된 갑골문은 왕의 향락을 위해 수렵장이 지어졌음을 확인시켜준다. 제왕은 왕성의 안이나 그 부근에 향락을 즐길 장소를 여럿 가지고 있었다. 상나라에서 진秦나라가 통일을 이루는 시기까지(221) 왕들은 통상 왕실 궁전과 동떨어진 곳에 매력적인 공간을 찾아 풍경의 아름다움을 즐겼고, 또한 휴양을 위한 원유苑囿를 만들었다.[5] 원유는 대부분 높은 대臺, 꽃밭, 연못, 새장, 짐승우리와 한적한 집채들로 이루어지며, 점차 전원의 별서別墅로 변해 갔고, 이궁離宮이나 별원別院 등으로 불렸다. 이를테면 『시경詩經』에 나오는 영대靈臺, 영소靈沼, 영원靈苑 등이 그런 곳이며, 이들은 모두 주나라 왕의 궁원이었다.[6]

진시황秦始皇(재위 기간 기원전 221~210)은 중원을 통일하면서 자신이 정복한 여섯 나라의 궁전을 본떠서 아름다운 궁전을 건축했다. 그가 최후로 웨이허渭河 근처에 지은 궁전만도 거의 3백 채나 되는데, 그 가운데 웅장한 궁원이 상림원上林苑이다. 웨이슈웨이渭水 남쪽에 위치한 상림원은 수도인 셴양咸陽과 약 8킬로미터쯤 떨어져 있으면서 웨이허를 바라보고 있다. 상림원은 대, 지소池沼, 원유, 숲, 그리고 전설의 아방궁阿房宮으로 구성되었다.[7] 청대 학자의 고증에 의하면, 아방궁은 대단히 거대한 규모의 궁전군宮殿群으로서 언뜻 보면 하나의 성처럼 보인다고 한다. 이 상림원은 한나라까지 이어지면서 계속 확충 조영되었다.

한나라에 이르러 수많은 원유들은 궁원으로 전환되었는데, 원지園地, 궁전, 사원, 지당池塘, 호수 등으로 구성되었다. 기원전 104년경, 한무제漢武帝(재위 기간 기원전 140~87)는 12곳 이상의 화려한 궁원을 지었다. 가장 웅장한 것이 건장궁建章宮으로서, 태액지太液池 남쪽에 우뚝 세워졌다. 태액지 안에는 수많은 가산이 세워져 '선경仙境'을 연출하고 있다.[8] 아름다운 경치가 건물을 휘감고 있는 풍경은 뒷날 제왕 궁원을 조영하는 기본이 되었다. 한나라의 궁원은 일찌감치 사라졌지만 후세 궁원의 전범이 되었다.[9]

이 시기에 황실과 대신들도 개인 원림을 짓기 시작했다. 비록 그 화려함은 황실의 그것만 못했지만, 재력과 권세를 지닌 사람이라야 넉넉한 재원으로 황제를 본떠 원림을 지을 수 있었다.[10] 기원전 2세기 한나라가 쇠미해진 뒤 서기 6세기까지 정치의 중심지가 장안長安에서 뤄양洛陽으로 이동하자, 새로운 궁원과 개인 원림이 뤄양에서 활발하게 세워졌다. 그중 가장 이름난 것이 위명제魏明帝(재위 기간 227~239)가 조영한 방림원芳林園이다. 명제는 거의 천여 명을 동원하여, 관원과 전문가의 협조 아래 뤄양 동북쪽에 이 원림을 조영했다. 그는 거대한 호수를 파고 가산을 세운 뒤, 각각 '창룡해蒼龍海', '경양산景陽山'이라고 이름 붙였다. 석재는 모두 멀리 태항산太行山에서 가져왔다.[11]

진무제晉武帝(재위 기간 265~290)는 이 궁원을 대대적으로 보수했다. 남북조시대는 분열의 시기였다. 한꺼번에 왕조 몇 개가 존속했던 바, 핑청平城(지금의 다퉁大同 부근), 룽청龍城(지금의 랴오닝遼寧), 젠캉建康(지금의 난징南京) 등지에서도 왕실 궁원을 찾아볼 수 있다. 남북조의 부유한 세가 대족의 세력이 성장함에 따라 개인 원림도 곳곳에서 지어졌다. 어떤 원림은 왕실 궁원에 필적할 정도였다.[12] 이 시기 또 다른 특색은 창장長江 삼각주 지역에 갖가지 문사文士의 정원이 지어졌다는 점이다. 비록 규모는 크지 않았지만 유아幽雅한 분위기는 문인들의 소박하고 조용한 전원생활을 표현했다. 이는 난세에 대한 반대급부 심리의 소산이었다. 현실에서 도피하고 자연에 어울려 살고자하는 생각이 이른바 '산수원림山水園林'의 흥기를 촉발했고 유래가 오래된 산수화나 한시 등과 서로 어우러졌다.[13] 자연주의적 산수원림 혹은 장원은 유수流水, 택지澤池, 계곡, 거대한 바위, 유곡幽谷, 숲, 가산 등으로 구성되며, 정자나 누각을 짓기도 했다. 모든 인공 창작물이 주위 경치와 어울리도록 하는 것, 이것은 왕실 궁원을 조영하는 기본 원칙이었다.

서기 7세기경, 수隋나라(605~618)가 난국을 통일했다. 수나라는 웨이허 남쪽에 새롭게 대흥성大興城을 건립하고 그 북쪽에 황실 궁원을 기획했다. 역사상 음탕하고 사치스런 왕으로 알려진 양제^{煬帝}는 즉위한 지 오래지 않아 원림과 화훼로 유명한 뤄양에 신화에 근거해 설계된 서원^{西苑}을 조영했다. 섬 3개를 만들고, 그 안에 정대^{亭臺}와 전각^{殿閣}을 짓고 16개의 원^{院(정원)}을 펼쳐 놓았는데 어디 하나 주위 자연과 어울리지 않는 곳이 없었다. 서원 안의 호수는 지름이 10리^(대략 5킬로미터)가 넘는다. 역사서에 의하면, 이 궁원은 양제와 그들의 시종 및 천여 명이 넘는 여인들을 수용했다고 한다. 그 뒤로도 양제는 다시 강남에 궁원들을 지었다. 후대 역사가들은 양제를 두고 향락에 만족할 줄 몰랐던 인물로 적고 있다.[14] 그는 거리낌 없이 향락을 즐겼고, 이것은 수나라가 일찍 멸망하는 원인이 되었다.

당^唐나라^(618~907)의 등장으로 다시 활력이 솟았고, 그 풍요로운 재부와 역량은 산수화 및 원림의 심미적 기준을 한 차원 높이 끌어올렸다. 대명궁^{大明宮}은 당나라가 조영한 황실 궁원 가운데 화려한 곳으로 634년 낙성되었다. 모두 30개가 넘는 건축물, 우아한 장식, 넓은 호수와 숲으로 구성되었다. 근래 발굴된 함원전^{含元殿}은 그 건물 가운데 하나에 불과하지만 동서로 75.9미터, 남북으로 41.3미터에 달한다. 대명궁의 규모가 얼마나 대단한지 짐작할 수 있을 것이다.

원림 예술의 성숙

당나라 때에는 왕실 궁원 이외에 문사 원림도 아주 성행했다. 이를테면 유종원柳宗元(773~819)은 들판을 정원으로 꾸몄는데, 그 안에는 호수, 누대樓臺, 별관別館 등이 지어졌다. 왕유도 망천輞川에 별업別業(별장)을 갖고 있었는데, 그 안에는 산석山石, 완만하게 굽은 호수, 죽실竹室, 버드나무, 꽃밭, 나루터 등을 마련했다. 시인이 시를 짓고 벗을 불러 노닐 공간을 마련한 것이다. 백거이白居易도 장시江西 여산廬山에 이끌린 나머지 817년 봄, 그곳에 초당草堂을 지었다.[15] 그들은 산수를 통해 자신의 정감을 체현하고, 산수를 빌려 자신들의 마음을 펼쳐 냈다. 한시의 황금기였던 이 당시 시인이나 학자들은 교외에 자신들의 예술적 감각으로 정원을 만들었던 것이다. 그들은 미려한 서체로 시적 상상력이 풍부한 이름을 지어 정원, 집, 별관 등에 붙여서 전아한 맛을 내었다. 뒷날 왕실 궁원의 설계자는 이런 문인들의 정취를 취했다. 이밖에 당나라는 중앙아시아, 서남아시아의 문화와 교류했기에 원림도 외국의 영향을 받았다. 예를 들면 냉수가 돌아가는 장치, 희랍식 기둥이나 건축, 석패루石牌樓에 아치 기술을 사용한 것 등이 그러하다.[16]

선종禪宗의 영향으로 산수원림은 송宋나라(960~1279) 때에 미학적 정점에 도달했다. 산림, 유수流水, 수목, 화훼의 자연미는 선禪을 수행하는 사람들에게 감응을 주었고 심지어 선적 깨달음에 이르도록 해 형이상학적 선종의 경계를 깨닫도록 했다. 따라서 아름다운 경치 속에서 선사禪寺를 찾는 것은 그리 이상한 일이 아니며, 실제 선사 자체가 하나의 산수원림이었다. 선종의 미학, 의경과 희열은 자연스럽게 원림 예술 안으로 들어왔다. 런샤오훙任曉紅의 말처럼, 선종

은 개인 정원의 수준을 높여서 원림을 특색 있게 만들었다.[17]

고상한 정취가 더해지고 원림 예술이 발전함에 따라 건축 수준도 성숙했다. 일반적으로 부유한 상층 계급, 선진적인 기술, 예술가의 품위 등이 원림 건축을 빠르게 발전시킨다. 모든 엘리트들은 자신만의 정원을 가꾸기를 열망했고, 그 안에서 인공적으로 조영된 산림과 연못, 화훼의 아름다움을 감상하며, 손님을 초청해 함께 맛좋은 술, 음악과 시를 즐겼다. 이런 개인 정원의 전통적 기능은 근대 이전 명·청대까지 지속되었다.

이런 상황에서 왕실 궁원이 웅장하고 화려한 사실을 낯설게 여길 사람은 없으리라. 962년, 송나라 개국 황제는 수도 카이펑開封의 동북쪽에 뤄양의 궁전과 원림 양식에 비추어 화려한 정원 도시를 조성하고, 의춘원宜春苑과 옥진원玉津園 같은 낡은 원림을 보수했다. 또한 966년과 980년에 걸쳐 경림원瓊林苑, 금명지金明池 등을 새로 조영했다. 이 궁원들은 12세기 초까지도 존재했다. 매년 봄이면 송나라 황제들은 아주 자랑스럽게 경림원과 금명지를 개방하여 일반인이 감상할 수 있도록 했고, 황제가 겨울에 이곳을 떠날 때면 궁원을 폐쇄했다.[18]

그러나 송나라의 가장 훌륭한 왕실 궁원은 1117년 휘종徽宗이 조영한 간악艮岳이다. 이는 거대한 호수를 메워서 만든 것으로 지름이 6.4킬로미터에 달한다. 휘종은 평범한 황제였지만 서법과 자화字畵는 일류급이었다. 그는 자신의 예술적 감각을 수많은 정자와 누각, 장랑長廊과 대관臺觀 및 궁원 안의 진귀한 수목, 화훼, 대숲에 발휘했다. 간악이 영원하도록 하기 위해 남쪽에서 거대한 화강암*을 운반해 왔다. 이 돌을 구하는 데 상당한 비용이 들었음은 물론이요, 방대한 인력을 동원해 카이펑까지 운반해오기 위해 운반로를 내느라고 운하, 다리, 관개 시설 등이 훼손되었다.[19] 역사가들은 이 화강암 운반이 백성의 원망을 샀고, 급기야 북송의 멸망을 가져왔다고 말한다. 하지만 간악과 그 예술성은, 특히 구릉, 호수, 기암, 수림, 화훼, 건축의 포국 등은 수세기가 지나 원명원을 건립하는 데 좋은 선례가 되었다. 그러나 원명원에 간악과 같은 규모의 동물원이 없다는 점에서 차이가 난다.

송나라와 같은 시기에 있었던 거란족 요遼나라와 여진족 금金나라는 북방 지역을 지배했는데, 이들의 통치자도 오늘날 베이징 주위에 장원, 별서를 만들었다. 뒷날 몽골족은 원元나라를 세우고 베이징을 대도大都로 삼았다. 몽골의 황제와 친왕이 걸출한 원림 조영자는 아니었다. 그러나 어떤 이는 산수화의 절정기는 바로 원나라 때로서, 뒷날 원림 설계와 조영에 큰 영향을 끼쳤다고 말한다. 조맹부趙孟頫(1254~1322)는 회화 기법을 원림 설계에 적용한 것으로 칭송받았다.[20] 당시 베이징은 원나라의 정치 중심지로서, 왕실 궁원은 모두 베이징 근교에 세워졌다. 뒷날 명나라 황제들, 특히 영락제永樂帝(제위 기간 1403~1424)는 베이징에 원나라 때의 대원大院을 보수하고 확장했는데, 이것이 바로 자금성이다. 그 안에는 어화원御花園이 조영되어 있

---

* 사실은 태호(太湖)의 태호석(太湖石)이다.

으며 지금도 남아있다. 명나라는 베이징 서북 교외에 계속하여 수 많은 원림을 조영했고, 뒷날 이곳에 원명원이 자리 잡았다.

14세기에서 18세기까지 명·청의 황제와 친왕들은 베이징의 서북 근교에 아름다운 원림을 조영하는 동시에 개인 정원도 조영했다. 특히 강남의 쑤저우蘇州, 항저우杭州, 난징南京, 양저우揚州 등지에 장원이 대대적으로 지어졌다. 개인이 소유한 정원의 규모는 보편적으로 왕실의 그것에 비해 작았지만 간혹 예외도 있었다. 18세기 대학자이자 시인이었던 원매袁枚의 수원隨園이 그러하다. 난징에 위치한 수원은 서재, 화실畵室 및 24개의 별관을 포함하여 모두 38개의 건축물로 구성되었다.[21]

흥미롭게도 당시 강남 원림의 설계는 아주 공교로웠다. 전체적으로 원림들이 미학적 품위를 지니고 있었고, 건축 안에 우아함과 전아함을 표현했다. 부유한 쑤저우의 엘리트들은 전통적인 원림에 있어서 아주 아름다운 전범을 창조했다. 현대 건축가인 류둔전劉敦楨의 견해에 의하면, "강남의 개인 정원이야말로 원림의 표본이다"라고 한다.[22] 후술하겠지만, 건륭제는 강남 원림을 좋아한 나머지, 원명원을 확장하고 청더 피서산장을 조영할 때에 강남 원림의 경치와 건축을 많이 참조했다.

이제 원림 설계자였던 이계李誡와 계성計成을 거론하기로 하자. 이들은 원림사에서 지대한 영향을 끼친 인물들이다. 특히 이들은 원명원의 설계와 조영에 큰 공헌을 했다는 점에서 의미가 있다. 이계는 송나라의 건축가로서, 1103년『영조법식營造法式』을 지었다. 이 책은 삽화가 풍부하고 설계와 조영 방법을 자세하게 해설하여, 어떻게 아치교를 세우고, 물을 활용하여 원림을 꾸밀 것인지를 제시하고 있다. 아울러 유리와琉璃瓦의 사용을 표준화하여 궁전, 청당廳堂, 누각, 별관, 정자, 누대, 회랑回廊의 특색이 되었다. '유리琉璃'는 범어로 '바이두르야vaidurya'로서 서남아시아에서 중국으로 유입된 말이다. 유리는 500년간 사용되어 기본적인 건축 재료가 되었다. 하주何周가 초록빛의 유리와를 만든 뒤로 당나라 장인들은 이 기술을 지속적으로 사용하여 당삼채唐三彩를 생산했는데, 보통 노란색, 쪽색, 보라색을 띠었다.[23]

　계성은 17세기 장쑤성江蘇省 우장현吳江縣 출신의 학자로서 『원야園冶』를 지었다. 이 책의 제1권은 '서언序言', '상지相地', '입기立基', '흥조론興造論', '옥우屋宇' 등으로 이루어져 있고, 제2권은 '난간欄杆'이 핵심이다. 제3권은 어떻게 창문과 담장을 내고, 바위를 고르고 산을 만드는가에 대하여 논하고 있다. 모두 1만 자 분량에 삽화를 200장이나 싣고서 원림을 표준화하고 있는데, 특히 산수원림이 주위 풍경과 어떻게 하면 잘 어울릴 지에 대하여 논하고 있다. 그는 경관을 창작하기 위해 원림을 안배하되 인공적인 건축이 주위와 어울릴 것을 강조했다.[24] 이계와 계성의 저작은 명말 청초에 나왔지만, 작은 구릉, 호수와 연못, 건축물과 정원 등을 만들거나 수목과 화훼 등을 조화롭게 가꾸는 데 대한 논의들은 모두 원림 예술의 수준을 한 단계 끌어올린 것으로 평가된다.

원림 예술의 종합

명·청 원림이 전통적인 원림 예술을 종합했다고 말한다면, 원명원은 명·청 원림의 성과를 종합했다고 할 수 있다. 사실 원명원을 건립한 시대에는 중국 원림 예술이 일찌감치 성숙되어 있었다. 당시 청나라의 전성기로서, 풍요로운 재화와 고도로 숙련된 기술은 양식으로나 외관으로나 모두 비할 데 없이 훌륭한 왕실 궁원을 창조해 내었다. 전체적으로 말하자면, 원명원은 평탄한 대지위에 쌓아올린, 이궁과 별원, 사방을 둘러싸고 있는 자연 풍광, 아름답게 조성된 정원, 솜씨 좋게 만들어진 산과 바위, 사원, 서원, 도서관 등 갖가지 기능을 가진 다양한 건축군의 종합체이다. 모든 건축은 전통적인 정원의 형식을 따르되 남북으로 배치되었고, 동서로 배치된 건축은 비교적 드물다. 원명원의 수려한 풍경은 하얀

탄탄탕탕(坦坦蕩蕩)의 남쪽에 자리한 섬, 여고함금(茹古涵今).

왕춰(王翀), 위신바이(郁欣白) 그림

색 담장, 흑회색 기와, 황갈색 기둥, 난간, 장식, 구릉, 호수, 화훼, 숲 등으로 구성되었다. 그 안에는 백여 곳의 경관지점景點이 있고, 특히 40여 곳은 우아한 이름이 붙어 있으며, 그 내력이 시로 표현되어 있다. 건륭제는 궁정 화가에게 이 40경景을 그리도록 하여 화집을 만들었고, 이 책은 원명원의 풍모를 담고 있는 것으로 세상에 알려져 있다.[25]

원명원의 규모, 다양성, 복합성 측면에서 보면, 다양한 건축 양식이 동원되어 원림 전체를 구성하고 있다. 그 주요 건축 양식을 들면 대략 다음과 같다.

당堂: 원명원의 주전主殿이나 특정 경관지점 부근의 주 건축은 통상 천자의 격식에 맞추어 남향으로 짓고 전면은 터놓았다. 일반적으로 전당殿堂은 둥근 목재 기둥으로 세워졌고, 천장이 높은데다 사방이 트여 있어서 주위의 풍경을 감상할 수 있다. 원명원의 주요 전당으로는 기춘원의 청하당淸夏堂, 그리고 장춘원의 유럽식 건축인 해안당海晏堂이 있다. 특히 정대광명전正大光明殿은 자금성의 주전을 똑같이 본떠서 만들었다.

정亭: 본래 잠시 머문다는 뜻을 가진 말인데, 정원에서 유락할 때 쉬면서 경치를 완상하기 위한 용도로 설계되었다. 계성은 "정은 고정된 형식이 없다亭無固定形式"고 말했지만, 어떤 형식이든—방형(方形), 원형, 육각형, 타원형, 팔각형, 부채꼴형, 매화형 등— 정은 사방으로 트여서 시야를 최대한 확보했다. 그래서 정은 일반적으로 어김없이 산마루, 숲속, 물가 등 가장 경치가 좋은 곳에 짓는다. 정의 크기와 형식은 주위 환경과 조화를 이루는데, 원명원 안의 정자를 보면 갖가지 모습으로 설계되어 있으며, 그 가운데 오죽정^{五竹亭}이 가장 진귀한 사례이다.

대^{臺}: 지붕이 없이 우뚝 솟아있는 평대^{平臺}로서 돌로 쌓아 만들거나 나무를 포개어서 짓는다. 대는 지점을 잘 가려서 세웠으며 경치를 감상하는 데 쓰였다. 흔히 대는 높은 지대나 호숫가에 위치한다. 원명원에서는 황족이 기거하던 공간의 근처에 있던 환호구도^{環湖九島}에 세운 모란대^{牧丹臺}가 가장 유명하다. 강희제, 옹정제, 그리고 건륭제 3대가 언젠가 이곳에서 자리를 같이했던 일이 미담으로 전해진다.

누^{樓}: 일반적으로 2층 높이에 장방형으로서 구릉과 호숫가에 지어지고, 개방형 창호를 택하여 자연 풍경을 안으로 끌어들이고 있다. 누는 원명원 안에 아주 보편적으로 채택된 양식으로 건륭제는 특히 40경 가운데 하나인 '염하루^{染霞樓}'를 좋아했다.

각^{閣}: 사방으로 개방형 창호가 달린 다층식 건축이다. 원명원의 도서관인 문원각^{文源閣}을 포함하여 수많은 도서관 건축이 '각'이라고 불리는 것은 결코 낯선 일은 아니다.

사^{榭}: 물가나 꽃밭 근처의 경관지점에 세웠다. 대사^{臺榭}가 주로 물가에 있기에 흔히 '수사^{水榭}'라고도 부른다. 복해^{福海} 주위에 수사가 아주 많이 있었는데, 복해 남단 '조신욕덕^{澡身浴德}' 안에 있던 징허사^{澄虛榭}가 유명하다.

원랑^{園廊}: 길고 통풍이 되는 길 혹은 회랑으로서, 경관지점 사이를 이어주는 간선 역할을 한다. 이곳을 지나면 날씨의 변화에 구애되지 않고 길을 갈 수 있다. 회랑의 유형은 아주 많은데, 외형에 따라 직방형, 물결형, 만곡형 등이 있고, 기능에 따라 개방형, 2층형, 의산기복형^{依山起伏形}, 수변회랑^{水邊回廊} 등이 있다. 쌍배회랑^{雙排回廊}은 두 개의 회랑을 나란히 이어 붙이되 사이에 담장을 세우고 꽃무늬 격자창을 뚫어놓아서 지나갈 때 묘한 신비로움을 느끼도록 했다. 일반적인 원림에서는 드물지만 원명원에서는 도처에서 발견된다.

헌^軒: 고대 마차의 양식을 참조하여 넓고 높게 솟도록 지었다. 그래서 '차헌^{車軒}'이라고도 불린다. 주로 지대가 높고 트인 공터에 지어 시야를 확보했다. 가장 독특한 헌으로 장춘원의 순화헌^{淳化軒}을 들 수 있다. 건륭제는 이곳에 자신이 소장했던 『흠정중각순화각첩^{欽定重刻淳化閣帖}』 석각을 전시했다.

재^齋: 청정한 환경에서 외부와 단절한 채 혼자 성찰하거나 사색하던 공간으로, 흡사 서양의 교회당 분위기를 띤다. 사람들은 이곳에서 마음의 위로와 안정을 찾았다. 규모가 작은 책방이나 도서관을 '서재^{書齋}'라고도 부르는데 이곳에서 원림의 주인은 책을 보거나 글을 썼다. 재는 전통적으로 제사를 주관하는 자가 신을 숭배하거나 조상에게 절하기 전에 개인적으로 반성하고 제사를 드리던 공간이었다.

방^房: 일상적으로 기거하거나 잠자던 침실 등 사적인 거주 공간이다. 원명원의 산방^{山房} 가운데 아주 큰 것도 있는데, 이를테면 40경에 속하는 '접수산방^{接秀山房}'이 그러하다.

방^舫: 경치를 감상하거나 유희를 위해 세워진 건축이다. 청의원^淸

淯園의 곤명호昆明湖에 세워진 석방石舫이 아주 유명한데, 지금 이화원(옛날 청의원)에 있다.

관館: 공식적인 거주 공간은 아니었고, 책을 읽거나 예술을 창작하던 공간이다. 장춘원의 옥랑명관玉琅明館은 건륭제가 섬 위에 세워 놓고 아치교로 이어놓은 운치 있는 건축이었다.

원내 갖가지 건축들은 하나도 고립되어 있지 않으며 정, 대, 누, 각 등과 결합하여 정원을 이루면서 웅장한 원림을 구성하고 있다. 사실상 40경의 각 경관지점은 저마다 다른 건축 양식의 구조물이 혼합되어 이루어져 있다.

이밖에 원명원을 이루고 있는 기본 건축 양식으로 교橋(다리), 장墻(담장), 탑塔 등이 있다. '교'는 경관지점 사이를 이어주는데 원명원의 다리도 마찬가지 역할을 했다. 원내 교는 커다란 호수와 복잡한 수로 사이를 잇고 있는데, 아주 정교한 형태로 원내 경치를 이어주고 있다. 간혹 '지之'자 형 석교를 통해 좁은 수로를 넘기도 하고, 혹은 대리석으로 높게 아치교를 만들어서 그 아래로 작은 배가 통하도록 했다. 아치교는 보통 수면 가까이 세워서 사람들이 물속을 헤엄치는 물고기나 물에 뜬 연꽃을 감상하도록 했다. 교는 부근 경치의 하나로 들어가거나 혹은 경치를 도드라지게 했으며, 일반적으로 황석黃石을 쌓아서 올린 석판교石板橋에 호석湖石으로 난간을 삼았다. 개인 정원에서 목교木橋는 거의 없었지만 원명원에는 매우 많았다.

다음으로, 모든 원림이 '장'을 두르고 있지만, 원명원은 크기가 방대한 만큼 장이 수 킬로미터에 이른다. 장은 바윗돌이나 벽돌로 만들어지며, 용도에 따라 꽃이나 새, 신화적 소재 등을 예술적으로 조각하여 장식했다. 가장 큰 장은 커다랗게 원을 그리고 있는 사위 성舍衛城으로 원명원 동북쪽에 있다.

끝으로 '탑'은 불교 건축 양식이지만 일정한 규모를 갖춘 원림에는 빠지지 않는 요소이다. 원명원도 예외는 아니다. 탑은 종교적 의미에 미학적 가치까지 보태 놓았다. 이밖에 원명원에는 수많은 석주石舟와 패루牌樓가 있는데, 이는 일반 원림에는 거의 없다.

원명원의 설계는 아주 창의적으로 자연 경관과 생활 방식, 예술적 감각이 풍부한 공예, 미학적 품격과 원예 기술 등을 융합시켜놓았다. 대비, 배친陪襯*, 외관, 공간의 상대성, 깊이감을 주는 배열, 마주세우는 방식 등의 포국 방식이 모두 응용되어 있다. 이들은 모두 정련되고 유연하게 베이징 서북쪽의 지형과 환경에 어울리도록 했다. 가령 도로, 유수流水, 호택湖澤 등은 모두 꽃, 나무, 동물, 바위 등으로 아름답게 장식했고, 경물의 안배는 일부러 복합적으로 깊이감을 주어서 한눈에 경치를 모두 바라볼 수 없도록 했다.

일반적으로 원명원 건축은 세 가지 기술적 요소로 전체를 창조했다. 바로 '인因' '차借' '퇴堆'이다. '인경因景'은 원림을 자연 배경과 창의적으로 융합시키는 것인데, 지형의 특색에 따라서 원림을 구성하는 것이다. '인'이 잘 되면 주위 원근의 경치를 차용하는데 이

---

* 보태거나 가까이 안배하여 두드러지게 하는 방식

롭다. '차경借景'은 독특한 미적 양식과 세계관을 반영한다. 원명원 전체를 두고 볼 때, '원림'은 가장 중요한 부분을 차지하며, 그 주위 자연 경치도 전체 경관을 구성하는 일부분이다. 당나라 시인 두보杜甫는 이 의경을 아주 잘 이해하고 있었다.

창은 서산의 천년설을 머금었고
문은 동오의 만리 길 떠날 배를 매었어라.
窓含西嶺千秋雪, 門泊東吳萬里船.[26]

서산의 눈과 동오東吳로 갈 배는 시인이 살고 있는 집의 차경이 된다. 원명원은 베이징 서북쪽 살기 좋은 곳에 위치하고 있는데, 세 개의 구릉으로 둘러싸여서 차경할 수 있는 경치가 풍부했다. 원명원은 분경分景(각각 다른 방향에서 다른 경관을 보도록 하는 것), 격경隔景(원림 안에 다시 작은 정원으로 분할하는 것)의 방식으로 차경을 하고 있다. 후술하기로 한다.

'퇴경'은 건축물들을 상호 배합하면서 균형을 강조하는 방식이다. 퇴경은 안배하고, 조직하며, 창작하고, 공간을 확장하는 방식에 두루 적용되었다. 이 때문에 아주 신중하게 포국하고 물을 조절하며 산을 쌓고 건축하며 꽃과 나무를 심어야 했다.[27] 그렇지만 이 원칙에 고정된 법식은 없었다. 계성을 비롯한 원림 설계자들은 모두 창의적으로 이 원칙을 활용할 것을 강조했다.

원명원에는 전통적인 방식과 기술로써 유명한 신화나 그림, 공중누각, 사원, 독특한 책방을 모방하여 백여 곳이 넘는 경관지점을 조영했다. 각종 화훼와 수목으로 아주 훌륭한 식물원을 만들어 놓았는데, 수종의 선택과 화훼의 안배도 전체적인 설계 안에서 주위 환경과 어울려 아름다운 효과를 거두고 있다, 1725년, 옹정제는 내무부^{內務府}에 버마에서 진헌한 식물을 원명원에 심도록 했다.[28]

원명원 설계자는 구릉, 시냇물, 호수, 그리고 무수한 건축물로 원림을 꾸미기 이전에 이 원림의 전체 경관 및 그 주위 환경을 충분히 이해하고 있었다. 쑤저우 정원의 아름다운 경치를 모방해 만들었을 때에도 남방의 풍경을 새롭게 해석하여 더욱 우아하게 만들었다. 건륭제가 조영한 유럽식 건축과 원림도 다른 경관과 어울리도록 했기에 원림 전체의 조화를 깨뜨리지 않았다. 원명원의 전체 외관은 또한 전원생활의 여유로움과 황제 권력의 위엄을 표현하며, 대일통^{大一統}의 정치 문화를 잘 드러냈다.

'물'은 평정과 안녕을 상징하므로 어떤 원림에서도 빠질 수 없는 요소였다. 정돈된 기하학적 형태의 지당은 아주 드물었다. 이들은 반드시 맑고 그윽한 분위기를 자아내어서 원림 안의 사람들에게 상쾌함을 주어야 했다. 원명원은 특히 '수경원^{水景園}'으로 불리는데, 원내에 크고 작은 호수가 가득하고, 이들 사이는 수로와 강물로 이어져 있다. 원명원의 지도를 보면 모든 건축물이 섬 위에 놓여있고, 가산, 대관^{臺觀}, 석강^{石崗}, 화수^{花樹}, 관목^{灌木} 등으로 구역을 나누고 있다. 원림 설계 전통에 의하면, 수역^{水域}은 반드시 실제 호수, 시냇물, 계곡, 폭포 등의 외형과 특색을 드러내야 한다. 왜냐하면 원림 조영은 효법자연效法自然(자연을 본받는다)을 최고의 원칙으로 삼기 때문이다.

사방으로 구릉, 숲, 전당 등을 마주하면서 어떤 형식의 수역도 모두 매력적인 경관을 제공하고 있다. 두말할 것도 없이 원명원 안에는 음용수로 제공될 수 있는 풍부한 물이 있고, 이것으로 기온을 조절하고 식물에 물을 주었다. 호수는 많은 지류와 수로로 이어지며 사람과 물품을 나르는 통로가 되었다.

제왕 궁원으로서의 원명원은 가산, 풍경, 연못, 그리고 수로를 통해 궁전, 누각, 묘당을 결합한 방대한 창작 건축으로서 백여 개가 넘는 작은 정원과 경관지점을 거둬 놓았다. 이 경관지점들 사이는 구불구불한 길과 시내가 예술적으로 이어져 있다. 독립적으로 설계된 경관은 독자적인 아름다움을 가지면서도 서로 이어져 복합적인 원림을 구성하고 있다. 거대한 면적, 화려한 건축, 정교한 내부 설계, 그리고 수많은 골동품과 문화 유적은 이 원림을 더 이상 필적할 대상이 없도록 만들어 주었다.

건륭제의 재위 기간(1736~1795) 동안에 원명원은 절정기에 이르렀다. 당시 원명원은 원명원 본원, 장춘원, 기춘원, 희춘원熙春園, 喜春園(혹은 청화원淸華園이라고도 부름), 근춘원近春園 등 다섯 개의 원림으로 구성되었다. 이들이 바로 베이징 서북쪽 교외의 '삼산오원三山五園'이다. 희춘원과 근춘원은 19세기 무렵 친왕親王에게 하사되었고, 뒷날 각각 칭화 대학교와 베이징 대학교의 캠퍼스로 편입되었다.

원명원의 가장 중요한 설계자는 뇌씨雷氏 집안이었다. 뇌씨 집안은 몇 대에 걸쳐 원명원의 관직을 맡았고, 끊임없이 수선과 새로운 건축의 조영을 수행했다. 뇌발달雷發達은 청조가 개국할 즈음 널리 이름을 얻고 있던 건축가로서, 강희제를 위해 자금성 안에 태화전을 중건한 뒤 벼슬을 얻었다. 그의 아들 뇌금옥雷金玉도 창춘원暢春園을 조영해 보임으로써 부친에 버금갈만한 재능을 보였다. 이일로 그는 7품 품계를 받고 원명원 안에서 벼슬하며 내무부 일원이 되었다. 강희제는 그를 아주 좋아해서 직접 그의 고희를 축하해 주었다. 뇌금옥의 자손은 계속하여 원명원의 주요 건축가와 조영자가 되었다. 뇌씨 3형제, 즉 뇌가위雷家瑋 · 뇌가서雷家瑞 · 뇌가새雷家璽는 건륭제를 따라 강남으로 가서 강남의 정원을 연구하고 모방한 뒤 원명원을 새롭게 조영했다. 그래서 뇌씨 집안의 건축 재능은 '뇌씨 양식'이란 이름을 얻었다. 지금 남아있는 백여 개가 넘는 뇌씨 양식 건축물은 정밀한 설계와 세밀한 공예를 보여주고 있는바, 우리에게 원명원을 이해하는 데 아주 유용한 지침을 제공해준다.[29]

뇌씨 집안사람들은 오랫동안 황제의 건축가였다. 황제는 천장을 올리거나 주랑走廊을 설치하고 싶으면 곧장 궁원의 총관總管을 통해 뇌씨 집안의 담당자에게 요구했다. 더러 환관을 통해 연락이 왔다. 이를테면 1859년 3월 8일, 총관 왕씨王氏는 "구주청안九州淸晏 동산東山에 평대 전당을 세우라", "새로 세운 평대 전당은 모두 녹색으로 칠하라"는 성지를 전달했다.[30]

뇌씨 집안은 대를 이어 청조의 어용 건축가가 되었고, 원림 조영에 아주 익숙해 있었다. 그들은 전통적인 기술에 뿌리를 두고서, 잘 알려진 상징을 활용해 지고무상한 제왕 사상을 강조하고 천하귀일天下歸一의 감각을 표현했으며, 하늘과 땅과 사람을 융합해 자연 경치와 인공을 미묘하게 결합했다. 그들은 당연히 유가적 사고를 받아들였다. 궁전들은 그 내부의 장식을 포함한 일체가 『주례周禮』의 유가적 관점을 준용하며 장중하고 위엄 있게 표현되었다. 그러나 원림의 목적은 향락이었기에, 원림을 설계하면서 지나치게 유가적 이념에 매달릴 수는 없었다. 그래서 정대광명전처럼 유가적 장엄함을 표현하고 있기도 하지만 다른 건축들은, 특히 장춘원의 건축은 대부분 도교적 열락과 한가로움을 표현하고 있다. 장춘원의 '해악개금海岳開襟'은 특히 탈속의 정취와 활발한 생명력을 표현했다. 그런데 도교의 우주관이 교직해낸 천인관계론天人關係論은 비록 유가의 우주관보다 더 조화롭지는 않아도 최소한 그처럼 조화로운 관계를 중시한다. 도교의 예술적 사유는 어떤 구속도 없는 자연미와 선경을 결합하여 신화적인 세계를 구성했던 바, 흡사 거대한 통일 제국의 조화로움을 표현했던 것이다. 원명원 안의 건축들은, 심지어 회교 사원인 청진사나 유럽 바로크식 건축 등 이국적 색채조차 결코 제왕 궁원의 조화를 깨뜨리지 않았다.

원명원 설계자도 보편적으로 응용되던 풍수를 고려했다. 천여년 동안 풍수는 민간 생활에 다양한 각도에서 영향을 주었다. 엘리트 교육을 받은 문사일지라도 풍수의 원칙에 의거해 집안일을 처리했고, 특히 조상의 묘소나 주거하는 공간을 조영할 경우에는 더욱 그러했다. 건축할 장소를 선택할 때엔 반드시 풍수가의 허락을 받아야 했고, 그렇지 않으면 그곳에 사는 사람이나 적어도 후대에 재난이 닥친다고 믿었다. 재난을 두려워하고 복을 바라는 마음은 풍수가를 전문인으로 만들었다. 풍수 원칙에 부합하는 공간은 그곳에 사는 사람에게 재부와 건강, 쾌락을 가져다준다고 믿었다. 아주 오랜 동안 사람들은 대개 길상吉祥의 위치에 집을 지으면 평안을 이룰 수 있다고 생각했다. 비록 어떤 문화적 배경을 가진 정부이건 본래 풍수를 정통으로 인정한 적은 없었지만, 사람들은 사실상 이것을 삶의 한 부분으로 받아들였다. 오늘날 사람들도 여전히 자신의 주거 공간을 풍수 원칙에 맞추고 있다.[31]

풍수가 비록 미신적인 성격을 갖고 있지만, 음양이 흐르는 오묘한 균형을 강조하고 있어서 전통적인 천인합일天人合一의 사상과 아주 부합했다. 풍수가는 흔히 그윽한 묘혈을 찾거나 일상생활에 알맞은 장소를 찾았다. 흥미롭게도 과학사가인 니덤李約瑟(Joseph Needham, 1900~1995)도 풍수에 "뚜렷하게 미학적 요소"가 있음을 인정했다.[32] 그는 일찍이 젊은 시절 사모했던 베르사유 궁의 정원을 다시 찾았을 때 문득 일종의 '삭막함'을 느꼈다. 이는 그가 과거 이화원 등 원림을 찾아갔던 경험 때문인데, 즉 베르사유 궁과 같은 기하학적 도형의 정원은 자연을 제약하거나 속박하는 데서 벗어나지 못했고, 자연에 순응한 것이 아니라고 보았던 것이다.

원명원은 원림 예술의 집대성으로서 풍수의 중요성을 소홀하게 여길 수는 없었다. 사실 청나라 통치자들은 풍수가 가져올 길운

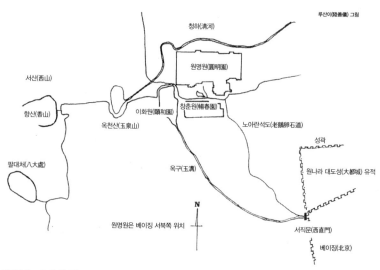

원명원과 그 주위. 원명원이 자리한 공간은 풍수상 흥룡을 상징하는 장소이다. 옛 베이징의 범위와 지금 베이징의 범위
는 다르다. 원명원은 당시 베이징의 서북쪽 하이뎬구, 즉 도성 밖에 위치했던 것이다. 사실 신중국 이후에도 한동안 이
곳은 북평(北平)으로 불렸는데, 이 지명은 지금도 남아있다. 노아란석도는 아란석으로 포장된 옛길을 말한다. 아란이란
거위알 만한 자갈돌을 말하는데, 아란석도는 자갈을 깔아 포장한 길을 말한다. 본문에서는 베이징에서 원명원까지 석
판로(石板路)를 깔았다고 설명하고 있는데, 이 길을 일컫는 듯하다.

과 이익을 진지하게 도모했다. 이를테면 1724년 내무부는 산둥 지
난부齊南府 더핑현德平縣의 지현知縣 장종자張鍾子와 통관위潼關衛 늠선생원
廩膳生員 장상충張尙忠 등을 불러 원명원의 풍수를 살펴보도록 했다. 그
들은 수많은 건축물들의 방위를 검토했다. 특히 외형, 산수, 효상爻象
등에서 이 궁원의 형승形勝을 분석하고 길흉을 진단했다.[33]

　베이징 서북쪽 하이뎬구는 청조가 개국하기 이전에 이미 궁원을
조영하기 좋은 땅으로 꼽혔던 장소였다. 항공 사진을 보면, 이곳의
자연 지세와 윤곽이 대단히 부드러움을 볼 수 있다. 실제로 자연과
어울리지 않는 조악한 지형은 없다. 이 평원의 서편에는 십여 개의

구릉과 계곡물이 흐른다. 이곳이 유명한 서산西山이다. 서산에서 약간 북쪽으로 치우친 곳이 옥천산玉泉山으로, 원명원의 맑은 물을 취수하는 곳이다. 향산香山과 이어지는 산등성이를 두고 명대 학자들은 청룡피靑龍皮라고 불렀다. 하이덴 서쪽 약 5리쯤에 옹산瓮山이 솟아 있다. 아름다운 곡선이 마치 항아리와 같아서 붙여진 이름이다.[34] 옥천산과 옹산이 엇섞이며 흐르는 모양은 마치 남녀가 어우러진 듯이 조화를 이루고 있다. 그래서 이곳은 풍수상 흥룡을 상징하는 장소로 꼽힌다.

원명원이 자리한 공간은 전체적인 포국이 가장 조화롭게 안배되어 있다. 수많은 가산은 대부분 풍수 이론에 의거하여 조성되었으며, 40경 채색화에서 보듯이 각 경관지점 안의 인공 건축과, 청룡이라 부르는 산줄기, 백호라고 불리는 야트막한 산등성이가 아주 분명하게 드러난다. 어떤 점에서 각 경관지점은 풍수적으로 흥룡을 상징하기도 한다.

이 제왕 궁원의 풍수는 좀처럼 흠잡을 곳이 없어 보인다. 비록 끝내 불에 타는 재난을 당했지만 누구도 그 마지막 운명을 뒷북치며 이러쿵저러쿵 하거나 풍수가 나빴다고 탓하는 사람은 없었다. 하지만 여기에 재미있는 에피소드가 있다. 1839년 도광제가 원명원 이궁문二宮門 밖의 아치교를 부숴 기사騎射 구경이 쉽도록 만들었다. 한 청나라 학자는 풍수가의 말을 인용하기를, 물줄기마다 아치교가 필요한 바, 아치교는 목표를 조준하는 활과 같아서 아치교를 없앤 것은 목표를 잃은 활을 상징하니 장차 군사적으로 쇠약해질 것

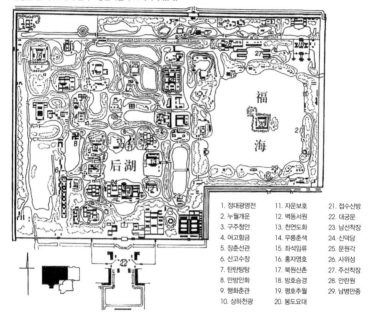

원명원 전도. 29개의 건축·경관지점이 표시되어 있다.

福海

后湖

1. 정대광명전	11. 자운보호	21. 접수산방
2. 누월개운	12. 벽동서원	22. 대궁문
3. 구주청안	13. 천연도화	23. 남선착장
4. 여고함금	14. 무릉춘색	24. 신덕당
5. 장춘선관	15. 좌석임류	25. 문원각
6. 산고수장	16. 홍자영호	26. 사위성
7. 탄탄탕탕	17. 북원산촌	27. 주선착장
8. 만방안화	18. 방호승경	28. 안란원
9. 행화춘관	19. 평호추월	29. 남병만종
10. 상하천광	20. 봉도요대	

루산이가 「원명원」(제1기, 1981, pp.122~123)에 나오는 지도와,
허중이(何重義)·쩡자오펀(曾昭奮)이 그린 지도(「원명원」 제1기, pp.82~82) 등을 참조하여 그림

이라고 말했다. 이해 아편전쟁이 일어났고, 끝내 중국은 참혹한 패배를 맛보았다.[35] 이 학자가 풍수가의 말을 빌려서 말한 예언이 사실로 드러났던 것이다.

제2장

포국

원명원은 아주 화려한 건축 프로젝트로 만들어진, 청조가 창조한 제왕의 어원이다. 이는 전통문화의 최고 수준을 보여줄 뿐 아니라 원림 예술의 최고봉이라고 할 수 있다. 원명원을 조영한 지점은 옥천산 산자락 아래 물이 풍부한 평원으로, 지금의 베이징 서북쪽 하이뎬구이다. 역대로 옥천산 물은 청량하고 깨끗하여, "한밤에 달빛 환하게 비치니 맑은 빛 원만해라明月夜映淸光圓"라고 불렸고, "달빛 아래 진주"로 비유되었다.[1] 하이뎬과 인근 지역은 지하수가 넉넉하여 수량도 풍부했다. '하이뎬'의 '뎬', 즉'전澱'은 물이 모여 있다는 뜻이다. 더구나 이곳은 지형상 궁원의 미학적 효과를 극대화할 수 있는 장소였다. 건축가 량쓰청梁思誠도 일찍이 원명원을 두고 구릉과 호수가 어울리고, 전당과 정대, 누각 및 기타 건축물의 설계가 깨끗하고 순수한 곳이라고 언급한 바 있다. 그는 원명원이 대칭과 균형에 주안을 두었음에도 지형에 따라 설계에 변화를 주어서 생명력 있는 조형으로 독특한 양식을 이루었다고 지적했다. 비록 그의 눈에 비친 원명원은 수많은 인공 조탁으로 아름다운 경치를 파괴하고 있었지만, 그렇다 해도 원명원의 생명력 있는 창의성은 의심하지 않았던 것이다.[2]

최근 학자들은 드넓은 호수와 높이 솟은 서산 기슭에 조물주의 솜씨로 만들어진 듯한 원명원의 포국을 두고 '만원지원萬園之園'이라고 부르기도 한다.[3] 사실 주위 환경이 너무도 좋은 탓에 일찍이 13세기 원나라 때에 아름다운 장원이 출현했다. 16세기 이르러 천연의 풍경은 더욱 매력을 풍겼고, 명나라 무청후武淸侯 이위李偉가 이곳에 청화원을 조영했는데 '경국京國 제일 명원'이라고 불렸다. 오래지 않아 서법가 미만종米萬鐘도 이곳에 한때 이름을 날렸던 작원勺園을 지었는데, 그 이름은 '하이뎬海澱에서 낚시하다'는 뜻을 취한 것이었다. 베이징 대학교 허우런즈侯仁之의 논의를 빌면, 이 두 곳은 한참 명성을 누리다가 명·청 교체기에 황폐해졌다고 한다.[4]

청나라 통치자들은 하이뎬구에 새롭게 궁원들을 건축했다. 지도를 보면 원명원 안의 거대한 호수들은 운하와 수로를 통해 이어져 있다. 조감해보면, 원내 모든 건축들은 작은 섬 위에 자리하고 있고, 가산, 대사, 화석花石, 수총樹叢, 관목 등에 둘러싸여 독립 구역을 이루고 있다. 이른바 '경景'으로 이름 붙여진 곳에는 독립적인 작은 정원들이 한데 모여 있었다. 당시 영국인의 눈에 비친 모습은 "각 양각색의 우아하고 정교한 작은 건축군"이었다.[5]

1737년, 건륭제가 등극한 지 두 해가 흘렀다. 그는 궁정 화가들 인 낭세령郎世寧, 당대唐岱, 손우孫佑, 심원沈源, 장만방張萬邦, 정관붕丁觀鵬 등에게 비단 위에 원명원을 그리게 했다. 그림이 완성되자 청휘각 淸輝閣 북쪽 벽에 걸어놓았다. 청휘각은 구주청안에 있는 황제 침궁 의 서편에 있다. 그 구조는 단순한 장방형이었지만 들보 위에 정교 하게 조각된 그림과 장식을 안배해서 주위 환경과 풍경이 한데 어 우러졌다. 이 청휘각은 처마가 날아가듯 솟아 있어, 그 안에 들어가 있으면 아무리 날씨가 나빠도 영향을 받지 않을 정도였다. 외벽은 세밀하게 도장되어 부식을 방지하고 있었다. 직각으로 뻗고 축을 중심으로 대칭을 이루고 있는 모습은 또한 장엄한 분위기를 연출 했다. 이곳에서 황제는 그의 신하들과 시를 짓거나 그림을 그리고 풍경을 완상했다.[6]

'원명원 40경'은 1744년에 완성되고 명명되었다. 그 가운데 12 경은 건륭제가 1736년 등극한 뒤에 조영되었다. 옹정제가 40경의 대부분을 완성했지만 건륭제 또한 지속적으로 모든 경을 고치거나 다시 만들었던 것이다. 풍류를 즐겼던 건륭제는 40경 각각에 이름 을 짓고 제영을 붙였는데, 이것이 『원명원40경도영圓明園四十景圖詠』이 다. 그는 마치 학사처럼 궁원의 경관지점에 우아한 이름과 시흥을 갖춘 주제를 뽑아서 독창적인 경물을 형상화하고 세심하게 추린

박학한 문사들에게 시문을 짓도록 했다. 아울러 그는 궁정 화가였던 심원과 당대 및 서법가 왕유돈汪由敦에게 명령하여 길이 2.6피트(약 79센티미터) 너비 2.35피트(약 72센티미터)의 비단에 40경(책 2권 분량)을 그리도록 했다. 이 화첩과 시집은 프랑스인들이 1860년 제2차 아편전쟁 때 약탈해가서, 뒷날 파리 국가도서관에 수장되었다. 프랑스는 1983년 중국으로 원화의 사진첩을 보내주었다.[7] 손우와 심원의 인장이 찍힌 비단 채색화 목각판은 1920년대에 인쇄되어 출판되었다.[8]

원명원 안의 경관지점으로 가는 길은 예측할 수 없을 정도로 변화가 다양하다. 이 길은 굴곡져 구불구불하게 놓여 있는데,[9] 아마도 풍수적인 이유 때문인 듯하다. 사악한 귀신은 직선으로 다닌다고 믿었기에 길을 구불구불하게 휘어 놓아 재액을 막고 싶었던 것이다. 그건 그렇다 치고, 여하튼 굴곡지고 구불한 길을 가다보면 우리는 놀라운 경험을 하게 된다. 비좁고 굽이지며 그윽한 산길을 통해 끝까지 가면, 오래지않아 활연히 트인 공간이 우리를 맞이한다. 갑자기 나타난 아름다운 수풀, 푸른 하늘과 하얀 구름, 새, 기화요초, 그리고 구릉에서 물이 흘러나와 못으로 들어가는 풍경들은 우리를 놀라게 한다. 잠시 후 먼 산에서 산들바람이 살랑살랑 불어온다. 이 때문에 사람들은 더욱 흥겨워지고, 한 곳에서 다른 곳으로 길을 따라 가며 풍경을 즐길 수 있다. 이것이 '장藏(감춤)'과 '노露(드러남)'이다. 장춘원 북쪽에 있는 유럽식 건축은 담장과 구릉으로 둘러져 있으며, 중국식 건축 구조로 감추어 놓았다. 오직 멀리서 봐야만 높다란 지붕을 볼 수 있다. 그런데 이 '장'은 고작 "(비록 감춰놓았지만) 서양식 건축이 없으면 이 중요한 원림의 조화를 파괴할 것이다"는 의미를 전달하는 것이 아니라 경탄할 만한 효과를 만들고 있다.

산문이나 한시에서와 달리 원림의 '장'은 감춤을 통해 드러내는 것으로 간직하고 함축한다는 뜻이다. 이를 통해 펼쳐지는 파노라마는 한 눈에 그 끝을 볼 수 없을 정도이다.[10] 한 영국인은 18세기말 원명원을 구경한 뒤 일찍이 '장'의 효과를 기록하여, "원명원의 날아오를 듯이 추어올린 추녀는 웅장한 인상을 주며, 특히 먼 곳의 숲 속에서 볼 때 그러하다"라고 한 바 있다.[11]

오솔길 이외에 이 원림의 구석구석까지 이어지는 운하는 거의 실제 발로 걷는 동선과 같은 효과를 낳고 있다. 수많은 유람선과 나룻배들이 원림 안으로 오가는데, 선박을 효율적으로 운용하기 위해 뱃사공, 선창 관리원과 수리원을 별도로 두었고, 점차 그 인원수를 증원시켜나갔다. 그들은 원림 안에 거주하며 일했고, 뒷날 원림 내 뱃일을 전문적으로 담당했으며 황제와 황가의 시종이 되었다.[12]

원명원 본원의 구조

이 제왕 궁원 본원의 포국은 복해가 완공되기 전까지는 정방형이었다. 본원은 세 가지 종류의 인공 구조물로 조성되었다. 곧 행정 건축, 황가 주거 공간, 전원풍의 풍경 등이 어우러지며 중앙 축을 따라 남북 방향으로 펼쳐져 있다. 이밖에 작은 구역들이 거대한 궁원 안에 두루 안배되어 있었다.

주요한 출입구는 남쪽으로 열려있는 대궁문^{大宮門}으로 원내 18개 주요 궁문 가운데 하나이다. 이 궁문의 위에는 목제 편액이 걸려있고, 거기에 강희제가 친필로 쓴 '원명원^{圓明園}'이란 글자가 쓰여 있다. 대궁문 앞에 다섯 개의 기둥으로 이뤄진 건물이 있는데, 내각, 육부^{六部}, 한림원, 종인부^{宗人府} 등 주요 정부 부처의 관원들이 일을 보는 장소이다. 이 궁문을 지나면 이궁문^(출입현량문出入賢良門이라고도 부름)이 나온다. 호성하^{護城河}에는 아치교가 걸려 있고, 그 위로 금룡 한 쌍이 호위하고 있으며, 입구의 양 옆엔 신하들이 황제의 부름에 대기하는 방이 있다. 이곳은 황제가 매년 군대를 검열하고 궁술 시합을 열던 장소이기도 하다.[13]

정대광명전은 이궁문 안 정중앙에 위치하고 있다. '정대광명^{正大光明}'이란 위대한 통치자에게 어울리는 품성으로서 마음이 트이고 활달하다는 뜻이다. 이 건물은 자금성의 주전인 태화전을 똑같이 복제했다. 주전의 외벽은 유칠^{油漆(페인트)}이 칠해지고 도금으로 장식되었으며, 층층이 겹친 추녀 아래로 강철망을 씌워 새의 접근을 막았다. 전당은 높이 129피트^(약 39미터), 너비 63피트^(약 19미터), 직경 2.9피트^(약 84밀리미터)의 원목 기둥 7개가 4피트^(약 1.2미터) 높이의 대 위에 놓인 원형의 초석에 앉혀 있다. 전당 안에는 옹정제가 친필로 쓴 대련이 균형 있게 양쪽으로 걸려 있다. 세 단계로 나누어진 돌계단을 올라가 석회 벽돌로 이뤄진 대에 오르면, 그 위로 길이 약 60밀리미터, 두께 8밀리미터의 방형 대리석이 깔려있다. 주전의 앞에는 정원이 열려 있고, 양편으로 편전偏殿이 하나씩 있고, 주전의 뒤에는 석산이 거대한 옥죽玉竹처럼 꼿꼿이 솟아있다. 이 전당은 황제가 관원과 외국 손님을 접견하거나 연회를 열었던 곳으로, 특히 황제의 생일 등 특별한 경축 행사를 위해 사용되었고, 과거科學와 전시殿試를 열었다. 정대광명전을 핵심으로 조영된 이 행정 구역은 일반적으로 담장으로 에워싸서 제한 구역으로 만들었다. 그러나 안에서 보면 신록의 그늘과 울긋불긋한 꽃들이 사람을 편안하게 해준다. 원명원의 정치적 지위가 상승하게 되자, 이 전당도 양편으로 양익兩翼을 증축할 필요가 생겼다. 동익東翼은 군기 대신軍機大臣이 매일 정사를 처리했던 사무 공간이고, 서익西翼은 황제의 호출에 대비하여 기다리던 장소였다.[14] 건륭제의 40경 가운데 첫째로 명명된 경관지점이 바로 이곳이었다.

정대광명전의 동쪽으로 가면 근정전勤政殿이다. 이곳은 수많은 전

정대광명전(正大光明殿). '정대광명'이란 위대한 통치자에게 어울리는 품성으로서 마음이 트이고 활달하다는 뜻이다. 이 건물은 자금성의 주전인 태화전을 똑같이 복제했다.

왕췌 · 위신바이 그림

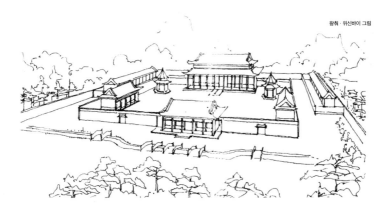

당으로 이뤄졌는데, 부춘루富春樓가 뒤편에 있고, 방벽총芳碧叢이 앞에 있으며, 그 사이로 보화전保和殿과 태화정전太和正殿이 놓여있다. 근정 진은 황제가 관원을 접견하고 상주문을 검토하며 간단하게 식사를 하던 곳으로, 그 기능은 자금성의 건청궁乾清宮과 동일하다. 정사를 보던 방 안의 어좌 뒤편에 큰 병풍이 있고, 거기에는 '무일無逸' 두 글자가 쓰여 있다. 그 뜻인즉슨 진심으로 노력하며 방종하거나 향락에 빠져서는 안 된다는 뜻이다. 옹정제 이후 이곳은 황제들이 국가의 대사를 처리하던 장소였으며, 건륭제는 이 경관지점을 '근정친현勤政親賢'이라고 명명했다.[15]

이 정무를 보는 공간 뒤쪽으로 전호前湖를 건너면 황제의 침궁이 있는 '구주九州'이다. 아홉 개의 작은 섬으로 이뤄져 있으며, 이 섬들은 200평방피트(약 19평방미터) 크기의 후호後湖를 에워싸며 다리로 이어져 있다.[16] 이른바 '구주'는 『서경書經』에서 고대 중국이 꿈꾸던 세계였다. 옹정제는 이곳을 '구주'라고 명명하고, 그로써 그의 제국이 사해四海로 둘러싸인 모습을 표상하고, 평화롭고 번영하는 '천하'를 상징하기를 희망했다. 나는 옹정제든 건륭제든 이들이 미니어처 구주로써 제왕 궁원을 건축하는 역사 가운데 '저녁 무렵 빛나던 마지막 햇빛'을 표상했다고는 생각하지 않는다. 왕의王毅는 무한한 세계를 작은 공간에 축소시켜 흡사 수미산須彌山을 겨자씨에 담아놓았으니 제왕의 위대한 기상을 상실했음을 표상한다고 보았다. 그러나 이는 오해일 뿐이다.[17] 사실 '호리병 안에 천지를 창조하는' 것은 아주 훌륭한 예술이다. 이런 설계는 위대한 기상을 상실한 것도

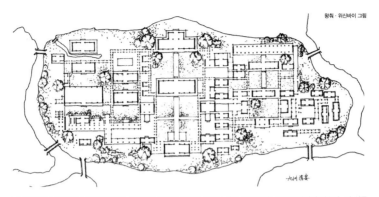

구주청안(九州淸晏)의 봉삼무사전(奉三無私殿). 황제의 침궁인 구주는 아홉 개의 작은 섬으로 이뤄져 있으며, 이 섬들은 다리로 이어져 있다. '구주'는 『서경(書經)』에서 고대 중국이 꿈꾸던 세계였다. 옹정제는 이곳을 '구주'라고 명명하고, 그로써 그의 제국이 사해(四海)로 둘러싸인 모습을 표상하고, 평화롭고 번영하는 '천하'를 상징하기를 희망했다.

아닐 뿐 아니라 제왕의 원대한 세계관과도 잘 부합한다. 실제로 이는 원림 예술이 갖고 있는 가장 중요한 미학적 요소로서, 작디작은 인공 건축으로 하여금 저 끝없는 대자연을, 천지는 물론 우주까지 담아 표현하도록 만들었다. 원림은 비록 그 규모가 제한되어 있지만 무한한 공간감을 창조하려고 했으며, 그래서 열린 공간이란 이미지를 만드는 것이 원림 예술의 기본이었다. 작은 데서 큰 것을 보고, 가까운 곳으로부터 먼 곳을 바라볼 수 있는 함축미를 구현하는 것은 두말할 것 없이 아주 정교한 기술이었다. 원명원 안의 '구주'는 제왕 궁원의 핵심으로서 총체로서의 중화 세계를 뚜렷이 표상하며, 이 표상을 통하여 드넓게 접속된 거대한 감각을 창조하고 있다.

　구주(사실 '구주청안'이다)는 북쪽에서 남쪽으로 축을 이루면서 건물 세 곳을 품고 있다. 일곱 개의 기둥으로 떠받쳐진 구주청안, 봉삼무사전奉三無私殿, 그리고 다섯 개 기둥으로 서 있는 원명원전圓明園殿 등이 그것으로, 이들은 전호를 바라보고 있다. 이 세 궁전은 또한 대궁문의 중앙과 축선을 이루고 있다. 이들 세 궁전의 동쪽에는 천지일가춘天地一家春과 승은당承恩堂이 우뚝 솟아 있다. 승은당은 후궁, 비빈이 지내는 곳이다. 그리고 이들 세 궁전의 서쪽에는 청휘각이 있다. 이 청휘각 안의 북벽에는 1737년에서 1860년 사이에 원명원 40경을 그린 채색화가 걸려 있었다. 황제의 침궁은 이들 전호와 후호 등 작은 호수 사이에 끼어있는 이 거대한 궁전군 안에 위치하고 있었다. 건륭제는 이곳을 '구주청안'이라고 명명했다.[18] 이 이름에서 건륭제가 소우주 안에서 '천하'를 엿보려했음을 볼 수 있다.

구주청안 안의 황제 침궁과 후궁은 모두 금지禁地로서 왕치성 신부도 직접 볼 수는 없었다. 그는 "상상할 수 있는 아름다운 사물, 가구, 장식품, 그림… 등, 아주 진귀한 각양각색의 나무, 중국과 일본의 칠기, 고대의 골동 화병, 비단, 금은 장식품 등이 이곳에 모여 있었다. 저들의 예술과 고상한 취미는 이런 재화의 본질을 더욱 한 차원 높게 승화시켜주었다"고 말했다.[19] 1860년 유럽의 침입자들이 이 궁전을 약탈했을 때, 한 영국 장교는 이 황실의 기거 공간에서 "벽에는 커다란 벽감壁龕이 있었고, 비단을 깔아놓거나 커튼처럼 걸어서 침상을 꾸몄으며, 황제가 걸어 다닐만한 평대가 약간 비스듬하게 놓여 있는" 것을 목격했다. 또 그는 머리맡에 놓여있는 "비단 수건에 주사朱砂로 각양각색의 이족인異族人들을 써 놓았고", 침상 옆의 탁자에는 "담뱃대와 다른 사치품들"이 놓여있는 것을 확인

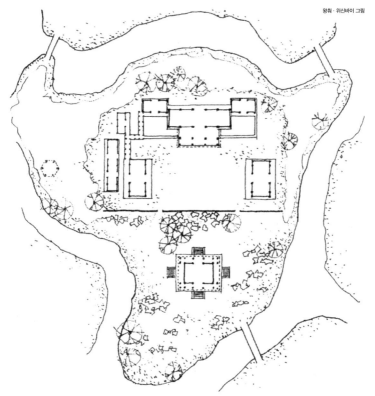

누월개운(鏤月開雲)의 기은당(紀恩堂). 구주의 두 번째 섬엔 모란대가 솟아 있는데, 뒷날 건륭제는 이 경관을 '누월개운'이라고 명명했다. 이 경관의 테마는 모란으로, 강희제는 그의 궁원 안에 90종의 모란을 심어놓았다. 모란이 피는 늦봄이면 황제는 모란대에 올라 짙푸른 솔숲을 배경으로 화사하게 수놓인 꽃들을 감상했다.

했다.[20] 이는 함풍제가 기거하던 방이 어떻게 장식되어 있었는지를 보여준다.

구주에 있는 두 번째 섬엔 모란대가 솟아 있다. 뒷날 건륭제는 이 경관을 '누월개운鏤月開雲'이라고 명명했다. 주전은 진귀한 녹나무로 지어졌고, 현란한 푸른빛과 금빛의 기와를 얹어서 화려한 외관을 자랑하고 있다. 주전 뒤에 기세가 당당한 누가 있는데 '어란분御蘭芬'

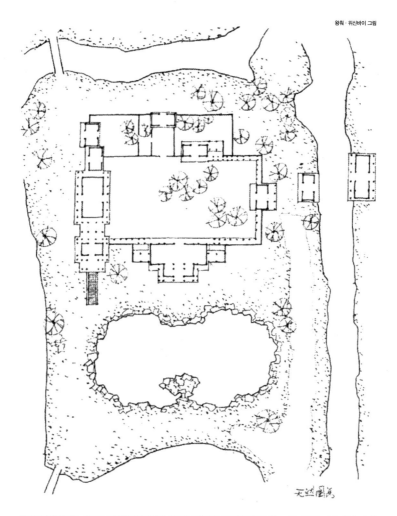

천연도화(天然圖畵). 후호의 동북쪽에 펼쳐진 이 경관의 전방으로 커다란 정원이 있고, 대숲 사이로 오동나무숲이 있는 것이 특색이다.

이라고 불린다. 다시 그 뒤에 넓은 건물군이 있다. 기은당紀恩堂을 중심으로 서편에 양소서옥養素書屋, 동쪽에 서운루棲雲樓가 있다.[21] 이 경관의 테마는 모란이다. 송나라 철학자인 주돈이周敦頤가 이 꽃을 부귀와 충정의 상징으로 꼽은 바 있는데, 강희제는 그의 궁원 안에 90품종의 모란을 심어놓았다.[22] 모란꽃이 피는 계절은 통상 늦봄으로, 이 무렵 수천 송이 꽃이 일제히 흐드러지면 황제는 모란대에 올라 짙푸른 솔숲을 배경으로 화사하게 수놓인 꽃들을 감상했다. 특히 건륭제는 모란대에서 시를 짓는 것을 가장 좋아했다.[23]

이밖에 일곱 개의 섬이 구주를 에워싸고 있다. 후호의 동북쪽은 '천연도화天然圖畫'이다. 이는 그곳 주 건물의 이름이기도 하다. 주 건물이 한가운데에 놓여 있고, 서쪽으로 각과 누가 하나씩이 있으며, 동쪽으로 오복당五福堂을 안고 있다. 이 경관의 전방으로 커다란 정원이 펼쳐져 있고, 대숲 사이로 오동나무숲이 있는 것이 특색이다.

오복당의 뒤로 나와서 작은 다리를 넘어 시내를 건너면 '벽동서원碧桐書院'에 이른다. 남향인 주 건물은, 모두 기둥 셋의 앞채, 기둥 다섯의 중심채, 기둥 다섯의 뒤채로 구성되어 있다. 곳곳에 가지런히 심겨 있는 오동나무가 정원 안에 그늘을 그윽하게 드리워서 언뜻 보면 집이 감추어져 보이지 않는다. 건륭제는 이곳에서 오동잎에 떨어지는 빗소리를 들으며 시상을 떠올리기를 좋아했다고 한다. 벽동서원에서 서쪽으로 돌아나가면 '자운보호慈雲普護'다. 뒤편에 독특한 종루鐘樓가 있고, 약간 서쪽으로 가면 기둥 셋의 주전인 환희불장歡喜佛場이 나오는데, 후호를 마주해 남향으로 앉아있다. 자운보

벽동서원(碧桐書院). 곳곳에 가지런히 심겨 있는 오동나무가 정원 안에 그늘을 그윽하게 드리워서 언뜻 보면 집이 감춰져 보이지 않는다. 건륭제는 이곳에서 오동잎에 떨어지는 빗소리를 들으며 시상을 떠올리기를 좋아했다고 한다.

호 북쪽에 3층 누각이 있는데, 그 안에 관음대사觀音大師와 관제성군關帝聖君을 모셔 놓았다. 자운보호의 동쪽에는 용왕전龍王殿이 있다. 이곳은 원명원 안에서 용왕을 부르며 복을 빌었던 곳이다.[24] '자운보호'란 이름은 모든 생명을 보살피겠다는 뜻이다.

이처럼 종교적인 빛깔이 있는 곳을 떠나 석교를 건너 서쪽으로 가면 '상하천광上下天光'이 나온다. 주 건물은 후호를 바라보고 있는

상하천광(上下天光). 주 건물은 후호를 바라보고 있는 2층 누각으로, 동정호(洞庭湖)의 악양루(岳陽樓)를 본떠서 만들었다. 이 누의 양옆으로 양쪽 물가까지 무지개처럼 다리를 놓았고, 그 가운데쯤에 팔각형의 정자를 지어놓았다.

2층 누각으로, 동정호洞庭湖의 악양루岳陽樓를 본떠서 만들었다. 이 누의 양옆으로 양쪽 물가까지 무지개처럼 다리를 놓았고, 그 가운데쯤에 팔각형의 정자를 지어놓았다. 이 누의 뒤편이 평안원平安院이란 작은 정원이다. 이곳에서 서남쪽으로 돌아가면 '행화춘관杏花春館'이란 섬에 이른다. 이곳은 행화촌杏花村, 춘우헌春雨軒, 취미당翠微堂, 억재抑齋, 경수재鏡水齋 등으로 구성되었다. 옹정제가 지은 곳인데 건륭제가 더욱 아름답게 만들어 40경에 포함시켰다. 건륭제는 살구꽃이 만연한 늦봄에 이곳에 오기를 좋아했는데 이곳 경치를 "봄이 깊어 꽃이 피니, 노을처럼 찬란하네春深花發, 爛然如霞"라고 묘사했다.[25]

행화춘관이 앉혀있는 섬에서 벽란교碧瀾橋를 건너면 '탄탄탕탕坦坦蕩蕩'이다. 탄탄탕탕의 앞채 건물은 세 부분으로 나뉘는데, 소심당素心堂을 가운데로 하여 동북쪽에 지어정知魚亭, 서북쪽에 쌍가재雙佳齋가 있다. 앞채의 뒤편에 광풍제월光風霽月이 있다. 이 경관은 독특하게도

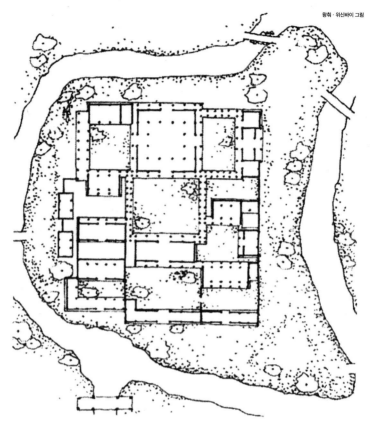

탄탄탕탕의 남쪽으로 가면 '여고함금(茹古涵今)'이란 섬이 나온다. 후호의 서남쪽에 위치했다.

방형의 어지魚池가 있는데, 이 어지를 건륭제는 마음에 들어 했다. 그는 시에서 장자를 인용하여 "피라미가 조용히 헤엄치니, 이것이 물고기의 즐거움이다鰷魚出游從容, 是魚之樂也"라고 한 바 있다.[26] 탄탄탕탕의 남쪽으로 가면 '여고함금茹古涵今'이란 섬이 나온다. 후호의 서남쪽에 위치했다. 이로부터 다리를 두어 번 건너면 주요한 집채와 장춘선관長春仙館이 나온다. 모든 누, 전당, 화실은 아주 커다랗게 방형

행화춘관(杏花春館)에서 벽란교(碧瀾橋)를 건너면 '탄탄탕탕'이다. 이 경관은 독특하게도 방형의 어지(魚池)가 있는데, 이 어지를 건륭제는 마음에 들어 했다. 그는 장자를 인용하여 "피라미가 조용히 헤엄치니, 이것이 물고기의 즐거움이다"라고 시를 쓴 바 있다.

으로 지어졌고, 편안하게 회랑으로 이어져 있다. 건륭제는 이 경관에 이름을 붙이면서, 두보의 시구인 "오늘날 사람을 박대하고 옛사람을 사랑하지는 않네不薄今人愛古人"를 인용했다.[27] 혹자는 아홉 개의 섬으로 이뤄진 40경 가운데에서 이곳이 가장 아름답다고 말한다.

구주를 지나 서쪽으로 넘어가면 만卍자형의 누가 나온다. 건륭제는 이를 '만방안화萬方安和'라고 명명했다.[28] 누각은 호수 위에 지어졌고 만자를 이루고 있다. 단단한 벽돌로 짓고 물로 에워쌌기에 겨울엔 따뜻하고 여름엔 서늘하다. 건륭제는 가을 달빛 아래로 '만'자가 수면의 위아래로 떠서 서로 비치는 금빛 그림자에 매료된 나머지 이 그림자를 '불광보조佛光普照'라고 불렀다. 만방안화의 서북쪽으로 가면 마찬가지로 외관에 종교적 의미를 품고 있는 '월지운거月

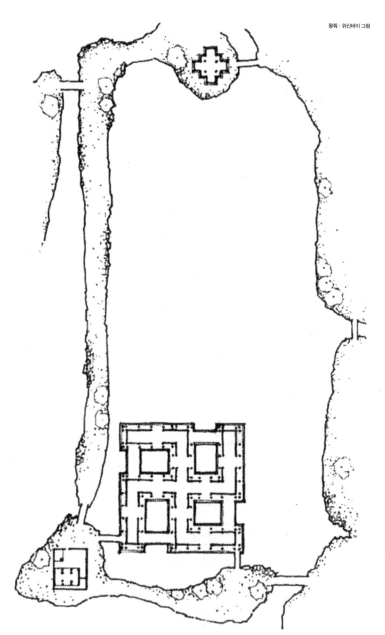

만방안화(萬方安和). 평안원(平安院)이 만(卍)자 건물의 주위에 있다. 건륭제는 가을 달빛 아래로 '만'자가 수면의 위아래로 떠서 서로 비치는 금빛 그림자에 매료된 나머지 이 그림자를 '불광보조(佛光普照)'라고 불렀다.

왕휘 · 위신바이 그림

무릉춘색(武陵春色). 만방안화의 북쪽은 도화오(桃花塢)다. 이 경관은 도연명(陶淵明)의 유명한 도화원(桃花源) 이야기를 떠올리게 만든다. 이 잃어버린 도화원은 이로부터 문인들에게 유토피아적 상상력의 근원이 되었다. 옹정제는 이곳을 세우고서 그 놀라운 설계를 무척 좋아했고, 누각마다 편액을 손수 짓고 썼다. 건륭제도 이곳을 '무릉춘색'이라고 명명하고, 40경에 수렴했다.

地雲居'가 있다. 이곳은 야트막한 붉은 담장과 푸른 소나무를 주위에 두른 채로 커다란 훈련장 북단에 숨어있다. 주 건물의 앞으로 작은 시내가 흐르고, 뒤편은 구릉에 기대어 있다. 이곳은 황실 사람들이 불경을 읽고 부처를 모시던 곳이다.[29]

만방안화의 북쪽은 도화오桃花塢다. 이 경관은 4세기경 시인 도잠陶潛(도연명陶淵明, 372~427)이 허구로 지어냈던 유명한 이야기를 떠올리게 만든다. 한 어부가 있었다. 그는 길을 헤매다가 도화원桃花源이란 별천지를 발견했다. 그곳에서 사는 사람들은 참으로 행복하게 살았고 바깥세상에 대해서는 알지 못했다. 어부는 집으로 돌아온 뒤 자신이 경험한 내용을 이야기할 수 있었지만 끝내 이 도화원을 다시

루산이(陸善儀) 그림

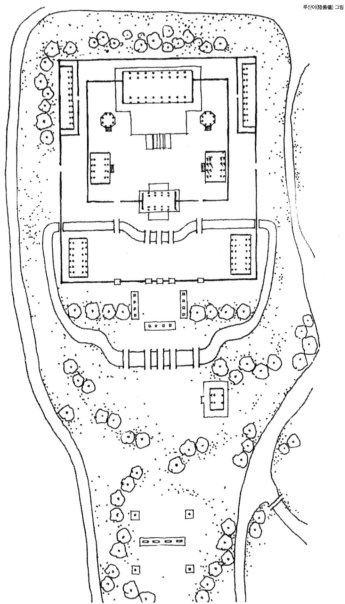

홍자영호(鴻慈永祜)의 안우궁(安佑宮). 홍자영호는 원내 다른 건축과는 달리 주로 돌과 대리석으로 세워졌다. 이곳은
건륭제가 1742년 60만 냥 백은을 들여 완성한 곳이다. 주 건물은 '안우궁'으로 불리며 산길이 끝나는 곳 한가운데에 남
향으로 앉아있다.

찾아갈 수는 없었다. 이 잃어버린 도화원은 이로부터 문인들에게 유토피아적 상상력의 근원이 되었다. 도화오는 몇 개의 전당과 누각들로 구성되어 있다. 동북쪽의 전당을 '도화심처桃花深處'라고 부른다. 옹정제는 이곳을 세우고서 그 놀라운 설계를 무척 좋아했고, 누각마다 편액을 손수 짓고 썼다. 건륭제도 이곳을 '무릉춘색武陵春色'이라고 명명하고, 40경에 수렴했다.**30**

대훈련장은 원명원 본원 서남쪽에 있다. 사열대가 있어서 군대를 훈련할 수 있었다. 건륭제는 이곳을 '산고수장山高水長'이라고 명명했다. 월지운거를 지나서 서북쪽으로 가면 '홍자영호鴻慈永祜'에 이른다. 이곳은 건륭제가 1742년 60만 냥 백은을 들여 완성한 곳이다. 주 건물은 '안우궁安佑宮'으로 불리며 산길이 끝나는 곳 한가운데에 남향으로 앉아있다. 『도함이래 조야잡기道咸以來朝野雜記』에는 "홍자영호는 월지운거의 뒤에 있다. 산길을 따라 들어가면 그 안에 안우궁이 있다鴻慈永祜, 在月地雲居之後, 循山徑入, 其中爲安佑宮"고 언급했다.**31**

홍자영호는 원내 다른 건축과는 달리 주로 돌과 대리석으로 세워졌다. 대문과 약간 떨어진 공간에 두 쌍의 화표華表가 패방牌坊 앞으로 마주보고 있다.**32** 패방의 지붕은 담황색 유리와가 얹혀 있고 추녀로 장식되어 있다. 화표는 높이 20피트(약 6미터)로서, 화표 사이의 간격은 100피트(약 305미터) 정도이다. 화표들은 네 개의 대리석 난간 기둥과 난간으로 둘러져 있고 석수石獸가 한 마리씩 안배되어 있었다. 난간 기둥에는 용, 구름, 불꽃 등이 새겨져 있었다. 나란히 놓인 다섯 개의 다리를 건너 호성하를 지나면 가림 장식 역할을 하는 패방 세 개가 궁문 앞에 서 있다. 다리에는 각각 약 174밀리미터 높이의 석기린石麒麟이 한 쌍씩 98밀리미터 높이의 석대 위에 앉아 있다.[33] 궁문은 주 전당으로 통하는 담홍색 외성에 나 있고, 그 외성 담장은 황색 유리와가 얹혀 있다. 내성 담장도 홍색이며 황색 유리와가 위에 얹혀 있다. 정원 안의 공간은 황제를 알현하기 위해 대기하는 방들이 있다. 주 궁문은 화려하기 짝이 없는 대리석 평대 위에 있어 난간을 잡고 한 층계씩 올라간다. 또다시 한 쌍의 다리가 호성하를 가로지르고 있다. 넓은 정원의 양측은 빈객들이 유숙하는 방들이 있고, 마당에 거대한 향로 한 쌍과 층층 처마가 있는 정자가 두 채 있다. 주전은 아주 커다란 대리석 평대 위에 있고, 다섯 개의 돌계단을 통해 층층이 올라간다. 돌계단은 청동수靑銅獸가 지키고 있으며 정교하게 용을 새긴 가운데 돌계단으로는 황제만이 다닐 수 있다. '홍자영호'란 이름은 건륭제가 명명한 것이다. 건륭제는 이 전당의 안에 옹정제와 강희제의 초상화와 패위를 두고서 돌아가신 부친과 조부에 대한 그리움을 표현했다. 건륭제가 죽은 뒤 그의 초상화와 패위도 그의 후계자들에 의하여 이곳에 안치되어 추념되었다. 만주 황족은 이 전당을 아주 중요하게 여겼다. 원림 안에 이렇게 규모가 큰 종묘를 조영한 예는 극히 보기 드물다.[34]

홍자영호의 동쪽에 '회방서원滙芳書院'이 있다. 이곳은 앞쪽에 서조헌抒藻軒, 뒤쪽에 함원재涵遠齋, 서쪽에 수안실隨安室, 동쪽에 탁운루倬雲樓가 있다. 회방서원에서 다시 동쪽으로 가면 '미월헌眉月軒'이 있고, 그 남쪽에 '단교잔설斷橋殘雪'이라고 이름 붙여진 야외 건축물이 있다.[35] 이 다리는 정자와 누각 사이에 있는데, 대략 세 개의 기둥이 들어설 만한 폭을 갖고 있다. 이 단교는 수십 가지 종류의 자갈로 만들어졌으며, 다리 일부가 남아 있어 지금도 그 터에서 볼 수 있다.

회방서원의 아래쪽은 종교 건축군인데, 베이징의 라마 사원 옹화궁雍和宮을 모방하여 지어졌다. 이곳은 모두 세 부분으로 되어 있다. 일곱 개의 기둥이 두 줄로 늘어선 누각이 두 개의 문랑門廊을 통해 서쪽으로 이어지고, 일곱 개의 기둥이 세 줄로 늘어선 누각이 중간에 자리하고 있으며, 그 동쪽으로 불교식 정원들로 이뤄진 서응궁瑞應宮이 위치하고 있다. 건륭제는 이 불교식 대정원을 '일천림우日天琳宇'라고 명명했다.[36]

종교 건축군의 동편에 아주 거대한 경관지점이 있다. 약 12에이커(약 73묘, 1묘는 약 666.7평방미터)로 제법 화려한 건축물들이 있는데, 그 안에

왕취 · 위신바이 그림

염계락처(濂溪樂處). 이곳에는 야트막한 못물에 연꽃을 수없이 심어 놓았다. 송나라 주돈이는 일찍이 '애련설(愛蓮說)'을 써서 군자를 연꽃에 비유한 적이 있다. 건륭제도 이로 말미암아 이곳을 '염계락처'라고 명명하여 그 자신도 수양하는 군자 안에 포함되고 싶은 욕망을 드러냈다.

는 기둥을 아홉 개나 세운 건물도 있고, 사방으로 구릉과 작은 시냇물을 두르고 있다. 이곳의 독특한 점은 야트막한 못물에 연꽃을 수 없이 심어놓은 데 있다. 송나라 주돈이는 일찍이 '애련설愛蓮說'을 써서 군자를 연꽃에 비유한 적이 있다. 건륭제도 이 글을 아주 칭찬한 바 있거니와, 이로 말미암아 이곳을 '염계락처濂溪樂處'라고 명명하여 그 자신도 수양하는 군자 안에 포함되고 싶은 욕망을 드러냈다.

자, 문헌 자료가 안내하는 여행을 계속 가보자. 좀더 동쪽으로 가면, 그곳에서 '수목명슬水木明瑟'을 만날 수 있다. 이곳은 서양식 수차를 통해 물을 집안으로 흘려보내고 있다. 아스스한 물소리가 와삭거리는 나뭇잎 소리와 어우러지며 황제를 인자요산(仁者樂山)과 지지자요수(智者樂水)의 최고 경지로 끌어들이고 있다.[37]

원명원 본원의 북단에는 농촌 풍경을 지닌 곳이 몇 군데 있다. 옹정제는 원림 안에 농지를 개간하여 수억만의 백성이 농촌에서 생활하고 있음을 자신에게 일깨우려고 의도했다. 그는 정자에서 농사를 어떻게 짓는지 보았고, 뒷날 이곳에서 직접 양잠, 방직을 실시했다. 일찍이 3~4세기 위진魏晉 시기에 문인들은 원림을 설계하면서 화훼의 배치와 특이한 바위산으로 끊임없이 자신의 독특한 개성을 표현하고자 했다. 혹자는 남다른 포부를 표현했고, 혹자는 순결하고 숭고하며 고상함을 드러냈다. 독특한 개성과 심미적 품위는 오래도록 원림과 그 주인의 '정신'으로 여겨졌다. 옹정제는 제왕의 책임을 아주 잘 알고 있었다. 정무를 게을리 하지 않았고 백성의 삶에도 관심을 가졌다. 그는 원림 안에 농촌 풍경을 일궈서 백성에 대한 사랑을 내보이고 어진 정치를 드러내고자 했다. 황제는 아주 분명하게 이 테마를 정치적으로 이용하여 자신이 수많은 농민의 정직한 지배자임을 표시했고, 아울러 자신이 유가의 도덕 이상을 추구하고 있음을 보여주었던 것이다.

건륭제는 농촌 풍경 다섯 곳에 이름을 붙였다. '수목명슬'의 남동쪽 인근에 외관상 거대한 상형문자인 '전田'자형의 건물이 보이는데, 이곳을 건륭제는 '담박영정澹泊寧靜'이라고 명명했다. 그 옆에 서광루曙光樓가 있다. 또한 몇 채의 집과 논으로 이뤄진 '다가여운多稼如雲', 논과 방직장, 양어장으로 구성된 '영수난향映水蘭香', 농가 주위로 시냇물이 흐르고 있는 '어약연비魚躍鳶飛'가 있다. 원래 '과농헌課農軒'이라고 불렸던 '북원산촌北遠山村'에는 비좁은 강물을 사이로 작고 아담한 누각과 집들이 있다.[38]

북원산촌에서 동쪽으로 가면 '좌석임류坐石臨流'가 솟아있다. 그 안에는 저장浙江 샤오싱紹興에 있는 난정蘭亭이 똑같이 복제되어 있다. 난정은 동진東晉의 서예가 왕희지王羲之(321~379)의 장원이었다. 왕희지는 이곳에 당대 명사와 친구들과 함께 술을 마시고 서법을 연습하며 시를 지었다. 그들은 문밖을 나와 시를 지을 때면 바위 위에 앉아서 시냇물에 술잔을 띄워서 흘러가는 것을 구경했다.[39] 시인이라 자부했던 건륭제는 왕희지의 흥취를 재현하는 데에 열심이었다. 이밖에 이 경관지점을 채우고 있는 건축으로 청음각淸音閣, 동락원同樂園이 있다. 동락원은 건륭제가 평상시 식사하던 곳이다. 난정의 곁에 '곡원풍하曲院風荷'가 있다. 이곳은 항저우 서호西湖의 연꽃이 핀 풍경을 참조하여 조성되었다. 이곳에 구공교九孔橋가 거대한 장방형 호수를 둘로 나누고 있다. 3피트(약 4.8킬로미터) 길이의 왼쪽 언덕도 서호의 소제蘇堤를 본떠서 지어졌다.[40] 이 경관은 모두 건륭제가 강남을 구경한 뒤에 원명원으로 끌어들인 것이다.

'서봉수색西峰秀色'은 원명원 본원의 동북쪽에 있다. 화려한 누각의 외관을 갖고 있으며, 옹정제가 석양을 감상하기 위해 지었다. 서쪽으로 넓게 트이고 밝은 창을 열어서 해질 무렵 아름다운 산의 풍경을 안으로 끌어들였다. 이는 '차경'이 적용된 가장 훌륭한 경우 가운데 하나다. 옹정제도 시를 통해서 장시 여산의 석양 풍경을 빌려왔다고 말했다.[41] 이 누각의 동쪽 건물이 '함원재'다. 사방을 모란꽃으로 둘러싸서, 꽃이 만개할 때면 도처에서 향기가 날아든다. 이 건물의 동북쪽이 '화항관어花港觀魚'다. 이곳에서 시냇물 속 물고기를 감상했다. 주위 산자락이 바로 삼선동三仙洞으로, 거의 200명을 수용할 만큼 트여 있다.[42] 건륭제는 이곳도 40경 안에 넣었다.

이제 시선을 원명원 대궁문의 동남쪽으로 옮겨보자. 먼저 '동천심처洞天深處'라는 이름의 자그마한 원림이 눈에 들어온다. 이곳은 황실의 학당이 설치된 교정으로, 죽림 안에 교실, 기숙사 등이 안배되어 있고, 난초와 소나무가 심겨 있다. 옹정제와 건륭제도 황자였을 때, 일찍이 이곳에서 공부했었다.[43] 궁문을 사이로 서편 반대쪽은 장춘선관으로, 건륭제가 황태자 시절 오랜 시간을 보냈던 곳이다. 장춘선관의 앞에 기둥 셋의 건물이 있고, 뒤편에 기둥 다섯의 주 건물이 있다. 이곳이 녹음헌綠蔭軒이다. 다시 서쪽으로 가면 누각, 화실, 사당, 전당, 상방廂房이 있다. 황제로 등극한 뒤, 건륭제는 자신의 어머니를 장춘선관에 살게 했다.[44]

복해의 풍경

원명원의 제2단계 조영은 동쪽으로 확장하여 원내 최대의 호수를 일군 것이다. 이곳이 바로 복해이다. 방형의 호수 각 변은 약 700미터로 드넓게 확장된 외관을 갖고 있어 열린 느낌을 준다. 석벽으로 지탱되고 있는 호안湖岸은 깎아지른 벼랑을 이루고 있다. 그곳에 반달모양의 대계臺階로 통하는 사다리가 놓여 있다. 길을 따라서 양쪽으로 꽃이 알록달록 피어있고 수풀은 짙은 녹음을 드리우고 있다. 넓게 트인 호숫가는 해가 저문 뒤 피어오르는 불꽃을 볼 수 있는 최적의 장소였다. 불꽃이 어둠 속에서 피어오를 때면, 화려한 색채와 갖가지 모양을 한 등불이 수없이 건물들 위로 내걸렸다. 건륭제는 달 밝은 밤이면 호숫가에 앉아 이를 감상하곤 했다. 자주 건륭제를 모시고 배를 탔던 프랑스 선교사 왕치성은 복해 둘레가 약 5마일(약 8킬로미터)로 원명원 전체에서 가장 아름답다고 말했다.[45] 그러나 이 수치는 왕치성이 어림잡은 것일 뿐 정확히 실측한 것은 아니었다. 하지만 예술적 성취가 그에게 광활한 느낌을 준 것만은 의심할 바 없다. 옹정제가 최초로 이곳을 과장하여 '바다海'라

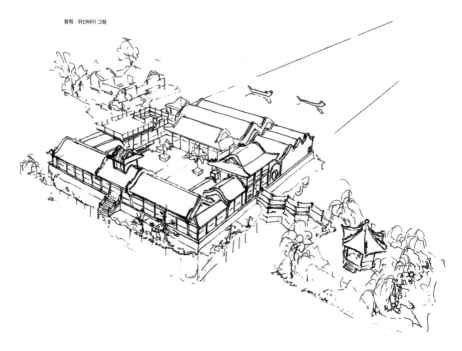

왕휘·위신바이 그림

봉도요대(蓬島瑤臺). 복해의 한가운데에 있는 '봉래주(蓬萊洲)'는 당나라 예술가인 이사훈(李思訓)이 그려낸 전설에 바탕을 두고 설계되었다. 주변 지형과 시야를 잘 고려한 덕택에 건축이 주위 환경과 잘 어우러진다. 건륭제는 이 봉래주에 '봉도요대'라고 이름을 붙여 주었다.

고 불렀다.

　복해의 한가운데에 '봉래주蓬萊洲'가 있다. 이는 당나라 예술가인 이사훈李思訓이 그려낸 전설에 바탕을 두고 설계되었다. 육조六朝 시대에 산수화가 싹을 틔운 이래로 이사훈은 오도자吳道子와 함께 역사상 가장 훌륭한 산수화가 가운데 한 사람이었다.[46] 그의 산수화 기법은 산수화에 삼차원 시야를 부여했다. 봉래주의 설계자도 주위 지형과 시야를 고려한 흔적이 완연하다. 그래서 건축이 아주 교묘하게 주위 환경과 잘 어우러져 있다. 건륭제는 40경을 명명할 때에, 이 봉래주에 '봉도요대蓬島瑤臺'라고 이름을 붙여 주었다.

봉래주는 수면 위로 약 6피트(약 1.8미터) 올라와 있는데, 세 개의 작은 섬으로 조성되어 있다. 가운데 가장 큰 섬이 '선인승로대仙人承露臺'다. 이곳의 외관은 정방형으로 모두 12개의 누각이 있다. 북쪽에 경중각鏡中閣, 동쪽에 창금루暢襟樓가 있고, 주로 불교나 도교 의식을 벌였던 극락세계가 서쪽에 있다. 동남쪽의 섬이 '영해선산瀛海仙山'이고, 서북쪽의 섬이 '북도옥우北島玉宇'다. 봉도요대는 건물로 사방을 둘러놓아서 매 방향마다 수면에 화려한 누각의 반짝이는 그림자를 내려다 볼 수 있어서 참으로 아름답다. 사람이 만든 모든 건물들은 안개 낀 언덕 사이로 보일 듯 말 듯 정녕 신화 속의 풍경에 다름 아니었다. 왕치성은 이 정경에 넋이 빠져 자신이 마치 물에 떠있는 거대한 바위(요대)에 있는 듯 생각했고 그 아름다움과 정취를 차마 말로 표현할 수 없었다.

이곳에서 보면 복해 주위로 궁전들이 적절히 떨어져 있는 모습을 볼 수 있다. 구릉들이 모두 이곳까지 뻗어오고, 모든 강물도 이곳으로 흘러 모여든다. 아니 시냇물이 이곳으로 흘러들어오는 것이 아니라 이곳의 물이 시냇물로 흘러나가고 있다. 시내 어귀나 끝에는 모두 다리가 놓여 있고, 다리 가까이 정자나 웅장한 패루가 서 있다. 갖가지 수목이 궁전들을 구역 짓고 꾸며 주며 그 안에 살고 있는 사람들의 일상을 남들의 이목으로부터 가려준다.[47]

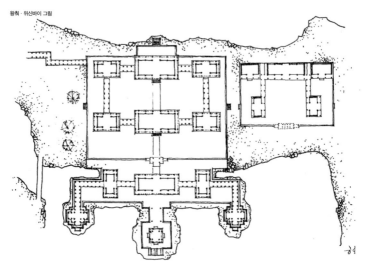

방호승경(方壺勝境). 복해 둘레에서 가장 매력적인 곳으로 호수 북동쪽에 자리했다.

봉래주에는 오직 배로만 이를 수 있었다. 옹정제는 자신이 좋아하는 황족이나 관원들과 배를 띄워 놀았다. 그의 용선龍船은 화려하기 그지없었다. 황제의 용선 뒤에는 항상 30여 척의 배들이 뒤따랐다. 건륭제도 뱃놀이를 좋아했다. 해마다 단오가 되면 이곳에서 성대한 용선 경기를 거행했었다.[48] 왕치성은 운 좋게도 황제를 모시고 봉래주에서 이 경기를 볼 기회가 있었다. 그는 화려하고 광채 나는 수많은 배들이 호수에 떠 있는 것을 보았는데, "배를 타고 휴식을 취하거나 낚시를 즐겼으며, 수군 조련을 했다"고 말했다.[49] 1860년 여름, 함풍제가 호수에서 뱃놀이를 한 것을 끝으로, 그로부터 4개월 뒤 외국의 침략군이 그의 어원(원명원을 말함)을 훼손했다.[50]

복해 둘레에서 가장 매력적인 곳은 건륭제가 1740년 완성한 '방

영훈정(迎薰亭). '방호승경'의 주 건물로 금색 유리와를 얹은 누각 한 쌍이 양팔을 두른 듯 세워져 있다. 이 누각들 뒤로 자리한 뜨락 안에는 소나무, 목란화 등 갖가지 나무와 분향로(焚香爐)가 있다.

호승경方壺勝境'이다. 이곳은 호수 동북쪽에 있다. 앞쪽으로 영훈정迎薰亭이 있는데 '방호승경'의 주 건물이다. 그 안에 금색 유리와를 얹은 누각 한 쌍이 양팔을 두른 듯 세워져 있는데, 동쪽이 금기루錦綺樓, 서쪽이 비취루翡翠樓이다. 이 누각들 뒤로 화려하게 장식한 문들이 서 있고, 그 안으로 커다란 공터가 열린다. 이 뜨락 안에 소나무, 목란화 등 갖가지 나무와 분향로焚香爐가 있다. 마당의 앞쪽으로 화려한 전당이 자하루紫霞樓와 벽운루碧雲樓를 동서로 끼고 앉아 있다.

이 구역을 돌아가면 경화루瓊華樓가 나온다. 이 누의 양옆으로 천상전千祥殿과 만복각萬福閣이 있다. 이곳 동쪽에 예주궁蕊珠宮이 있고, 예주궁 남쪽에 선착장과 용왕묘龍王廟가 있다. '방호승경' 안의 건축물 기둥은 모두 암홍색과 녹색으로 칠하고, 백색과 남색으로 배색되어 있으며, 하얀 대리석이 쪽빛 물빛과 선명한 대조를 이루고 있다.

방호승경 서편은 항저우 서호의 '삼담인월三潭印月'을 차경하여 수면 위로 세 개의 달그림자를 자아내고 있다. 이 경관은 도교적 신비로움을 갖고 있는 바, 건륭제가 스스로 묘사한 것처럼 저 진시황도 바다 밖에서 조차 찾지 못했던 선경을 창조하고자 했던 것이다.[51]

방호승경에서 서쪽으로 가면 '평호추월平湖秋月'이 나온다. 이 또한 항저우 서호를 복제한 경관이다. 건륭제는 8월 중순 보름달이 뜬 밤에 호수 위로 금빛 찬란하게 빛나는 경관을 보기 위해 차경했다. 다시 이곳으로부터 서쪽으로 가면 복해 서북쪽에 있는 '확연대공廓然大公'으로 들어서게 된다. 이곳은 일곱 개 기둥을 지닌 건물인 '확연대공'과 환수산방環秀山房, 쌍학재雙鶴齋, 임호루臨湖樓 등과 그 안에 또다시 커다란 못물이 있다. 복해 남단의 서쪽에는 '조신욕덕'이

평호추월(平湖秋月). 항저우 서호를 복제한 경관으로, 건륭제는 8월 중순 보름달이 뜬 밤에 호수 위로 금빛 찬란하게 빛나는 경관을 보기 위해 차경했다.

왕췬·위신바이 그림

세워져 있다. 그곳에는 기둥 셋의 징허사가 동쪽을 바라보며 있다. 징허사는 함청휘含清暉와 함묘식涵妙識이라고 부르는 작은 건물을 양쪽으로 안고 있다. 징허사 북편으로 복해를 따라 망영주望瀛州가 보이고, 다시 눈을 들면 '심유독서당深柳讀書堂'이 보인다.[52]

복해의 남단에는 거대한 경관이 펼쳐지는데, '협경명금夾鏡鳴琴'이다. 건륭제가 이백의 시에서 이름을 딴 것으로, 마치 한 쌍의 거울처럼 나란히 붙어 있는 호수들을 염두에 두고 붙인 것이다.[53] 곧 한쪽으로는 커다란 복해가 있고, 다른 쪽에 작은 호수를 두고서 그 사이로 길고 좁다란 제방을 축조하여 경관을 이루어 놓았다. 주 건물은 아름다운 정자로서, 두 개의 섬을 이으며 길고 곧게 뻗은 제방 위에 앉아 있다. 제방의 뒤편도 호수를 담고 있어서 정자의 그림자가 수면에 어른대며 아름다운 경치를 이뤄낸다. 정자 남쪽으로 물건너편에 취원루聚遠樓가 높이 솟아 있다. 남쪽에서 보면 곧게 뻗은 제방이 엎어놓은 U자형으로 굽이져 보인다.

두 개의 섬 가운데 작은 섬 동편에 폭포가 흘러내리는 가산이 있다. 부근의 광육궁廣育宮과 그 남쪽의 응상전凝祥殿에서 모두 물이 쏟아지는 폭포 소리를 들을 수 있다. 광육궁 동편의 산에 유명한 종이 걸려 있다. 항저우 서호 근처에 있는 남병산南屏山의 '남병만종南屏晚鐘'을 복제한 것으로, 이 종은 실물과 모양이나 크기가 완전히 똑같이 제작되었다.[54] 전해오는 이야기에 의하면, 이 복제한 종이 처음 설치되었을 때에 소리가 기대했던 만큼 청량하지는 않았다. 그런데 원명원의 한 젊은 기술자가 종의 옆에 아주 깊은 구덩이를 파놓

왔더니 소리가 울려 퍼졌다고 한다. 그 뒤 건륭제는 구주의 침궁 안에서도 또렷하게 종소리를 들을 수 있었다.[55]

복해의 동남쪽에 '별유동천別有洞天'이란 경관이 있다. 주 건물은 기둥이 다섯 개이고, 그 둘레를 어디 하나 흠잡을 곳 없는 건물군으로 에워싸 놓았다. 그 안에 납취루納翠樓, 수목청화水木淸華, 시상재時賞齋 등이 있다.[56] 복해의 동쪽으로도 별장이 많은 곳이 있는데, 건륭제는 이곳을 '접수산방'이라고 불렀다. 주 건물은 그 아래편으로 남취정攬翠亭, 그 위편에 심운루尋雲樓가 있고 뒤편에 징연루澄練樓와 이연서옥怡然書屋이 있다. 산자락을 따라 접수산방의 뒤쪽으로 올라가면 복해가 한눈에 들어온다. 건륭제는 이곳에서 해가 떠오를 때 하늘에 떠 있는 구름과 해질 무렵 서산이 물들어가는 풍경을 감상했다.[57]

복해 동쪽 호숫가의 북단에 일군의 집채들이 있는데 '함허랑감涵虛朗鑒'이다. 여타 경관지점들처럼 이 이름이 주 건물의 이름이기도 한데, 청명한 호수를 투명한 거울로 비유하여 자신을 반성했다는 한시의 전고에서 유래했다. 이 경관 안에 '뇌봉석조雷峰夕照'라고 불리는 누각군이 있는데, 그곳에 '함허랑감'이란 편액이 걸려 있다. 누각의 서북편으로 방형의 혜여춘惠如春이 보이고, 동북편으로 심운사尋雲榭, 이란정貽蘭亭 등이 있다.[58]

복해를 둘러싸고 수렴된 모든 경관지점은 실實과 허虛가 결합되어 시적 정취를 주고 있다. '실'은 건축물을, '허'는 그로부터 일어나는 상상을 가리키며, 허는 실을 부연하고 재창조하고 있다. 원림예술에서 '허'는 그저 추상적인 것을 말하는 것만은 아니며, 눈으로 포착되지는 않지만 함축되어 존속되는 요소이다. '실'이 눈으로 볼 수 있는 형식이라면, '허'는 눈으로 보거나 손으로 만질 수 없는 내용이다. 그래서 상상 속의 경색^{景色}을 추구할 때, 원림 설계자라면 실과 허의 상호작용에 대한 식견을 반드시 갖추어야 한다. 이런 점에서 개성 있게 명명된 '원명원 40경'은 그들 사이의 관계를 증명해주는 아주 좋은 실례라고 할 수 있다.

왕치성 신부는 40경이 모두 갖추어져 명명되기 한 해 전에 원명원에 왔다. 그는 약 20 내지 60피트^(약 6~18미터) 높이의 구릉들이 솟아 있는 거대한 대지 위에 아주 아름답고 매력적인 건물들이 세워진 모습을 보았다. 저들은 본래부터 있었다는 듯 자연스럽게 수많은 '골짜기'를 이루고 있었다. 이 골짜기들이 바로 왕치성이 거론한 경관지점들이다. 그는 또 '맑은 강물'이 크고 작은 호수 안으로 흘러들어가고, 운하 사이로 길이 78피트^(약 24미터), 폭 24피트^(약 7미터)에 화려한 누각이 있는 웅장한 배가 떠 있는 것을 보았으며, 갖가지 전당, 개방적이면서 밀집되어 있는 문랑, 꽃밭, 원림, 폭포 등도 보았다. 그는 이 모든 것을 보았을 때 너무도 흥분되었고 깊은 인상을 받았다. 그가 생각하기에, 40경을 구성하는 집채만도 200동을 넘어섰는데, 이처럼 아름다운 곳은 유럽에서도 본 적이 없었다. 그래서 그는 원명원이야말로 "지구상의 진정한 낙원"이라고 여겼다.[59]

제3장

확
충

1744년, 건륭제가 원명원에서 다채로운 경관지점들을 뽑아 '40경'으로 명명했을 때, 그는 자신의 어원이 이제 완성되었다고 여겼다. 그러나 사실 이제부터 더욱 많은 정원을 조영하려는 열정이 싹트기 시작했던 바, 청더의 피서산장과 양저우의 수서호瘦西湖 이외에도 원명원을 대대적으로 확충하여 결국 십수 개의 작은 원림과 독립적인 경관을 조성했던 것이다. 매 경관지점마다 독특한 양식과 주제를 갖추었지만 그렇다고 이 때문에 전체 원림의 총체성을 잃지는 않았다. 하나의 경관지점은 또 다른 곳과 겹치고, 겹치면서 다시 하나의 경관지점에서 다른 곳으로 넘어갔다. 그래서 이들은 끊이지 않고 연속되고 결합되어 있다는 느낌을 주었다. 분명히 건륭제는 원림을 지속적으로 조영하고 싶은 욕망을 억누를 수 없었다. 또한 다른 누구도 그를 절제시킬 수 없었다. 무엇보다도 그럴 수 있었던 가장 큰 이유는, 제국이 아직은 제법 부유했고, 그것이 그의 욕망을 채워주고 합리화할 수 있었기 때문이었다.

장춘원

1749년, 원명원 확충의 시작을 알리는 사건이 일어났다. 원명원에서 동쪽으로 1,059에이커^(약 6,428묘)의 땅에 새로운 건축이 이루어졌는데 이곳이 장춘원이다. 건륭제가 어린 시절 오랫동안 장춘선관에서 지냈던 데서 유래된 이름이다.

이 거대한 별관은 원림사에서 가장 종합적이고 사치스러운 단일 프로젝트로서 일정한 청사진에 따라 설계되고 조영되었다. 건륭제는 퇴위한 뒤에 지낼 곳이 필요했다. 자신의 나이 85세가 되면 황제로 등극한 지 60년이 되었다. 그때 후계자에게 양위하고 물러나 살 공간이 필요했던 것이다. 그러나 1751년 장춘원이 완성되었을 때에도 건륭제가 퇴위하려던 나이까지는 아직도 40여 년이 남아 있었다. 결국 장춘원은 완공된 그 해로부터 건륭제가 퇴위할 때까지 원명원에서 아주 중요한 공간이 되었다. 이 원림은 황제의 퇴위를 대비하여 조영되었기에, 모든 설계가 휴양에 맞추어져 있었다.

도가 미학을 바탕으로 휴양을 위한 매력적인 외관의 각종 건축은 원명원 본원에서는 거의 찾아보기 어려웠지만, 이곳 장춘원에서는 어렵지 않게 볼 수 있었다.

원명원을 수경원水景園이라고 부른다면, 장춘원이야말로 더욱 수경원이란 이름에 어울린다. 활기 넘치는 친수 공간을 위주로 설계되었는데, 물을 이용하여 공간을 분할하고 갖가지 형상으로 뭍섬과 모래섬을 조성했으며, 그들 사이를 다리와 수변으로 이어놓았다. 건축 조영은 원명원 동문, 즉 명춘문明春門 부근에 있는 수마촌水磨村의 동쪽으로 개간된 터 위에 함경당含經堂과 담회당淡懷堂을 짓는 것으로부터 시작되었다. 장춘원에 제왕 궁원의 위용을 부여하기 위해 다섯 개의 기둥이 있는 웅장한 궁문을 세우고, 기린 한 쌍을 한백옥漢白玉* 의 좌대 위에 두어서 흡사 원명원 본원의 궁문처럼 만들어 놓았다.[1] 장춘원의 궁문 앞에도 양쪽으로 관서를 마련했지만 이 궁문은 거의 사용되지 않았다. 두 원림을 직접 이어주는 명춘문을 통해 장춘원으로 들어오는 것이 황제와 그 시종들에게 더욱 편리했기 때문이다.

이 궁문을 통해 안으로 들어가면 곧장 기둥 아홉의 담회당과 두 줄로 배열된 측전側殿, 그리고 정전의 후방에 있는 남장하南長河가 눈에 들어온다. 이 전당의 서쪽으로 가면 거의 40미터 길이의 아치가 열 개나 되는 석교가 나온다. 남장하를 건너는 장춘교長春橋다. 이 다

---

* 대리석의 하나로, 한나라 이래로 사용되었기에 붙여진 이름

리를 건너면 원내 한가운데에 위치한 섬에 도달한다. 곧 장춘원 안에서 가장 큰 섬으로 위쪽에 거대한 정원 건축이 있는데 거의 '구주청안'의 규모에 육박하며 장춘원 전체 면적의 10분의 1을 차지한다. 정원 안에는 한 쌍의 주 건물이 있는데, 남쪽의 함경당과 북쪽의 온진재溫眞齋가 그것이다. 이 건물들은 녹음이 우거진 구릉과 꽃 숲으로 둘러싸여 있어 편안한 느낌을 준다. 그 안에는 또한 색채가 화려한 패루가 있고, 동쪽, 남쪽, 서쪽 방향으로 낮은 담장을 세워 놓았다. 함경당은 제법 방대한 규모의 건축군으로, 주방, 창고, 상방, 주랑 등 480여 개의 갖가지 건축이 복합적으로 이루어져 있다. 이곳은 황제가 장춘원 내에서 침궁으로 썼던 곳이다. 건륭제는 이곳에서 휴양하고 독서하며 염불을 외고 안녕을 기도했고, 바쁜 하루를 지낸 뒤 깊은 사색에 드는 공간으로 삼았다.[2]

온진재의 앞쪽에 한백옥으로 조각한 석사자石獅子 상이 짝을 이뤄 세워져 있고, 양 옆으로 상방이 이어져 있다. 1773년 건륭제는 이곳에 『사고전서회요四庫全書薈要』를 두었다. 이 책은 『사고전서』의 축약본으로, 이 때문에 이 서재를 '미유서옥味腴書屋'이라고도 부른다. 이 아담한 서재는 1860년, 원명원 내 『사고전서』의 수장고였던 문원각과 함께 불살라지고 말았다.[3]

함경당과 온진재 사이에는 커다란 정원이 조성되어 있다. 건륭제는 그 안에 순화헌을 짓고 진귀한 비각을 전시했다. 수많은 비각이 함경당과 온진재를 잇는 장랑의 벽을 따라 안배되었는데, 모두 대가들의 진필이었다. 아마도 건륭제가 서법을 본떴던 대상이 분

명하다. 사실 건륭제도 제법 솜씨 있는 서법가였다.[4]

　장춘원 한가운데에 놓인 이 섬은 양쪽으로 작은 섬을 끼고 있다. 서쪽 섬에 사영재思永齋를 세웠는데 거대한 규모로 갖가지 건물들로 구성되어 있고, 동편으로 '소유천小有天'과 닿아있다. 이곳 주 건축물의 이름도 '사영재'로서, 기둥 다섯에 주랑도 달려 있으며 양익이 드넓은 호수를 향해 열려 있다. 아울러 기둥 셋의 전당과 이어지는데, 그 안에는 방마다 값을 따질 수 없는 청동 골동품이 진열되어 있다. 이 전당의 북쪽은 원풍루遠風樓를 바라보고 있다. 다시 북쪽으로 가면 팔각형의 회랑이 있는데 백색 난간이 아주 정교하게 조각되어 있다. 그 길을 따라 쭉 가면 팔각형의 금붕어 못이 있는 정원이 나온다.[5] 그리고 포국의 정교한 균형을 위해 한가운데 섬의 동쪽에도 사영재와 짝을 이루는 건축이 있다. 바로 '옥영롱관玉玲瓏館'이다. 이 '옥영롱관'의 평면도를 보면, 주랑을 통해 이어지는 두 개의 건축물이 있는데, 동쪽은 자연스럽게 설계되었고, 서쪽은 직선형으로 설계되어 있다. 동쪽의 거주 공간에는 곡선형의 대리석 욕지浴池가 있는데 건륭제의 목욕을 위해 특별히 만들어놓은 것이다. 이 복합 건축군의 동남쪽에 산으로 둘러싸인 영청재映淸齋가 범상치 않게 앉아 있다. 이 안의 건물들은 모두 길게 굽은 회랑으로 이어져 있다.[6]

　한가운데에 있는 섬에는 함경당, 순화헌, 온진재 등 주 건물들이 남북으로 축선을 이루며 안배되어 있다. 덕분에 호수를 건너는 사람들에게 강한 인상을 준다. 이 섬에는 또 남쪽에 취교헌翠交軒, 애산

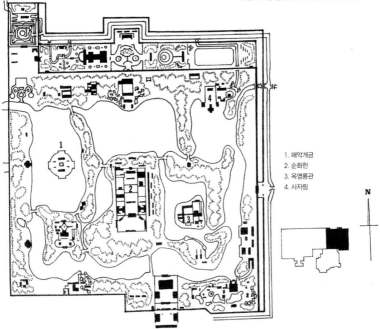

루산이가 『원명원』(제1기)에 수록된 지도를 참조해 그림.

1. 해악개금
2. 순화헌
3. 옥영롱관
4. 사자림

N

장춘원(長春園) 전도. 장춘원은 황제의 퇴위를 대비하여 조영되었기에, 모든 설계가 휴양에 맞추어져 있었다. 이 별관은 원림사에서 가장 종합적이고 사치스러운 단일 프로젝트이다. 북쪽에는 유럽식 건축물이 들어서 있다.

루愛山樓 등이 있고, 북쪽에 택란당澤蘭堂이 있다. 택란당 서편에는 독특한 풍모의 사원들이 있다. 특히 법혜사法慧寺에는 빛깔 고운 유리와가 얹혀 있는 73.5피트(약 22미터)의 탑이 거대한 한백옥 대계 위에 앉아 있다. 전당과 누각 사이에 정원이 들어서 있고, 주랑을 통해서 건물을 잇고 있어 인공적으로 조성된 배경을 천연적으로 보이게 만들고 있다.[7] 돌다리, 동굴, 의자들 및 인공 폭포를 모두 솔숲이 울창한 산비탈에서 찾아 볼 수 있다.[8] 이곳은 높은 지대에 자리하고 있기에 장춘원 전체를 조망할 수 있다.

장춘원에서 가장 놀라운 건축은 '해악개금'이다. 가운데 섬 서쪽으로 나 있는 장방형 호수 안의 둥근 섬 위에 있으며, 겉으로 보기에 푸른빛과 금빛으로 반짝인다. 건물들은 상하 2단의 원형 대계 위에 앉아 있다. 하단의 대계는 직경이 대략 80미터 가량으로, 주변은 한백옥 난간으로 둘러져 있다. 어떤 방향에서든 수변과 아주 가깝다. 상단의 대계는 직경 70미터 가량으로, 그 위에 3층짜리 방형 정자가 있다. 지붕은 황색 유리와로서 천단天壇과 비슷하다. 이 독특한 경관은 마치 거대한 옥사발이 엎어져 있는 듯하며, 찬란한 빛을 뿌리고 있다.[9] 이 안의 갖가지 건물들이 석류나무 사이로 언뜻언뜻 보인다. 멀리서 보면 허공에 떠 있는 듯하고 가까이 가면 선경 그 자체였으며, 매년 5월이면 울긋불긋 수놓은 꽃사태로 사람의 마음을 홀려대었다. 정자의 동쪽에 커다란 못이 있는데 그 주위로 수양버들이 심겨 있고 여름이면 못 안에 연꽃이 만개했다.[10]

해악개금의 동쪽으로 좁은 수로를 건너면 '장산도 선인대長山島仙人臺'가 나온다. 길이 약 350미터, 너비 20미터의 방형 벽돌 건물이다. 높이는 건물 2층 정도인데, 옥으로 조각된 계단이 선인대까지 나 있다. 곳곳에 백일홍, 유도화, 석류나무, 무궁화, 종려나무, 소나무가 있고, 특히 백피송이 빽빽하게 자라서 드리운 녹음은 선인대보다 높다. 이 선인대의 꼭대기에는 십자형의 정자가 있다. 금동색의 지붕에 황색 유리와가 얹혀 있고, 정자 안에는 거대한 관음상과 12개의 작은 조각상이 늘어 있다. 정자의 주위는 남북으로 뻗은 구릉에 모란이 심겨 있어 봄이면 아름다운 경치를 만들어내었다.

해악개금에서 서편으로 호수 건너편 언덕이 아름다운 '유향저流香渚'다. 금빛 기둥, 층층 추녀, 사각형 정자 등이 아름답게 조각된 한 백옥 대계 위에 앉아 있다. 정자의 바깥쪽에 석류나무가 수없이 심어져 있어 5월에 꽃이 만개하면 붉은빛과 하얀빛이 서로 어우러진 한 폭의 꽃 자수를 이루었다. 정자 동쪽으로 호수 수면에는 연꽃이 끝도 없을 정도로 가득히 덮고 있다. 섬들의 전체적인 포국은 도가적인 선경을 생생하게 보여준다.[1] 유향저, 해악개금, 장산도 선인대 등은 동서로 축선을 이루고 있다. 근래 조원가에 의하면, 이 부분이 장춘원에서 가장 훌륭한 솜씨를 보여준다고 할 수 있다. 우리는 원명원 지도를 통해 황제와 그의 시종들이 다니던 노선을 대략적이나마 알 수 있는데, 저들은 구불구불한 길을 따라서 복해의 동쪽 언덕으로부터 장춘원과 원명원 본원의 경계인 명춘문을 지나자 곧바로 이 멋진 경치를 볼 수 있었으리라.

장춘원 안에 있는 수많은 건축들 가운데 건륭제가 남순南巡하다가 마음에 드는 원림과 경관지점을 그려 와서 모방한 것이 적지 않다. 건륭제는 수많은 강남의 원림을 방문했다. 그는 수시로 기술자와 예술가를 수행시켜서, 그들에게 자신이 좋아하는 원림을 모방하도록 한 뒤, 다시 장춘원 안에 그것을 세우도록 책임을 맡겼다. 건륭제는 늘 원림의 설계자에게 강남의 원림과 가능한 한 똑같이 만들도록 명령했다. 그리하여 적어도 다섯 개의 강남 원림이 장춘원에 조영되었다.

장춘원 동남쪽에 있는 '여원如園'은 난징 '첨원瞻園'의 양식을 가져다 조영한 곳이다. 이 원림은 독특하게도 가산과 토석을 쌓아 이루었는데, 원래의 첨원보다 규모는 훨씬 크다. 여원의 승경은 동편에 자리하고 있다. 그곳에 있는 커다란 못이 북쪽의 전당과 남쪽의 누각을 가르고 있다. 못의 동쪽엔 7미터 높이의 인공 구릉이 솟아 있고, 산자락 아래의 양옆과 대계 위에 정자가 여러 채 있다. 대계 위에서는 한 쪽으로는 장춘원을 볼 수 있고, 다른 쪽으로는 남쪽 담장 너머로 교외 풍경을 볼 수 있다. 대계 아래에는 수백 송이의 진귀한 모란꽃이 심겨 있다. 못의 서쪽에는 돌로 쌓은 가산과 동굴이 있다. 이 가산의 꼭대기에 청요사淸瑤榭를 세워놓았는데, 함벽루含碧樓를 마주 바라보고 있다. 육각형의 정자 뒤편으로 유록헌惟綠軒이 있고, 청요사의 북쪽에는 기둥 일곱의 연청정延淸亭이 있으며, 청요사의 서쪽에는 함취헌含翠軒이 있다. 이 전당에서 북쪽을 바라보면 600미터 너머에 있는 호수와 구릉을 볼 수 있다. 따라서 이 원림은 비록 커다란 원림의 한 부분으로 규모가 작지만 차경을 한층 더 잘 활용하고 있다.[12]

담회당의 서쪽 부근에는 천원茜園이 있다. 그 안에 낭윤재朗潤齋, 담경루湛景樓, 능향편菱香片 등이 있다. 공간과 수택水澤, 둑 및 1.2에이커(길이 약 100미터, 너비 50미터 가량) 토지 위의 건축 등은 아주 섬세하게 강남풍의 포국을 받아들여 썼다. 동쪽으로 흐르는 작은 강물 위로 우아한 아치교, 곡교曲橋, 삼공三孔의 석교가 가로지르고 있다. 정교한 가산으로 이루어진 강둑은 성문처럼 보이는 건축을 지탱하고 있고, 수면 위로 떠 있는 갖가지 식물들은 사람의 손길이 미치지 않은 듯한 느낌을 준다. 이 정원 안에도 꽃밭, 작은 나무들이 있고, 못 안에는 수천 마리의 잉어가 헤엄치고 있다.

낭윤재의 서편으로 초록빛이 고운 진귀한 호석湖石이 서 있다. 1752년, 건륭제는 항저우의 황폐한 남송南宋 황궁 터에서 이 바위를 가져와서 '청련타靑蓮朶'라고 명명하고, 아울러 그것을 특별히 이 원림 8경의 하나로 꼽았다.[13] 건륭제는 이 바위를 좋아한 나머지 네 수의 시를 지었는데, 그 한 수를 들면 다음과 같다.

찬란히 빛나는 뭍의 연꽃을 깎아서
단번에 색즉시공의 선법 제시하노라.
취령에서 날아온 것 분명하건만
고즈넉이 감상하다 별안간 겸연쩍노라.
刻削英英陸地蓮, 一擧提示色空禪.
飛來鷲嶺分明在, 幽賞翻因意歉然.[14]

'소유천'은 사영재 동북쪽에 있다. 1751년 건륭제가 왕지악汪之萼을 찾아가서 항저우 남평南平의 석원石園을 살펴본 뒤 모방해 조영했다. 작고 아름다운 정원이 수많은 화훼와 구릉, 동굴과 인공 폭포로 이뤄져 있다. 장춘원 동북쪽은 '사자림獅子林'인데, 기석奇石 원림 가운데 가장 이름이 높았던 쑤저우의 황씨黃氏 섭원涉園을 본떠서 조영한 것이다. 섭원은 문헌기록상 1342년 천여선사天如禪師 유칙維則이 설계했다고 하는데, 건륭제는 1762년에 이곳을 찾아본 적이 있었다.

원나라 화가인 예찬(倪瓚)이 이 원림을 화폭에 담은 뒤로 그 명성이 더욱 자자해졌다.[15]

일찍이 쑤저우의 섭원이 지어지기 전에 송나라 학자 엽몽득(葉夢得) (1077~1148)이 먼저 저장성 후저우(湖州)의 고향집에 석림(石林)을 조영했다. 그러나 이미 석림이 훼손되었던 터라, 건륭제가 석림을 조영하는 데에는 섭원이 가장 좋은 모델이었다. 사자림은 그 면적이 2.2에이커(약 13묘)로, 서쪽에 건물(房舍)들을 배치하고, 동쪽에 기석을 안배했다. 건물로 양월정(養月亭), 화취관(花驟館) 및 석림으로 통하는 길목에 횡벽헌(橫碧軒)이 세워졌다. 건륭제의 말처럼, 기석으로 가산을 쌓는 것이 이 석림의 주요한 주제였다. 그는 친히 어지를 내려 쑤저우에서 가장 훌륭한 기술자를 초빙하여 기석을 쌓아 석림을 조성해서 쑤저우 사자림과 똑같이 만들었다. 이 조영은 분명히 완료된 듯하다. 왜냐하면 건륭제가 장춘원의 사자림을 보자마자 남순에서 보았던 것을 떠올렸다고 적고 있기 때문이다.[16]

'감원(鑑園)'은 여원 북쪽에 있는 물로 둘러싸인 작은 원림이다. 이는 아주 정교하게 설계되었다. 그 안에는 아주 많은 건물들을 품고 있는 바, 24칸짜리 상방을 가진 대전이 양쪽으로 많은 회랑을 거느리고 있다. 2층 서재는 만원각(萬源閣)으로 불리는데, 진귀한 책이나 회화, 서법을 수장하고 있다. 기둥 셋의 동음서옥(桐蔭書屋)에는 한백옥 난간을 두른 못이 있다. 못의 북쪽 회랑은 익수헌(益壽軒), 고월헌(古月軒), 자성재(自省齋) 등 강남 원림의 특색을 갖춘 건물군으로 통한다. 누각의 그림자가 기다란 강물에 비치는 풍경 때문에 건륭제는 이곳에

와서 책을 읽고 사색하며 명상하는 것을 좋아했고, 퇴위한 뒤 이곳에서 지내고 싶었다.

감원에서 물길을 가로질러 건너면 산길이 나타나는데 영청재로 통하는 길이다. 다시 주랑을 지나면 몇 개의 누각을 만나게 된다. 바로 감원 후방에 있는 선착장인데, 그곳에서 원내 배들을 수리한다. 『대청회전大淸會典』에 의하면, 이 배들도 저마다 매력적인 이름을 갖고 있는데, 이를테면 '재월방載月舫', '비운루선飛雲樓船' 등이다. 구릉으로 둘러싸여 있는 포국은 은밀하고 고즈넉한 분위기를 풍긴다. 영청재의 서북쪽 끝에 곡교曲橋를 건너면 사방이 산으로 둘러싸인 호수가 나온다. 그 안에 섬이 하나 있고, 그 안의 산자락에 아름다운 옥영룡관이 있다.[17]

석재 가운데 가장 좋은 것은 강남에서 나왔다. 건륭제는 최상급 기석을 구하고자 했다. 첩석疊石하여 가산을 쌓는 예술 방식은 원림을 조영하던 처음부터 시작되었다. 서양이나 일본 정원의 돌이나 암초와는 달리 중국의 첩석은 종종 회화나 한시의 주제가 되었고, 더러 사람의 자취가 없는 세계의 흥취를 재창조하고 있다. 오랜 침식 작용에 의해 형성된 석회암은 깊이 깎이고 가팔라지며 갖가지 형태를 이루었다. 특히 가장 좋은 석재가 태호에서 나오기에 '태호석'이라고 불렸다. 이 태호석은 보통 백색, 남색, 청록색 세 가지 종류가 있는데, 몇 백 년 동안 호수 아래에서 끊임없이 깎이고 씻긴 뒤에 구멍이 많고 삐쩍 여위면서 기기묘묘한 모양을 이루었다. 특히 태호의 맨 밑바닥에서 가장 좋은 석재가 나왔다. 이 돌을 구하려면 배를 타고 태호로 들어가 굵은 밧줄로 석재를 끌어올리는 수밖에 없었다. 태호석 이외에도 처음 발견된 지역으로 이름 붙여진 석재가 적어도 열다섯 가지는 된다.[18]

주지하듯이 포석布石 예술은 그 배경과 알맞게 어우러져야 형체와 선을 드러낼 수 있고 주위의 건축이나 자연 경관과 짝을 이룰 수 있다. 원림의 주인들은 아름다운 기석을 얻으려 열망했던 것만큼이나 자신들이 가진 기석을 아주 자랑스러워했다. 혹자는 크기가 거대한 기석을 추구했고, 혹자는 정교하고 섬세한 기석을 원했다. 그런데 이들은 모두 기석의 굳은 성질을 좋아하는 한편, 으레 기석을 인격화하여 차가운 인간의 창조물 안으로 자연의 살아있는 맥박을 불어넣곤 했다. 그래서 원림 주인들은 흔히 자신이 좋아하는 기석을 매혹적인 반려로 삼거나 심지어 좋아하는 배우로 여겼다. 사실상 그들은 감정을 조금씩 자신이 좋아하는 기석에 주입하고 있었던 것이다.

명나라 작가 장대張岱는 일찍이 광활한 들판에서 높이 10피트(약 3미터), 너비 20피트(약 6미터)의 하얀 바위를 보고 "어리석구나 참으로 어리석어痴, 痴妙"라고 말하고, 또 너비 8피트(약 2.4미터), 높이 15피트(약 4.6미터)의 검은 바위를 보고는 "여위었네 참으로 여위었어瘦, 瘦妙"라고 말했다.[19] 마찬가지로 청나라 학자 양장거梁章鉅는 기석의 세 가지 특징을 추출하여 '투透(구멍)', '준皴(주름)', '수瘦(여윔)'라고 요약했다. 송나라 휘종徽宗도 기석을 좋아한 나머지 백성의 원망을 사는 위험을 무릅쓰고 강남에서 희귀한 '화강암'을 카이펑의 궁원에 옮겨놓느라 운

하의 배들이 감당할 수 없을 정도였다.[20]

석재를 가지고 가산을 성공적으로 조성하려면 들판의 구릉과 아주 흡사해야 했다. 천충저우의 말처럼, 첩석할 때에 무게감을 주되 전혀 조탁한 흔적이 없도록 만드는 것은 아주 어려우며, 가산이 본래 그러했던 것처럼 보이도록 질박함을 부여하는 것은 더욱 어려운 일이었다.[21] 질박質朴은 자연自然과 동일한 의미로서, 인공적 조탁이나 부자연스러운 안배가 드러나지 않는 것이다. 그래서 기석 예술가였던 이어李漁가 조영한 가산을 일정한 거리에서 보면 정말 실제 산처럼 보였다.[22]

가산은 산마루와 산등성이, 계곡, 소로, 다리와 폭포 등으로 이뤄지는데, 모두 끝없는 변화, 선명한 라인, 삼차원 공간의 표현을 강조했다.[23] 장춘원은 평탄한 대지 위에 자리 잡고 있기에 가산을 조영하는 것이 특히 중요했다. 대대적으로 호수 안의 진흙을 걷어내고, 그 진흙과 푸석한 토양으로 원내에 50여 개의 가산을 창조했다. 산등성이는 그다지 높지 않아 대략 10미터에서 15미터 내외였는데,[24] 광범위하게 나무를 심고, 호수와 가산을 융합하여 인위적인 흔적을 없애려고 했다.

기석과 가산은 원림에서 빼놓을 수 없는 요소이다. 건륭제가 수차례 강남을 남순하면서 가져온 원림 예술의 정수는 장춘원에 수많은 기석과 가산으로 창조했다. 그러나 강남풍 원림을 조성하는 동안 설계자들은 단순한 모방을 넘어 창조적인 노력을 했는데, 수많은 아이디어를 통해 원작의 설계와 함의를 한층 더 제고시켰다.

이를테면 항저우 사원의 경관지점을 모방한 '시냇물 속의 물고기'라는 테마는 원래 부처의 자비를 표현하며 시냇물에서 물고기가 자유롭게 헤엄치는 모양을 형상화했다. 그런데 장춘원에서는 황제의 인자한 풍모와 결합시켰다. 모방한 건축의 아름다움이 도리어 원작을 능가하는 경우가 많았다. 건륭제는 자신의 원림에 흡족하여 이렇게 자문했다. "어이 구태여 오강吳江을 부러워하랴?" 상상할 수 없을 정도로 수많은 강남의 풍광을 자신의 황가 원림 안에 옮겨 놓았기에 더 이상 강남을 부러워하지 않을 수 있었던 것이다.[25] 사실상 원명원 본원과 비교할 때, 장춘원은 일종의 유락원遊樂園이었다. 장춘원의 포국과 기획은 건륭제의 정취에 부합하며 그를 만족시켜주었다.

중국의 베르사유 궁

장춘원에 세워진 유럽풍 궁전과 원림인 '서양루西洋樓(les palais européens du Yuen-ming-yeun)'는 간단히 중국의 베르사유 궁이라고도 불린다. 그것은 장춘원 북단에 걸쳐 있는데, 건륭제가 건축한 가장 독특한 원림이다. 건륭제 이전에도 중국은 오랜 동안 다른 나라의 건축양식을 채용했다. 당나라 때에는 중앙아시아 양식을 받아들였고, 몽골이 유라시아 제국을 건설한 뒤 원나라 대도大都(지금의 베이징)에는 이미 기독교의 영향이 나타나고 있었다. 17세기 광둥廣東 지역에 외국과의 무역이 개시되자 서양식 상업 건축물과 일반 주택이 지어졌으며 16세기 이래 마카오에는 포르투갈식 건축이 지어졌다. 그렇지만 제왕 궁원 안에 대규모 유럽식 건축을 수용한 통치자는 건륭제가 처음이었다.

유럽식 궁전은 넓이가 65에이커(약 395묘)에 달하며, 길이 약 750미터에 폭 약 70미터로 대부분 바로크 양식을 주로 한 건축물이 세워져 있다.[26] 최근 조사에 의하면, 일찍이 모리스 아담Maurice Adam이 측정했을 때, 길이는 300미터, 폭은 100미터라고 했지만 정확하지 않은 수치였다고 한다.[27] 모든 설계는 철저히 유럽풍을 모방했는데, 기둥, 대리석 난간, 유리창 등에 유럽의 재료가 광범위하게 사용되었다. 하지만 동양의 특색이 이 서양식 건축에 전혀 없는 것은 아니었다. 담홍색 벽돌 담장, 빛깔 고운 유리와, 중국풍 장식품과 휘장,

유럽식 건축군은 넓이 65에이커, 길이 약 750미터에 폭 약 70미터로 대부분 바로크 양식을 주로 한 건축물이 세워져 있다. 모든 설계는 철저히 유럽풍을 모방했는데, 기둥, 대리석 난간, 유리창 등에 유럽의 재료가 광범위하게 사용되었다. 하지만 담홍색 벽돌 담장, 빛깔 고운 유리와, 중국풍 장식품과 휘장, 태호석과 죽정 등 동양의 특색이 드러난다.

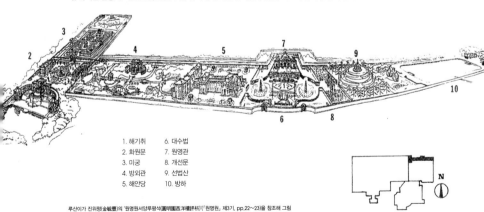

1. 해기취   6. 대수법
2. 화원문   7. 원영관
3. 미궁   8. 개선문
4. 방외관   9. 선법산
5. 해안당   10. 방하

루산이가 진위량(金毓黻)의 '원명원서양루평석(圓明園西洋樓評析)'(「원명원」, 제3기, pp.22~23)을 참조해 그림

태호석과 죽정竹亭 등이 그러하다.

건륭제가 이런 서양식 원림에 흥미를 가지게 된 것은 예수회 선교사들이 헌정했던 서양화 속의 분수지噴水池에 매료되었던 탓이다. 분수지는 고대 서양인들이 좋아했던 것으로, 17세기에 이르러 프랑스나 이탈리아에서 대단히 사랑받았다. 원명원 본원에도 '수목명슬'에 분수지가 있었지만 이처럼 장관은 아니었던 듯하다.

궁정 안에서 황제를 모시던 이탈리아와 프랑스 예수회 선교사들도 일찍이 화려한 서양식 분수지에 대하여 건륭제에게 이야기해주었던 듯하다. 그는 일찍이 낭세령Giuseppe Castiglione(1688~1766)에게 장춘원에 세우기 위해 이탈리아와 프랑스식 궁전과 분수지를 그리게 했다. 낭세령은 이탈리아 밀라노 출신의 예수회 선교사이자 화가로서, 그의 나이 27세 되던 1715년에 중국에 왔다. 그는 건륭제에게 보로미니Borromini(1599~1667, 이탈리아 건축가) 풍을 떠올리게 만드는 매혹적인 바로크식 건축 그림을 헌정했다. 건륭제는 뒷날 장우인蔣友仁(Michael Benoît, 1715~1774, 1744년 이후 중국에서 살았다) 신부에게 도움을 요청했는데, 마침 장우인은 수학과 수력학에 관한 지식을 갖고 있어서 황제를 위해 분수지의 모형을 완성할 수 있었다. 만족한 건륭제는 즉각 이 선교사에게 조영하도록 명령했다.[28]

분수지는 거대한 바로크식 궁전 건축과 어우러져야 했다. 낭세령이나 장우인 모두 전문 건축가가 아니었지만, 이들은 성공적으로 유럽풍의 장엄하고 화려한 건축을 장춘원으로 옮겨놓을 수 있었다. 분수지 조영에 선교사 왕치성, 애계몽艾啓蒙(Ignatius Sickelpart,

^{1708~1780)}, 건축가 이박명^{利博明(Ferdinando Moggi)} 등이 참가했다. 식물학자 대잡유^{戴卡維(Pierre d'Incarville, 1706~1757)}는 이 원림의 포국을 그리는 데에 도움을 주었고, 양자신^{楊自新(Gilles Thebault, 1703~1766)} 신부는 낭세령의 설계대로 강철 난간을 제작해 주었다. 이 프로젝트의 완성을 위해 이들은 원내를 자유롭게 다닐 수 있는 권리를 얻었다. 그들은 아주 성실하게 작업을 했고, 날이 무덥거나 비가 오든지 바람이 매섭거나 햇빛이 이글거려도 마다하지 않았다.[29] 그들은 주로 자신들이 유럽에서 가져온 자료에 의거했는데, 간혹 베이징에 있던 세 곳의 기독교 기관에서 서적을 열람하기도 했다.

서양루를 건축하는 데에도 중국의 많은 건축가, 엔지니어, 석공 등이 동원되었다. 그들은 외국의 건축 양식이 낯설었지만 두 선교사의 지도 아래 자신들의 능력을 다 쏟았다. 참으로 기특하게도 얼마 안 되는 아마추어 유럽인들은 이 일을 수행해냈고, 황제의 새로운 흥취를 만족시켜주었다.[30] 현대의 서양 전문가들은 이 건축에 전적으로 수긍하거나 만족스러워하지는 않을 지도 모르겠다. 그러나 이 독특한 유럽식 건축은 제왕 궁원에 아주 잘 어울렸다. 진실로 르 노트르^{Le Nôtre(1613~1700, 프랑스 조원가로서 베르사유 정원을 설계함)} 궁전은, 유럽풍을 중국풍에 융합하는 데에 있어서 원명원 전체의 동일성에 전혀 부정적인 영향을 주진 않았던 것이다. 이 거대한 건축 프로젝트에 소요된 비용은 아주 많았지만, 건륭제의 시대에 황제 개인으로서든 국가적으로든 재력이 풍족했던 탓에 비용은 문제되지 않았다.

장우인의 기록에 의하면, 첫 번째 서양식 건물이 1747년 호수를 바라보는 자리에 세워졌다. 이때 건륭제는 이 건물을 대단히 만족스러워했다.[31] 2층 높이의 축수루蓄水樓가 바닥이 잘 깔린 정원 안에 자리했고, 중앙 건물은 양측으로 길고도 완만하게 구부러진 주랑을 통해 유리를 끼워놓은 별관들과 이어졌다. 건륭제는 특히 바로크식 건축의 역동적이고 활기가 넘치는 외관을 좋아했다. 그는 양측 별관 어디에서도 중앙 건물의 전면에 놓인 14개의 분수 장치와 거대하고 화려한 분수지를 감상할 수 있었다. 또한 별관 안에서는 몽골이나 위구르 등 이국적 정취를 풍기는 음악을 감상했다. 서양루 1단계 작업은 1751년에 정식으로 완료되었고, 건륭 제는 비로소 모습을 드러낸 서양식 건물에 '해기취諧奇趣'란 이름을 붙여주었다.[32]

이로부터 서쪽으로 양작롱養雀籠을 지어 공작과 외국의 진귀한 새들을 키웠다. 꽃과 톱니 문양을 새긴 철문이 세워져 있고, 담벼락에는 작은 배며 꿩 등을 가득 그려놓았다. 양작롱의 동편으로, 한백옥으로 조성된 분수지를 에워싸고 있는 반월형의 담장 한가운데에 아름답게 장식된 문이 세워져 있다. 다시 북쪽으로 가면 정원의 끝 부분에 화원문花園門이 나온다. 이 문을 나서면 미궁迷宮으로 통한다.

미궁은 유럽인들이 발명한 것이었다. 최초 미궁은 이집트의 모리스호Lake Moeris 주변에 있는 기원전 23세기경 아머네트 3세Amenenhat III에 의해 설계된 능묘이다. 15세기 후반에 미궁은 정원을 꾸미는 수단이 되어서 르네상스 시대에는 이탈리아 별장 원림villa garden의 일반적인 요소가 되었다. 16~17세기에 이르면 대형 유럽 원림에 미궁이 없는 경우가 거의 없었다.

　장춘원의 미궁은 남북을 축선으로 하여 한가운데에 좌우대칭으로 조영되었다. 거의 완전한 장방형인데 높이 5피트^(약 1.5미터)의 꽃을 아로새긴 벽돌담으로 두르고, 아주 빽빽하게 소나무로 에워쌌다. 소나무들은 벽돌담이 올라가기 전에 이미 그곳에 심겨져 있었던 듯하다. 호구壕溝가 미궁의 벽돌담 밖을 흐르고 있는데, 미궁의 각 방향마다 호구를 건너는 다리가 하나씩 놓여서 미궁의 문까지 이어져 있다. 미궁 가운데에는 팔각형의 정자가 계단이 놓인 원형의 높은 평대平臺 위에 앉아서 정원 전체를 내려다보고 있다. 북쪽에는 한백옥으로 누각을 지어놓았는데 이 누각 또한 미궁을 내려다보고 있다. 그 안에 노래가 나오는 기계로 만든 새, 즉 대형 오르골이 들어있다. 이는 어떤 유럽인이 중국으로 가지고 와서 청나라 황제의 환심을 사기 위해 바친 것이다. 정자 누각의 설계와 조각은 모두 유럽의 양식을 취했다. 미궁 담장 밖에는 작은 정자가 북쪽의 얕은 구릉으로 가는 길목에 서 있다.

　미궁 안에는 아홉 개의 크기가 다른 원이 있다. 이는 하늘과 땅, 그리고 동서남북의 사방四方이란 공간과 과거, 현재, 미래란 시간을 상징한다. 미궁의 가운데 있는 방형 광장의 매 모서리─이는 중국인의 세계관인 천원지방(天圓地方)을 표상한다─마다 화단을 조성했다. 남쪽과 북쪽의 문은 남북으로 축선에 따라 안배되었고, 주 건물과 정원을 구분하고 있다. 일반적으로 미궁은 정문을 통해 후문에 이르기까지 세 단계로 구분된다. 즉 화원의 대문, 작은 시내를 건너는 다리, 미궁으로 진입

하는 입구가 그것이다.[33]

건륭제에게 음력 8월 15일 중추절을 보내는 것은 아주 중요한 일이었다. 그날 그는 미궁에서 만여 개의 등롱燈籠을 구경했는데, 이 것이 바로 황화등黃花燈이다. 궁녀들이 손에 등롱을 들고 대열을 이 뤄 돌고 있으면 흡사 수없이 반짝이는 반딧불처럼 보였다. 황제가 미궁 안의 용좌에 앉으면, 그의 비빈妃嬪과 특별히 초청된 손님들이 미궁으로 들어온다. 그들은 미궁 안의 미로 속에서 출구를 찾아 구 불구불 이리저리 길을 찾아 황제의 앞에 이르게 된다. 그들이 의기 양양하게 황제의 앞에 이르면, 황제는 아주 흥겹게 그들에게 음식 과 함께 만족스런 웃음을 하사했다. 해가 저물면 황화등이 일제히 어두컴컴한 밤하늘을 비추고 그 불빛은 마치 무수한 별빛처럼 반 짝거렸다.[34]

이로부터 다시 8년이 지난 후 유럽풍 건축의 2단계 조영이 완성 되었다. 마침 그날은 건륭제의 50세 생일날이었다. 양작롱 동쪽에 초승달형 궁전이 올라갔는데, 대리석 난간을 두르고, 난간 밖에는 호구로 에워쌌다. 궁전 이름은 '방외관方外觀'으로 1759년에 완공되 었다. 건물 외부에 구리로 만든 계단을 건물 2층에서부터 아래층 으로 내렸고, 아랍어가 새겨진 4피트(약 1.2미터) 높이의 석비石碑 두 개 를 주 전당에 세워놓았다. 이 석비는 이젠 흔적조차 없지만 그 탁본 만은 지금까지 전해져 온다. 1760년 4월, 조혜兆惠 장군이 위구르를 평정하고 개선할 때에 아름다운 위구르 여인을 데리고 와서 건륭 제에게 바쳤다. 그녀가 바로 향비香妃이다. 향비는 이곳에 살았는데,

그녀가 이 궁전에 거주하면서 이름을 '청진사淸眞寺'로 바꾸었다. 그녀는 자신을 수행하던 회교도와 매주 금요일이면 이곳에서 의식을 올렸다.[35] 청진사의 정문을 나서면 정교한 난간을 지닌 대리석교가 있고, 이 다리를 통해 호구를 건너면 '죽정'이란 아담한 화원과 이어진다. 이곳은 1770년경 만들어진 정자로 화려한 유리, 패각貝殼 등으로 장식되어 있다. 또한 사람의 눈에 잘 뜨이지 않는 작은 길을 통하면 또 다른 정자에 닿는다.[36]

다시 동쪽으로 숲길을 지나면 분수지가 설치된 장대한 궁전 건축과 만난다. 이곳이 '해안당'이다. 이 정원이 정식으로 명명된 것은 늦어도 1781년 봄 이전이다.[37] 이 궁전이 바로크식 건축임은 말할 것도 없으며, 주 전당의 포국은 기본적으로 베르사유 궁의 '영예의 전당The Court of Honor'을 연상하게 한다.[38] 이곳에는 거대한 유리를 깔고서 그 아래에 넓이 180평방미터의 수지水池를 설치했다. '석해錫海'라고 불리는 이 수지 안에는 금붕어를 키우고 있었는데, 수지 주위에는 포도넝쿨이 가득한 철망이 걸려 있었다. 수지의 각 방향마다 모두 수압기를 설치한 방이 있어서, 분수지나 인공 폭포에 필요한 물을 보내주었다.

설계 도면에 의하면, 이 웅장한 건물의 문 밖 양측으로 폭이 넓은 나선형 층계가 대칭으로 뻗어 있다. 이 때문에 더욱 화려한 느낌을 준다. 2층의 나선형 층계의 가운데 부분에 한 쌍의 돌고래조각상이 서 있는 분수지가 있다. 그 분수지에서 물이 솟아나오면 그 물이 난간 위 대리석으로 조각해 놓은 큰 석판을 통해 흘러내려간 다음 다른 석판 위로 떨어지고, 다시 곧장 흘러내려서 가장 아래에 있는 대리석 수지를 채운다. 양쪽 층계의 바깥쪽에 있는 두 마리 석사자상의 입으로부터도 물이 흘러나와 또 다른 두 개의 수지를 채운다. 세 개의 수지는 각각 54개의 분수구噴水口가 있는 분수를 갖고 있다. 가장 큰 분수구는 중앙의 수지에 있다. 여기에는 중국식 물시계 이외에 그 주위로 12지신의 청동두상이 둘러 있다. 쥐, 소, 범, 토끼, 용, 뱀, 말, 양, 원숭이, 닭, 개 그리고 돼지 두상은 몸은 사람으로 되어 있으며 수지의 양쪽으로 각각 여섯 마리씩 배치되어 있다. 이들은 각각 두 시간의 간격을 나타내는데, 이는 시간을 계산하던 전통적인 방식이었다.[39] 그래서 짐승 한 마리마다 두 시간 간격으로 돌아가면서 물을 뿜어대었고, 정오가 되면 모든 짐승의 입에서 일제히 물을 뿜었다. 이 분수를 본 건륭제가 참으로 기뻐했음은 두말할 나위도 없으리라.

해안당에서 다시 동쪽으로 가면 아주 놀랄만한 '대수법大水法'이 나온다. 대수법은 각종 피라미드 구조물, 격식을 갖춘 수지, 패각 장식을 한 분수지의 석상들로 이뤄져 있다. 수지 안의 분수대는 사슴상 하나와 사냥개상 열 마리로 구성되어 있다. 동시에 11마리의 동물상이 물을 뿜어대면 사슴이 사냥개에게 쫓기는 형상이 연출되었다. 황제의 용좌는 대리석이 깔리고 화려한 차일로 덮여 있는데 물을 뿜어대는 광경을 보는 데에 아주 좋은 위치에 있었다. 이 용좌의 뒤로 아주 커다란 벽돌 병풍이 세워져 있다. 다섯 개의 대리석판으로 이뤄진 벽돌 병풍에는 유럽식 무기가 조각되어 있다. 벽돌 병풍 양 끝으로 통로가 나 있으며, 그 뒤로 세워진 담장은 이곳을 장춘원의 다른 구역과 구분하고 있었다. 예수회 선교사들은 이 대수법을 보고 베르사유 궁의 성 클라우드St. Cloud 분수를 떠올렸다. 건륭제는 이 분수를 자못 자랑스러워한 나머지 1784년과 1785년에 각각 하령하여 분수의 모습을 동판에 새겨서 조정에 내걸었다.[40]

대수법의 북쪽이 원영관遠瀛觀이다. 이곳은 1781년 이전에 완성되었다. 크고 높은 대계 위에 앉아 있어서 시야가 탁 트여 있다. 이 거대한 벽돌 건축은 사방으로 난 문과 창이 모두 조각된 대리석으로 장식되어 있고, 대문의 양편에는 정교하게 세공된 대리석 기둥이 서 있다. 건륭제는 보통 이곳을 한가한 시간을 보내거나 휴식하는 장소로 활용했다. 이 안에 일찍이 프랑스 루이 16세가 1767년 건륭제에게 보냈던 보베 태피스트리Beauvais tapestries* 가 걸려 있고, 위구르에서 왔던 향비가 거주했던 곳으로[41] 유럽풍 건축의 최고봉이었다.

서양루 건축군의 한가운데이자 원영관의 동쪽에는 개선문凱旋門이 세워져 있다. 이 문은 세 개의 아치를 지닌 삼중문三重門으로 파리의 개선문을 닮았다. 이 문을 나서 동쪽으로 가면 수풀 속에 숨어있던 선법산線法山이 나타난다. 이 산은 멀리서 보면 깊이감이 있다. 건륭제는 말을 타고 이 산의 정상에 있는 팔각정에 이르러 풍경을 감상하길 좋아했다고 한다. 산의 동쪽을 계속 가다보면 장방형의 방하方河에 이른다. 계속 동쪽으로 길이 167미터의 호수를 지나면 노

---

* '보베'는 프랑스 북부 피카르디 지방의 도시이다. 이곳은 17〜8세기 고급 태피스트리 생산지로 유명하다.

천 미술 갤러리이다. 이는 아주 새로운 포국으로서, '선법화線法畵' 혹은 '선법장線法墻'으로 불린다. 여기에는 중앙아시아의 도시와 풍광을 그린 그림이 걸려 있고, 담장마다 그림이 다섯 폭씩 붙어 있다. 확실히 유럽의 투시화법이 이미 차용되어 원근의 시각 효과를 내고 있었고, 중국인의 눈에 새로운 즐거움을 안겨주고 있었던 것이다.[42] 장춘원의 유럽식 건축군은 전체적으로 서양 건축 양식을 따라 설계되었지만, 지붕에는 여전히 중국식 황색, 남색 혹은 녹색의 기와를 얹어놓았다. '해기취', '방외관', '해안당' 등은 세 개의 짧은 수직 축선을 유지하면서도 길게 가로 축선을 이루면서 구역을 나누고 있었다. 유리창, 바닥, 난간, 잔디밭, 화단, 채색한 얕은 담장, 시계, 조명등, 유화, 수많은 장식품들은 대부분 서양적인 특징을 뚜렷하게 드러내고 있으며, 서양의 '플랜plan'이란 단어조차 원명원 프로젝트 안에 반영되어 '바랑拔浪'이란 말로 번역해 사용되었다.[43]

유럽식 건축은 그에 걸맞게 내부 인테리어도 사치스런 장식과 유럽풍 가구, 시계, 회화, 기계 완구 등 장식품 등으로 꾸몄다. 특히 프랑스 미녀를 전신 직조한 고블랭 태피스트리Gobelins tapestries*, 전신을 비춰볼 수 있는 큰 거울 등은 모두 루이 16세가 1767년 건륭제에게 보낸 예물이었다.[44] 그렇다고 해도 기본 골격은 중국풍을 여전히 유지했다. 이를테면 유럽의 분수지 곳곳에서 볼 수 있는 대형

---

* '고블랭가'는 15세기 장 고블랭 이래 염색업과 의류업을 경영하던 프랑스의 명문가로서, 17세기엔 주로 실내 장식품을 제작했다.

의 나체 조각상은 문화적 차이로 금지되었다. 청나라 황제들은 완전히 낯선 환경에서 머물거나 휴식하는 데 아직은 익숙하지 않던 것이다.

건륭제가 서양식 건축과 원림 예술로부터 차용한 흥취의 한계는 이뿐 아니다. 그는 자신의 문화적 배경으로 인해 바로크식 건축 안에 구현된 수학적 정확도와 기계화의 중요성을 이해할 수 없었다. 분석적 기하학이 공업화를 촉발하고, 끝내 유럽의 군대가 중국을 침략하여 원명원을 폐허로 만들리라고는 상상할 수도 없었던 것이다. 유럽식 건축군은 결국 향락을 즐기는 장소였을 뿐이었고 다른 작용은 일으키지 못했다. 황제는 그곳에서 편안하게 쉬면서 즐겼고, 유럽에서 온 진귀한 물건을 보관하는 장소로만 사용했다. 그저 황제의 '경이의 방cabinet de curiosites'에 지나지 않았던 것이다. 이렇듯이 유럽식 건축군의 그토록 많은 부분을 조영하기 위해서이든지, 아니면 원명원 안의 오래된 건축을 개선하기 위해서 원명원 40경이 완성된 뒤에도 건축은 간단없이 지속되었던 것이다.

본원의 확대

장춘원이 완공되자 건륭제는 원명원 본원을 다시 확장하기 시작했다. 특히 주목할 만한 부분은 우원隅園의 복제 조영과 문원각의 건축이다. 1762년, 복해 북단의 사의서옥四宜書屋 자리를 개건할 기회가

생겼다. 건륭제는 이곳에 저장성 하이닝海寧에 있었던 진가陳家의 우원을 복제하여 세웠다.[45]

건륭제는 수차례 남순하는 동안 여러 번 우원을 방문했고, 그 설계도를 갖고 돌아왔다. 이번 개건이 완료될 무렵 건륭제는 이곳을 '안란원安瀾園'이라고 개명했다. 그 이름으로 저장 연해에서 목격했던 홍수 범람 문제를 일깨우고자 한 것이다.[46] 비록 예술적 흥취는 부족한 이름이었지만 통치자가 수재 문제에 관심을 갖고 있다는 점을 표명하는 데에는 좋은 방식이었다. 게다가 건륭제는 개건이 비용을 줄이는 일거양득의 일이라고 해명했다. 왜냐하면 그는 옛것을 도태시키고 새것으로 바꾸는 방법은 오직 수선하는 데에서 그쳐야 하며, 그로써 저장 지역의 어려움을 일깨워줄 수 있을 것으로 생각했기 때문이다.[47] 그러나 사실상 그는 한 푼도 절약하지 않았다. 그는 우원의 형식을 완벽하게 복제하여 정원을 조영했고, 오히려 더 많은 비용이 들었던 것이다. 이밖에도 그는 안란원에 새로운 건물도 건축했는데, 주 전당 뒤편의 남하루攬霞樓, 가산 위의 비제정飛睇亭, 가산 뒤편의 조경관莙經館 등이 그것이다. 결국 안란원도 적어도 열 개 남짓 경관을 갖춘 건축군을 이루게 되었다.[48]

제법 상상력이 풍부한 소문이 있었다. 건륭제는 기실 진가에서 태어난 아이였던 탓에 우원에 대하여 남다른 흥취를 보였던 것이고, 그래서 항상 진가를 찾았으며, 급기야 늘 궁원 안의 사의서옥을 하이닝의 우원으로 착각했다는 것이다.[49] 이 소문의 끝자리에는 밑도 끝도 없는 이런 통속적인 이야기도 있었다. 즉, 내각대학사 진세관^{陳世倌}의 아내와 옹정의 황후는 같은 날 아이를 낳았다. 황후는 비밀리에 그녀의 딸을 진가의 아들과 맞바꾸었다. 건륭제는 자신의 출신을 알게 되자, 진가에 남다른 애정 어린 시선을 보냈고, 진가의 정원을 원명원으로 끌고 들어와서 고향에 온 듯한 감각에 빠졌다는 것이다.[50] 하지만 이런 이야기는 신빙성이 없다.

건륭제는 다시 1774년, 원명원 안에 최대의 도서관을 짓기 시작했다. 이곳이 문원각으로서, '수목명슬' 북쪽에 세워졌는데 『사고전서^{四庫全書}』를 수장했다. 건륭제는 1772년 이 계획을 시작했다. 이 총서는 경^經·사^史·자^子·집^集 네 개의 범주로 이뤄졌으며 중국의 모든 고전을 편집, 감정^{鑑定}, 서사^{書寫}하는 것이었다. 건륭제의 관점에 따라 '부적합'한 수많은 책들은 배제되었다. 이는 청나라의 가장 야심찬 문헌 프로젝트로서, 22년의 시간과 총찬^{總纂} 3명, 찬수관^{纂修官} 160명, 직원^{職員} 368명, 등록^{謄錄} 2,000명 등 수천 명이 동원되었고, 아름다운 서체로 서사된 3,747종의 서적이 6,752상자 안에 담겨졌다. 모두 일곱 부를 베꼈는데, 매부마다 근 일만여 개에 달하는 주석적 목록을 표제화했다. 1775년, 제3차 서사본이 완성되자, 건륭제는 특별히 지시하여 문원각 안에 수장하도록 했다.[51] 이곳에 소장된 책은 자금성 안 문연각^{文淵閣}에 소장된 제1차본 『사고전서』와 완전히 똑같았다.

건륭제가 문헌과 문학예술에 대해 누구에게도 못지않은 흥취를 지니고 있었던 탓에 『사고전서』를 제왕 궁원 안에 보존하도록 했던 일은 그리 놀랄 일이 아니다. 그는 진심으로 이 위대한 도서관을 위해 수많은 편액과 대련을 지었다. 물론 원명원 안의 다른 곳에서도 편액과 대련을 찾아볼 수 있으니, 원림 예술에 빠질 수 없는 부분으로 여겨졌던 것이다. 1784년, 문원각이 완공되기 전에 건륭제는 대리석에 한 편의 비문을 지어서 문원각 주 건물 동쪽 정자 안에 두고 영원히 전해지게 했다.[52]

문원각은 저장성 닝보寧波의 범가范家가 소유하고 있던 210년 역사를 지닌 천일각天一閣의 설계도를 본떠서 지었다. 1561년 범흠范欽은 자신의 원림 안에 천일각을 세웠다. 1989년 10월 현장 실측에 의하면 천일각 전당 중앙에 있는 기둥이 놓인 규모가 너비 23미터에 깊이 11미터였다고 한다. 원림과 도서관은 명대 이래로 부유함와 권력의 상징이었다.

사설 도서관이 건축 양식으로 선정되었을 경우에도 실제 건축은 궁전의 규범에 부합해야 했다. 건륭제가 이 설계를 선택한 이유는 범씨의 도서관은 모든 도서관 가운데 최고 수준이었기 때문이다. 문연각의 외관과 세부는 범가의 천일각과 같았지만, 건륭제는 그 규모를 원래의 두 배 정도 확대하고 높이도 3층으로 올렸다. 최저층의 중앙 구역에 경부經部 및 목록과 『고금도서집성古今圖書集成』을 두고, 중간층은 사부史部 전적을 수장했으며, 최상층에는 자부子部와 집부集部를 두었다. 그 안의 서적들은 녹색, 홍색, 백색, 흑색을 사용해 범주를 구분하고 식별에 편리하게 만들었다.[53] 지하층의 난간이 있는 전랑前廊은 앞으로 공간을 터서 출입처로 삼았고, 입구 안쪽에 사다리를 통해 2층 장서로 올라갈 수 있었다.[54] 이처럼 문원각은 수많은 책 상자를 수용할 수 있는 넉넉한 공간을 갖고 있었다.

문원각의 주위 환경은 세심하게 안배되었다. 주 건물 전방에 길이 50미터, 너비 23미터의 장방형 못을 파서 수많은 금붕어를 길렀고, 그 못 한가운데에 높이 10미터 가량의 바위를 세워 놓았다. 곧, '영봉靈峰'이라고 불리는 바위로 갖가지 구멍이 뚫리고 암석 조각이 새겨져 있었다. 이 못은 문원각 건물 및 주위 기석들과 잘 어울리고 있을 뿐 아니라 방화용 저수지였다. 주 건물 부근에는 병충해로부터 보호하기 위해 어떤 나무도 심겨 있지 않았다.[55]

1774년, 건륭제는 본래 대학사 부항傅恒의 원림 저택이었던 기춘원을 원명원으로 포섭하고, 다시 춘희원春熙園과 희춘원을 모두 원명원으로 끌어들였다.[56] 따라서 비슷한 시기에 건륭의 원명원은 만수산萬壽山, 옥천산, 향산 부근의 산림 사이에 다섯 개의 원림으로 이루어지게 되었다.

이보다 앞서 1750년, 건륭제는 모후의 60세 생신을 축하하기 위하여 옹산에 축수를 빌기 위한 사원을 세우고 옹산을 '만수산'으로 개명했다. 그리고 옥천산의 물을 서호(뒷날의 곤명호)로 끌어들여서 원림을 조영했는데, 그곳이 청의원이다.

1799년 건륭제가 붕어했다. 그러나 원명원의 확대는 결코 멈추지 않았다. 그의 계승자인 가경제도 원명원을 끊임없이 보수하고 개축했다. 특히 그는 대궁문, 정대광명전, 안란원, 사위성, 동락원, 양일당養日堂 등을 보수했다. 물론 그도 새로운 건물을 지었는데, 이를테면 연우루煙雨樓, 부춘당敷春堂, 그리고 원명원 북단에 새로이 조성

된 논 등이 그러하다. 그 논을 가경제는 '성경별서省耕別墅'라고 이름 붙였다.[57]

기춘원

가경제는 원림 조성에서 기춘원을 최우선으로 안배했다. 이 원림은 본래 작은 원림들의 집합체였는데, 1772년 정식으로 원명원에 포함되어 관리되었다. 가경제는 만천하萬泉河의 물을 기춘원으로 끌어들이고 그 규모를 확장한 뒤 그 안의 풍경을 30경景으로 정리했다. 이 조영은 많은 비용이 소요되었다. 이를테면 1809년 조영에서만 173개의 전당·상방·누각, 주랑 260개, 정자 6채, 패루 2개 등이 세워지는 데에 모두 328,775.331냥 백은이 들었다.[58]

기춘원은 동서 방향으로 크게 두 부분으로 나뉜다. 각 부분마다 크고 작은 다리들, 호수, 그리고 작은 섬들로 구성되어 있다. 동쪽 지역을 보면, 기춘원의 대궁문과 이궁문을 뒤로 하고 북쪽을 바라보면 거의 300미터 깊이의 드넓은 원림 정원이 나타난다. 그 안에 몇 개의 건물이 서 있다. 영휘전迎暉殿이 주 전당이며, 중화당中和堂은 양 갈래 주랑을 통하여 영휘전과 이어지고 거대한 정원이 있다. 부춘당은 황태후와 비빈들이 거주하는 곳이며, 후전后殿과 낭월루閬月樓가 정원의 끝부분에 자리하고 있다. 강희제의 창춘원은 이즈음 벌써 쇠락해졌고(오늘날 창춘원의 유일한 흔적은 베이징 대학교 부근에 남아있는 편액뿐이다), 가경제는 기춘원을 제왕 궁원으로 끌어들여 후비들을 위해 새로운 거처를 마련해주었던 것이다. 사실상 기춘원이 완공되었을 때 가경제는 그의 모친효의 황태후(孝儀皇太后)과 동생 순친왕淳親王을 맞아들여 그 안에 살게 했다.[59]

기춘원에서 북쪽을 바라보면 수려한 호수를 바라볼 수 있다. 호수의 중앙에는 봉린주鳳麟洲가 있고, 그 서편에 작은 섬이 있으며, 그 섬 위에 독특하게 설계된 선인승로대가 있다. 드넓게 트인 호수의 서쪽에 제법 균형 잡힌 방형方形의 작은 섬이 홀로 떠 있는데, 그곳에 감벽정鑒碧亭이 앉아 있다.[60]

기춘원의 기하학적 중심은 춘택재春澤齋, 생동실生冬室, 와운헌臥雲軒 등 세 건물이다. 이들은 남북으로 축선을 이루고 있으며 어느 하나 동일한 격식을 갖고 있지 않다. 이들은 크기도 모양도 상이한 수역에 의해 감성적으로 구획되어 있다. 그 서쪽에 사의서옥이 세워져 있다. 생동실에서 남쪽을 바라보면 작은 섬에 앉아 있는 와운헌이 바라보이며 드라마틱한 경관을 창조한다. 와운헌에서 다시 남쪽으로 가면 약 15에이커(약 91묘) 가량의 넓은 구릉을 만난다. 약 5~6미터 높이의 산마루에 서면 양쪽으로 호수를 바라볼 수 있다. 이 구릉의 남단에 장방형의 라마 사원이 버티고 있다. 이곳이 정각사正覺寺로서, 가로변이 150미터, 세로변이 80미터에 달하는 건축 규모다. 모두 세 개의 주요 건물로 이루어진 정원은 부처에게 예배드리는 공간으로서 남쪽으로 정문이 나 있다.[61]

기춘원의 서편으로 정자 하나와 몇 개의 낭도廊道로 이어진 청하

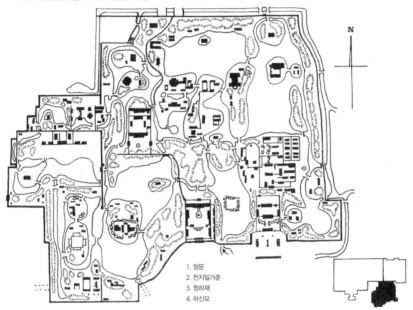

루산이가 「원명원」(제1기, pp.122~123)의 그림을 참조해 그림

1. 정문
2. 천지일가춘
3. 청하재
4. 하신묘

기춘원(綺春園). 천지일가춘(天地一家春)은 자희 태후가 가장 좋아하던 곳이다.

재清夏齋가 있다. 이곳은 6.6에이커(약 40묘) 크기의 봉린주에 세워져 있고, 담장으로 둘러져 있다. 주 전당은 남쪽으로 작은 호수를 바라보며 대계를 내었다. 작은 호수의 남쪽엔 야트막한 바위산이 있다. 이 건축군은 쾌적하게 안배되어 있으며, 호수, 구릉, 정자, 방옥房屋, 낭도 등 이상적인 여름 거처를 이루고 있다. 이곳에서 다시 남쪽을 바라보면 징심당澄心堂을 볼 수 있다. 징심당은 호수로 둘러싸인 작은 섬 위에 앉아있다. 만록헌滿綠軒과 창화당暢和堂이 물 건너편에 세워져 있는데, 이 역시 장방형 호수 안의 이어진 작은 섬들 위에 각각 앉아 있다. 길고 좁은 호안이 장방형의 호수를 두 부분으로 가르고 있으며, 호안의 남쪽에는 능허정凌虛亭이 높이 솟아서 북쪽의 선인 승로대를 바라보고 있다. 이 원림의 서남쪽에는 몇몇 작은 섬들을 조영하여 넓은 수역을 수놓으며 자연미와 인공 구조를 도드라지 게 했다.[62]

기춘원의 완성으로 원명원 조영의 대장정은 종결되었다. 원명원 은 이른바 '원명삼원圓明三園', 즉 원명원 본원, 장춘원, 기춘원(혹은 만춘원 萬春園이라고도 부름)이 된 것이다.

A Paradise Lost
The Imperial Garden Yuanming Yuan

제4장

흥기

원명원의 역사는 강희제 시대로부터 시작한다. 강희제는 1662년에서 1722년까지 중국을 통치했다. 그는 천자^{天子}로서 천조^{天朝} 대국의 통치자였다. 베이징은 제국의 수도로서 세계 제국의 중심이었다. 17세기 후반, 강희제가 자신의 권력을 공고히 만들었을 때 이미 베이징 서북 근교의 서산 자락에 요나라·금나라 및 명나라 친왕들이 남겨놓은 수많은 원유와 원림^{園林}들을 중수하고 있었다. 강희제의 첫 번째 궁원은 창춘원으로서, 본래 명나라 무청후 이위의 청화원 터에 조영되었다.[1] 조선인의 관찰에 의하면, 원명원과 비교하여 창춘원은 대단히 소박한 황실 궁원이었다.[2] 1720년 러시아 공사는 강희제를 알현할 기회가 있어서 이 궁원을 볼 수 있었다. 그는 이곳을 러시아음으로 '짠슈양Tzanshuyang'이라고 불렀다. 그들이 보았던 궁원은 아주 아름다운 정원으로서 수목들이 가지런히 서 있었고, 그 안에 웅장한 정전과 아름다운 황가의 건물들이 앉혀 있었다.[3] 1722년은 강희제가 69세 되던 해로서, 그는 이 궁원에서 세상을 떠났다.[4]

1709년, 풍수에 의거해 강희제는 창춘원에서 5~600미터 떨어진 지점에 새로운 궁원을 세웠다. 오래지 않아 그곳은 '원명원'으로 불리게 되었다.[5] 원명원의 1단계 조영이 완성되었을 때, 강희제는 감격에 겨워 그의 넷째 아들 윤진胤禛에게 이곳을 하사했다.[6] 비록 부당한 수단으로 황위를 찬탈했다는 소문은 있었지만 이 넷째 아들이야말로 합법적인 황위 계승자였다.[7] 그가 바로 옹정제이다. 그는 원명원을 주요한 제왕 궁원으로 바꾸고, 창춘원은 황태후와 그녀의 황실 가족에게 하사했다. 옹정제의 계승자들도 계속 원명원을 황가의 어원으로 사용했고, 결국 자연스레 강희제의 창춘원을 대체하고 말았다. 하지만 창춘원은 황태후의 거처였던 탓에 여전히 주요한 제왕 궁원이었다. 이 궁원의 궁문, 정원, 전당, 누각, 회랑, 도서관, 나루, 매매가賣買街(가상으로 만든 상점가) 등은 사람들에게 깊은 인상을 남기고 있었다. 건륭제는 늘 창춘원으로 가서 그의 모친을 찾아뵈었던 바, 1778년에는 모친에 대한 공경심에서 그 안에 은모사恩母寺를 지었다. 이는 옹정제가 은우사恩佑寺를 지어 그의 부친 강희제에 대한 공경의 마음을 표현했던 것과 닮았다.[8] 가경제에 이

르러 기춘원을 그의 모후의 거처로 삼자, 창춘원은 차츰 쇠락하게
되었다.

＼ 친왕의 정원에서 제왕의 어원으로

강희제의 넷째 아들 윤진은 1709년 원명원이 완공된 뒤 오래지
않아 그곳에서 생활하기 시작했다. 당시 그 규모는 그다지 크지
않았다. 그러나 이 원림은 결코 남아 있는 명대의 원림을 수선한
데 그치지 않았다. 그야말로 조금의 흠결도 없는 새로운 원림이었
다. 저우웨이취안周維權(1927~2007, 중국 원림 연구자)의 계산에 의하면, 원명원
이 처음 열리기 시작했을 때 이미 전호와 후호 사이에 약 91에이커
(약 552묘)의 토지를 차지했다고 한다. 그러나 장언인張恩蔭(현대 원명원 연구자로
『원명원백경도지(圓明園百景圖志)』를 주편했음)은 이 계산에 이의를 제기하면서, 황자
윤진이 원명원을 읊은 시들을 보면, 이 원림의 범위는 후호를 넘어
서며 적어도 180에이커(약 1,093묘)에 달하는 토지를 점유했다고 한다.[9]
누가 맞고 틀리든 간에 원명원이 완공되었을 때 그 규모는 적어도
이후 전체 면적의 3분의 1 정도였다. 어쨌든 원명원은 1722년 이
미 제법 규모를 이루었고, 황자 윤진은 그의 연로한 부친 강희제와
그의 아들 홍력弘曆(미래의 건륭제)을 모란대로 초청하여 활짝 핀 모란꽃을
구경했다.[10]

황자 윤진은 1723년 대통을 이어 황제가 된 뒤, 원명원을 확대하

기 시작했다. 그러나 황태후가 갑자기 서거하자 원명원을 새로운 황제의 황가 궁원으로 선포하는 일은 뒤로 늦추게 되었다. 효자였던 그는 거상 기간을 치르는 동안 향락 생활을 중단하고 원명원으로의 이거移居를 미루었던 것이다.[11] 옹정제는 1725년 8월 27일, 대신들의 수차에 걸친 요청으로 탈상을 결정했고, 1726년 음력 정월에 비로소 원명원으로 정식 입주했다. 그는 도금한 마차에 올라 11량의 마차 호송을 받으며 베이징을 출발하여 그의 제왕 궁원에 이르렀다. 친왕과 대신들이 황제에게 3,000개의 등롱을 선물로 보내 경축했다.[12]

비록 옹정제는 원명원에 이틀만 머물고 자금성으로 돌아갔지만, 그는 이미 이곳을 휴식처로서뿐 아니라 정무를 처리하는 장소로 삼고자 마음먹었다. 그는 정식으로 이부吏部와 병부兵部에 다음과 같이 유시諭示한 바 있다.

> 짐은 원명원에 머무는 것이 궁중과 차이가 없다. 모든 정무를 평상시대로 처리하라.[13]

이후 그는 명령을 반포하여 이 유시를 거듭 밝혔다. 그는 1725년 이후 원명원에서 기거하며, 매일 정무를 자금성에서와 동일하게 처리했다. 이를 통해 옹정제는 자신이 원명원에 거주하는 것이 일상 정무를 수행하는 데에 방해되지 않음을 확실하게 보이려 했다. 이는 옹정제가 직무에 소홀할 수 있다는 언론에 대단히 예민했음을 반영한다. 그는 분명히 재차 그의 원명원 거주에 대하여 변호하려 했고, 그것이 정무에 영향을 주지 않음을 강조했다. 따라서 그가 원명원 안의 정무 처리 장소를 '근정전'이라고 명명했던 것도 결코 우연한 일이 아니다.

옹정제가 처음부터 원명원에 대한 처신을 진지하게 생각하고 있었던 데 비해 일반 관원들은 안일한 분위기에 젖어 정무 처리에 긴장하지 않았다. 1726년 1월 20일, 옹정제가 근정전 용좌에 앉아 상주를 청취하고 있을 때, 아무도 나서서 상주하는 사람이 없었다. 옹정제는 얼굴을 붉히면서 원명원의 거주로 인해 정사를 소홀해서는 결코 안 된다고 질책했다. 거꾸로 그 자신은 원명원과 같은 편안하고 쾌적한 환경에서 정무를 더욱 잘 처리할 수 있다는 말이었다. 그는 위협적인 어조로 경고하기를, 만일 대신들이 계속 원명원에서 그저 그렇게 정사를 처리한다면, 이는 대신들이 자신이 원명원에서 거주하는 것을 반대하는 것으로 받아들이겠다고 했다.[14]

오래지 않아 황제와 대신들은 모두 제왕의 궁원 안에서 정무를 처리하는 데 익숙해졌다. 옹정제는 분명히 매혹적인 주위 환경과 천연의 경치에 이끌렸고, 원명원 안에서 거주하는 시간이 더욱 많아졌다. 상대적으로 자금성으로 돌아가는 횟수가 줄어든 것은 두말할 나위도 없다. 그는 점차 이 궁원을 떠나고 싶지 않게 되었고, 끝내 청나라 황제가 원림에 거주하는 생활 전통을 열어젖혔다.[15]

옹정제가 원림 안에서 정무를 처리하기로 결정한 뒤, 원명원과 베이징 사이에 아름다운 수양버들이 심긴 석판로石板路가 놓였다. 매카트니^{George Macatney}의 계산에 의하면, 이 도로는 대략 6마일^{(약 9.7킬로미} ^{터)} 정도라고 한다.[16] 이 도로는 자금성에서 시작하여 서직문^{西直門}을 지나 호성하에 걸려있는 고량교^{高梁橋}를 건너서 서북쪽으로 꺾여 하이뎬구에 들어선 뒤 원명원의 대궁문에 이른다.[17] 황제는 이 길을 통해 원명원 안의 궁전과 자금성을 오갔다. 황제가 원명원 궁문에 도달할 때면, 만주족 친왕과 귀족들, 만한^{滿漢(만주족과 한족)} 대신들, 남서방^{南書房}*의 측근 문사, 군인들이 모두 줄지어 영접하며 존경을 표시했다.

이 도로는 당연히 관원에서 기술자에 이르기까지 원명원을 항상 오가는 사람들에게도 편리한 길이었다. 일반적으로 한 사람이 자금성을 출발해 아침 조회 시간에 맞추어 원명원에 도착하려면 반드시 한밤중에 출발해야 했다.[18] 그래서 두 곳을 오가는 일이 연로한 대신에게는 고역이 아닐 수 없었다. 옹정제는 인자함을 보이기 위해 노신들의 아침 조회 참석을 면제해 주었다. 특히 시베리아에서 불어오는 바람이 뼛속 깊이 파고드는 엄동의 날이면, 옹정제는 대부분의 관원들에게 긴급 상황을 제외하고는 원명원 근현^{覲見}을 면제해주었다.[19] 1815년^(가경 20년), 조정은 부수^{副手}가 먼저 상주문을 대신 전하고, 해당 관원은 당일 조금 늦게 원명원에 이르도록 윤허했다.[20]

역사가들은 보편적으로 옹정제를 검박한 황제로 보고 있다. 그

---

* 청대 관서 이름으로 한림학사 등 문인들이 황제를 모시던 곳

러나 그가 원명원을 확대하고 단장한 점을 보면 사실은 사치스러운 사람임에 틀림없으리라. 일찍이 1724년, 그는 등극한 이듬해 원명원 안에 건물을 새로 추가하고 목재를 구입할 계획을 비준했다.[21] 최초의 조영은 행정 관리의 수요를 충족하기 위해서였다. 정대광명전과 전당 부근에 시종과 빈객을 영접할 별관을 짓는 것이었다. 일반적인 중국 원림은 정치권에서 은퇴한 뒤 머무는 공간이었지만, 원명원은 정치의 중심지였다. 이 행정 건물이 완공되기 전에 옹정제는 '구주청안'(아홉 개의 인공섬이 전호와 후호 사이에 반원형으로 배열되어 있다)의 침궁 안에 그의 임시 이정청理政廳(정무를 보는 곳)을 설치했다. 이를 통해 우리는 1726년 이전, 즉 옹정제 즉위 4년 경 구주 위의 건축이 대부분 낙성되었음을 알 수 있다.[22]

옹정제는 1727년에도 여전히 자신이 원명원에 거주하는 일에 대하여 변호할 필요를 느끼고 있었다. 왜냐하면 그는 유가적 행위 규범은 일락逸樂(편안히 즐기는 것)을 허용하지 않음을 알고 있었기 때문이었다. 그는 유지諭旨에서, 원명원의 쾌적한 환경을 원하는 이유는 천조 대국의 군주로서의 직책을 다하기 위해서라고 밝혔으며, 이 말을 증명이라도 하려는 듯이 관원들에게 원내에서 일을 열심히 하도록 독려했고, 아울러 그 자신도 더욱 분발하여 가능한 한 최선을 다해 정사를 살폈다. 그는 부단히 자신을 채찍질하기 위해 정대광명전에 커다란 대련對聯을 붙였다.

하늘의 마음을 내 마음으로 삼고

새벽에 옷을 입고 밤늦게 밥을 먹네.

백성의 즐거움을 즐거움으로 삼아

마음은 온화하게 감정은 기쁘게 갖네.

心天之心而宵衣旰食,

樂民之樂以和性怡情.²³

이마저도 충분치 않아 그의 어안御案(임금의 서안) 뒷면에 '무일無逸(태만하지 마라)'이라고 쓴 대자大字를 걸어놓았다. 또한 궁원 안 이정청 담장에도 문장을 하나 새겨 넣었는데, 그 내용은 평화와 번영을 유지해야 할 책임이 얼마나 막중한지, 이 제국을 어떻게 보호할 것인지, 그 책임이 결코 선조들이 창업했던 것보다 결코 쉽지 않음을 진지하게 여긴다는 것이었다.²⁴

옹정제의 말은 결코 허언이 아니었다. 그는 이정청 안에서 가장 긴 시간을 보내며 상소문을 살펴보았고 측근들과 정사를 의논했다. 너무 많은 문제들이 그의 결단을 기다리는 통에 원명원에서의 나날에는 뜨거운 여름에도 비는 시간이 없었다. 사실 어느 계절이든 옹정제는 원명원에서 정무 시간을 조금도 어기지 않았다. 옹정제가 이정청에서 일에 몰두하면 한밤중에 이르도록 시간을 잊어버릴 정도였다는 사실은 잘 알려져 있다. 이런 경험을 시로 남기기도 했던 바, 그 시 속에서 노래한 밝은 달이 그가 한밤중까지 일했음을 증명해준다.²⁵

옹정제는 원명원 북쪽에 농지를 개간하고 '다가여운'이라고 불렀다. 이 또한 원림 내 경관지점 가운데 하나이다. 이곳은 유희를 위해서가 아니라, 땅을 갈고 씨를 뿌리며 수확하는 모습을 관찰하기 위해 마련한 것이다. 즉 농민의 생활에 대한 관심을 드러낸 것이다.[26] 1729년 8월, 옹정제는 또다시 양잠^{養蠶} 농장을 조성하고 태감 한 명을 파견하여 감독시켰다. 그리하여 농경 구역에서 일하는 남녀들을 상호^{桑戶}로 편성하여 원호의 새로운 성원으로 받아들였다.[27]

옹정제가 원명원을 일상 거처로 삼자, 원명원의 안전과 보호가 필수적으로 강화되었다. 원림은 본래 기병 180명, 보병 40명을 포함한 녹영^{綠營} 관군뿐이었지만, 옹정제가 권력을 장악한 뒤 1724년에 원내의 관군은 기병 200명, 보병 800명 등 천여 명에 달했다.[28] 한 해 뒤 봄에는 군용 훈련장도 완공되었다. 병사들은 제왕 궁원을 호위한다는 영예로운 직책을 맡게 됨에 따라 백은 20냥의 장려금도 받았다.[29]

원명원의 지위가 더욱 중요해지자 원명원 팔기^{八旗}의 호위 병력은 3,232명이 되었다. 이 부대의 모든 군관과 사병은 모두 만주인이었다. 그들은 무예가 뛰어났고 신뢰할 만한 부족에서 선발되었다. 오래지 않아 어림군^{御林軍}은 3,256명으로 고정되었다. 군관 136명, 사병 3,210명으로 만주족 친왕 두 명이 지휘했다. 이후 몇몇 황제를 거치면서 이 어림군은 원명원의 주위에 주둔하게 된다. 이들의 임무는 크게 두 가지였다. 평상시 원명원의 안전을 지키는 것이 하나요, 특별한 경축일에 황제를 호위하는 시위로서 황제와 그의 시종들이 원내에서 안전하게 다닐 수 있도록 하는 것이 다른 하나였다. 평소 기마와 궁술을 닦았으며, 이따금 황제도 훈련을 참관했다. 이를 위해 원내 서남쪽에 거대한 훈련장, 열병대 등을 조성했다. 1747년 기록에 의하면, 병영 막사 2,328칸이 완성되어 군인을 수용했다.[30]

비록 옹정제가 원명원 안에서 정무를 부지런히 돌보았지만, 그렇다고 원림을 즐기려는 마음마저 억제할 수는 없는 노릇이었다. 그는 특히 복해에서 배를 띄우는 것을 좋아하여, 항상 빈객(일반적으로 대신과 총애하는 비빈이었다)을 초청해 고요한 호수 위에서 풍경을 구경했다. 그가 탄 용선 뒤로는 보통 30척의 배가 뒤따랐다. 저녁이면, 특히 경축일이면 이곳저곳으로 두루 돌아다니며 즐긴 뒤에 화려한 음악회가 열렸다. 이런 분위기에서 자란 건륭제도 즉위한 뒤 호수에서 노니는 것을 좋아했다. 선교사 왕치성은 황제의 빈객이 되는 영예를 얻자 배를 타는 기쁨도 누릴 수 있었다. 그의 묘사에 의하면 화려하게 도금한 배의 용도는 저마다 달랐다고 한다. 어떤 배는 바람을 쐬는 용도였고, 어떤 배는 낚시를 하는 데 썼으며, 어떤 배는 작전과 포진布陣 등 수전을 훈련하는 데 사용되었다.[31] 황제와 그의 시종들이 배를 띄웠을 때에 동시에 여러 가지 모습을 볼 수 있었던 것이다.

음력 5월 단오절을 경축하는 일은 호수에서 치르는 아주 큰 행사였다. 이 날은 옛날 초나라의 시인 굴원屈原(기원전 340~278)을 기억하는 날이었다. 굴원은 초나라 왕의 선한 마음을 각성시키기 위해 강물에 몸을 던져 자진했다. 물에 빠진 굴원을 찾기 위해 용선 경주가 시작되었다고 하니, 이 경주는 늦어도 6세기 전에 시작되었을 것이다. 만주족 황제는 이 제왕 궁원에서 모든 경축일을 축하했다. 해마다 복해의 용선 경주는 장마철을 제외하고 거의 취소된 적이 없었다. 보통 황제와 그의 빈객이 이 특별한 날에 복해에 도착하면, 빛깔 고운 용선들이 호수 안에서 북을 치고 깃발 날리며 경주를 시작했다. 이는 백성들의 축제와 다를 바 없는 광경이었다. 경주가 끝난 뒤 주인과 그의 손님들은 호숫가 화강암 호안으로 상륙하여 반월형 대계로 간 뒤에 아름다운 꽃과 나무가 우거진 큰길을 따라 숙소로 돌아갔다.[32]

호숫가는 해질 무렵 건물마다 올리는 등불을 보기에 최적의 장소였다. 등불이 어둠을 밝힐 때 수많은 건물의 지붕에는 갖가지 화려한 등롱들이 올랐다. 건륭제도 호숫가에서 보름달을 자주 구경했다. 한 가지 전해지는 이야기가 있다. 한여름 밤이었다. 건륭제가 그의 시종들과 달빛이 환히 부서지는 봉도요대에서 경극을 관람하고 있었다. 갑자기 어디선가 개구리들이 떼를 지어 울어대는 바람에 극장 안이 소란스러워졌다. 이때 눈치 빠른 대학사 유용劉墉 (1714~1779)이 빙그레 웃고는 건륭제에게 유지를 내려 개구리더러 입을 다물게 하도록 청원했다. 황제도 고개를 끄덕이고 조서를 호수에 던지도록 하자, 묘하게도 개구리들이 울음을 그쳤다. 유용이 재빨리 황제의 법력이 무궁하다며 칭송했다. 하지만 조금 있다 개구리들은 다시 시끄럽게 울어대었고, 당황한 관원과 태감들은 황급히 돌을 호수에 던져 개구리 소리를 막았다.[33]

옹정제는 특히 복해 북쪽의 화려한 누각과, 그 누각 안에서 석양이 서산마루를 비추는 풍경(이 경관지점은 1728년 7월 조성되었다)을 좋아했다고 한다. 이 풍경은 그에게 세상의 번뇌를 잊도록 해주었다. 이 누각의 뒤편에 모란에 둘러싸인 함운재含韻齋가 있다. 당시 궁에서 수직하고 있던 우민중于敏中은 모란이 흐드러지면 그 향기가 자욱했었다고 기록하고 있다. 음력 7월 7일, 즉 칠석일에 해가 지고난 뒤 옹정제는 황실 및 후비들과 함께 성대한 잔치를 열고 함께 견우와 직녀가 은하수에서 서로 만나는 광경을 보았다.[34]

옹정제는 '동천심처'-원명원 동남쪽에 있는 은밀한 구역이다-에도 남다른 애정을 갖고 있었다. 이곳은 그가 어린 시절을 보냈던 장소였던 탓이다. 그는 이곳에 비석을 세워서 기념했다. 뒷날 이 장소에 황실 학교를 세우고 교실과 기숙사를 지었다. 건륭제도 황자 시절에 그의 형제들과 이곳에서 공부했다. 그의 기억에도 이곳은 시간을 잊을 정도로 청정하고 아름다운 저녁 풍경으로 남아 있었다.[35]

1730년 가을, 난데없이 강력한 지진이 발생하여 고즈넉한 황가의 평정을 깨뜨렸다.[36] 지진을 목격한 예수회 선교사의 기록에 의하면, 지진을 겪은 이 궁원은 애처로울 정도였다고 한다. 9월 20일 지진이 나자, 옹정제는 용선으로 몸을 피해 밤새 배에서 지냈다. 지진으로 인한 두려움에 그는 가족들과 선상에서 지냈던 바, 10월 5일에도 그는 배 안에서 유럽인 선교사를 맞이했다.[37] 지진은 그에게 겸손을 일깨워주었고, 그는 그의 선조들처럼 하늘로부터 내려진 경고로 받아들였다. 이로 인해 그는 죄기조罪己詔(임금이 자신에게 죄를 내리는

^{조서)}를 지어 하늘에 용서와 아량을 구했다. 지진 피해를 입은 원명원을 보수하는 일은 그리 어려운 일이 아니었다. 황가의 돈은 아직 충분했기 때문이다.

옹정제가 원명원 안에서 반평생을 지내는 동안 이 궁원을 나서는 일이 드물었다. 전체적으로 그는 아름다운 풍광을 누리면서 즐겁고 기쁘게 지냈다고 할 수 있다. 이를 시로 이렇게 남긴 바 있다.

금원에 알맞게 비가 왔다 다시 개이니
별관의 봄은 깊어 맑은 대자리에 눕노라.
떨어지는 꽃잎 몇몇이 나의 꿈을 깨우더니
어부의 노래 한 소리에 한가한 정 일어나네.
잠시 어탑을 옮겨 솔숲 사이에 앉으니
마침 새소리 들리는데 대숲에서 우는구나.
오직 봄바람만이 내 마음 아는지
대지 가득 신록지고 봄물에 무늬 이루네.
禁園宜雨復宜晴, 別館春深枕簟清.
數片落花驚吾夢, 一聲漁唱惹閑情.
暫移榻向松間坐, 恰聽禽來竹裏鳴.
唯有東風知我意, 滿地新綠浪紋生.³⁸

그는 원명원 안에서 다양하게 즐겼다. 아름다운 풍경과 분위기 안에 몸과 마음을 적셨다가 해가 뜨거나 지는 것을 보았으며, 우아한 누각 안에서 책을 읽고 글을 썼다. 혹은 관원이나 친지들과 전당이나 서재에서 한담을 즐기고, 꽃사태가 난 정원으로 빈객을 초청했다.[39] 그는 1735년 가을 어느 날, 발병한 지 사흘 만에 원명원 안에서 세상을 떠났다. 그의 나이 58세였다.[40] 옹정제의 은밀한 궁정 생활과 돌연한 서거는 수많은 유언비어를 낳았다. 혹자는 옹정제가 명나라의 충신인 여유량呂留良(1629~1683)의 딸 여사랑呂四娘에게 척살되었다고 한다. 하지만 역사학자들은 허무맹랑한 이야기일 뿐이라고 보고 있다. 옹정제의 갑작스런 죽음은 단약을 잘못 복용했던 데 기인한다. 장태허張太虛, 왕정건王定乾 등 수많은 도사들이 원내에 거주하며 그를 위해 단약을 만들어주었던 일은 공공연한 비밀이었다.[41]

황금기

태자 홍력이 황위를 계승한 것은 두말 할 나위도 없다. 옹정제는 원명원 안에 밀조密詔를 내려서 홍력이 합법적 계승자임을 흠정欽定(임금이 몸소 재가裁可하는 것을 말함)했다. 이 조서가 선포된 뒤 황태자 홍력은 원명원 안에서 대통을 계승하고, 옹정제의 영구를 호송하며 자금성으로 돌아왔다. 건륭제는 등극한 뒤 삼년상을 치르고 1738년 정식으로 원명원에 입주했다. 젊은 황제는 본래 원명원에서 나고 자랐으며 장년기에는 장춘선관을 거처로 삼았다. 그는 여섯 살 때 구주의 모란대에서 그의 조부 강희제, 부친 옹정제와 함께 꽃을 감상했다.

몇 년 지난 1722년에 이 어린 황자는 다시 조부, 부친과 함께 그들이 좋아하던 궁원에서 사람들의 마음과 눈을 흔드는 모란꽃 계절을 축하했다. 청조 세 황제가 모란대에서 모였던 두 차례 모임은 청궁淸宮의 계보에 자랑스럽게 기록되어 있다. 건륭제는 뒷날 모란꽃을 함께 구경했던 장소에 비석을 세워 이 이야기를 새겨 넣고는 조부와 부친에 대한 감은感恩의 마음을 보이고, 그들로부터 계승한 책임을 스스로 다짐했다.[42]

건륭제는 계속 원명원을 가장 주요한 제왕 궁원으로 삼고 아울러 오랜 재위 기간 동안 대단히 열정적으로 확충시켜 나갔다. 그에게 원내에서 장춘선관보다 더 의미 있는 곳은 없었다. 그곳에서 어린 시절을 보냈기 때문이다. 장춘선관의 전당은 대단히 큰 정원을 지니고 있는데, 기둥 셋의 앞채와 기둥 다섯의 주 건축으로 구성되어 있다. 건륭제에게는 울창하게 솟은 소나무와 측백나무 그늘 아래에서 책을 읽었던 일이 가장 즐거운 기억이었다. 따스한 방안에서 겨울을 나고, 여름밤이면 구릉의 정자에서 더위를 피했다. 장춘선관 안에서 지낸 시간들은 참으로 즐거웠다. 그는 등극한 뒤 모친을 이곳에 모셔 천수를 누리게 했다.[43]

건륭제는 그의 부친처럼 일찍이 오랫동안 공부했던 '동천심처'에 남다른 애정을 갖고 있었다. 그는 이 분위기 좋은 교사校舍의 하얀 담벼락에 비친 대나무 그림자며, 주위의 숲속에 난초와 소나무가 울창했던 것을 분명하게 기억하고 있었다. 매력적인 대나무 소리를 들으면서 책을 읽는 것을 좋아하던 그였다.[44] 건륭제에게 잊

만방안화(萬方安和). 이곳은 사방이 물로 둘러싸인 벽돌 터 위에 세워져 있어서 실내는 겨울이면 따뜻하고 여름에는 서늘했다. 가을날 달빛 아래에서 건륭제는 '만(卍)'자형 누각이 수면 위에 비치는 금빛 그림자에 마음을 빼앗기며 부처님의 금광을 떠올렸다.

지 못할 또 하나의 장소는 1727년 낙성한 '만방안화'이다. 이곳은 사방이 물로 둘러싸인 벽돌 터 위에 세워져 있다. 그래서 실내는 겨울이면 따뜻하고 여름에는 서늘했다.[45] 가을날 달빛 아래에서 건륭제는 '만卍'자형 누각이 수면 위에 비치는 금빛 그림자에 마음을 빼앗기며 부처님의 금광을 떠올렸다. 뒷날 부처님의 은혜를 간구하면서 이 경관지점을 '만방안화'라고 개명했다. 이곳에서 약간 북쪽으로 가면 도화오桃花塢가 있다. 아주 조용하고 편안한 곳으로 은신하기에 좋은 장소이다.

1736년, 건륭제가 등극한 지 얼마 지나지 않았을 때 궁정 예술가 낭세령, 당대, 심원 등을 파견하여 거대한 '원명원도圓明園圖'를 그리게 했다. 이 집체창작으로 이뤄진 그림은 1738년에 완성되어서 '구주청안' 안에 있는 침궁 서편에 있는 청휘각 담벼락에 걸렸다.[46]

그러나 이 원명원도의 완성이 원림 프로젝트가 종결되었음을 뜻하진 않았다. 건륭제는 아주 일찍부터 이미 원명원을 더욱 확대하고자 마음먹었기 때문이다. 다만 더욱 많은 향락을 추구하는 일이 혹여 비난을 부를까 조심하고 있었던 것이다. 마침내 1740년에 원명원의 모든 확장이 중지되었다. 그 원인은 중국 서부에서 수재가 발생했는데 언관 유조劉藻가 조영을 멈추도록 상소를 올렸기 때문이었다.⁴⁷ 이후 1742년까지 건륭제는 어떠한 확장도 진행하지 않았다. 그러나 이때 백은 60만 냥이 넘는 비용을 들여 새롭고 화려한 '홍자영호'가 완공되었다.⁴⁸ 그는 조상에 대한 효심을 다한다는 명분으로 이 특별한 조영을 합리화했던 것이다. 자신의 효심을 드러내기 위해 홍자영호가 완공된 뒤, 그는 늘 이곳에 와서 살펴보았다. 4월 5일 청명절에 건륭제는 조부와 부친의 위패 앞에서 직접 제사를 집전했고, 황족들이 그의 뒤에 도열해 있었다. '청명일에 안우궁을 배알하다淸明日拜謁安佑宮'라는 제목의 시에는 이런 모습이 자세히 묘사되어 있다.

지난 해 수황을 하염없이 그리워했는데
올해 한식에 어원 안에 있노라.
친지를 인솔하고 안우궁에 뵙노니
말 그림자 옮아가며 허공에 의지하네.
어느새 안개는 둑 위 푸른 버들 휘감았고
뉘라서 바람이 언덕 붉은 복사꽃 강새암을 어여뻐하리?
동서로 바라보니 이릉은 아득하오나

격절없는 정성 한마음으로 이르리라.

昨歲壽皇思莫窮, 今年寒食御園中.

親支率領謁安佑, 駒影推遷信幻空.

已覺烟含堤柳綠, 誰憐風妬塢桃紅.

東西瞻眺二陵邈, 不隔精誠一念通.[49]

1744년 40경과 200동의 건물이 완성되었을 때, 원명원은 그 역사상 최고봉에 이르렀다. 건륭제는 흡족한 마음으로 궁정 예술가인 당대와 심원 등이 그린 화책을 보면서 경관지점마다 시 한 수씩을 써내려갔다. 그는 한시로써 원내에서 아주 만족스럽게 생활하고 있음을 표현했다. 비교적 장수했던 건륭제는 생전에 4만2,000수를 썼는데, 대부분이 원명원 안에서 지은 것들이다.

한시에 드러난 이미지를 통해 우리는 건륭제의 정감을 포착할 수 있다. 그의 정감은 계절에 따라 변화하는 원명원의 풍경을 좇아 움직이고 있었다. 건륭제는 늦봄 밤새 비가 온 뒤에 전당의 전문前門 밖에 서서 청신한 새벽을 만끽했다. 나무와 꽃이 우거지는 계절이 되면 원내의 풍경이 일신했다. 그는 새벽녘에 청신한 바람이 실어오는 은은한 향기에 취하거나 들꽃 내음을 맡는 것을 무척 좋아했다. 초여름이 다가오면 무성한 녹음이 뜨락에 비치고, 각양각색의 누각 그림자와 수풀 그림자가 교묘하게 모습을 드러냈다. 뜨거운 여름이면 서늘한 바람이 불어와 그를 한낮의 잠 속으로 정신없이 빠져들게 만들었다. 제비가 돌아와 옛 둥지를 다시 지을 때면 어느새 여름은 지나가 버리고 만다. 이 때 귓가로 버드나무의 매미가 울어댄다. 하지만 건륭제는 이처럼 시끄러운 소리를 좋아하지는 않았다. 가을바람이 불어와 마른 잎을 떨어뜨리고 구릉도 붉게 혹은 누렇게 물들어 가면 한 폭의 그림 같은 풍경이 눈앞에 들어온다. 가을도 봄날처럼 사람을 기분 좋게 만들고 있다. 태양이 남쪽 서재의 커튼에 비치면 건륭제는 미소를 띠며 따스한 햇볕을 쬐었다. 그는 정원에서 산보하다가 나뭇가지에 알알이 맺혀있는 이슬과 연못 속을 헤집고 다니는 물고기를 바라보았다. 해질 무렵 한바탕 비가 오고 나면 오동잎은 비에 젖어 툭툭 떨어지고 만다. 그래서 그는 서릿바람에 맞서 꽃을 피우는 9월 국화를 사랑했다. 어떤 때에는 국화와 매화를 작은 온실에 피워서 꽃을 길게 보았다. 한겨울이 찾아오면 그는 오로지 실내에서만 생활했다. 항상 유리 창가에 앉아서 얼어붙은 수로를 바라보았고, 그의 눈앞에는 가없는 하얀 세상이 펼쳐지고 있었다.[50]

원내 40경이 완성되기 이전에, 건륭제는 유가가 제창한 절검의 도덕관을 뚜렷하게 의식하고 있었다. 그래서 또 다른 원림 조영을 새롭게 추진하지는 않았다. 허나 얼마 안 되어 그는 이곳에 새로이 원림을 조영하고 싶은 욕망을 더 이상 참을 수 없었다. 건륭제 자신이 원림 풍경을 특히 좋아했다는 사실 이외에도 그의 '열정'이 '도덕'을 능가하도록 만든 원인이 두 가지 있었다. 먼저, 건륭제의 재위 기간은 청조 제국의 전성기였다. 국고도 충실하여 그가 원하는 것을 하는 데 충분했다. 둘째, 건륭제는 수차례 강남으로 순행하여 강남의 원림과 창장 하류의 풍광에 매혹되었던 바, 이로 인해 그는 궁원 안에 강남의 풍경을 가져오고 싶은 욕망을 뿌리칠 수 없었던 것이다.

통치자의 입장에서 보면, 남순은 국토와 민생을 살피는 통치 행위였지만, 건륭제는 경관을 구경할 기회라면 무엇이든 놓치지 않았던 것이다. 제1차 남순은 1751년 2월에서 5월 사이에 이뤄졌는데, 92개 지역을 경유했다. 1757, 1762, 1765, 1780, 1784년에도 재차 같은 노선으로 순방하면서, 그는 독보적인 강남의 자연 풍광과 아름다운 원림 건축, 특히 쑤저우의 정원에 매료되었다.[51] 그는 수많은 장인과 예술가를 대동했던 바, 그들에게 강남의 기이한 경관을 모사하여 장춘원 안에 조영하게 했다. 그는 항상 완전한 원림 설계도를 지니고서 제왕 궁원의 지정된 장소에 본래의 규모에 의거해 똑같은 원림을 세웠다. 강남에서 차용한 정원, 건축, 경치들이 모두 장춘원 안에 차례로 조영되었다. 건륭이 1790년 80세를 맞이했을 때, 원명원은 찬란한 전성기에 이르렀고, 이 늙은 황제의 자부심을 한껏 드높여주었다.[52]

한편, 건륭이 원명원 안에서 생일잔치를 하고 있을 때, 외부 세계는 극적인 변화를 연출하고 있었다. 저 욱일승천하는 대영제국은 무역을 이 '더디고 움직이려하지 않는' 천조 대국까지 뻗고자 희망했다. 문화적 배타성과 소통의 결핍은 끝내 '두 세계의 충돌'을 이끌고 말았다.[53]

매카트니 사절단

1792년, 경험이 풍부한 외교관인 매카트니^{Lord Macartney(1737~1806)}가 런던을 출발했다. 그는 건륭제의 생일 축하라는 명분을 통해 중국에서 무역을 확대하고자 했다. 그런데 광둥의 지방 관원이 조정에 상주하기를, 영국 왕이 매카트니를 보내 건륭제의 생신을 축하하기 위해 '진귀한 공물'을 보내왔다고 언급했다.[54] 청나라 정부는 이 사절단을 진공단進貢團으로 여겼던 것이다. 건륭제는 염정鹽政 정서征瑞(그의 최초 관직은 원명원 내 내무부 시랑侍郎이었다)를 보내 멀리서 온 손님을 맞이하게 했다.[55]

매카트니와 그 일행은 베이징 길이 불편하거나 피로하지 않았다. 그는 1793년 8월 21일 베이징에 도착했고, 청나라 조정은 사절단이 도착했을 때 축포를 쏘아 환영의 뜻을 보였다. 또한 손님들을 위해 다과를 준비하고, 성 안에서 휴식하도록 조치했다. 그후 매카트니는 화강암으로 포장된 길을 따라 8월 23일 하이뎬진海澱鎭에 이르렀다. 그는 소로가 나 있는 정원이 딸린 12에이커(약 73묘)넓이의 별장에 묵었다. 별장 안에는 몇 개의 정자가 사방으로 세워져 있었다. 부사 스타운톤^{Georges Staunton}에 의하면, 이 영국 사절단이 묵었던 곳은 굉아원宏雅園이 분명하다. 이곳은 원명원 부근의 유명한 객관이었다.[56]

8월 24일 이른 아침, 내무부 총관 대신 김간金簡은 손님들을 안내하여 원명원의 정대광명전을 둘러보도록 했다. 매카트니 친위대

병사였던 홈스Samuel Holmes는 원명원 안에 갖가지 유형의 우아한 소규모 건물이 있었다고 묘사했다.[57] 건륭제는 사절단에 대한 호의를 표시하기 위해 그의 총애하는 신하이자 당시 관계에서 촉망받는 인물이었던 화신和珅(1714~1799)에게 이들을 접대하도록 명령했다. 김간과 이령伊齡의 보고서에 따르면, 영국인에게 유숙하도록 내주었던 장소는 아주 깨끗하게 치워졌고 음식도 충분하며 군대가 안전하게 호위했는데, 저들도 쾌적한 숙소와 충분한 음식에 만족스러워했다고 한다.[58]

스타운톤도 매카트니 대사와 수행원들의 동정을 기록으로 남겨두었다. 그에 의하면, 사절단이 묵었던 방들은 제법 격조가 있었고 전혀 어설프지 않았다. 어떤 방들은 산수화로 장식되어 있었다. 하지만 아쉽게도 오래도록 사람이 살지 않아 낡아 있었다.[59] 그런데 호위하던 병사들이 정원을 마음대로 다니도록 하지 않았던 탓에, 영국인들은 마치 연금을 당한 듯한 모욕감을 느꼈다.[60] 음식은 밀가루로 만든 북방 음식이었는데 제법 입에 맞았다. 그러나 이들은 자신들이 매력적이고 쾌적한 원림에 묵게 되었지만 수도의 심장부로부터 멀리 떨어져 있음을 서운하게 여겼다.[61] 원명원이 당시 중국 정치의 중심지였다는 점은 알지 못했던 것이다.

매카트니의 숙소는 아주 번듯하고 편안한 곳이었다. 그러나 바로우John Barrow와 딘위디Dinwiddie 박사, 그리고 두 명의 기술자들은 자신들의 숙소가 낡고 더러워 참을 수 없을 정도여서 "차라리 돼지가 살 만한 곳"이라고 말했다.[62] 사실 그들은 원명원 안에 거주했던 바, 정대광명전에서 불과 200야드^(약 183미터) 떨어진 곳으로 주전 부근이었다. 이는 그들이 가지고 온 예물을 대전 안에 안치하는 데 편의를 돕기 위해서였다. 청궁 관원은 완전히 이들을 아랫사람 취급했고, 이들을 이궁문 안의 잡역부 거처에 안배했던 것이다. 하지만 원명원 안에서 일했던 74명의 영국인 기술자와 잡역부는 각각 내무부에서 백은 10냥씩을 상으로 받기도 했다.[63]

매카트니의 요구로 외교사절단은 8월 26일 베이징으로 돌아갔다. 그러나 대사의 개인 비서였던 바로우와 천문학자 딘위디 박사는 원명원에 남아서 천문 기구 등 황제에게 바칠 예물 설치를 도왔다. 건륭제는 원내에 영국의 진공품 여덟 가지를 진열하도록 하고 러허에서 돌아온 뒤 살펴보려고 마음먹었다.[64] 매카트니도 정성껏 자신들의 예물을 진열하여 청나라 황제의 환심을 사서 협상이 원만하게 성공하기를 희망했다.

그래서 바로우가 원명원에 머무른 시간은 다른 사절단원에 비해 길었다. 그러나 그는 이 제왕 궁원이 얼마나 중요한 곳인지 전혀 알지 못했다. 그에게 원명원이란 깨진 구릉과 계곡이 수목과 총림^{叢林} 사이에 널려 있는 곳이었을 뿐이다. 수많은 물길, 하류, 택지들은 모두 어지럽게 나 있고 더러 정돈되지 않은 채였으며, 비탈도 비탈 같지 않고 언덕도 언덕 같지 않았다. 거액을 들여서 이처럼 불규칙하고 제멋대로 배치한 것을 보면, 이는 그냥 자연의 손에 내버려두었음을 보여줄 뿐이었다. 간단히 말하자면, 그의 눈에 비친 원명원은 챔버스^{William Chambers}가 묘사한 원림이 결코 아니었다. 허식이 지나치고 과장투성이었던 것이다. 그렇지만 그는 호수 안에 우뚝 솟아 있어 기이한 상상을 일으키는 구멍 뚫린 태호석이나 특정한 공간에 유락을 위해 지어진 건물들, 그리고 이곳저곳의 크고 작은 숲속을 흥미롭게 감상했다.[65]

바로우도 언젠가 혼자 원명원을 돌아다니다가 태감이나 내정시위內廷侍衛의 제지를 받아 자존심이 상한 적이 있음을 토로한 바 있다. 열악한 거주 환경은 '감시'의 눈길로 더욱 불편해졌고, 이는 그의 중국관에 영향을 끼쳤고, 그는 "중국인은 균형감이 부족하다. 그들은 건축에 있어서 서양에서 요구되는 모든 원칙과 규율을 결여했다"고 말했다.[66] 그의 부정적 견해는 매카트니의 관찰과는 상반된다. 매카트니는 원명원 안에서 벽돌로 이뤄진 건축물을 발견하고는, 재료나 기술이 모두 하노버 광장Hanover Square 서남쪽에 있는 타이커널 궁Tyrconnell House을 넘어선다고 보았다. 타이커널 궁은 잉글랜드에서 가장 완벽한 건축으로 불리는 건물이었다.[67] 물론 바로우도 자신의 견해가 지극히 주관적임을 알고 있었다. 그래서 매카트니가 중국 건축과 원림에 대하여 아주 긍정적으로 관찰한 내용을 많이 인용했던 것이다.[68]

매카트니는 아주 상세하게 청더의 피서산장을 살펴본 바 있다. 이에 앞서 그는 8월 23일 원명원의 일부 구역을 살펴볼 기회를 가졌는데, 이때 저 예술적 창조물들, 그리고 산과 물 사이에 자리한 거대하고 화려한 정자와 누각, 거석을 깎아 만든 소로, 선경 같은 주랑을 통해 이어지는 길 등을 보았고 깊은 인상을 받았다.[69] 특히 길이 150피트^(약 40미터), 폭 60피트^(약 18미터)의 정대광명전은 하나의 충격이었다. 그는 전당 안에 황제에 대한 경외를 상징하는 장엄한 공간이 있다고 기술하고, 라틴어 '베루스^{Verus(정직)}', '마그누스^{Magnus(위대)}', '글로리오수스^{Gloriosus(영광)}', '스플렌디두스^{Splendidus(광명)}', '펠릭스^{Felix(침착)}' 등으로 이 전당의 이름을 해석했다.[70]

영국인들은 청나라 황제에게 바칠 예물을 원내에 진열했다.[71] 지구의^{地球儀}와 천체의^{天體儀}는 대전 안의 용상 양 옆에 두었고, 크리스털 등은 실내 천장에 걸었으며, 18일에 걸쳐 완성한 천상의^{天象儀}는 대전 한쪽 구석에 두었다. 천문지리음악종^{天文地理音樂鐘}, 측량기^{測量器}, 웨지우드^{Wedgewood} 도자기와 프레이저^{Fraser} 태양의^{太陽儀}는 다른 쪽 구석에 두었다.[72] 가장 눈에 띄는 것은 영국 전함 모형과 소형 캐논포 6문이었다. 이들은 정대광명전과 담회당에 각각 나누어 진열했다. 페이레피트^{Peyrefitte}는 마치 국제 박람회의 영국 전시관 같았다고 말했다.[73] 수많은 만주족 친왕과 타타르 장군들, 중국 관원들이 이 '전시회'를 참관했다.[74]

건륭제는 그의 관원들이 먼 나라로부터 온 신기한 물건들에 깊은 인상을 받은 사실에 유의했다. 그는 시종과 기술자들에게 어떻게 이 설비를 설치하고 해체하는지 배우게 했다. 대형 천체의는 일단 조립한 뒤 해체할 수 없다는 말을 듣자, 그는 곤혹스러워하다가 이내 담당 관원에게 반드시 해체시키라고 단단히 일렀다. 그는 이 기구들의 배후에 놓인 과학적 지식은 알아차리지 못한 채, 오히려 이들이 떠난 뒤 이 기구를 처리하지 못하면 어떨까 우려하고 있었

던 것이다.[75]

9월 2일, 매카트니는 베이징과 원명원에 21인을 남겨둔 채 67인을 이끌고 러허로 가서 건륭제를 알현하려고 했다. 이들은 만리장성을 지나고 엿새가 흐른 뒤에야 건륭제가 머무는 청더 피서산장에 도착했다.[76] 외교 의전에 대하여 논의가 오간 뒤, 9월 14일 건륭제가 이들을 불러 보았다. 중국과 영국 간의 역사적 만남이 이뤄지고 정식 회견이 끝난 뒤 연회가 열렸다. 이튿날 매카트니는 건륭제를 따라 사찰을 참관하고, 러허의 궁원을 유람했다. 청더 피서산장을 둘러본 영국인들은 흡족했다.[77]

1793년 9월 17일, 건륭제의 83세 축수연이 열렸다. 그는 산장의 '담박영정'에서 몽골 친왕, 미얀마 사신 등 축수하러 온 사람들을 접견했다. 군기처 문서에 따르면, 매카트니와 그의 부사 스타운톤은 용상 앞으로 가서 삼궤구고三跪九叩(세 번 무릎을 꿇고 아홉 번 머리를 조아리는 의식)의 예를 행했다.[78] 영국인들은 궤배례跪拜禮를 한사코 거부했지만, 건륭제와 그의 관원들은 이 천조의 법도에 영국인을 예외로 두지 않았던 것이다. 머나먼 타지에서 온 이방인들은 엄중한 주의를 받고서야 삼궤구배례의 중요성을 이해했다. 건륭제는 유시 속에서 전당에서 이 궤배례가 행해진 지 이미 오래되었고 누구도 이를 거부해서는 안 된다고 분명하게 밝혔다. 심지어 영국 국왕이 직접 찾아온다고 하더라고 이 의식을 행하여야 한다고 강조했다.[79]

궤배跪拜는 현대 서양인에겐 하나의 굴욕이요 치욕스런 행위였다. 특히 영국에서 궤배는 신하로서 복종한다는 의미이다. 그러나 청나라 황제는 유가적 세계 질서 자체를 표상했고 궤배는 이치상 당연한 것이었다. 유래가 오래된 이 단순한 동작은 종주국을 향한 존경을 표현할 뿐, 의식을 행한 당사자에게 결코 모욕은 아니었다.[80] 건륭제는 매카트니에게 한쪽 무릎을 꿇는 것도 허용하지 않았다. 이는 이 예식의 규범을 무너뜨리는 것이었기 때문이다. 건륭제도 이런 상황에서 양보할 수는 없었던 것이다. 사실 군기처는 특별히 8월 18일 정서에게 유시를 내려서, 이 영국인들이 "황제를 알현할 때 반드시 궤배례를 준수하도록" 요구했었다.[81] 다시 말해서, 영국 대사가 궤배례를 거부했다면, 청나라 황제는 그와 그 수행원들을 맞이하지 않았을 것이다. 그 후 이들은 9월 18일 저녁, 만수원萬樹園을 찾아가 야연夜宴에 참가하며 등불을 감상했다.[82] 추측컨대 이 영국 대사는 끝내 원하지 않았던 궤배례를 수용함으로써 자신들의 본래 임무를 성취하고자 생각했을 것이다. 어쨌든 영국인들은 인정하지 않지만, 매카트니는 궤배례를 했다. 군기처 문서를 보면, 청나라 조정 측의 입장을 분명히 알 수 있고, 러시아 통역 블라디킨Vladykin도 "이 영국 대사가 확실히 삼궤구고례를 했다"고 증명해주고 있다.[83]

9월 21일, 영국 사절단이 러허를 떠났다. 이들은 9월 26일 베이징으로 돌아왔다.[84] 영국인들이 떠날 즈음, 건륭제는 이미 그들의 요구들, 즉 베이징의 사절단 상주와 연해의 통상 확대에 대하여 잘 알고 있었다. 그러나 이 요구를 허락하면 뒷날 국가의 체제가 변화할 것은 불을 보듯 뻔한 일이었다. 그래서 그는 영국 국왕에게 보내는 문서에 "결코 수용할 수 없다"고 적었다. 하지만 만일 앞서 영국의 요구를 수용할 것이 아니었다면, 원명원 정대광명전에서 열기로 한 환영 연회는 취소했을 것이다. 그랬던 그가 이렇게 답신을 쓴 것은 영국에 대한 그의 태도가 바뀌었음을 보여준다. 건륭제는 처음에 8월 14일 군기처를 통해 정서에게 진심으로 이 외국 손님을 환대하게 했다. 그 내용 안에는 원명원에서 용선 경주까지 열어주는 것이 포함되었다.[85] 그러나 영국이 그의 체제에 도전하려는 의도를 내비치자, 그는 갑자기 태도를 바꾸었던 것이다.

매카트니는 거듭 건륭제와 대화하기 위해 관절통으로 운신이 힘든 상황에서도 9월 29일 일요일 하이뎬으로 향했다. 건륭제가 돌아오는 길에서 알현하기 위해서였다. 그러나 건륭제는 이 사절단을 속히 떠나보내려 했고, 즉각 원명원 안에 전시된 영국 진공품을 철거하도록 명령을 내렸다. 그렇다고 건륭제는 귀경길에서 자신의 감정을 이들에게 내보이기 싫었다. 그래서 다시 군기처를 통해 내무부 대신 정서에게 유시를 내려서, 이 이방인들에게 적당한 숙소와 음식 등을 내려주고 원명원과 부근의 만수산을 유람하도록 했다. 이밖에도 그들은 원명원 대동문大東門에서 건륭제의 귀경 전례典禮를 참관할 수 있었다.[86]

9월 30일, 영국인들은 새벽 4시에 기상했다. 6시경, 그들은 숙소의 정원 안에 집합하여 원명원 북쪽으로 가서 건륭제를 영접하는 수천 명의 행렬 안에 들어섰다. 건륭제는 여덟 사람이 드는 가마 안에 앉아있었고, 뒤로 마차 한 대가 따라오고 있었다. 잘 차려입은 군인이 약 46미터 간격으로 도열하여 뿔피리를 불었고, 건륭제의 행렬은 깨끗하게 닦인 길 위로 천천히 미끄러져 들어왔다. 바로우가 본 바에 의하면, 뿔피리가 황제가 곧 도착함을 알리자 뒤이어 경쾌한 음악이 연주되었다. 이 때 모든 사람들은 나팔, 피리, 금^罄, 관악기, 현악기 등 각종 음악 소리를 들을 수 있었다. 건륭제가 말 위에 타고 자신의 행렬을 향하여 경의를 표하고 있는 바로우를 지나쳤다. 그러나 매카트니는 그와 이야기를 나눌 기회를 얻을 수 없었다. 그는 10월 2일, 화신과 원명원에서 잠시 회견을 한 뒤 아주 지친 몸으로 베이징으로 돌아왔다.[87] 원래 원명원에서 열기로 했던 영국 손님을 위한 연회가 자금성 안에서 거행하는 것으로 바뀌었다. 이것이 전별연^{餞別宴}이었다.[88]

건륭제는 10월 7일^(음력 9월 5일)을 영국 사절단이 중국을 떠날 최종 기한으로 정했다. 이 날은 전별연이 열린 지 닷새가 지난 날이었다. 그가 보기에 영국 사절단의 임무는 이미 끝났다. 가져온 진공품을 헌상했고, 천조로부터 예물도 받았으니, 그들이 중국에 머물 이유가 없었던 것이다.[89]

군기처 문서 가운데에 건륭제가 매카트니의 알현을 받으면서 지은 시가 수장되어 있다. 그 안에는 한 치의 의심조차 필요하지 않을 정도로, 건륭제가 영국을 중화의 세계 질서 안에 두려하고 있음을 볼 수 있다.

포르투갈이 옛날 직공을 닦더니

잉글랜드가 오늘 신성을 바치네.

수해도 횡장도 근처까지 가보았거니와

조종의 공덕은 먼 바다까지 미쳤어라.

심상한 듯 보여도 마음으로 어여삐하나니

기이하고 좋은 물건을 귀하게 여겨서가 아니네.

멀리서 찾아온 이 품어주고 따스하게 보낼손

충심으로 태평성세 길이 유지할진저.

博都雅昔修職貢, 英吉唎今效藎誠.

竪亥橫章輸近步, 祖功宗德逮遙瀛.

視如常却心嘉篤, 不貴異聽物詡精.

懷遠薄來而厚往, 衷心保泰以持盈.[90]

   건륭제는 결코 쇄국 정책을 취하려는 것이 아니었다. 그는 자신의 세계 질서를 지키려고 했을 뿐이다. 사실 이 일은 제국의 안전과 평화를 지키는 데에 중대한 문제였다. 그의 사유 속에서 영국이 베이징에 오랫동안 사절을 주둔시키거나 민족국가 체계를 중국에 강요하는 것은 결코 있을 수 없는 일이었다. 한편, 건륭제는 군기처의 보고에도 주의하고 있었다. 당시 영국인들은 중국에서 떠나도록 요구받자 불쾌한 빛을 내보였다. 그래서 건륭제는 연안의 총독에게 칙서를 내려서 더욱 긴장하고 만반의 준비를 하여서 혹시라도 있을 불만에 찬 영국인의 소란에 대비하라고 했던 것이다.[91]

티칭 사절단

1795년, 매카트니가 중국을 떠난 뒤 채 2년도 되지 않아, 티칭^{Isaac} Titsingh(1745~1811)과 반 브람^{Andreas Everardus van Braam Houckgeest(1739~1801)}이 이끄는 네덜란드 사절단이 중국에 도착했다. 반 브람은 1790년 광저우 廣州에서 네덜란드 공장을 경영하고 있었다. 그는 중국에 대한 남다른 흥미를 갖고 있었고, 네덜란드 사절단이 되어 베이징을 찾기를 희망했었다. 그러던 차, 1795년에서 1796년 사이에 건륭제가 등극한 지 60주년이 되는 때를 틈타 바타비아^{Batavia(지금의 인도네시아 자카르타)} 총독에게 자신을 축하단으로 파견하도록 제안했다. 바타비아 총독은 이 건의를 접수한 뒤, 오히려 일본 나가사키^{長崎}의 데지마^{出島}에서 네덜란드 공장을 경영하던 티칭을 대사로 임명하고, 반 브람은 부사로 수행시켰다.[92]

1794년 8월 15일, 티칭은 바타비아를 출발했고, 이틀 뒤 반 브람과 만나서 그의 배에 올랐다. 그 후 네덜란드 사절단은 한겨울에 광둥을 출발하여 베이징으로 향했다. 베이징으로 가는 동안 숙소는 말할 것도 없고 먹는 음식으로 인해 고생했다. 이들에게 이 길은 "강행군과 다름없었다."[93] 청나라 조정은 이들의 고생을 눈여겨보았고, 결국 건륭제는 1794년 12월 22일 특별 칙유를 내려서 이들이 돌아갈 때 영국인과 동등하게 대우해주었다.[94]

1795년 1월 9일, 네덜란드 사절단이 청나라 수도 베이징에 도착했다. 제1차 황제 알현은 1월 12일에 있었다. 그들은 새벽 5시경 마차로 자금성에 이르렀다. 건륭제가 나타날 즈음, 이들은 모두 궤배례를 행했다. 이들의 눈에 비친 황제는 검은 빛 갖옷을 입고서 "조용하고 자상한 모습을 하고 있었다".[95] 네덜란드 사절단은 아주 공손하게 중국식 예의를 차렸던 탓에 영국인들에 비해 더욱 우대를 받았다. 1월 27일에는 건륭제와 함께 천단을 참관했다. 그들이 영국인들보다 훨씬 더 많이 베이징과 부근의 풍경을 구경할 수 있었음은 의문의 여지가 없다.[96]

1월 30일, 네덜란드 사절단은 원명원에 도착하여 하이뎬에 유숙했다. 이튿날 이른 아침에 네덜란드 대사는 이 어원에서 궤배례를 행했다. 태양이 뜬 지 오래지 않아 84세의 건륭제가 '산고수장'의 훈련장에 마련된 몽골 빠오 속 의자에 반듯하게 앉았다. 그는 네딜

구주청안(九州淸晏). 황제의 침궁이었다.

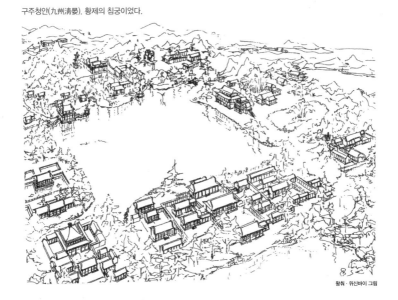

왕춰·위신바이 그림

란드 사신, 조선의 사신을 함께 접견하고 있었다. 조선 사신은 건륭제의 등극 60주년을 축하하기 위해 왔던 것이다. 건륭제는 다시 네덜란드와 조선에서 온 손님들을 초대하여 대훈련장의 공활한 숲속 공간에서 함께 아침 식사를 먹었다. 탁자마다 오십 가지의 음식과 포도주가 차려졌고, 익히 보았던 서커스와 무용 공연이 베풀어졌다. 그러나 반 브람은 이런 중국식 오락 공연에 전혀 흥미를 느끼지 못했다. 공연 내용을 이해할 수 없었던 탓에 지루했을 뿐이었다. 그 뒤 그들은 특별히 '구주청안'의 황제 침궁을 참관했다. 티칭은 이를 다음과 같이 기록하고 있다.

실경이든 그림이든 나는 이처럼 매혹적인 곳을 본 적이 없다. 우리는 황색 로프로 끄는 썰매를 타고 이곳에서 눈밭을 지나 저편으로 건너갔다. 그곳에서 베이징에 있는 사원과 같은 아름다운 건물을 보았다. 사실 그 건물이 놓여 있는 환경은 베이징의 사원보다 훨씬 좋았다. 산기슭에 있다는 점만 빼고 주위의 풍경과 가산, 시야가 탁 트인 호수 경치가 그러했다. 호수 건너편의 건축도 전체 풍경 구역과 어울리면서 한 폭의 그림 자체였다. 사원의 맨 위층에서 내려다보면 베이징성과 이 매력적인 궁원 전체가 보였다. … 그림으로 감상할 수 있는 것보다 더 수준 높은 경치가 이곳에 펼쳐져 있었다. 아름다운 풍경은 우리의 마음을 뒤흔들고 있었다.[97]

네덜란드인들은 건륭제와 같이 요란한 원소절元宵節(정월 대보름)을 보내게 되었다. 2월 3일 저녁, 그들은 대훈련장에서 연희와 등불을 감상했다. 이튿날 아침, 건륭제와 원명원 정대광명전에서 조찬을 함께 들었다. 2월 5일, 다시 등불을 감상하고 두 마리 용이 달빛을 따라 춤을 추는 용무를 구경하고는, 다시 하루를 더 묵고 다음 날 원명원을 떠나 베이징으로 돌아왔다.[98]

네덜란드인들은 이처럼 원명원을 두루 볼 수 있었다. 이는 주로 건륭제의 총신이었던 화신의 정성어린 환대 때문이었는데, 이들은 그를 '화중당和中堂*'이라고 불렀다. 화신은 찬찬히 어떻게 금붕어 종류를 구분할 수 있는지 알려주고, 그들을 모시고 따라다니며 얼어붙은 물길 위를 구경시켜주었으며, 건륭제의 침궁까지도 안내했다. 반 브람은 황제의 침실을 유심히 살펴보았는데, 그 안에는 정제된 중국식 가구가 배치되어 있고, 글씨 몇 점과 값나가는 보물이 약간 있었다.[99]

이들은 또한 만수산 아래에 있는 아주 웅장하고 화려한 새로운 궁원을 참관했다. 바로 청의원(만청 때에 이화원으로 개명했다)이다. 그곳에서 썰매에 올라 얼어붙은 호수(곤명호일 듯하다) 위를 미끄러지는 건륭제를 보았다. 반 브람이 가장 아쉬워했던 것은 장춘원 안의 서양루에 있던 유럽식 건축물을 볼 수 없었던 것이다. 우리는 왜 화신이 이 유럽인들에게 그들 양식의 건축물들을 보여주지 않았는지 알 수 없다. 그러나 건륭제의 동의하에 화신은 네덜란드 사절단에게 아주 진귀한

* '중당'은 청대 내각대학사를 부르는 말로서 화신을 높여 불렀다는 뜻임

예물을 보내고, 씨름과 연주, 등불놀이 등이 펼쳐지는 성대한 연회를 열어 그들을 대접했다. 반 브람은 또한 한백옥으로 포장된 길과 수많은 등불이 걸린 정대광명전을 보았다. 아마도 당시 어떤 유럽인도 반 브람만큼 원명원을 둘러본 사람은 없었을 것이다.[100]

네덜란드인들은 영국인들과는 달랐다. 그들은 청나라 체제에 도전하지 않았다. 그래서 아무런 갈등이 없었던 것이다. 사실 그들은 절묘하게도 조선 사신들과 같은 시기에 도착하여 건륭제의 등극 60주년을 축하했다. 이는 늙은 황제에게 좋은 인상을 안겨주었다. 네덜란드 사절단은 조선 사신들처럼 이 천조 대국에 진공했고 거의 아무런 불만이 없었던 것이다.

1795년 2월 8일, 사절단은 베이징에서 다시 원명원으로 와서, '산고수장'에서 거행된 대규모 모임에 참석했다. 이곳에서 본 건륭제의 풍채는 티칭과 반 브람에게 깊은 인상을 남겨주었다. 건륭제는 누구의 부축도 받지 않은 채 꼿꼿하게 서 있었는데 다른 사람보다 훨씬 큰 키였다.[101] 2월 10일, 사절단은 자금성에서 다시 건륭제를 알현했다. 황제는 이들에게 예물을 주는 이외에 네덜란드 국왕(당시 그는 이미 잉글랜드로 망명했다)에게 보내는 한 통의 서신을 주었다. 그 편지에서 자신의 도량을 강조하면서도 청나라의 체제를 보호하는 데에 있어서는 한 치의 흔들림도 없었다. 2월 15일, 네덜란드 사절단은 베이징을 떠났다. 이들은 남쪽으로 돌아가는 길에서 항저우를 유람했고, 그해 5월 9일 광저우에 도착했다. 그러나 우리는 이 사절단이 예의는 차렸지만 실리는 적었음을 알 수 있다.

암허스트 사절단

건륭제는 영국인과 네덜란드인을 조선인과 동일시하여 진공 사신으로 여겼기 때문에, 유럽인이 중국에 나타난 역사적 중요성을 이해할 수 없었다. 비록 매카트니가 원명원에서 당시 최신의 캐논포를 공개하면서 가능한 한 건륭제의 주의를 끌었지만, 건륭제는 전혀 알아차리지도 걱정도 하지 않았으며, 심지어 그의 신하들조차 누구하나 이 대포에 잠재된 위협을 의식하지 못했다. 1860년, 영국-프랑스 연합군이 원명원을 점령했을 때, 산악유탄포 2문이 의연하게 정대광명전 부근의 건물 안에 수많은 옥돌, 단지, 법랑그릇, 시계와 함께 놓여있었다.[102] 이 대포가 보관된 방식은 보석이나 단지와 다르지 않았다. 이는 건륭제가 이 대포를 신기한 장난감 정도로 보았다는 뜻이 된다.

매카트니가 건륭제에게 바친 대포와 롱 에이커Long Acre의 해치John Hatchett가 제작한 아름다운 마차 3대는 모두 한 번도 사용되지 않은 채 줄곧 건물 안에 진공품으로 방치되어 있었다. 네덜란드인 반 브람이 마차를 보았을 때에도 '여전히 유칠이 반짝이고 온전하며, 모든 마차가 새것인 듯 빛이 났다.' 50여년 뒤, 영국-프랑스 연합군이 원명원을 점령했을 때, 영국군 사령관 엘긴Elgin(본명은 James Bruce, 1811~1863)의 통역관 스윈호Robert Swinhoe는 원명원 안에서 매카트니가 건륭제에게 진공했던 마차들을 발견했는데, 그 가운데 두 대는 아직도 "어디 흠간 데가 하나 없었고 정상적으로 작동되었다."[103] 건륭제가 왜 자신의 조악한 마차를 계속 사용하고 영국인이 바친 아름다우면서 조작이 용이한 마차를 전혀 사용하지 않았는지, 그것은 생각할 거리를 제공한다. 해치가 설계한 마차는 중국의 예속을 고려하지 않았던 바, 마차를 모는 사람이 황제가 앉은 좌석보다 훨씬 높은 곳에 앉아서 몰도록 되어 있고, 황제를 등졌다. 건륭제는 어좌御座의 존엄을 지키기 위해 현대적 편리함을 기꺼이 희생했던 것이다.

매카트니가 중국을 방문한 지 수년 뒤, 1816년 런던은 다시 사절단을 중국으로 파견했다. 광둥 지역에서 발생한 숱한 민원을 해소하기 위해서였다. 가경제도 그의 아버지처럼 영국의 강력한 무력을 이해하지 못했고, 재차 영국이 찾아오는 것을 이방에서 온 진공단으로 간주했다. 1793년 방문했던 선례에 따라, 가경제는 접견을 허락하고 성대한 연회를 열어주었다. 아울러 원명원 안으로 사절단을 초대하여 7일간의 일정을 안배했다. 첫째 날은 원명원에서 영국 대사를 접견했다. 둘째 날은 동락원에서 연희를 구경한 뒤에, 정대광명전에서 정식으로 대사를 불러 보았다. 셋째 날은 정대광명전에서 성대한 연회를 열었다. 넷째 날은 영국 사절단과 함께 만수산 일대를 유람했다. 다섯째 날은 원명원에서 사절단과 고별했다. 여섯째 날은 예부에서 정부측 전별연을 열어주고, 자금성에서 영국인에게 예물을 증정하는 예식을 열었다. 끝으로 일곱째 날에는 곧 베이징을 떠날 사절단과 고별했다.[104] 이 일정은 가경제가 사절단에 대하여 건륭제와 똑같이 진공단으로 여겼음을 보여준다. 의례에 따라 관습적이며 유람적 방문으로 대우했을 뿐으로, 무역을 확대하고자 했던 영국의 의도에는 전혀 배치되었다.

암허스트^{William Pitt Amherst(1773~1857)}가 이끄는 2차 영국사절단이 중국을 찾아왔다. 매카트니 사절단이 방문한 지 20년이 지났지만, 두 나라 사이는 어떤 발전도 없었다. 한결 더 국력이 강해진 영국의 런던 정부는 무언가 협상하겠다는 의지는 없었고, 특히 삼궤구고하는 것은 재론의 여지가 없었다.

암허스트는 텐진^{天津}에 도착한 뒤, 곧장 모자를 세 차례 벗고, 고개를 아홉 번 끄덕여 중국 황제에 대한 경의를 표현했다. 그러자 중국 관원이, 매카트니는 1793년 궤배례를 했다고 공박하면서 암허스트 일행 가운데 젊은 스타운톤의 이름을 지목하여 당시 매카트니가 궤배례를 했음을 증명하려고 했다. 스타운톤은 당시 젊은 나이에 매카트니를 따라 중국에 왔었다. 그런데 스타운톤은 20년 전의 일이라서 기억이 나지 않는다고 대답했다. 그러자 중국 관원은 발끈 화를 내면서 천조가 정한 예법은 모든 관원이 따라야 하며, 안남^{安南}을 포함한 수십 개 속국의 사신들도 모두 황제를 알현할 때 궤배례를 한다고 힘주어 말했다. 그리고 이어서 만일 당신들이 중국의 예법을 거부한다면 황제는 분명히 접견하지 않을 것이라고 말했다. 암허스트는 재차 궤배례를 따르라는 압력을 받았다.[105] 논란이 오가는 가운데 서로에 대한 악감정만 깊어지고 말았다.

암허스트가 한사코 궤배례를 거부하는 동안, 사절단은 베이징에서 십여 킬로미터 떨어진 퉁저우^{通州}에 도착했다. 베이징으로 오는 십여 일을 긴장 속에 담판을 했지만 끝내 해결할 수 없었다. 이도저도 아닌 어정쩡한 상황에서, 암허스트 일행 75인은 계속 원명원을 향해 출발했다. 그들은 뜨거운 여름날 밤이 되어서야 하이뎬에 도착하여 묵었다. 가경제는 이 사절단이 얼마나 피로할 지에 대해 배려하지 않은 채 본래 정한 일정에 따라 이튿날 일찍 원명원 정대광명전에서 알현하도록 요구했다. 암허스트는 피로에 추레한 모습으로 등장하고 싶지 않아서 휴식 시간을 달라고 요청했지만, 누구도 일정을 고치도록 도와주지 않았고, 되레 강압적으로 사절단의 황제 알현을 압박했다. 암허스트는 분노했고 청나라 정부 측의 제안을 거부했다. 이는 즉각 중국 관원들의 반감을 불러일으켰다. 그들은 조정에 상주하여 사절단의 태도가 불순하고 망령되다고 공박했다. 가경제는 상황이 소란해지자 곧장 사절단의 모든 활동을 정지시켰다. 이는 출경 조처에 맞먹는 것이었다. 영국사절단도 이내 귀국했다. 심지어 지척에 있던 원명원조차도 그들은 볼 수 없었다. 가경제는 영국 국왕에게 주는 편지에서 특별히 매카트니가 1793년 방문했을 때 실행했던 궤배례를 암허스트가 거부해 유감스럽다고 지적했다. 그는 정면으로 암허스트에게 책임을 물었던 것이다.[106]

황혼기

건륭제는 1795년에 선위禪位했지만 진정으로 권력을 내준 것은 아니었다. 그는 일찍이 천지신명에 고하기를, 장수를 누리게 되었음에 감사하며 재위 기간이 60년을 넘기지 않겠노라고 다짐한 바 있었다. 60년은 전통적인 기년紀年에서 또 다른 갑자甲子가 돌아오는 순환 주기이다. 1796년 2월 9일, 음력으로 설날이 되던 날, 건륭제는 아들들을 원명원 근정전으로 불러 놓고 계승자를 임명했다. 그때 가친왕嘉親王이었던 열다섯째 아들 옹염顒琰이 선출되어 가경제가 된다. 하지만 이 선위는 하나의 형식에 불과했을 뿐, 건륭제는 여전히 '태상황太上皇'으로서 막후에서 계속 조정을 좌지우지했다.[107]

이뿐 아니라 건륭제는 실권을 우려해 가경을 그의 감독 아래에 두었다. 요컨대 그의 심복이었던 화신에게 가경제의 일거수일투족을 보고하도록 했다. 이를테면 가경제가 원명원에 어느 길로 왔는지, 어떤 문으로 드나들었는지, 모후의 복상 기간 100일 동안 어떤 옷을 입었는지 등등 시시콜콜한 내용까지 포함되어 있었다.[108] 이런 상황에서 가경제는 그저 부드럽고 조용하게 일을 처리하며 효자로서 진력할 수 있을 뿐이었다. 한번은 그가 그의 부친 건륭을 위하여 부황을 공경하는 천수연千叟宴을 열어서 구순이 넘은 원로까지 출석시킨 바 있다. 이는 그가 그의 부친의 건강과 장수를 기원했음을 잘 보여준다.[109] 그러나 1799년 2월 7일 건륭제가 붕어하자, 가경제는 즉각 대권을 장악하여 부패한 화신을 즉시 하옥하고 참수했다. 원명원의 최고의 경영자였던 건륭제는 어느 것보다도 아꼈던 원명원에서 죽지 못하고 공교롭게도 자금성에서 돌연히 세상을 떠났다.

가경제는 건륭제가 붕어한 뒤에야 비로소 황제의 자격으로 원명원의 주인이 되었다. 그도 그의 부친과 똑같이 원림 공사에 대규모로 돈을 쏟아 부었다. 특히 천문학적 비용을 들여 기춘원의 마무리 공사를 완성하여 그곳을 원명원에 포함시켰다.[110] 1812년 가경제는 대궁문과 정대광명전을 단장하여 면모를 일신했는데, 겨우 6개월 동안 원명원 공사에 4만 냥의 백은을 지불했다. 그 후 잇달아 안란원, 사위성, 동락원, 양일당을 보수했다. 끝으로 연우루, 부춘당, 성경별서 및 새로운 경작지 등 수많은 경관을 원명원 안에 새로 조영했다.[111]

원명원 공사가 끊임없이 진행되며 막대한 비용이 들고 있음에도 재정은 여전히 넉넉했다. 그 이유인즉슨 가경제가 염정*을 돈줄로 장악하여 그로부터 높은 수익을 올리고 있었던 것이다. 이를테면 1800년 초 가경제는 염정을 통해 얻은 이익 가운데 10만 냥 백은을 원명원에 투입했고, 또 광저사廣儲司란 정부 기구도 일찍이 원명원에 5만 냥의 백은을 비축금으로 제공했다.[112]

사실상 원명원은 거액의 경비 뿐 아니라 각 지방으로부터 진귀한 예물도 수없이 받고 있었다. 1814년 죽정이 완공될 즈음, 양회兩淮 염국鹽局은 진귀한 자단목紫檀木 가구 200점 이상을 기부했는데, 이들은 모두 양저우 주가朱家가 설계한 명품들이었다. 이들은 명나라 이래 전통 공예품 가운데 뛰어난 명품들로서 갖가지 디자인의 단목 가구들은 행복과 장수를 기원하는 진귀한 물품이었다. 그로부

---

*소금 전매를 가리킴. 청나라 정부의 주요한 재원이었음

터 몇 년 뒤 1817년 접수산방이 완성될 때에도 양회 염국은 다시 자단목 창틀과 목책을 헌납했다. 이는 특별한 경우가 아니었다. 매양 새로운 궁원 건축이 이뤄질 때면 각 전매국 혹은 개인들이 다투어 진품을 상납했다. 이 물건들은 통상 예술적으로나 실용적으로도 가치가 있었고, 새로운 궁원을 화려하게 꾸미는 데에 사용되었다.[113]

가경제는 또한 원명원의 안전에 극도로 주의했다. 제국의 교체기에 동란이 빈번했던 탓에 제왕 궁원의 호위 수준을 지속적으로 강화시켰던 것이다. 1799년 가경제가 진정으로 황위를 계승한 뒤 오래지 않아 만주기영에서 5대隊 사병을 뽑아서 원명원을 호위했다. 그리하여 이 제왕 궁원을 호위하는 군인은 6,408명에 이르렀다.[114]

그렇지만 어원의 안전을 위협하는 사건은 계속 발생했다. 1803년, 가경제가 원명원에서 자금성으로 가는 도중에 한 만주기영 병사가 그를 암살하려고 했다. 이 사건은 신속하게 처리되었지만 가경제가 이미 두려워하고 난 뒤였다.[115] 그 뒤 1813년 늦가을, 진상陳爽이 이끄는 '난당亂黨'이 자금성의 정원으로 난입했다. 비록 난당 모두가 죽임을 당했지만, 가경제와 그의 대신들에게도 더욱 두려움을 느끼도록 했다. 이제껏 어떤 반역도도 이처럼 황제의 지척까지 접근한 예가 없었기 때문이다.[116] 이러한 경고는 더욱 철저한 안전을 요구했다. 실제로 내무부는 1815년에 더 많은 군대를 주둔시키기 위해 원명원 부근에 막사 1,096동을 짓는 비용으로 169,907.374

냥 백은을 지불했다.[117]

그러나 동란의 위협은 안으로부터만 오는 것은 아니었다. 연해의 긴장도 점차 증가하고 있었다. 광둥 무역 체계는 안정을 유지하고 있었지만, 영국의 해상 무력이 강해지면서 유럽 무역상의 불만이 터져 나오는 것은 피할 수 없는 일인 듯했다. 영국인은 1802년 마카오澳門를 점령하고, 1808년 중국이 지배하던 네팔을 공격했으며, 1814년 광둥 해역에서 미국 윤선輪船 한 척을 억류했다. 영국은 무력에 기대어 자신의 목적을 이루었고 청나라 측의 항의는 아랑곳하지 않았다.

앞서 서술했듯이, 1816년 암허스트 사절단은 철저하게 실패했다. 가경제도 약간 허전한 느낌은 가졌지만 사태의 심각성은 깨닫지 못했고, 영국의 잠재된 도발에 맞설 어떤 행동도 취하지 않았다. 그는 예전처럼 원명원 공사에 돈을 쏟아 넣었으며, 그 비용은 해상 수비에 드는 비용보다 훨씬 많았다. 암허스트가 중국을 떠난 지 반년도 안 되어, 가경제가 원명원에 들인 비용은 4만 냥 백은을 넘어섰다. 1819년 60세를 맞이한 가경제는 황가 내탕고에서 의전용 행사 비용을 들여서 도로에 오색찬란한 장식을 베이징에서 원명원까지 둘렀다. 건륭제 생신 때와 비교하여 거의 손색이 없었다.[118] 청나라 통치자들은 아직도 위기의식이 없었다.

1820년, 가경제는 러허에서 해마다 열리는 사냥 대회에서 돌연히 붕어했다. 실증할 방법은 없지만, 그는 번개에 맞아 죽었다고 한다.[119] 가경제의 계승자는 그의 둘째 아들 도광제이다. 가경제의 운구는 127인의 대오와 어림군의 호위 하에 베이징으로 돌아왔다.[120] 1823년, 도광제는 복상 기간이 끝나기 전에 원명원으로 들어가지 않고, 이 제왕 궁원을 새롭게 안배했다. 그는 황태후와 비빈을 창춘원(강희제의 어원)에서 기춘원으로 옮겼다.[121] 황제의 비빈과 시종들이 떠난 뒤, 창춘원은 사람들에게 금세 잊혀졌다. 또한 그는 희춘원熙春園을 그의 동생인 순친왕에게 하사하여, 1802년 가경제가 춘희원(근춘원을 말함)을 장경고륜공주莊敬固倫公主('고륜'은 공주를 뜻하는 만주어)에게 하사한 전례를 따랐다. 그리하여 원명원은 오원五園에서 삼원三園이 되었다.[122]

도광이 남긴 시가 있다. 이 시는 그가 황제의 신분으로 처음 원명원 대문을 들어설 때의 심정을 잘 드러내준다. 이 유명한 궁원은 그에게 전에 없던 아름다운 인상을 주었다. 햇빛에 반짝이는 눈서리가 시냇물과 산마루를 덮고 있다. 오래지 않아 정무를 보는 '근정전'으로 들어섰다. 그곳에서 그는 새로 등극한 황제로서의 책임감을 느꼈다. 원명원의 환경은 그에게 즐거웠던 지난날을 떠오르게 했다. 특히 그의 조부인 건륭제가 이처럼 웅장한 궁원을 남겨 준 데 대하여 참으로 고맙고 은혜로움을 느끼며, 자신의 일생을 선조들이 근정전 주인으로서 세웠던 전범을 따르겠노라고 맹세했다.[123]

도광제는 온화하고 인자하며 소박한 군주로 불리지만,[124] 원명원에 들인 비용을 두고 말하자면 그 역시 검소했다고 볼 수는 없다. 사실 그도 그의 선조들처럼 원명원을 더욱 아름답고 완벽하게 만드는 데에 열정을 보였다. 더욱이 등극 초기에 원명원의 재정 상태가 여전히 풍족했던 바, 1824년 원명원 은고銀庫를 보면 아직도 튼실했었다. 1818년 원명원 은고 회계 기록에 의하면 92,345,925냥 백은이고, 5년 뒤에는 1,486.757냥 백은이 더 누적되었다.[125] 이외에도 이자나 지세 및 재정 담당 기구로부터 적지 않은 수입이 있었다. 광저사는 계속 원명원에 현은現銀(은화)을 발급하여 비축금으로 만들었다.[126]

이처럼 넉넉한 재정 덕분에 도광제는 1830년 구주 안에 새로운 침궁 신덕당愼德堂을 세울 수 있었다. 이 전당의 외관은 방형 구조에 3층 건물로서 물결 모양의 지붕을 얹었다. 이 물결 모양 지붕의 두공과 처마는 전통 원림 예술의 양식을 유감없이 보여주며, 특히 '경산硬山(지붕 끝이 측벽선과 일치하는 맞배지붕)', '헐산歇山(팔작지붕의 일종)', '도산挑山(지붕 끝이 측벽선 밖으로 나오는 맞배지붕)' 등의 지붕 형태들은 더욱 특색이 있었다. 이 건물은 일반적인 궁전의 화려함만은 못하지만 그 포국과 설계는 자유스러움을 극대화했다는 뚜렷한 특징을 갖고 있었다. 이는 다소 경직된 유가 이념에 따라 지어진 다른 건물과는 차이가 난다. 1831년 신덕당이 완공되었을 때, 그 총비용은 252,000냥 백은으로서 원래 계획되었던 121,700냥 백은을 훨씬 초과했다.[127] 1836년 10월 4일, 큰 불로 이 전당의 세 부분이 소실되었다. 그러나 당시 재정 상황 여부는 논할 것도 없이 황제의 기거 공간은 아주 중요했기에 얼른 재건되어야 했다.[128]

도광제는 연극 예술에 남다른 취미를 갖고 있었다. 그래서 그가 가장 좋아했던 건축물은 희대戱臺였다. 그는 원명원 안에 수많은 희대를 지었다. 도광제는 가경제가 1814년 장춘원 안의 순화헌 부근에 세운 희대로는 만족하지 않았던 차에 사위성 남쪽 동락원 안에 거대한 희루戲樓를 세웠다. 이 희루는 양쪽에 건물을 잇대고 있었는데, 북쪽은 2층짜리 측청側廳이고, 남쪽은 3층짜리 변방邊房이 그것이다. 이밖에 그는 기춘원 안의 부춘당에 공연 장소를 일곱 군데를 짓고, 대형 희대가 있는 3층 건물을 지었다. 소문에 의하면, 수백 명의 극단원과 여배우가 동시에 무대에 설 수 있었다고 한다.

실증할 만한 자료에 의하면, 도광제는 음력설이든 자신의 생일 혹은 모후의 생신이든 특별한 경축일에 모두 대규모 공연을 안배했다고 한다. 청궁 비사에는, 언제 어디인지 확실치 않으나 모후의 생신을 축하하는 공연이 열리고 있을 때 도광제가 느닷없이 일어나 분장을 하고는 배우 사이에 섞여서 그들과 함께 연극했다고 기록되어있다. 무엇보다 주목할 만한 것은, 이 천자가 갑자기 기존의 각본을 멋대로 고쳐서 장면이 뒤죽박죽되었고 이 공연은 그야말로 희극으로 변했으며 갈채와 웃음 속에서 막이 내렸다는 사실이다.[129] 도광제는 원명원 안에 그의 선조들보다 훨씬 많은 희대를 세웠을 뿐만 아니라 어원 안에서 공연하는 전통도 시작했던 것이다.

도광제의 재위 기간의 일이다. 1823년 늦봄 어느 날, 공자진龔自珍(1792~1841)이 원명원을 걷고 있었다. 이곳은 그에게 참으로 깊은 인상을 주었다.[130] 그의 예민한 시안詩眼 안으로 원림의 아름답기 그지없는 풍경이 들어왔다. 그의 눈길이 닿는 강남풍의 정원마다 빨려들어 갈 듯했고, 어느새 그의 마음은 고향인 저장을 달리고 있었다.

왕춰·위신바이 그림

만방안화의 평안원(平安院)

이 호화로운 궁원은 참으로 맑고 그윽했다. 황제는 이곳에서 사색하고 휴양했으며, 황태후는 기쁜 얼굴로 웃고 있었다. 이내 시선을 옮기자, 도광제는 항상 원림에서 성대한 잔치를 열어서 다른 나라에서 온 손님을 비롯하여 귀빈을 접대하고 있다. 공자진은 다시 이곳이 어떻게 지어졌는지 떠올려 보았다. 원명원은 옹정제가 즉위한 처음에 열려서 지금까지 대대적으로 확장되어 왔다. 소나무며 버드나무들이 짙은 녹음을 드리우고 있음은 말할 필요도 없다. 공자진에게 원명원의 건물들, 그 안의 장식들, 그리고 원림의 풍경이란 세상에서 가장 아름다운 모습이었던 것이다.[131]

공자진만이 원명원을 두고 시를 지었던 학자는 아니다. 어떤 문인도 궁원의 아름다운 풍경과 수많은 건물 속 화려한 내부 장식을 보았고, 이렇게 기록을 남겨두었다.

눈으로 보았던 진귀한 물건만으로도 이미 아쩔할 지경인데 필설로 표현할 수 없을 정도이다. 내가 보았던 옥기류玉器類만 해도 네모진 옥화병玉花瓶은 높이가 14~5촌에 우윳빛 빛깔로 아주 정교하여 사람의 솜씨가 아닌 듯했다. 옥반玉盤은 지름이 2척쯤 되고, 그 위에 겨울 소나무 한 그루가 놓여 있는데 푸른 잎에 하얀 뿌리며, 크기도 진짜와 다를 바 없었다. 산호수 몇 가지는 사람 몸 만한데 대략 아이 팔뚝만큼 굵고, 붉은 빛이 감돌며 화사하여 감히 가까이 다가가 바라볼 수 없을 정도이다. 벽옥碧玉 참외는 꼭지며 잎이 모두 달린데다 메뚜기가 앉아 있었다. 메뚜기는 파란 대가리에 날개도 푸르스름하고 퍼덕이면 뛰어오를 듯하며 빛깔은 모두 천연스러웠다. 이밖에 마노瑪瑙 주발, 수정 호리병, 호박琥珀 잔 등은 재료도 좋은데다 아로새긴 솜씨도 훌륭하며, 그동안 세상에 거의 알려지지 않았던 것들이었다.[132]

이 기록만으로도 이 제왕 궁원에 소장된 보배들을 살짝 엿볼 수 있으리라. 옥석玉石 이외에도 원내에는 갖가지 수공예품, 진귀한 가구, 글씨와 그림, 희귀한 고서, 정교한 직물, 골동품 등으로 장식되어 있었다.

1842년 겨울, 거의 재앙에 가까운 아편전쟁이 끝난 지 몇 개월이 흘렀다. 도광제는 원명원의 '산고수장'에서 군대를 검열하고 있었다. 아마도 의례적 군사 훈련이었던 듯한데, 도광제는 패전으로 국방에 더욱 신경을 쓰면서도 아직도 이 사건의 의미를 온전히 깨닫지 못했다. 해상 방위에 특별히 주의하지도 않았고, 국정 쇄신을 통해 이 역사상 일찍이 없었던 도전에 응답하지도 않았다. 1850년 초, 그는 나라가 소용돌이에 휘말려 들어갈 즈음, 끝내 편안한 얼굴로 평소 좋아했던 신덕당에서 세상을 떠나고 말았다.[133]

이 불행한 시기에 열아홉 살의 황자가 등극했다. 그가 바로 함풍제이다. 그는 마냥 쇠퇴해가는 청나라의 비참한 운명을 눈앞에 두고 있었다. 제국은 갖가지 곤경으로 사람들의 질타를 받았고, 황제에 대한 비난도 진정 잔인했다. 이를테면 그는 음탕한 사람으로 지목되었는데, 베이징의 하류층, 특히 화류가이든 원명원에서든 입에 담을 수 없는 방탕한 짓을 저질렀다는 것이다.[134] 그러나 황제는 화류가를 다닐 수도 없고 원명원으로 기녀를 불러들이는 일은 상상할 수도 없다. 아마 함풍제도 그의 선조들처럼 수많은 후궁과 비빈을 두었고, 자신이 좋아하는 궁원에서 향락을 즐겼겠지만 이것이 결코 규범에 어긋나거나 특별히 방종한 일은 아니었다. 원명원은 청나라 황제들의 향락을 위해 조영되었다. 그러나 함풍제는 제국의 폐단이 동시에 일어나던 때에 통치했기에 원명원에서 향락 생활을 누리는 것조차 비판받았다. 이 참혹한 시대에 황제의 향락이란 경우에 맞지 않을 뿐 아니라 비판받아야 마땅한 일이었던 것이다.

함풍제가 직면한 위기는 극도로 엄혹했다. 그는 바다를 통해 몰려오는 서양의 위협 뿐 아니라 청나라 전복을 기치로 서남 지역에서 일어난 태평천국운동太平天國運動에도 대응해야 했다. 함풍제는 적극적으로 대응해 나갔다. 도광 연간에 정당한 이유 없이 벼슬을 삭탈 당했던 임칙서^{林則徐(1785~1850)}를 재기용하고, 지방 지도자인 증국번^{曾國藩(1811~1872)}, 원갑산^{袁甲山(1806~1863)}, 승보^{勝保(1798~1863)} 등에 의지해 난국을 풀어가고자 했다. 함풍제는 원명원에서 국사를 돌보느라 밤을 수없이 지새웠다. 이는 분명한 사실이다. 언젠가 천단으로 제사를 드리러가기 전날 밤에, 그는 소리죽여 통곡한 적도 있었다. 이는 궁궐 시종이 목격한 사실이다.[135]

만청의 천재 시인 양윈스^{楊云史(1875~1941)}의 시를 통해 함풍제의 상처를 느낄 수 있다.

젠캉^(난징)의 살기 강동으로 번져가고

일백두 곳 관하 붉은 전화 타오르네.

산속에서 원숭이며 학이 달밤에 울고 있고

강가에서 어부며 초동이 가을바람에 통곡하누나.

군대의 급보 한낮에 대궐문으로 들어가니

이로부터 선황은 독주를 가까이 하시네.

建康殺氣下江東 百二關河戰火紅

猿鶴山中啼夜月 漁樵江上哭秋風

軍書旁吾入靑鎖 從此先皇近醇酒[136]

상황이 이런 터라 원명원은 더 이상 확대될 수 없었다. 군비 수요가 급속도로 증가했고, 국가 재정도 붕괴 직전에 이르렀다. 원명원에 지출하고 싶어도 도덕적으로든 재정적으로든 마련할 수 없

었다. 실제로 1858년 2월, 원명원은 산둥 방면에서 1,212냥 백은의 자금만을 마련했고, 같은 해 4월에는 광저사에서 가까스로 백은을 차용하며 현은 조달을 간절히 촉구했다. 이는 원명원의 재무 상태가 악화되고 있음을 잘 보여준다.[137] 이 제왕 궁원은 이미 유지조차 힘들어졌으니 확대는 더 말할 필요도 없었다.

함풍제도 원명원에서 정무를 보았다. 그러나 이렇게 정무를 본 마지막 황제가 바로 그이기도 하다. 학자이자 외교가였던 곽숭도郭嵩燾(1818~1890)는 톈진에 파견되어 몽골 친왕 승격임심僧格林沁을 도와 해상 방위를 맡으라는 어명을 받았다. 부임에 앞서 원명원에서 황제를 알현하게 되었다.[138] 1859년 2월 18일, 그는 원명원 대궁문에 이르렀다. 한낮이 되어서야 모피를 걸친 함풍제를 알현할 수 있었다. 함풍제는 대교大轎에 앉아서 친왕들이 옹위하는 가운데 도착했다. 그의 뒤로 군기 대신들, 왕사王師, 내무부 대신들이 차례로 원명원 이궁문을 통하여 들어왔다.[139] 그러나 이날 함풍제는 곽숭도를 불러보지 않은 듯하다.

여드레가 지나서 곽숭도는 다시 원명원을 찾았다. 그는 근처에서 휴식하기에 앞서 대궁문의 시위에게 알렸다. 새벽 2시였다. 그리고 새벽 6시경 대궁문으로 돌아왔다. 그날 함풍제는 태감을 통해 어명을 내려 일곱 사람을 불렀는데, 곽숭도가 네 번째 순서였다. 아침 9시경, 그는 "당신 차례요!"라는 호출을 받고, 태감을 따라 근정전(건륭 이래로 황제들은 이곳에서 신하들을 불러보았다)의 동난각東暖閣으로 갔다. 곽숭도에 의하면, 동난각은 병풍으로 앞뒤 두 부분으로 나뉘어 있고, 따스한 서방은 북쪽의 소박한 상방과 이어져 있었다. 함풍제는 병풍 뒤쪽 실내로 들어가서 남향하여 의자에 앉아 있었다. 청나라 학자 요원지姚元之(1776~1852)는 이 동난각 안에는 남쪽 입구 앞쪽으로 현관이 돌출되어 있었고, 어좌의 왼편에 난로가 설치되어있으며, 1837년 이후로는 어좌의 뒤편에 커다란 유리창이 있었다고 말했다.[140] 곽숭도는 남쪽 입구를 통해 실내로 들어가서 곧장 용좌에 앉아 있는 함풍제를 향해 궤배를 올렸다.

서방 안에서 나눈 대화를 보면, 함풍제가 많은 준비를 하고 있었음을 보여준다. 그는 우선 곽숭도에게 톈진으로 가는 목적을 알려 주었다. 곽숭도가 해상 방위력 증강을 위해 서양식 전함의 건조가 관건이라는 의견을 피력하자, 함풍제는 재정이 궁핍한 상황이라서 무리라고 말했다. 그러나 곽숭도는 현실적 한계를 인정하면서도 서양인이 바다를 통해 침입하는 것을 차단해 해상으로부터의 도전에 응답해야 한다고 말했다. 함풍제가 국내 문제에 대하여 직간하도록 허락하자 곽숭도는 민생을 도모하시기를 간언했다. 그가 보기에 대부분의 정부 관원들은 민생에 대해 잘 알지 못하기에 문제를 해결할 수 없었다. 또한 국사를 도모함에 본보기를 세워서 사기를 북돋우고 부패하고 타락한 기풍을 쇄신할 것을 희망했다. 이렇게 해야 재능 있는 문인과 장군이 정부에서 일할 수 있을 것이라고 말했다. 함풍제는 고개를 끄덕이며 동의했다. 그러고 나서 곽숭도의 식솔이 몇몇이며 톈진까지 데리고 가는지 물었다. 그리고 원내에 있는 한림 편수編修의 숙소에 묵고 있는지도 물었다. 곽숭도가 한림 출신임을 알고 있었던 것이다. 그러나 곽숭도는 원내에 빈방이 없었기에 친구 집에 머물고 있었다. 끝으로 함풍제는 자신의 용좌에서 천천히 일어났다. 이는 접견이 끝났음을 뜻했다. 곽숭도도 곧장 일어나 뒷걸음으로 몇 보 간 뒤 재차 궤배를 하고는, "저, 곽숭도는 폐하의 안녕을 축원합니다"라 외치고, 천천히 방을 빠져나왔다.[141]

함풍제와 곽숭도가 원명원에서 만난 뒤 두 해도 지나지 않아 이 궁원은 외국 군대에 침입을 받아 사라졌다. 해상 방위의 실패는 결코 곽숭도의 실책은 아니다. 사실 곽숭도의 간언 곳곳에는 원망이 서려 있었다. 그가 비록 황제의 신임은 얻었지만, 친왕 승격임심이 그의 건의를 받아들일 리 없었던 것이다. 그는 중국과 영국 사이의 문제는 여전히 외교 통로를 통해 해결할 수 있다고 믿었다. 그러나 이 매파 몽골 친왕은 영국에 대해 군사적 행위를 하지 말도록 충고하는 그의 말을 들어도 못들은 척했을 뿐만 아니라 도리어 공개적으로 곽숭도가 나약하고 애국심도 없다고 공박했다.[142] 끝내 곽숭도는 톈진에 도착한 지 얼마 지나지 않아 해직되었고, 오히려 승격임심이 다구大沽 포대에서 도발한 재앙으로 인해 베이징이 약탈당하고 원명원이 불살라지는 광경을 직접 목격하지 않을 수 있었다.

1860년 4월 어느 날, 곽숭도는 톈진에서 베이징으로 돌아와 상주문을 올리고 고향으로 돌아갈 준비를 하면서 몇몇 친구들과 원명원의 별원인 청의원에 이르러 마음 편하게 산책을 하고 있었다. 곽숭도의 일기에 의하면, 그들은 원내 좌측문을 통해 근정전에 이른 뒤에 근정전 뒤편의 석산을 따라 옥란당玉瀾堂에 이르렀고, 그 안의 용좌를 구경했다.

그리고 나서 옥란당의 뒤편으로 걸어가 동난실東暖室에서 커다란 불상을 보았다. 석가루夕佳樓에 올라서 곤명호를 한껏 바라보니 산과 누각을 비추는 풍경이 황홀했다. 그 뒤 배를 타고 만수산 앞자락의 대보은연수사大報恩延壽寺에 도착했다. 그곳에서 온통 구리로만 만들어진 동전銅殿에 올라갔고, 산마루의 정자에 이르러서 이 원림을 내려 보았다. 다시 산의 다른 편으로 옮겨가니 화려한 사원과 정취 있는 매매가가 나왔다. 이 시장 거리는 아주 정교하게 구성되었는데, 실제 거리처럼 점포가 늘어 있었고, 작은 다리 밑으로 강물도 흐르며 정자도 세워져 있었다. 그야말로 '강남의 풍경'이었다.

그 후 그들은 다시 배를 타고 어조정魚藻亭에 이르렀다. 그런 뒤에 근정전 뒤편에 이르렀고, 그곳에서 양부兩部가 진공한 자전거를 보았는데 아주 정교하게 제작되었다. 근정전 부근의 동조방東朝房에서 점심 식사를 하고 오후에 3층 건물인 문창각文昌閣을 찾았다. 곽숭도는 2층에서 자명종을 보았다. 곧이어 그들은 영우사靈雨寺를 유람하고 멀리 옹산(만수산) 누각을 바라보니 이내 낀 수풀 사이로 어른거렸다. 이전에 이처럼 기이한 풍경을 본 적이 없었다. 영우사 왼편의 운향각雲香閣과 오른편의 월파루月波樓에 올라서 소나무가 울창한 산허리 사이로 원내의 정자며 누각을 바라보았다. 그러나 바람이 많이 불어 더 이상 배를 타고 유람할 수 없었다. 낭여정廊如亭에서 잠시 휴식한 뒤, 이 궁원을 떠나 집으로 돌아왔다. 이들은 청의원의 반을

돌아본 셈이었는데, 곽숭도는 처음 경험하는 아름다운 풍경이라서 정녕 잊을 수 없었다.[143]

이 청의원도 원명원과 똑같이 영국-프랑스 연합군의 침입을 받아 참담하게 파괴당했다. 그러나 이 원림은 뒷날 자희 태후慈禧太后가 중건하여 이화원으로 개명했다. 지금도 이곳은 베이징 근교에 유일하게 보존된 제왕 궁원이다. 곽숭도의 일기에서 보듯, 그는 1860년 4월 이곳을 거닐었고, 이때는 연합군의 침공을 받기 6개월 전이었다. 곽숭도가 남겨놓은 기록은 청의원이 파괴되고 복원되기 전이었던 것이다. 그는 숙소로 돌아온 뒤 원명원을 찬찬히 둘러보지 못한 데 아쉬워했다. 후난 고향집에서 원명원이 파괴되고 함풍제가 러허에서 붕어했다는 소식을 들었을 때, 그는 충격에 어쩔 줄 몰라 했다.[144]

제5장

조직과 기능

우리는 앞서 원명원의 외관과 역사를 상세하게 서술했다. 이 장은 원명원의 내부 운용, 이를테면 이 어원은 어떻게 관리되었는가? 누가 일상 업무를 맡았는가? 어떻게 원림을 보호했는가? 원림의 질서가 파괴되고 범죄가 발생했을 때 어떻게 처리했는가? 청궁 문서가 개방되면서 150여 년간 원명원이 도대체 어떻게 운용되었는지 확인할 수 있게 되었다.

행정과 운용

행정 관리상 원명원은 내무부 관할이다.[1] 청나라 내무부는 원래 만주의 기영旗營 전통에서 유래했다. 만주인들이 천하를 지배하게 되면서 내무부는 청나라 황제의 개인 장방賬房(옛날 회계 출납을 맡아보던 기관)으로서 주목받았다. 장더창張德昌은 내무부가 건륭제 때 갖추어져 있었다고 지적했다.[2]

1796년 건륭제가 선위할 때, 내무부 인원은 이미 1,623명을 넘었다. 그들은 주로 "황제의 사적 생활을 돌보는 일"을 맡았다.[3] 내무부는 상사원上駟院, 무비원武備院, 그리고 봉신원奉宸院 세 부서로 구성되었다. 원명원은 봉신원의 관리를 받았다.

내무부를 주관한 사람은 총관 대신總管大臣으로서, 황제가 만주족 고관 가운데 선발했다. 뒷날 총관 대신 직책에 한 명 이상을 두기도 했다. 건륭제는 1749년 총관 대신을 임명했는데 품계는 정2품이었다. 일반적으로 총관 대신을 보조하는 두 명의 보좌관은 인사와 전령傳令을 맡았고, 이들은 각각 36명의 필첩식筆帖式(청대 공문서를 담당하는 사람)을 주관했다. 필첩식의 반수는 한족이 차지했다. 필첩식은 만주족 제도로서, 그 연원은 1631년까지 소급된다.[4] 필첩식은 각종 직책을 담당한 관리들을 감독했다. 이를테면 병참 보급 지원, 회계, 수위守衛, 형옥刑獄, 원림의 조영과 보수, 소나 양을 길러 희생과 제사를 받드는 일, 무늬 비단의 생산, 의전儀典의 안배, 그리고 황제의 사적 업무 처리 등이었다.[5]

내무부의 수입은 황가의 영지 및 원명원 부근의 지세地稅, 각 성에서 올라오는 진상품 및 특산물, 속국의 진공품 등으로 마련되었다. 또한 인삼과 모피의 전매를 통한 이익금, 관세 수입 가운데 배당된 잉여금, 그리고 각종 경로를 통하여 얻은 벌금과 환수품도 그 수입에 들어갔다. 내무부는 염세鹽稅에서도 막대한 몫을 챙겼다. 토버트 Preston M. Torbert는 "내무부는 갖가지 이익을 추구하여 황제의 금고에 지속적이고 안정적으로 돈을 채워 넣었다"고 지적했다.[6] 거칠게 말하자면, 내무부의 재정은 19세기 중엽 제국의 재정이 고갈될 때까지는 막대하고 충분했다.

원명원은 내무부 봉신전의 관리를 받았지만 자기 나름의 관리 조직을 갖고 있었다. 1723년, 옹정제가 등극하여 정식으로 원명원을 가장 중요한 제왕 궁원으로 만들면서 총관 기구를 설립했다. 곧이어 다음해에 편제를 확대하여, 원내 행정관리부문은 총령總領 6명, 부총령副總領 20명으로 구성되었다. 1730년, 총령은 6품, 부총령은 7품 혹은 8품의 품계를 갖게 되었다. 건륭제 연간에 원명원의 면적이 확대되자, 총령과 부총령의 인원수도 급속도로 증가했다. 1741년, 즉 건륭제가 등극한 지 6년이 되던 해, 다시 새로이 부총령 대리 2명을 두었는데, 10년 뒤에는 7명으로 증가했고, 1767년에는 16명이 되었다.[7]

원정園政의 주요한 인사는 주로 특지特들를 통해 이뤄졌는데, 이는 원명원이 청나라 황제에게 얼마나 중요한 지를 보여준다. 그들은 임용된 뒤 자신의 보좌관을 추천할 수 있었고, 그 또한 황제의 비준을 받아야 했다. 상대적으로 지위가 낮은 간부는 통상 내무부의 정식 인원 가운데에서 선발했다. 승진과 강등 등 인사 관리는 내무부 담당이었지만, 이 또한 황제의 인준을 얻어야 했다. 원내에서 일하는 사람은 어김없이 매일 황제를 만족시키기 위해 노력해야 했고, 정기적으로 엄격한 심사를 통해 평가가 이뤄졌다. 혹시라도 작업 성과가 형편없을 경우 누구라도 즉각 어원에서 쫓겨났다.[8]

원명원 은고는 1749년 만들어졌다. 건륭제는 은고 관리를 위해 총령의 지위에 버금가는 고장庫掌 1명, 고장 대리 1명, 고수庫守 6명을 두었다. 이들의 직무는 각종 출납 및 일상적인 비용 공급에 차질이 없도록 하는 것이었다. 이 자리는 학식 있고 부유한 집안 출신이라야 자격이 주어질 정도로 엄격했다. 황제는 충성심 있고 믿음직한 사람에게 재정이 넉넉한 원명원 은고 관리를 맡겼던 것이다.[9]

1750년, 기명고器皿庫를 세웠다. 이 기구는 원명원 은고 확충의 일환으로 설립되었다. 책임자는 명망 있는 관원 가운데에서 선출했다. 그러나 임기는 3년으로 한정했는데, 이는 남직濫職을 방지하기 위해서였다. 1763년부터 불법 행위를 방지하기 위한 새 조치를 시행했다. 즉 고수를 순환 숙직시키는 한편, 10명의 수위를 당번 고수와 함께 배치했다. 그리고 황제는 원명원의 재정을 감독하기 위해 매년 회계장부를 점검하고, 5년을 주기로 은고를 실사하도록 했던 바, 감찰원은 엄밀히 회계장부를 검열하고 부족분을 신청하며 아직 소모하지 않은 물자를 귀속시키거나 처분하는 수속 등에 대한 업무를 담당했다. 가령 기한 내에 회계 검열을 끝내지 못하면 엄격

한 징벌이 뒤따랐다.[10]

각급 관리의 인원수는 원명원의 확대에 따라 끊임없이 증가했다. 전당이며 사원이며 누각이 완공될 즈음이면, 곧장 그곳을 유지하고 관리하기 위해 새로운 사람들이 필요했다. 어원 행정 관리 부문은 확장되었고 고급 행정 인원도 더욱 필요해졌다. 1742년 여름, 내무부는 원명원에 부사副使와 필첩식을 각각 2명씩 증원했다. 2년 뒤에 40경이 완성되자, 건륭제는 6품 주사主事와 7품 혹은 8품 원외랑員外郞 등 새로운 직위를 증설했다.

내무부는 건륭제의 동의를 얻어 1749년에 다시 새로운 6품 고장을 임명하여 원명원의 백은, 비단, 기명器皿의 수장을 전담시켰다. 이 고장은 간부 가운데에서 보좌관 1명을 선출하고, 고수 6명을 임명하여 자신을 보좌시켰다. 1751년 장춘원이 완공되자, 다시 6품 주사 1명, 7품 낭중郞中 2명, 8품 원외랑 2명 등으로 구성된 관리팀을 임명했다. 1759년, 주사와 낭중을 원승苑丞으로 개칭하고, 원외랑은 원부苑副로 고쳐 불렀다. 1774년 기춘원이 원명원에 편입된 뒤에는 새로운 6품 원승 1명, 7품 원부 1명, 8품 원부 1명, 그리고 필첩식 1명을 증원했다.[11]

1821년, 도광제가 대통을 이었을 즈음 원명원의 행정 관리 체계가 어느 정도 확정되었다. 그 구성을 보면, 낭중 1명, 원외랑 1명, 주사 1명, 주사 대리 1명, 6품 고장 1명, 6품 원승 8명, 7품 고장 1명, 7품 원승 1명, 8품 원부 8명, 원부 대리 15명, 필첩식 14명, 고수 18명, 학습필첩식學習筆帖式 2명, 효력백당아效力柏唐阿(만주족 가운데 직위가 낮고 직급이 없는 하인) 6명, 원호 두목頭目 35명, 원호 615명, 원예園隸 53명, 장역匠役 148명, 수문시위水門侍衛 54명, 수수만자水手蠻子(선원) 3명 등이다.[12] 이는 18세기 초 원명원이 처음 지어질 무렵에 비해 세 배가 넘는 수이다.

원내 태감의 총수는 건륭제가 선위했을 무렵 502명이었다. 이들은 내무부를 통해 파견되고 조발되며 상벌이 주어졌다. 이들은 원내 최대의 집단으로서 부단히 증원되었다. 1805년이 되면 주관主管 태감 88명, 일반 태감 532명 등 어느새 620명이 되었다.[13]

태감은 황제가 부리는 충복으로서 제반 잡역을 맡았다. 방 청소, 식사 시중, 방문 지키기, 나무나 꽃을 심는 따위가 그들의 일이었다. 그들 대부분은 수시로 호출에 따라 작업을 하여 황제를 만족시켜야 했다. 비록 작업하는 내용은 하잘것없는 듯해도 아주 중요했다. 그러나 월급은 상대적으로 빈약했다. 예를 들면, 1754년 태감의 봉급은 자격과 경력에 따라 계산되었는데, 대략 0.66냥에서 1.3냥 백은 사이였다. 당시 1냥 백은의 가치는 대략 1.5달러다. 황제의 총애를 받는 극소수 원로 태감들, 이를테면 황제의 서재인 양심전養心殿에서 시중을 들었던 태감 두목은 매월 최대 7냥 백은에 쌀 7석石을 받았다.[14] 만일 1,000문文을 1냥 백은이라고 환산하면, 건륭제 말기 물가를 감안하여 7냥 백은은 거위 14마리 혹은 닭 70마리를 살 수 있었다. 하지만 일반 태감의 소득은 일반 농민의 수입에 버금갔을 뿐이다.[15]

태감 이외에도 적지 않은 승려와 도사가 원내에서 거주했다. 그들의 인원수도 원내에 사원과 도관이 증가함에 따라 늘었다. 승려와 도사는 모두 젊었다. 이를테면 1753년, 건륭제는 뜻밖에도 스무명 남짓의 남자아이들이 도관道觀에서 도사로 있다는 사실을 알게되었다. 이 때문에 건륭제는 원내 승려와 도사가 지나치게 많다고 생각하고 대폭 삭감시켰다.[16] 그러나 원내에, 특히 장춘원 안에 새로이 사원과 도관이 지어지고, 종교적 제의가 행해짐에 따라 승려와 도사의 충원이 더욱 요구되었다. 결국 이들의 수는 줄지 않았고, 오히려 지속적으로 증가했다.

1729년, 옹정제가 원명원으로 원호를 끌어들였다. 모든 원호는 만주기영에 속한 사람들로서 믿을만한 노동자였다. 이들은 갖가지일을 담당했으며 혹자는 북원산촌에 잠호蠶戶로 충원되었다. 잠호는 1762년경 만수산 자락에 있는 직염국織染局과 공조하여 일을 수행했다.

원내 한족 하인은 기술 직능에 따라 구분되었다. 이를테면 화장花匠, 공장工匠(공예전문가), 목공, 수수만자, 와장瓦匠(기와공), 탑재장搭材匠(비계공), 승려 혹은 도사, 병정兵丁 등이 그렇다. 원내에서 일하는 만주족과 한족의 수는 날이 갈수록 늘어났다. 1760년 장춘원의 거대한 분수지가 완성될 즈음 화장과 공장 30명이 고용되었다. 원호의 수도 1770년경 600명을 넘어섰다. 17년 뒤, 즉 1787년에는 다시 67가家의 원호가 원내로 들어왔다. 이 원호들은 모두 원호 두목의 감독을 받았다. 원호 두목의 수도 동일한 기간 동안 18~20명까지 증가했다. 오래지 않아 원명원 측은 원호의 수가 급속히 늘어남에 따라 다시 두

목 15명을 위촉했다.[17]

원명원의 일상 살림은 번거롭고 복잡했다. 이론상 내무부의 지원을 받았지만, 실제로 원명원은 독자적인 재원을 마련하여 끊임없이 증가되는 수요에 충당했다. 그 재원으로 원명원 부근의 지세 수입이 있다.[18] 자료에 의하면, 이 지세는 18세기 동안에는 원내 살림 수요에 충당할 수 있었다. 원명원 재정이 제법 건전했던 것이다. 원명원 행정 부문은 또한 부유한 회염상准鹽商*의 현은現銀 헌납도 받았다. 상인 황원덕黃源德은 1757년 원명원에 100만 냥 백은을 올렸는데,[19] 이는 원명원 측이 염상에게서 거둔 이자 수익이었다.[20]

18세기말 건륭제가 세상을 떠났을 때에도 원명원의 재정은 그리 어려운 상황은 아니었다. 사실 1799년 2월, 등극한 지 오래지 않은 가경제는 원명원 회계장부 안에 693,290냥 백은의 잔고가 남아 있음을 확인했다. 이 수치는 아직 동전으로 환산하지 않은 것이다. 당시 1냥 백은은 1.388달러이니, 원명원의 잔고는 대략 962,287달러였던 것이다. 건륭제는 평생 동안 원명원에서 거액을 사용했음에도 이만한 돈을 남겨두었으니 참으로 놀랄 만하다. 1794년에서 1799년까지 5년 동안 건륭제는 448,582냥 백은, 곧 약 622,732달러를 썼다.[21] 건륭제가 더 살았더라면 그는 남아있는 모든 돈을 사용했을 것이다.

가경제는 재정 부족을 우려한 선제적 조치로 10만 냥 백은을 양

---

* 회수(淮水) 남북의 소금상을 말하는데, 이곳은 중국 소금의 주요 산지로서, 명청 시대 염세의 60퍼센트가 이곳에서 걷혔다.

회 염국에서 조발하여 은고를 채웠다. 염국은 그에게 돈을 주었을 뿐만 아니라 격자창틀과 같은 값비싼 물자도 기증하여 원명원을 장식했다. 원내의 수많은 창호의 틀은 여름에는 종이나 대나무로 제작하고, 겨울에는 모피 주렴을 달았다.[22] 가경제는 건륭제처럼 돈을 헤프게 쓰지는 않았어도 그 역시 거액을 들여 원내 살림을 운용하며 체면을 유지했다. 특히 가경제가 1772년에 원명원에 입주했을 때, 기춘원은 아직 완공되지 않아 막대한 비용이 들어가고 있었다. 기춘원 조영은 1809년에 이르러 정점에 이르렀다. 이 한 해 동안에만 상방 173칸, 낭도 260개, 정자 6개, 패루 2개가 완공되었고, 총비용 328,775.331냥 백은이 들어갔다.[23] 그 뒤 가경제는 기춘원의 30경에 이름을 붙여주었다.

가경제의 재위 기간 동안 원명원은 재정적 곤란은 없었다. 1815년 전반, 암허스트 사절단이 방문하고 돌아간 뒤에도 가경제는 원림 조영에 4만 냥 백은을 투입했다. 어떤 새로운 건물도 돈이 부족해 건축이 지체된 적은 없었다. 새로운 전당이나 누각이 완공되면 매양 관원들의 풍성한 선물도 빠지지 않았는데, 그들은 늘 진귀한 단향목으로 장식하여 헌납했다.[24] 1819년 가경제가 예순 살 되던 해에, 원명원 측은 옹정제나 건륭제에 준하는 성대한 잔치를 열어주었다.[25]

가경제를 뒤이은 도광제도 근신謹愼하고 인자하며 검소하다는 칭송이 자자했지만,[26] 원명원에 대해서만큼은 그 역시 거액의 예산을 할애했다. 황제에 오른 지 오래지 않은 1824년, 그는 원명원의 재정 잔고를 확인했다. 그런데 이 잔고의 내용인즉슨 실제 상황과는 달랐다. 거액의 부족분을 각급 정부 기관을 통해 채워 넣고 있었기 때문이다. 광저사의 경우 원명원에 5만 냥 백은을 조달한 바 있다.[27] 이제 내무부는 더 이상 원명원에 넉넉한 재원을 조달할 수 없었다. 하지만 도광제는 새로운 원림 조영 계획을 포기하지 않았다. 그는 1830년 구주청안에 새로운 침궁인 '신덕당'을 세웠다. 이 건물은 1836년 10월 4일 화재로 세 채의 건물이 전소했다. 그러나 1년 안에 전부 재건했다.[28]

원명원 측은 일상 업무를 처리하는 데에도 다른 정부 기구에 비해 능률적이지 못했다. 그들은 오로지 황제와 황실 성원이 원내에서 편안히 지낼 수 있도록 하는 데에만 관심을 갖고 있었다. 그래서 그들의 일은 대단히 자질구레하고 번거로웠다. 재정을 관리하고 조영을 감독해야 했으며, 새로운 건물에 이름을 붙이거나 원내 제반 시설을 보호해야 했다. 원내 안전을 강화하고 사고를 조사하며, 각종 문건을 분류 보존하는 것도 그들의 일이었다. 또한 의전도 준비해야 했다. 이를테면 내외 관원이 황제의 은혜에 감사하는 마음을 어떻게 표현할 지에 대한 방식과 절차 등을 규정했다. 원명원은 기춘원과 장춘원을 흡수한 뒤 곧장 만천하로부터 끌어오던 담수가 부족해졌다. 그러자 이들은 물 부족을 해결하기 위해 새로운 수로 공사에 착수하여, 옥천산의 저수지, 즉 곤명호에서 물을 끌어들였다.[29]

모든 업무 가운데 원림 조영의 감독이 가장 힘들었다. 사실 원내 조영은 한 번도 쉰 적이 없었다. 원내의 사람들은 저마다 맡은 직책이 있었지만 조영에 대한 부담을 져야 했다. 그들은 재무 운용을 관리하고, 노동자를 감독하며, 공문에 수령 서명을 하면서 책임 맡은 항목을 확인해야 했다. 매 항목마다 쓸데없이 길고 확정하기 어려운 절차뿐이었다. 급기야 원림 조영 감독을 위해 '독최소督催所'라는 특수한 기관이 태어났다. 이곳은 원내의 모든 문건을 감독하고 수시로 결산해야 하는 회계장부의 수속을 담당했다. 본래 규정에 따르면, 천 냥 백은을 넘는 결산은 1개월 안에 처리하고, 만 냥 백은을 넘는 결산은 2개월 안에 처리하며, 이 보다 더 큰 금액 결산은 3개월 안에 처리하도록 되어 있었다. 독최소는 모든 재무신청표, 명세서, 회계장부를 먼저 자신들에게 등록한 뒤에 기한 안에 결산하도록 규정을 만들었다.[30]

원명원 측은 지출을 결산하기 위한 독자적인 예산 관리 부서인 소산방銷算房을 갖고 있었다. 이 부서는 조영 예산을 처리할 경우 열흘 이내에 금액과 재료의 가격을 결정하고, 그 결과를 독최소로 보고하여 등록했다.[31] 만일 조영이 많이 몰려있으면 이 부서의 작업량은 감당할 수 없을 만큼 폭주했다. 그래서 1777년에는 그 절차를 간략화한 규정을 제정했다. 이후로 계획이 정해지면, 곧장 문서소를 통해 독최소에 보내졌다. 즉 구체적인 사정을 결정하기 전에 굳이 독최소에 보내 등록할 필요가 없어진 것이다. 긴급한 상황인 경우 신청인은 자기 서명만으로 계획서를 제출하고 필요한 수속을 밟을 수 있었다.[32]

기명고

기명고 器皿庫는 원명원 안의 물자 공급 경로를 원활하게 유지하기 위해 세워졌다. 기명고에는 일상의 쇄쇄한 일에 사용될 물자들, 곧 종이, 빗자루, 초, 등롱, 화약 등을 대량으로 저장하고 있었다. 공급품의 신청은 수량이나 질에 상관없이 모두 사전에 허가받아야 구할 수 있었고 허가받지 않은 경우는 거의 없었다. 물자 공급의 예를 들면, 1752년, 문서소는 기명고에서 종이 6,300장, 붓 60자루, 먹 16온스(약 454그램)를 공급받았다. 같은 해 대궁문은 각종 빗자루 270개, 삼태기 27개, 닭털총채 13개를 얻었다. 문원각이 완공될 즈음에는 빗자루 62개, 총채 25개, 삼태기 42개, 베 50야드(약 46미터)를 공급받았다. '홍자영호' 안의 '안우궁'은 날마다 목탄 6.5파운드(약 2.95킬로그램)와 땔감 13파운드(약 5.9킬로그램)를 얻어 찻주전자를 데웠다.[33] 이처럼 얼마 안 되는 예에서 보듯이, 원내 백여 군데에서 소모되는 물품의 수량은 상상을 초월할 정도였다. 1757년, 건륭제는 언젠가 물자가 과소비되는 것을 보고 원내 각지에 배분되던 석탄과 땔나무를 적절히 감축시켰다.[34]

원명원 측은 원내의 안전을 유지하는 데에 대단히 주의했으며 화재방지는 가장 우선적인 일 가운데 하나였다. 원내 건축물이 대부분 목조로 이루어졌기 때문이다. 장춘원에만도 75개의 거대한 수통을 방화용으로 설치했다. 뿐만 아니라 정기적으로 봄가을에 방화 훈련을 했다.[35] 그러나 이렇게 안전예방을 엄격히 시행했음에

도 화재는 뜻하지 않게 발생했다.[36]

또한 이 궁원의 안전을 위해 사전에 허가받은 사람만이 원명원에 접근할 수 있도록 했다. 원내에서 생활하는 모든 사람은 엄밀한 통제를 받았다. 내무부가 임명한 총관 태감은 원내 구성원에 대한 개인 문서를 보존하고 관리했는데 그 안에는 사람들의 외모 특징까지 기록되어 있었다. 이는 낯선 자나 사전에 허가받지 않은 사람들이 원내로 잠입하는 것을 막기 위해서였다. 각 성省에서 올라오는 공물이 원내로 들어올 경우에도, 해당 공물은 비준을 얻어 원내 하도河道를 통해 지정 장소에 이르렀고, 그 전에 어김없이 총관 태감이 공물에 대해 철저히 검색했다.[37]

1749년 어느 날이었다. 건륭제가 어주御舟를 탔다가 뭍으로 올라오면서 공교롭게도 한 사법 관원이 그의 친속들과 함께 있는 모습을 목격했다. 본래 관원의 친속들은 황제가 계신 곳에 나타나서는 안 되었으니, 이는 안전망에 구멍이 뚫렸음을 의미했다. 이를 건륭제가 목격했으니, 그를 호위하던 사람들이 당황해 허둥댔을 것은 굳이 말할 필요도 없으리라. 이튿날 동이 트자 원명원 측은 다음과 같은 규정을 반포했다.

명망 있는 친왕과 대신들은 두 명까지 수행시킬 수 있다. 이밖에 누구도 이런 특권은 없다.

원명원 측은 작업을 하러온 일반 백성, 이를테면 농민, 기술자,

의사 등도 모두 미리 자신의 성명을 알리고 엄격한 검색을 받도록 했다. 이들은 원내로 진입하기 전에 대문 입구에 모여서 검사를 받았다.[38]

1752년 내무부는 다시 두 가지 특별 조치를 실시해 원내 안전을 강화했다. 첫째, 황제가 원내에 있지 않아도 정기적으로 철저한 검색을 집행한다. 둘째, 호구 조사를 실시해 교체를 허가받지 않은 자, 원호를 사칭하는 자를 조사한다. 이 결과 색출된 불법 체류자 및 내무부가 보기에 늙고 쓸모없으며 신뢰할 수 없다고 판단한 사람들을 모두 즉각 원명원 밖으로 축출했다.[39]

1757년에는 원내 안전을 개선하기 위해 모든 구성원에게 신분을 표시한 요패腰牌(허리에 차는 패옥)를 반드시 패용하도록 했다. 이는 오늘날 신분증과 비슷하다. 원명원에 들어서거나 나올 때에 누구나 검색을 받았다. 이는 태감의 책임이었다. 방문객도 예외는 아니었다. 방문객들은 똑같은 문으로 원명원에 들어왔고, 이후 원내를 돌아다닌 행적도 정확히 보고되었다. 남의 이름을 사칭하고 들어와 생활하거나 작업하는 것은 엄격하게 금지되었으며, 사기 행위로 간주되어 엄혹한 징벌이 뒤따랐다.[40]

원명원의 행정 관리 구조는 하나의 작은 사회였다. 이론적으로 원명원은 천자 한 사람을 모시기 위한 곳으로서 날마다 어떻게 해야 천자를 잘 모실 수 있는가를 최우선으로 여겼다. 원명원의 복잡한 사회 기능은 저마다 역할을 가진 수천 명의 구성원들에 의해 체계적으로 작동되었다.

죄와 벌

황가 원림이 가장 주의를 기울였던 것은 역시 안전 문제였다. 원명원에서는 절대로 어떤 범죄도 일어나서는 안 되었다. 그래서 아무리 하잘것없는 범죄라도 엄혹한 형벌을 받았다. 내무부는 경험이 풍부한 관원을 정원에 제한을 두지 않고 파견해 검색과 재판의 일을 담당하도록 했다. 그들은 원내에서 어떤 불미스런 일도 일어나지 않기를 바랐던 것이다. 만일 누군가 규정을 위반하거나 중대한 과오를 저지르면, 적극적이고 엄숙하게 사안을 조사하고 가혹한 징벌을 가해 원명원의 절대 안전을 기했다. 현존 자료에 의하면, 원명원 150년 역사에서 살인이나 강도, 약탈 같은 폭력 행위는 발생하지 않았던 듯하다.

사실상 원내에서 법규를 위반하면 의도적이든 그렇지 않든, 심지어 허락을 받지 않은 채 원명원을 들어오는 경우도, 모두 범죄로 간주되어 어김없이 징벌이 내려졌다.

1774년 장춘원 서양루에서 작업하던 이격二格이란 이름의 만주족 남자아이가 담장을 넘어 밖으로 나갔다가 순라에게 붙잡히는 사건이 일어났다. 양측의 공술 기록이 모두 문서로 남아 있다. 이 남자아이는 언젠가 원명원 밖으로 외출했다가 늦게 도착하는 바람에 책임자의 혹독한 매질을 맞았던 경험이 있는데, 또다시 엄격한 징벌을 받을까봐 무서워 원명원을 빠져나가려고 했다고 진술했다. 장춘원의 총관 태감이 이 남자아이의 책임자였다. 그 역시 말썽을 일으키는 이 아이를 타이르고 가르쳐도 되지 않아 골치아파하고 있던 차였다. 처음 남자아이는 허가를 받지 않은 채 제멋대로 원명원을 떠났다가 법규를 위반하여 채찍 30대를 맞았었다. 그러나 벌을 받은 지 이틀도 안 되어 또 원명원을 몰래 빠져나갔던 것이다. 그는 원명원으로 돌아오기 전에 그의 직속 주관主管인 진진충陳進忠이 베이징으로 통하는 모든 길을 찾아다녀서 붙잡았다. 이 아이의 미수에 그친 월장 도주는 잦은 위반으로 더욱 엄혹한 징벌을 받을까 두려웠기 때문이었다.

이 도주 사건의 전모는 책임 관원이 내무부에서 종결지은 뒤 건륭제에게 보고되었다. 이때 건의된 징벌은 대청율례大淸律例에 의거했는데, 거기에는 황성皇城의 담장을 기어오르는 자는 중죄에 해당한다고 규정하고 있었다. 비록 늦게 귀환했다고 해 매질한 것은 다소 독단적인 부분이 있기는 하지만 법규 위반자의 나이가 어리다고 하여 사정을 봐줄 수는 없는 노릇이었다. 황제와 내무부는 관대함을 안전과 바꾸고 싶지는 않았다. 결국 이 만주족 아이는 경악할 만한 일백 대의 곤장을 맞은 뒤 천리 밖 유배형에 처해졌다. 그러나 그는 만주족이었기에 2개월 족쇄형으로 유배형을 대체했다.[41] 이 징벌안은 황제의 비준 하에 집행되었다. 이 사례에서 보듯이, 몰래 도주하는 행위는 엄중한 범죄로 취급되었고 반드시 아주 가혹한 처분을 받아야 했다. 아름다운 원명원의 그늘에는 엄혹한 형벌이 자리하고 있었던 것이다. 엄격하게 보안을 집행하기 위해서 인권을 그 대가로 치른 것이다.

무심결에 저지른 실수나 과오도 모두 징벌을 받았다. 1744년, 태감 유옥劉玉이 난간에 앉아 있는 것을 건륭제가 목격했다. 이 행위는 지극히 무례한 행동이었다. 곧바로 유옥을 그 주관에게 넘기고 곤장 40대에 처했다. 같은 날, 태감 하나가 직무를 보다가 잠시 졸았는데, 이 사람 역시 같은 징벌을 받았다.[42] 1770년 여름, 원숭 상귀常貴는 해기취의 분수지 수위가 정상보다 1.5인치(약 3.8센티미터)에서 2인치(약 5.1센티미터) 가량 낮은 데 대해 견책을 당하고 내무부로 가서 이에 대한 시말을 진술해야 했다. 1773년, 원숭 명덕明德과 경덕慶德은 대궁문에서 영두포零頭布와 목책을 잃어버린 일로 책임 추궁을 당하고, 순찰시 부주의했다는 이유로 6개월 치 감봉 처분을 받았다. 1779년 여름, 원숭 몇몇이 못에 핀 연꽃이 적고 성글다는 이유로 견책을 받았는데, 적절하게 연꽃을 심지 못하고 공금을 유용했다는 죄목으로 각각 3~6개월 치 감봉 처분을 당했다. 복장안福長安과 김간은 원명원에서 일하던 내무부 대신이었다. 이들은 1787년에 산고수장의 불꽃놀이 기간에 등불에 불을 붙이는 시간이 예정보다 늦었다는 이유로 엄혹한 징계를 받았다. 그리고 1796년에는 건륭제가 불꽃이 평범하고 새로운 모양이 나오지 않은 데 불만을 품고 불꽃 구매를 맡은 관원에게 모든 불꽃놀이 비용을 물리도록 하는 한편, 3~12개월 치 봉급을 지급 정지시켰다.[43]

원명원에서 밭을 경작하던 전호佃戶는 결코 구색을 맞추기 위해 두었던 것이 아니었다. 그들은 나라 안 다른 소작농처럼 부지런히 노동을 해야 했다. 1787년 봄의 일이다. 보리의 파종이 다소 성글게 되었던 탓에 잡초가 무성해지고 수확도 부족해졌다. 내무부는 즉각 담당 주관이 농사 감독과 소작농 교육에 소홀했다는 이유로, 원승 장복長福과 그의 보좌관들에게 각각 직무 소홀로 1년 치 감봉 처분을 내렸다. 그들의 상사인 원외랑 상서祥瑞도 반년 치 봉급을 감봉했다. 1797년 가을, 원명원의 보리 수확이 좋지 않았다. 이는 원 내 고위층들의 이목을 끌었고, 곧장 조사가 시작되었다. 조사 결과, 보리 작황이 좋지 않았던 이유가 날씨 탓보다는 인재人災 성격이 큰 것으로 밝혀졌다. 이에 보리밭을 주관하던 세 사람은 모두 3개월 치 감봉 처분을 받았다. 보리를 경작하는 마을의 두목인 정영丁永은 가장 모진 처벌을 당했는데, 곤장 30대를 맞았다.[44]

　좋지 않은 일이 발생했을 경우, 꼭 그렇게 되도록 의도한 것이 아 님이 분명함에도 원내에서 일어났다는 이유로 모두 엄정한 징벌을 받았다. 1790년 4월 19일에 발생한 사안은 이 점을 잘 말해준다. 화 신의 보고에 의하면, 그날은 패자貝子(청나라 귀족의 작위 이름)와 격격格格(청나라 공 주를 부르는 말) 몇몇이 복해를 건너 광육궁을 참배하려는데, 폭풍이 불고 풍랑이 일어 다들 식겁했다. 화신은 이 패자와 격격들을 호종하던 총관 태감 유병충劉秉忠과 소운붕蕭云鵬을 질책했던 바, 비록 의도한 것 은 아니었지만 폭풍우가 부는 날에 이처럼 승선을 감행하여 패자 와 격격들을 위험에 빠뜨렸다고 지적했다. 그러면서 황족의 안전 을 책임지고 있는 태감들이 버젓이 날씨가 불순한데도 행로를 육 로로 바꾸지 않은 점은 도무지 이해할 수 없다고 공박했다.

　내무부는 아무도 이 일로 익사하거나 상해를 입지는 않았다고 보고했다. 사정이 이럼에도 불구하고, 화신의 보고에 의거해 유병충과 소운붕 등 태감은 물론 용선의 선장과 선원들은 모두 2년 치 감봉 처분을 받았고, 이 징벌은 황제의 비준을 받은 후 집행되었다. 참으로 놀랍게도, 용선을 책임지고 있던 태감 셋은 가장 가혹한 형벌을 받았다. 그들이 명령을 준수했는지 아니면 혼자 생각대로 한 것인지 상관없이 모두 모질게 매를 맞았다. 그러나 이 사건 속에서 황실 성원들이 책임을 질 것인가 그렇지 않을 것인지에 대해서는 누구도 묻지 않았다. 이 징벌은 제왕 제도하의 사법의 본질을 보여 준다. 한편 황제는 자신의 인자하고 후덕함을 내보이기 위해 앞서 거론한 징벌을 반으로 감해주었다.[45]

원명원이 관할하는 범위 안에서 절도와 같은 경미한 범죄는 수시로 발생했다. 1757년, 원명원 측은 다음과 같은 보고서를 받았다.

풍사▨四라는 이름의 남자가 근정전에서 옥기 몇 점을 훔쳐 달아났다.[46]

이 사안은 보기에 따라 긴급해 보이진 않는다. 그러나 금지의 안전에 구멍이 뚫렸음을 일깨워준 일로, 이로 인해 내무부는 안전조치 수칙의 강력한 준수가 필요함을 재삼 확인했다. 이에 원내에 거주하는 사람들은 주관하는 부서에 자신의 나이와 얼굴을 등록하는 한편, 수시로 신분을 확인할 수 있는 증서를 휴대하도록 했다.

그러나 이 정도에서 그친 것은 아니었다. 절도 사건으로 인해 담당자들은 별도로 원호를 조사할 계획을 수립했고, 그 결과 뜻밖에도 원호 가운데 상당수 불법 거주자를 발견했다. 특별조사팀 팀장이었던 길경吉慶은 서봉수색에서 일하던 사람들을 조사했을 때 열에 여덟이 남의 신분을 사칭한 자들이었음을 확인했다. 전체적으로 조사한 결과, 원명원과 그 부속 원림의 원호 1,314명 가운데 노동자 144명이 허가 받지 않은 채로 일하고 있었다. 금지 안에 약 10퍼센트 가량의 불법 거주자가 있다는 사실은 안전을 책임지고 있던 관원들을 난감하게 만들었다. 보완 조처가 즉각 시행되었다. 모든 불법 거주자를 내쫓는 한편, 규정을 위반하거나 허가 받지 않고 원내로 들어온 위법자들은 그 이유를 막론하고 모두 100대의 곤장에 처해졌다. 몇몇 태감들도 이 사건으로 각각 차등 있게 징벌을 받았다. 그들이 원호를 빈틈없이 조사하지 않았기 때문이었다.[47]

원명원 안의 절도 사건은 대부분 내부인의 소행이었다. 이는 결코 놀랄 만한 일은 아니었다. 1764년 음력 5월 5일 용주절龍舟節*에 봉삼무사전의 방에서 이름 모를 불이 났다. 불길을 잡은 뒤 자벽산방紫碧山房 소속으로 불을 끄러 왔던 태감 왕진복王進福은 잿더미를 파헤치다가 대략 113냥 백은을 발견했다. 그의 동료였던 최문귀崔文貴 태감이 그를 절도죄로 고발했고, 내무부는 곧바로 엄격하게 처리했다. 그런데 담당자가 심각하게 받아들인 점은 왕진복에게 공모자는 없었지만 우연히 남을 도와 진화하다가 그 틈에 일을 저질렀

---

*단오. 이 날 용선을 띄우고 경주했던 데서 붙여진 이름이다.

다는 사실이었다. 결국 절도 행위 때문만이 아니라 범죄에의 욕망에 동요되었다는 점에서 왕진복은 보통 이상의 처분을 받았다. 그는 벽지인 헤이룽 강黑龍江 지역으로 보내져 노비로 살게 되었다.[48]

청나라의 국세는 19세기가 되자 더욱 쇠약해졌다. 원명원 안의 절도도 더욱 기승을 부렸다. 1832년 내무부의 기록에 의하면, 안란원에서 일하던 태감 왕득순王得順은 도광 연간에 창고로 잠입해 14종의 모피를 훔쳐 베이징 저자거리 전당포에 넘겼다. 더욱 심각한 일은 그의 주관인 장진귀張進貴가 이 일을 은폐했다는 점이다. 사건이 드러난 뒤, 이 두 태감은 모두 내무부로 호송되어 심문을 받았다. 절도와 은폐는 궁원에서 일하던 수많은 태감들의 기율이 해이해졌음을 폭로하고 있다. 보고에 의하면, 1837년 원명원 원림 조영에 안배되었던 태감 다섯이 남의 눈을 피해 시냇가에서 천렵을 하던 일이 발각되었다. 이 또한 기율이 무너졌음을 증명해준다. 이듬해, 타이완에서 온 64세의 태감 곽요郭耀는 대담하게도 원명원 도처에서 재이災異와 예언을 떠들고 다녔다. 이는 절대 금지되던 행위였다. 유언비어로 인해 기강이 어지러워질 수 있었기 때문이었다.[49]

원명원의 권력 핵심부는 이 사안을 대단히 심각하게 보았다. 원내 태감의 수가 아주 많은데다, 그들은 날마다 황제 및 황실 성원들과 접촉하고 있는데도 규정을 엄수하지 않았기 때문이었다. 태감이 위법하면 통상 일반인보다 더욱 혹독한 징벌을 받았다. 이를테면 채찍으로 맞거나 감금당하고 혹은 만주 변경으로 유배 보내져 노비로 살았다. 이 때문에 그들이 작업 시간에 딴 짓을 하거나 직무에 태만하고, 심지어 절도하는 행위는 특별히 좋지 않은 징조로 비추어졌다. 이처럼 경각심과 근면성이 사라지자, 결국 원명원이 소실되기 전날 원내 안전과 관련하여 적극적인 대처는 기대할 수 없게 되었다.

원명원에서 가장 일반적으로 일어나는 '범죄'는 원림 조영과 관련해서 발생했는데, 특히 작업 진도가 뒤처지는 일은 늘상 있는 '범죄'였다. 1764년의 일이다. 원림 조영업자인 삼옥홀森玉笏과 희양아晞暘阿는 원내 지정된 장소에서 작업 진도를 맞출 방법이 없자, 봉삼무사전을 우선 완성하지 않았기 때문에 일의 속도가 늦어졌다고 변명했다. 그러나 내무부 총관 대신 삼화三和는 그들의 변명에 수긍하지 않고 그저 직무 소홀을 둘러대었다고 보았다. 추궁을 받은 이들은 대충대충 완공했다. 그 일이 알게 된 삼화는 그들에게 사재를 털어서 재차 조영하게 했고, 원외랑 사이태薩爾泰, 원부 오십사五十四, 필첩식 서통舒通 등에게 각각 1년 치 감봉 처분을 내렸다. 삼화 자신도 감독 소홀이란 죄명으로 건륭제에게 징벌을 내려줄 것을 요청했다. 건륭제는 삼화는 용서했지만, 삼화가 처분을 아뢴 사람들은 징벌했다.[50]

원림 조영의 질적 수준 문제는 대부분 감독자의 책임이었다. 1771년, 상하천광의 조영에 하자가 발견되었다. 다리에서 육각형 정자로 이어지는 난간이 수직을 이루지 않았던 것이다. 감독 책임을 맡은 관원인 원승 정서와 원부 아이방아阿爾邦阿가 이 일로 책임추궁을 당했다. 그들은 곤장 40대와 6개월 치 감봉 처분을 받았다. 징계된 이유인즉슨, 이 하자가 안전상의 문제와 직결되어 있었기 때문이다. 그 탓에 그들의 주관이었던 부도통副都統 화이경액和爾經額도 3개월 치 감봉 처분을 받았다. 다음 사안도 같은 해에 벌어진 일이다. 사위성 내부 누각 기둥의 유칠은 10년 전인 1760년에 칠해진 뒤 끊임없이 떨어지고 균열이 생겼다. 칠의 책임을 맡았던 사람 가운데 셋은 이미 세상을 하직했고, 나머지 둘은 원명원을 떠난 지 오래였다. 처벌할 사람을 찾을 수 없자, 그 몫이 내무부 총관 대신 삼화에게 떨어졌다. 그와 부관인 부도통 오복五福은 직무 소홀이란 죄명으로 3개월 치 감봉 처분을 받았다.[51]

1770년, 방호승경에서 십년 전 12,418냥 백은의 가치가 나가던 아름다운 그림이 급속도로 바래고 있었다. 당시 책임을 맡았던 원승 육금陸金과 원부 아이방아가 모두 책임추궁을 당했고, 각자 반년

방호승경에는 금기루와 비취루와 같은 화려한 누각이 세워져 있고, 마당 앞쪽으로는 화려한 전당이 자하루(紫霞樓)와 벽운루(碧雲樓)를 동서로 끼고 앉아 있다.

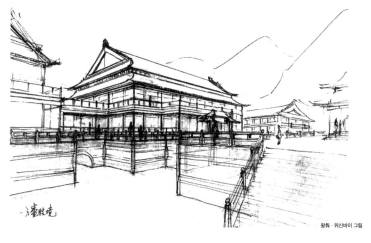

왕휘 · 위신바이 그림

치 봉급에 해당하는 벌금을 물었다. 내무부 총관 대신 삼화도 이 일에 엮여 들어가 결국 이 조영에 대한 책임을 나눠지게 되었고, 3개월 치 봉급에 해당하는 벌금을 냈다.[52] 오래지 않아, 1771년 삼화는 측백나무를 소나무로 바꾸었던 쌍학재 건재 교체 사건에서 감독 소홀로 또다시 3개월 치 봉급을 감봉 당했다.[53] 뒷날 1776년에 문원각 앞문의 담벼락에 저가의 재료를 썼다가 균열이 생겼다. 이 조영을 맡았던 부도통 화이경액과 다른 고위층 관원 셋이 모두 강등 처분을 받았다. 그 안에는 정서도 포함되어 있었다.[54]

원무圍務를 맡은 주관이 고의로 건재 가격을 부풀리거나 공금을 유용하는 등 권위를 남용할 경우, 아주 엄중한 범죄로 간주되었다.[55] 1769년, 원부 길영吉榮이 어약연비의 도색 비용을 산정하면서 거의 10퍼센트(대략 136낭 백은)에 해당하는 액수를 부풀렸다가 죄를 얻었다. 그는 곤장 50대를 맞고 직위를 잃었다.[56] 1770년 봄, 원외랑 오보五保와 그의 부하가 원명원 안에서 최소 10여 곳의 조영을 진행하면서 1,330피트의 진귀한 녹나무를 착복했다가 죄를 얻었다. 그는 직위를 잃고 하옥되어 죄수가 되었다.[57]

원명원의 재앙을 목도했던 함풍제가 죄기조를 내려 자신에게 죄를 주었던 것은 특수하면서도 독특한 처벌 방법이었다. 1852년, 함풍제는 자신을 징벌하기 위해 원명원 거주를 포기했다. 그즈음 태평천국 운동이 일어나 원림에 거주하는 것이 난처해졌기 때문이었다. 그러나 이 조처는 그다지 오래가지 않았다. 1854년 봄, 그는 원명원으로 돌아와 봄꽃을 감상했다. 처음에 그의 호부우시랑戶部右侍

郎 왕무음王茂蔭이 원명원으로의 회귀 결정을 반대했다. 이 시랑은 용기 있게 직언을 했지만 그로 인해 황제의 총애를 잃고 말았다. 그러나 왕무음의 간언이 황제의 뜻에 들지 않았다는 이유로 다른 관원들의 지속적인 직간을 막을 수는 없었다. 곧 어사御史 설명고薛鳴皐가 황제에게 원명원에서 거주하는 데에 상당한 비용이 들어간다고 진언했다. 당시 국난의 즈음에 이 비용을 댈 여력이 없다는 것이다. 함풍제는 언짢아하면서, 자신의 뜻은 원명원에서 향락을 즐기려는 것이 아니라, 위난의 때에 편안한 원림 환경에서 정무를 더욱 잘 볼 수 있으리라 여겼다고 변명했다. 더욱이 자신만큼 원명원을 떠나있던 기간이 길었던 사람은 선황들 가운데 누구도 없었던 것이다. 이 때문에 그는 신하와 백성들이, 자신이 오롯하게 위난을 다스릴 뜻을 갖고 있으며, 아울러 자신을 정치적 성과로 평가할 것이요 어디에 사는 지로 판단내리지 말도록 희망했다. 함풍제는 원명원으로 돌아오는 것을 합리화한 뒤, 즉각 이 어사가 자신이 일락逸樂에 탐닉한다고 말한 것을 물리쳤다. 황제의 어리석음은 결국 엄중한 죄를 만들었다. 설명고는 뒷날 황제를 능멸하여 자신의 청명淸名을 낚아챘다고 고발당했고, 그의 봉록과 직위는 유지되었지만 이로 인해 심문 받고 징벌 받았다.[58]

부주의로 화재를 일으킨 사람은 철저하게 조사받고 책임을 추궁 당했다. 원명원에서 의도된 화재는 거의 발생하지 않았다. 방화는 가장 심각한 범죄의 하나로 간주되었고, 심지어 불을 막거나 진화할 때에 조금이라도 기민하지 않을 시에 처벌 받았다. 1756년 2

월, 몇몇 태감이 춘우서화春宇舒和에서 일을 하고 있을 때, 며칠 만에 두 차례나 화재가 발생하여 엄벌을 받았다. 조사 과정에서 태감 양명楊明이 피서루避暑樓 2층에서 청소하다가 흡연을 했던 것이 화재의 원인으로 밝혀졌다. 이 태감은 헤이룽 강 부근 만주변경으로 유배 보내져 노비로 살게 되었다. 태감 조옥선曺玉善은 양명과 함께 2층에 있었음에도 그의 흡연을 막지 못했다는 이유로 똑같이 내쫓겼다. 그러나 그다지 고생스런 지방은 아니었다. 두 태감의 주관인 양진조楊進朝도 직무 소홀로 족쇄형 2개월, 채찍 100대에 처해진 뒤 힘겨운 노동을 해야 했다. 한층 더 높은 고위층인 총관태감 이옥李玉과 진진충陳進忠도 1년 치 봉급에 해당하는 벌금을 내어 화재 사건의 책임을 나누어 졌다. 그날 저녁 화재가 일어날 즈음, 평소 그곳에서 일하던 노동자 2명이 마침 임시로 다른 곳에 조발되었던 탓에 현장에 있지 않아서 용서받았다. 이 사안은 집단책임과 징벌의 사례로서 화재를 엄중하게 여겼음을 잘 보여준다.[59]

한 세기 이상 화마를 조심하며 지나온 원명원은 끝내 1860년 불타고 말았다. 이 제왕 궁원은 침략자의 성난 불길과 야만적인 횡포에 무릎 꿇고 말았던 것이다. 불을 지른 사람들은 전쟁에서 승리한 자들로서, 제왕의 수도이든 궁원이든 저들 앞에서는 그저 순한 양 신세였다. 친왕 재원載垣을 포함하여 원명원 수호를 책임 맡았던 수많은 대신들은 궁원이 불지옥이 되었음에 스스로 죄를 청하지 않은 자가 없었다. 하지만 함풍제는 그들을 용서했다. 함풍제의 속마음인즉슨 자신을 제외하고 누구도 죄를 물어서는 안 된다고 생각

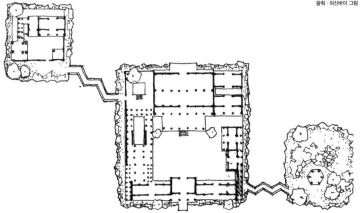

'봉도요대'는 세 개의 작은 섬으로 조성되어 있다. 가운데 가장 큰 섬이 '선인승로대(仙人承露臺)'이다. 이곳의 외관은 정방형으로 모두 12개의 누각이 있다.

했던 것이다. 결국 그는 체면을 지키고 곤란한 상황을 피하기 위해 몇몇 관원의 명예는 삭탈하고 그들의 직함은 그대로 두었다.[60] 누구도 원명원 소실로 엄한 징벌을 받은 사람은 없었다.

 심각하게 상처 입은 원명원은 주밀하게 관리되었지만 어느새 온전히 지키기에 어려운 상태로 변해 있었다. 복해 중앙에 있는 봉도요대는 1860년 재앙을 피했지만, 1870년 8월 2일 갑작스럽게 화재를 당했다. 수위가 저녁 무렵 불길이 일어나는 것을 보고 곧장 원내 태감 수령首領에게 보고했지만, 불을 끄기에는 역부족이었다. 큰 호수를 건너 진화할 수 있는 설비도 부족한데다가 시기까지 놓쳤던 것이다. 그 결과 이 호수 안의 궁전은 그해 재앙은 벗어났어도 10년 뒤 축융祝融(중국 상고시대 불의 신)에게 항복하고 말았다. 태감 수령과 수위는 진력으로 진화에 나섰지만, 초동 조치가 미흡했다는 이유로 직함을 삭탈당하거나 곤장을 맞았으며, 더러 두 가지 모두 징벌 받은 이도 있었다. 그 뒤 원명원 총령인 동복董福은 이 심상치 않은 화재로 3개월 치 봉급에 해당하는 벌금을 물어야 했다.[61]

한 시대가 저물어가면서 원명원도 빠르게 퇴락했고, 그 담장은 이곳저곳 허물어지고 있었다. 덕분에 원명원 밖의 사람들은 허락을 받지 않고도 들어갈 수 있었고, 틈입자를 막는 것도 갈수록 어려워졌다. 수많은 도둑이 손쉽게 무너진 담장으로 들락거렸다. 1861년 6월 13일, 미로이※老爾란 도둑이 서양루에 몰래 들어와 청동, 기구器具, 화로 등을 훔쳐 달아났다.[62]

동치제同治帝가 재위하던 1862년 1월 24일, 신설 기구였던 총리아문總理衙門(서방과의 일을 담당하던 기구)이 조정에, 한 외국인이 불법으로 몰래 복연문福緣門을 기어올라 원명원에 진입했다고 보고했다. 그는 건물 안에서 서적을 검사하던 당직 태감에게 발각되었다. 그의 이름은 장면행張勉行으로, 독일인 올머Enest Ohlmer(1847~1927)의 중국 이름이었다. 톈진 중국 세관에 근무하던 올머는 규정을 알지 못했다며 억울함을 호소했다. 물론 그는 치외법권의 보호를 받고 있었다. 총리아문의 관원들은 이 외국인이 실제로 어떤 것도 훔치지 않았기에 적절한 때에 풀어주자고 했고, 불법 진입에 대한 처벌은 논외로 처리했다. 그러나 궁원을 지키던 태감은 도리어 징벌을 당할까 두려워 애써 내무부에 해명을 했던 바, 자신들이 모든 노력을 기울였지만 이 외국인이 틈입하는 것을 막을 수 없었다고 변명했다. 이 사건은 황폐해진 궁원을 지키는 것이 곤란해졌음을 한층 더 증명해준다. 청나라 당국은 총리아문을 통하여 베이징의 공사관 네 곳에 통지하기를, 원명원은 여전히 어떤 유람객의 접근도 허용하지 않는 어원임을 밝혔다.[63] 허나 사정이 어떠하든, 수많은 기록들은 1861년에서 1871년까지 십 년 동안 절도와 불법 진입이 그치지 않았고, 그 뒤 상황은 더욱 악화일로를 걷고 있었다.

그런데 가장 골치 아픈 문제는 내무부가 원명원의 관리를 맡겼던 사람이 오히려 절도하는 행위였다. 1861년 5월에 태감 악성고岳成高와 한득수韓得壽는 원명원에서 황동 제품 몇 점을 몰래 가져다 폭리를 취했다. 태감 이외에도 만주족 기인旗人이면서 이전에 원호였던 사람들은 모두 원명원으로 들어가는 길을 잘 알고 있었다. 덕분에 그들은 충분한 시간적 여유를 갖고 원명원으로 진입하여 물건을 훔쳐 달아날 수 있었다. 관삼䁐三과 하안서何安瑞은 만주족으로 이전에 원호였다. 1863년 6월, 그들은 자벽산방에서 옥기 몇 점을 훔쳐 달아났다가 붙잡혔다. 그들의 진술에 의하면, 평소 낯익었던 자벽산방에 잠입하여 귀중한 옥기를 훔친 뒤, 부근의 골동상에 팔았다고 자백했다. 가난하여 입에 풀칠조차 할 수 없었던 그들은 죄가 정해진 뒤 감옥에 갇혔고, 오래지 않아 그 안에서 병사했다. 그러나 그들이 자백한 공모자는 증거 부족으로 풀려났다.[64]

가난에 허덕이던 만주족 기인들은 일찍이 원명원에서 거주하며 일했을 때 그곳에 돈이 될 만한 물건이 있음을 알았다. 기록에 의하면, 장역 노우자魯雨子는 12명을 데리고 1866년 1월 25일 칠흑 같은 밤을 타고 기춘원 북쪽 담장을 넘어 하수도를 통해 하신묘河神廟에 들어가 청동불상 19기를 훔쳐 달아났다. 그들은 불상을 깨뜨려서 황동 파편으로 만들어 하이뎬구의 점포에 팔아넘겼다고 했다.[65]

그로부터 반년 쯤 지난 1866년 7월 20일 저녁에는 이전에 원호였던 이삼생李三生이 예계자芮桂子와 이소이李小二 두 사람을 데리고 수문을 통해 원명원으로 들어왔다. 그들은 다리에서 두터운 목판 네 장을 뜯어내서 베이징성 북쪽에 있는 덕승문德勝門 앞 시장에 내다 팔았다. 7월 21일 저녁에도 다시 원내로 들어와서 물건을 훔치다가 이삼생은 총관태감 동복에게 붙들렸고, 나머지 두 사람은 달아났다.[66]

같은 해 11월 6일, 완평宛平에서 온 도적 유옥아劉玉兒, 조영趙英, 조삼반趙三攀이 퇴락한 담장을 넘어 서양루 일대로 들어와서 분수지에서 640온스(약 18킬로그램) 가량의 청동 파이프를 뜯어갔고, 이튿날에 돈 60관貫을 받고 조운성趙云成이 운영하는 철물점에 팔아넘겼다. 한번 맛을 들인 이들은 11월 21일 저녁에 다시 일을 저질렀는데, 수문을 통해 장춘원에 진입하여 대략 500온스(약 14킬로그램) 가량의 황동 조각을 훔쳐다 돈 55관에 같은 사람에게 팔아넘겼다. 이들 일행은 11월 30일에 익숙한 길로 재차 어둠을 틈타고 장춘원에 진입했다가 해기취를 순찰하던 태감과 마주쳤다. 조영은 현장에서 체포되었고, 나머지 두 사람도 결국 순찰하던 태감들에게 붙들렸다. 이 세 사람은 모두 감옥으로 호송되었다.[67]

그런데 법망에 붙들린 도둑들은 일부에 불과한 듯하다. 1868년 왕구십王九十과 그의 동료들은 체포되기 전에 무려 다섯 차례나 원명원을 들락거렸었다. 처음엔 거의 백 온스 가량의 황동이며 철이며 주석 조각들과 작은 동불상 몇 기를 훔쳐다 팔아 거액의 돈을 마련했다. 이들은 황동이나 철 조각에 유난히 집착했는데, 아주 수월하게 취득하여 쉽게 좋은 값에 팔아넘길 수 있었던 것이다. 보고에 의하면, 시장에는 원명원에서 나온 장물이 넘쳐났지만 사람들은 조금도 놀라지 않을 정도였고, 일반인들도 아주 쉽게 원명원의 물건을 구입할 수 있었다고 한다. 내무부는 실제 숱하게 잃어버린 물건을 정리하기 위해 원내 물건을 되돌려주면 어떻게 구득했는지에 대하여 일체 묻지 않겠다고 했지만 그다지 효험은 없었다.[68]

대청율례에 의하면, 황가의 재산을 훔친 사람은 사형에 처한다고 했다. 그러나 원명원 물건을 훔쳤다가 사형에 처해진 경우는 아주 드물었다. 이런 사안이 너무 많아서 모두 추적하여 체포하거나 기소할 수 없었던 듯하다. 더욱이 대다수 도적들은 모두 가난에 내몰린 사람들이었고, 황실 가족들과 같은 만주족 출신이었다. 이 때문에 국법을 넘어서서 관용이 베풀어진 것이다. 1868년 10월 3일, 내무부 기록에 이런 점이 잘 나타나있다. 언젠가 원명원에서 일한 적이 있는 장팔張八은 1862년 곤명호에서 청동 물소의 꼬리를 훔쳐 달아났다. 그는 임산林山이란 이름을 쓰는 백기白旗 만주족이기도 하다. 그는 붙들려 징벌을 받았는데, 기적旗籍에서 지우고 묵형墨刑한 뒤 곤장 백대를 맞고 2천리(약 666마일) 떨어진 먼 지역으로의 유배형으로 사형을 대신했다. 놀랍게도 수년 뒤에 그는 사면 받아 베이징으로 되돌아온 뒤 다시 버젓하게 원명원에 잠입해 황동 조각을 훔쳤다.[69] 그 뒤 그가 어떻게 되었는지에 대한 기록은 확인할 수 없다.

도적이 원명원에 진입한 일만 따진다면, 1900년의 의화단운동義和團運動은 또 다른 악화가 시작되었음을 보여준다. 이 거센 폭풍은 원명원의 수비력을 모두 상실시켰고 궁원은 폐허로 변하고 말았다. 그 뒤 만주족 황조는 1911년 멸망했으며, 제위를 양위한 황제와 그의 내무부는 원명원을 보호할 정당성과 권력도 잃어버렸다. 허약한 공화정부도 이 역사적 유적을 보호할 수는 없었다. 이런 상황에서 도적과 강도만이 원명원에서 횡행했다. 그로부터 한참이 지나 1976년에 이르러서야 비로소 원명원을 관리할 기구와 제도가 세워지게 되었다.

제6장

황궁의 일상

중국 황제는 이른바 '천자' 즉 하늘의 아들로서 이치상 최고의 향락을 누리는 것이 마땅했다. 제왕이 통치하던 시기의 중국은 국가와 백성이 모두 '한 사람만을 떠받들어야' 했고, 오직 통치자 자신만이 그의 감정과 욕망을 억누를 수 있었다. 이점에서 보면, 화려한 원명원은 대청 황조의 지고 무상한 지위에 걸맞다고 할 수 있다. 옹정제가 등극했을 때, 원명원은 이미 규모를 갖추고 있었다. 그러나 옹정제는 쾌적한 환경 속에 궁실과 업무용 건물을 수없이 세우고, '정치가 원림에서 나오는' 전통을 만들었다. 사실 옹정제에서 함풍제에 이르는 다섯 황제는 500에이커^(약 3,036묘)가 넘는 땅 위에 백

여 개의 전당과 정자가 이루는 승경 속에서 진정으로 호화롭기 그
지없는 생활을 누렸다. 그들은 끝내 원명원을 일상 주거지로 만들
었고, 자신들의 가장 중요한 공간으로 생각했다. 매년 대부분의 시
간을 원내에서 지냈다. 일찍이 자금성과 원명원을 보았던 영국인
엘긴은 추호도 주저 없이 "누구도 청나라 황제가 원명원을 좋아하
는 것을 이상하게 여기지 않았다"고 말했다.[1]

도대체 황실은 원명원에서 어떻게 하루를 보냈을까? 요사이 청
궁 문서 자료가 발굴되면서 그 신비한 베일이 벗겨지기 시작했다.
비록 자료의 한계가 있기는 하지만, 적어도 우리에게 역사의 먼지
를 떨어내어 청나라 황제가 원명원 안에서 생활했던 단편들을 가
만히 살펴보도록 했고, 심지어 호화로운 궁원 담장 배후에서 일어
난 이러저러한 움직임들도 일별할 수 있도록 해주었다.

다섯 황제 가운데 건륭제가 원명원에서 가장 오랜 시간을 보내
고 가장 많은 돈을 썼다. 그는 얼마든지 자신에게 가장 큰 기쁨을
주는 이 궁원에서 살 수 있었다. 자금성으로 돌아가는 것은 통상 음
력 정월 초하루에 제의祭儀와 경축 행사와 같은 특정한 일이 있을 때
뿐이었다. 해마다 한여름에는 러허에서 사냥을 즐겼다. 1775년의
예를 들면, 건륭제가 원명원에 남아있던 시간은 모두 168일로, 대
략 1년의 46퍼센트에 해당한다. 나머지 시간 가운데 105일은 자금
성, 66일은 러허의 청더 피서산장(8월에서 10월까지), 44일은 공자의 고향
인 취푸曲阜에서 지냈다.[2] 이는 1752년과 그다지 차이나지 않는데,
그때에는 대략 175일을 원명원에서 지냈다.[3]

건륭제는 원명원을 잠시라도 떠나있으면, 곧 되돌아가고픈 마음이 들었다. 그의 시에 잘 드러나는데, 1752년 사냥하다가 지은 시에는 원명원을 그리워하는 마음이 잘 나타나 있다.

변경에서 사냥하다 말을 돌려 황주에 이르니
선원의 맑은 날, 아름다운 풍경 떠오르누나.
정녕 산을 바라보니 그림을 옮겨온 듯하고
문득 물이 좋아 팥배나무배를 띄워보네.
남아있는 붉은 단풍잎은 시구에 어울리고
농염한 노란 국화꽃은 가는 가을 만류하네.
塞搜旋蹕位皇州, 仙苑澄辰霽景浮.
恰似看山移畫幀, 忽因樂水漾棠舟.
楓留紅葉宜題句, 菊艶黃花欲挽秋.[4]

황제의 하루

1756년은 건륭제가 재위한 지 20년이 되는 해이다. 관례에 따르면, 건륭제는 자금성에서 음력 새해 첫날을 보내도록 되어있는데, 그곳에서 거행되는 경축 행사를 주관할 책임이 있었기 때문이다. 대략 일주일이 지나자, 건륭제는 원명원으로 돌아오고 싶어졌다. 자금성을 떠나는 날, 그는 아주 일찌감치 일어났다. 검은 담비 가죽관을 쓰고, 여우 털로 안감한 자줏빛 갈색 비단 외투를 걸치고 가죽 허리띠에 두꺼운 솜바지를 입고는 구슬 목걸이를 몇 개 걸쳤다. 하얀 면양말을 신고 양가죽신을 신었는데, 그 신은 수놓인 초록빛 비단으로 덧씌워져 있었다.[5]

건륭제는 시종이 옷을 다 입혀준 뒤 사인교四人轎를 타고 봉채문鳳彩門을 지나 평소 정무를 보는 건청궁으로 갔다. 이 궁전에서 서장西藏에서 온 달라이 라마의 사신을 접견했다. 그 뒤 서난각西暖閣으로 가서 아침 식사를 하고, 곧 흠안전欽安殿의 제단에 향을 피우고 머리를 조아렸다. 건륭제는 이 의식을 마친 뒤 자금성을 떠나 원명원으로 갔다.

건륭제는 팔인교八人轎에 올라 자금성에서 원명원으로 갔다. 도착한 뒤 그의 시종과 함께 이궁문을 지나 봉삼무사전에서 잠시 기도를 드렸다가 구주에 있는 침궁으로 가서 휴식을 취했다. 그날 뒤이어 배를 타고 자운보호의 사원에 이르러 성심을 보이고, 다시 홍자영호의 안우궁으로 가서 참배했다. 돌아오는 길에 장춘선관에 들러 그의 모후를 찾아뵈었다. 건륭제는 구주로 돌아와 휴식을 취한 뒤, 사위성의 동락원으로 가서 저녁 식사를 먹었다. 저녁 식사를 마친 뒤 수청촌秀清村과 여의관如意館에 머물렀다가 비로소 구주청안으로 돌아와 잠자리에 들었다.[6]

이튿날은 음력 정월 9일이었다. 이 날은 옥황대제玉皇大帝(도가에서 모시는 최고의 신)의 탄신일이었다. 건륭제는 일찍 일어나 구주청안으로 가서 옥황대제를 참배했다. 그곳에는 이미 정갈한 음식물 등 어제御祭에

쓸 제수가 준비되어 있었다. 아침 식사를 한 뒤, 건륭제는 용선에 올라 십자정+字亭에 이르러 사인교를 타고 커다란 몽골 파오에 이르렀다. 그곳에서 기다리고 있던 몽골 왕자를 접견했다. 회견이 끝난 뒤, 건륭제는 만수산으로 가서 불상을 모신 누각에서 배례를 드리고서 동락원으로 와 저녁 식사를 들었다. 식사를 마친 뒤 잠시 쉬었다가 물가로 가서 그의 모후를 기다려 맞이했다. 이들 모자는 함께 구주청안에서 다른 사람들과 화려한 색채를 자랑하는 화등花燈 공연을 감상했다. 공연이 끝난 뒤 건륭제는 몸소 모후를 전송했는데, 한참동안 되돌아가는 모후를 바라보았다. 그런 뒤 구주청안으로 돌아와 잠자리에 들었다.[7]

1월 10일, 건륭제는 일처리를 위해 반드시 자금성으로 돌아와야 했다. 하지만 그는 이틀간 머물렀을 뿐이었다. 원명원으로 돌아온 날 저녁에 다시 동락원으로 가서 저녁 식사를 먹었다. 식사를 마친 뒤 산고수장으로 가서 씨름과 불꽃을 감상하며 친왕과 대신들을 접견했다. 그 뒤 그는 사인교에 올라 십자정에 이르러 배를 타고 동락원으로 갔다. 이윽고 잠시 뒤 밤이 이슥해지자 침궁으로 돌아와 잠에 들었다.[8]

건륭제의 원명원의 하루는 항상 모후와 함께 보냈다. 건륭제의 모후는 역사적으로 이름난 효성 황태후孝聖皇太后(1693~1777)이다. 건륭제는 어머니에 대한 효성이 지극했던 것으로 알려져 있다. 황제에 오른 뒤, 건륭제는 모후를 그가 가장 좋아했던 장춘선관에 모셨다. 그는 아들로서 뿐 아니라 유가의 도덕적 가르침도 잘 준용했던 바, 그

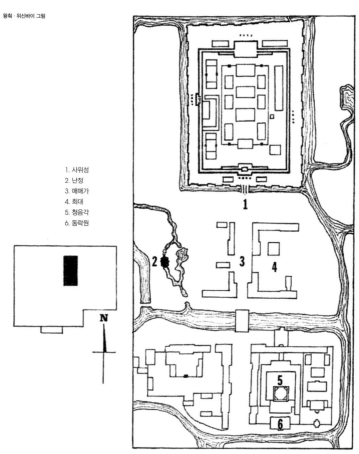

1. 사위성
2. 난정
3. 매매가
4. 희대
5. 청음각
6. 동락원

N

좌석임류(坐石臨流), 사위성(舍衛城), 매매가(買賣街), 동락원(同樂園).
좌석임류는 서예가 왕희지의 장원인 난정을 본 떠 조영한 것으로, 시인으로 자부했던 건륭제는 왕희지의 흥취를 재현하는 데에 열심이었다. 동락원은 건륭제가 평상시 식사하던 곳이다.

의 어머니에 대한 사랑과 존경은 진심에서 우러나온 것이었다. 그는 그의 어머니에게도 유일한 친아들이었던 탓에 더욱 가까웠다. 건륭제는 한가한 시간이 나면 매양 그녀와 함께 원명원을 돌아다녔다. 단오절이면 반드시 그의 모후를 모시고 선인승로대를 찾았으며 9척의 용선이 겨루는 경기를 관람했다. 건륭제는 이 단오절 행사를 거의 어긴 적이 없었다. 또 늘 그의 모후와 식사를 즐겼던 바, 1775년 1월 기록에 의하면 건륭제와 그의 모후가 거의 매일 동락원 식당에서 저녁 식사를 들었음을 확인할 수 있다.[9]

건륭제는 어머니에 대한 마음을 한 번도 소홀히 한 적이 없었다. 1777년 3월 2일, 그의 모후는 산고수장에서 화등 공연을 보다가 갑작스레 병으로 쓰러졌다. 장춘선관의 침궁으로 옮겨진 얼마 뒤 세상을 떠났으니, 향년 85세였다. 건륭제는 커다란 슬픔에 잠겼고, 그녀를 위해 극진한 장례를 치러주고, 은모사란 절을 세워 추념했다. 절은 홍자영호 안에 세워졌는데, 건축 양식은 옹정제가 강희제를 위해 세워주었던 절과 똑같았다.[10] 이 은모사는 1930년대까지 원명원 폐허 안에 세워져 있었다.

음식

황제와 그의 황실을 위해 음식을 준비하는 것은 커다란 일이었다. 이를 책임지고 있는 어선방御膳房은 황제의 식사는 물론 특별한 명절의 성대한 연회를 위한 음식까지 준비했다.[11]

청나라 황제는 하루에 두 끼, 아침과 저녁 식사를 먹었다. 비록 두 끼이지만 천하에서 끊임없이 올라오는 각양각색의 음식이 제공되었다. 매 끼니는 모두 아주 잘 차려지고 정갈했으며, 때맞추어 어선방의 모든 요리사들이 준비했다. 이 황가의 음식은 맛도 좋았을 뿐 아니라 아주 풍성하고 다양했다. 청나라 학자이자 시인이었던 원매(1716-1798)가 쓴 식보食譜를 보면, 원매와 동시대 부유한 계층들이 어떤 음식을 먹었는지 알 수 있다. 원매는 유가의 경전인 『중용中庸』에서 "사람 가운데 마시거나 먹지 않는 이는 없다. 하지만 그 맛을 알 수 있는 이는 거의 없다人莫不飮食也, 鮮能知味也"는 구절을 인용하며 식도락의 정취를 주장했다. 그는 언젠가 친구의 집에서 아주 맛이 좋은 물고기를 먹은 뒤 곧장 그의 요리사를 보내어 어떻게 요리하는지 배우도록 했다.[12] 그의 식보는 요리 예술을 집대성했다. 재료의 속성부터 어떻게 조미료와 양념을 골라 사용하고, 불의 세기를 맞추며, 적합한 그릇을 사용하고, 잔치의 전체적 안배를 결정하는가 등등이 모두 자세하게 열거되어 있는 등, 요리 예술에 대해 유감없이 다루고 있다.[13] 원명원의 음식은 품위나 규모에 있어서 원매가 수원隋園에서 먹었던 음식과 비교할 수 없을 정도로서 그 규모와 장식은 두말할 필요가 없다.

황가의 연회석은 유가의 이념을 따랐으며, 한 끼 표준 식단은 120가지 메뉴에서 26가지를 선택해 조합되었다. 매 끼 황제에게 제공되는 음식은 반드시 내무부에서 파견된 관원이 해당 요리사의 이름을 사전에 기록해 안전을 기했다. 원명원 황실 정찬의 규모는 일반적으로 24개의 메뉴로, 대략 자금성의 것과 비슷했다. 그러나 아무리 대식가라고 해도 한 끼 식단으로 제공되는 이 음식들을 다 먹을 수는 없었다. 그래서 청나라의 황제, 특히 건륭제는 특별히 사람을 지정하여 메뉴 몇 가지를 보내어 자신의 은총과 지우知遇를 표시했다. 이밖에 어주御廚는 황후, 태후 및 비빈들의 음식도 책임졌다. 어선방은 크고 작은 연회를 불문하고 다양한 요구에 맞추어 통지를 받는 즉시 음식 준비를 해내야 했다. 궁정 음식은 화려했다. 이는 허세를 부리려는 것이 아니라 황제의 위엄을 표현한 것이었다. 그래서 통치자의 음식이 화려하고 정치精緻한 것은 당연했다. 식탁 위에 놓인 도자기 식기나 금은으로 만든 그릇 등은 화려함은 물론 그 수량도 방대했다. 그래서 특별히 전문 담당자를 두어 관리시켰다.[14] 혹자는 "실제 청조 황제의 음식은 아주 간단했다"고 말하지만,[15] 이는 문서 자료가 보여주는 사실과는 거리가 있다. 황실 메뉴에 대한 일련의 기록에서 보듯 황제의 음식은 대단히 풍성하고 호화로웠다.[16]

몇몇 성대한 연회는 자금성에서 열렸다. 이를테면 강희제가 일찍이 열었던 천수연이 그 예이다. 건륭제도 1740년에 만주 귀족, 대학사大學士, 한족으로서 고관인 자 등 99인을 모아 건청궁에서 연회를 열었다. 20년 뒤 건륭제는 모후의 70세를 축하하기 위해 향산에서 아주 호화로운 잔치를 열었다. 1782년 『사고전서』가 완성되자, 건륭제는 편찬 사업에 참여했던 모든 신료들을 초청해 연회를 열고, 잔치가 끝날 무렵 예물을 하사했다.[17]

원명원의 주방도 성대한 연회를 준비했다. 1727년 1월 19일, 5품 태감인 궁전감독영시宮殿監督領侍 유진충劉進忠은 8일간 열리는 연회를 준비했다. 그는 메뉴를 정하고 공연(통상 불꽃놀이와 씨름이 준비된다)을 안배하며, 이친왕^{怡親王} · 장친왕^{莊親王} · 강친왕^{康親王} · 과군왕^{果郡王} · 신군왕^{信郡王} 등 빈객의 명단을 확인했다.[18]

1757년, 동락원에서 새해를 축하하는 호화로운 연회가 열렸다. 황실 가족과 공신, 몽골과 서장에서 온 특별한 손님들이 초청되었다. 이 연회도 다른 때처럼 여흥 프로그램이 준비되었는데, 경극과 작시^{作詩} 경연이 안배되었다. 1790년, 조선^{朝鮮} · 유구^{琉球} · 안남(월남越南)에서 온 사절이 다른 사람들과 함께 건륭제의 80세를 축하하러 찾아왔다. 건륭제는 원명원에서 크게 잔치를 열어 그들을 초청했고, 정사^{正使}에게도 술을 권했다. 시간이 무르익을 무렵, 건륭제가 이 날을 위해 시를 지어 손님들에게 낭송하자, 손님들은 정사든 부사든 너나할 것 없이 그 시의 연운^{聯韻}으로 화답했다.[19]

궁정 연회는 어떻게 상차림을 했을까? 18세기 러시아의 한 외교관이 건륭제의 환대를 받은 뒤, 연회의 진행 과정을 생생하게 묘사한 바 있다.

먼저 온갖 과일과 탕과^{糖果}(과일을 설탕에 잰 것)가 가득한 작고 정갈한 식탁이 손님 앞마다 놓여졌다. 보아하니 이 나라는 달착지근한 과일을 먼저 식탁에 올리는 것이 트렌드인 듯했다. 적어도 내가 이곳에서 초대받아 간 곳은 그러했다. 작은 사례를 통해서도 알 수 있듯이, 이들의 모습은 유럽인과는 전혀 달랐다. 과일을 먹은 뒤 다른 음식이 같은 방식으로 나와서 손님 앞에 놓인 식탁에 안배되었다. 메뉴로 닭고기, 양고기, 돼지고기를 비롯해 아주 맛있는 것들이 나왔는데, 삶거나 찌지 않으면 장류(醬類)로 볶았고 그냥 구운 것은 하나도 없었다. 황제(건륭제)는 자기 식탁에서 대사(大使)에게 음식을 담은 쟁반 몇 개를 주었는데, 찐 꿩의 맛이 아주 좋았다.[20]

18세기말 영국 손님들은 비록 '대단히 불편한 숙소'에 대해서는 불만스러웠지만 '극진한 만찬'에 대해서만큼은 아주 흡족했다. 그들은 원명원을 유람하다가 어떤 궁전에서 "맛이 제법 좋고, 짠맛은 물론 다른 맛을 내는 음식들, 과일과 탕과, 우유와 냉수 등 간단한 식사"를 대접받았다.[21] 이 자리에서 영국인들의 식탁은 두 사람당 하나씩 차려졌다. 스타운톤은 "좌중의 사람들이 모두 앉았을 때, 곧장 식탁이 나와서 호화로운 연회가 시작되었다. 식탁마다 접시와 사발이 금자탑처럼 쌓였고, 갖가지 맛있는 음식과 과일이 진열되었다"고 묘사한 바 있다.[22]

원명원에서 일하는 요리사가 모셔야할 사람은 황제만이 아니라 친왕과 대신들도 있었다. 기록에 의하면, 원명원에서 "원로대신 네명이 우리(요리사)에게 2월 4일부터 27일까지 55개 식탁 규모의 손님을 모실 것을 요구했다"고 한다.[23] 원명원에서 생활하는 황제, 황족, 대신들은 자신들을 위해 대형 궁원 주방, 즉 어주방(御廚房)이 필요했던 것이다.

어주방에는 갖가지 역할을 맡은 사람이 있었다. 『주례』는 규범적으로 수많은 역할을 구분해 놓았다. 이를테면 선부(膳夫)(주방장), 포인(庖人)(도축해체 담당), 내옹(內饔)(칼 담당), 외옹(外饔)(희생犧牲 담당), 형인(亨人)(육류 담당), 전사(甸師)

(구매 담당), **수인**獸人(사냥 담당), **어인**漁人(어류 담당), **별인**鱉人(자라요리 담당), **석인**腊人(염장고기 담당), **식의**食醫(영양관리 담당), **질의**疾醫(식재료검열 담당), **주정**酒正(양조 담당), **주인**酒人(바텐더), **장인**漿人(장류 담당), **능인**凌人(냉장저장 담당), **변인**籩人(죽기竹器 담당), **해인**醢人(젓갈 담당), **혜인**醯人(초류醋類 담당), **염인**鹽人(소금 담당), **막인**幂人(정찬세팅 담당) 등이 그러하다. 황제의 허락을 받아 배치된 어주방의 요리사들은 2,332명에 달했고, 그밖에 206명의 관원이 이들을 감독했다.[24]

청나라는 줄곧 이처럼 방대한 주방 인원이 황제를 모셨으며, 어떤 황제도 예외는 아니었다. 비록 원명원 요리사에 대한 통계를 갖고 있진 않지만, 황제가 오랜 시간 거주했던 것을 감안하면 그 수는 자금성 안의 요리사 수보다 적지 않았을 것이다. 원명원 주방에서 일한 요리사들이 150여 년간 호화롭고 우아한 음식 습관을 유지했음은 조금도 의심할 나위가 없다. 어주방에서 매월 식비로 소모하는 비용은 1898년 9월 통계로 대략 2,790.92냥 백은이었다.[25] 근래 혹자의 계산에 따르면, 황제에게 올리는 한 끼 음식의 규모가 100가구 정도 농민의 1년 치 생활비와 맞먹는다고 한다.[26]

1725년 여름, 원명원은 수 칸의 빙고氷庫에 음식물을 보존했다. 이는 그리 놀랄 만한 일은 아니다.[27] 사실 아주 일찍부터 자금성의 청실 궁정은 다섯 개의 대형 빙고를 마련했고, 그 가운데 하나에는 9,266덩이의 얼음을, 나머지에는 5,000덩이 얼음을 보관했다.[28] 『주례』에 근거하면, 하·은殷·주周 삼대에도 궁실 안에 94명으로 이뤄진 전문 얼음·빙고 관리 담당자를 두어 음식물을 보존했다. 규정상 청나라 황제에게 올리는 음식물은 가장 질이 좋은 '진상품'들이었고, 통상 전국의 가장 좋은 산지에서 올라온 것들이었다. 원명원에서 쓰인 곡물, 곡류 식품, 채소는 부근 지정된 경작 농지에서 왔으며, 음용수도 옥천산의 신선한 샘물을 취수했다.[29]

주지하듯 건륭제는 원명원 안 곳곳에서 식사하기를 즐겨했다. 이는 원내 주요 지점마다 어용 주방과 요리사들이 필요했음을 보여준다. 그는 보통 구주청안의 침궁에서 저녁 식사를 먹었고 또 동락원 식당에서도 식사를 들었다. 대부분 그 주위에 커다란 희대^(공연무대)가 있어서 식사 후 여흥을 즐길 수 있었기 때문이다. 11세기 송대 이후 중국 엘리트들은 저녁 식사 후 여흥을 즐기는 것이 하나의 습속이 되었다.

원명원 자료 가운데 '선저당膳底檔(음식관련문서)'을 보면 건륭제가 1784년 음력 정월 11일, 동락원에서 만찬을 들었던 모습을 상상해볼 수 있다. 그의 식탁은 꽃무늬로 장식된 옻칠 탁자였다. 식사 메뉴로는 와인에 찐 오리고기 1품, 기름에 볶은 배추를 곁들인 닭고기 1품, 홍백색 오리고기를 곁들인 제비집 1품, 닭고기를 찢어서 곁들인 제비집 1품, 버섯을 곁들인 오리고기 1품, 겨울 죽순을 곁들여 볶은 닭고기 1품, 오믈렛 1품, 노루 꼬리를 곁들여 찐 닭고기 1품, 아몬드를 곁들인 깍둑 썬 닭고기 1품, 코끼리 눈 모양의 찐빵 1품, 오리고기로 소를 넣은 롤빵 1품, 온국수에 닭고기를 저며 올린 라비올리 1품, 은해바라기함에 담긴 냉채 요리 1품 등이 있었다. 이밖에 가지런히 자른 오이며 각종 장류를 담은 은쟁반이 4개, 염장한 고기 1품, 멜론을 곁들인 볶은 꿩고기 1품, 쌀밥, 그리고 닭고기 슬라이스와 제비집으로 만든 탕 등도 있었다. 이처럼 풍성한 만찬을 먹은 뒤 저녁에 다시 야식을 먹었다. 야식에는 식용 제비집과 홍백색 오리고기로 만든 탕 1품, 볶은 오리고기 슬라이스를 곁들인 제비집 1품, 겨울 죽순과 제비집을 곁들여 구운 닭고기 1품, 염장 소고기를 곁들인 훈제 닭고기 1품, 버섯을 곁들여 찐 닭고기 1품, 기름에 볶은 오리콩팥 슬라이스 1품 등이 나왔다.[30]

궁정 메뉴에는 제비집을 재료로 만든 요리가 아주 많았다. 중국인들은 제비집을 아주 진귀한 음식이라고 생각했기 때문이다.[31] 원매에 의하면, 제비집은 아주 드물고 귀한 음식으로서 부유한 집에서도 평소에 먹을 수 없었다고 한다. 제비집을 요리하는 방법은 먼저 깨끗한 물에 약 2온스^(약 57그램) 가량 제비집을 탄 뒤, 소금에 절여서 훈제한 돼지 뒷다리와 버섯 등과 함께 연계탕軟鷄湯 안에 넣고 제비집이 투명해질 때까지 끓이면 완성된다. 이 요리는 기름기가 없고 맛이 부드럽고 담백하다.[32] 황제는 평소 이 진귀한 음식으로 보신하고 맛을 즐겼던 것이다. 현대 학자들은 제비집의 젤라틴에는 단백질 및 철분, 리보플래빈, 비타민G가 풍부하다고 말하고 있다.[33]

앞서 거론한 궁정 음식 메뉴에서 가장 눈길을 끄는 것은 닭이나 오리고기가 들어간 요리가 돼지, 소, 양 혹은 해산물보다 많다는 점이다. 조미료나 양념으로는 간장, 기름, 소금, 식초, 계피, 생강, 후추 등이 많이 쓰였다. 이 메뉴가 모든 청나라 황제의 식단이었는지, 건륭제 개인의 취향이었는지 확실하지는 않다. 아마도 후자일 가능성이 크다. 만일 사정이 그렇다면 건륭제의 입맛은 비교적 북방 음식을 좋아한 것으로 볼 수 있다. 그러나 원명원 어주御廚는 황제의 어떤 주문에도 부응할 준비가 되어 있었다.

1784년 정월 12일 아침, 건륭제는 장춘원 순화헌에서 아침 식사를 들었다. 아침 식사는 어젯밤 만찬과 똑같이 사치스러웠다. 메뉴에는 역시 얇게 저미서 조미 한 뒤 구운 오리고기와 닭고기를 곁들여 제비집을 끓인 요리가 많았고, 다시 노루꼬리, 애피타이저, 작은 빵, 하얀 케이크, 고기와 버섯으로 소를 넣은 번 등이 더해졌으며, 냉채가 은쟁반에 담겨 올라왔다. 식탁 위에는 또 가늘게 썬 야채, 소금에 절인 고기, 멜론을 곁들인 볶은 꿩고기, 뭉근한 불로 쪄서 국수에 담아 올린 오리고기 등 네 개의 접시가 놓였고, 쌀밥과 쌀죽, 그리고 과일이 올라왔다. 이 주요 메뉴 이외에도 식당 안 작은 탁자 위에는 각종 밀가루로 만든 음식, 우유, 돼지고기 편육과 양고기가 놓여서 건륭제의 입맛을 돋궈주었다. 이처럼 풍성한 아침 식사를 마친 뒤에 건륭제는 산고수장으로 가서 커다란 몽골 파오 안에서 라마들과 접견했는데 갖가지 국수류가 제공되었다. 비록 그날 점심 식사를 따로 하지는 않았지만, 이 간단한 음식들, 이를테면 국수, 과일, 차 등이 모두 충분히 나왔던 것이다. 저녁이 되자, 건륭제는 동락원으로 돌아와 저녁 식사를 먹었다. 메뉴는 전날 저녁과

같았다.[34]

　청나라 통치자들은 적당량의 포도주와 곡주를 마셨고, 소량의 우유를 고정적으로 먹었다. 아마도 브로델Fernand Braudel(1902~1985)이 "중국인은 종래 결코 요구르트나 우유를 먹지 않았다"고 말한 것은 수정해야 하리라.[35] 모든 음료 가운데 중국인이 가장 많이 음용했던 것은 단연코 차茶다. 이는 그들의 천연 음료수였다. 차로 술을 대신하는 습속은 일찍이 삼국시대三國時代(220~265)까지 거슬러 올라간다. 청나라에서 만주족과 한족은 모두 찻잎으로 진귀한 결혼 하례를 행하는 풍습도 있었다.[36] 사실 자금성과 원명원 내 주 건물 안에는 모두 우아한 다실茶室이 있었다. 황제, 황후, 황자 등과 같은 주요 황실 성원들은 저마다 자신만의 다실을 갖고 있었다. 황제의 다실은 '어다방御茶房'으로 불리며, 7품 관원 두 명이 배치되었다. 그들은 찻잎, 찻주전자, 찻그릇, 금은 찻잔 등을 담당했다. 찻잎은 일반적으로 찻주전자나 찻잔 안에 들어 있고, 거기에 뜨거운 물을 부은 뒤 따뜻하게 마셨다. 설탕이나 다른 첨가물은 넣지 않았다. 빙차冰茶는 들어본 바가 없다. 원명원에서 차를 우리는 맑은 물은 부근의 옥천산에서 취수했다. 그곳 수질이 가장 좋았기 때문이다. 1756년, 건륭제는 남순하면서 이 '순수한' 물을 휴대하고 다녔다.[37]

　1784년 원소절, 즉 정월 대보름날이 되었을 때, 원명원은 예전처럼 등불을 내걸어 오색장식을 하고 불꽃놀이와 연대희連臺戱*를 공연

---

*연극을 연속적으로 공연하는 것을 말함

했다. 또한 갖가지 풍성한 음식으로 황실 성원, 귀빈, 몽골 친왕 등을 접대했다. 이 날 건륭제는 아주 일찍 일어나 홍자영호의 안우궁을 참배한 뒤 잠시 쉬면서 간식으로 달달한 경단을 먹었다. 그리고 동락원에서 24가지 메뉴가 나오는 아침 식사를 먹었다. 가늘게 찢어낸 닭고기를 넣고 끓인 제비집, 구운 오리고기, 꿩 편육, 녹용을 넣고 찐 오리고기, 닭찜, 구운 사슴고기, 으깬 돼지고기, 야채소를 넣은 찐 롤빵, 닭고기를 넣은 찐 경단, 소금에 절인 쇠고기와 각종 야채가 나왔다. 음식은 특별한 사발이나 쟁반에 받쳐서 나왔다. 이를테면 으깬 돼지고기는 금 쟁반에, 구운 오리고기는 법랑 그릇에, 소금에 절인 쇠고기는 은쟁반에 올려졌다. 원소절 아침 식사는 또 다른 특색이 있었다. 각양각색의 다과와 페스트리가 아주 많이 제공되었고, 후궁과 비빈들이 특별히 준비한 음식도 나왔던 것이다.[38]

건륭제는 아침 식사를 마친 뒤, 평상시처럼 정대광명전 대청으로 갔다. 다른 날들과 달리 대청에는 몇 개의 탁자가 놓여있고, 그 위에 과자, 과일, 페스트리, 경단 등이 올라와 있었다. 이 음식들은 모두 백옥쟁반 혹은 아주 세련된 도자기 그릇 안에 담겨 있었다. 건륭제는 이미 더 이상 먹을 배가 없을 만큼 충분히 먹었다. 그래서 액록리(厄祿裏)라 불리는 태감을 불러 이 음식들을 친왕, 비빈, 내각 대신들에게 하사하도록 명령했다.[39]

원소절 점심 식사는 참으로 호화로웠다. 봉삼무사전의 화려한 식당 안에 32가지 메뉴가 자단목 식탁 위로 올라왔고, 특별히 준비된 젓가락, 도자기 수저, 옥 사발, 은 접시, 그리고 베와 종이로 만든

냅킨이 세팅되었다. 친왕, 비빈, 총애하는 신하 등 초대받은 손님들이 다 모인 뒤에 건륭제를 태운 어가가 음악 소리를 따라 식당 앞에 이르렀다. 그가 어좌에 앉자 따뜻한 음식들이 나왔다. 관례대로 손님 두 사람마다 탁자 하나씩이 안배되었다. 이들에겐 끊임없이 음식이 나왔고 뜨거운 탕, 우유차, 맛좋은 술, 얼린 소고기, 야채 그리고 과자 등도 곁들여졌다. 음식 쟁반이 하나씩 나올 때마다 부드러운 음악도 같이 흘러나왔다. 식사가 끝난 뒤, 건륭제는 그의 손님들에게 사발을 하나씩 내려주었는데, 그 안에는 원소절을 기념하는 달콤한 경단이 들어 있었다. 이것으로 자신의 즐겁고 자애로운 마음을 표현했던 것이다.[40]

원소절 오후가 되자, 태감 상녕常寧은 건륭제에게 따뜻한 마실 것, 이를테면 제비집, 닭이나 오리고기 혹은 양고기를 넣은 계란탕, 우유차 등을 올렸다. 이밖에 탁자에는 포도주, 피클 그리고 페스트리 등이 올라와 있었다. 해가 지고 어둠이 깔렸다. 건륭제는 몽골 친왕, 서장, 조선에서 온 손님들을 산고수장으로 초청하여, 그들과 함께 불꽃놀이를 감상하며 시종들이 올리는 과일과 경단을 들었다.[41]

이 명절 행사는 며칠간 지속되었다. 다만 원래 1월 17일로 예정되었던 불꽃놀이는 눈이 내린 관계로 취소되었고, 건륭제도 실내에서만 날을 보냈다. 저녁이 되자, 건륭제는 풍성한 야식을 먹었다. 오리고기를 잘게 저며 끓인 제비집 1품, 시금치를 볶은 두부 1품, 양소시지와 양내장탕 1품, 가늘게 찢은 닭고기를 넣고 끓인 제비집 1품, 완숙한 오리콩팥 1품, 포크춉pork chops 1품 등이 메뉴로 나왔다.[42]

오락

원명원은 향락의 장소로서 아주 많은 오락거리를 제공했다. 그 가운데 건륭제가 가장 좋아했던 것은 원내^(통상 동락원이다)에 정교하게 시장을 만들어놓고 돌아다니는 것이었다. 수많은 태감들은 시장 이곳저곳을 돌아다니며 행인 노릇을 하고, 상인으로 분장하여 차를 팔거나 골동품, 서적, 가구, 비단, 도자기, 칠기 등을 팔았다. 진짜 베이징 시장거리처럼 보이도록 하기 위해 태감들은 고성을 질러 물건을 사라고 호객하고, 심지어 옷을 잡아끌었다. 또 거리 풍경을 연출하기 위해 고의로 입씨름하거나 싸우기도 하다가 관아에서 나온 사람에게 끌려갔다. 이 '디즈니' 시장은 신년을 맞이해 아흐레 동안 열렸다.[43]

좌석임류의 매매가. 이 시장 거리는 아주 정교하게 구성되었는데, 실제 거리처럼 점포가 늘어 있었고, 작은 다리 밑으로 강물도 흐르며 정자도 세워져 있었다. 그야말로 '강남의 풍경'이었다.

왕춰 · 위신바이 그림

음력 6월 18일은 '포어마跑御馬(달리는 말에 올라타기)'를 하는 날이었다. 이날 청나라 황제는 그의 어전 시위들이 원명원 북쪽 담장 밖에서 포마跑馬하는 것을 관람했다. 그 과정은 이렇다. 시위 한 사람이 말에 올라서 또 다른 말을 함께 몰고 간다. 말을 천천히 몰면서 곁말도 함께 채찍질을 하는데, 채찍을 맞은 곁말이 속도를 내는 순간 몸을 날려 곁말의 등에 오른다. 만일 뒤에서 달리는 곁말의 등에 뛰어오르면 가장 큰 상을 내렸고, 나란히 가는 곁말의 등에 뛰어오르면 2등상을 주었으며, 곁말에 뛰어오르다가 땅에 떨어져도 상을 받았다. 원명원에서 살았던 다섯 황제 가운데 함풍제만은 이 이벤트를 친히 주관하지 않고 품계가 높은 관원이 대신 집행했다.[44]

황제들은 보통 이 화려한 궁원에서 이웃나라, 특히 조선, 안남, 유구에서 온 국왕, 친왕 및 다른 주요 대신들을 접대했다. 만주족의 친밀한 맹방이었던 몽골은 특히 그러했다. 1757년 정월 9일, 황제는 속국에서 온 사신들을 만났다. 건륭제는 산고수장에서 몽골 손님을 맞아 성대한 잔치를 열어 자신의 마음을 보여주었다. 접견한지 5일이 지난 그날은 원소절이었다. 중국인이 가장 좋아하는 명절로서 백성들은 너나할 것 없이 이 날을 즐기고 축하했는데, 나발을 불고 북을 두드리며 경마를 하는 등 하루 종일 '소란'을 피웠다.[45]

원명원에 있던 건륭제는 원소절 전날 밤, 목욕하고 난 뒤 잠자리에 들었다. 다음날 동이 트자, 아침 일찍 일어나 정대광명전으로 가서 약간의 과일을 먹은 뒤 홍자영호의 안우궁으로 가 참배했다. 그리고 동락원에서 그의 모후와 아침 식사를 나누고, 장춘원 안에 있는 절에 가서 기도를 드렸다. 오후가 되자, 명절 음식인 찹쌀가루로 만든 경단('원소元宵'라고 부른다)을 먹은 뒤 그의 침궁으로 가서 휴식을 취했다. 밤이 이슥해지자 그는 사인교를 타고 산고수장에 이르러 격정적인 씨름, 등무燈舞, 불꽃놀이 등을 보았다. 이날 불꽃놀이는 일년 가운데 가장 화려한 것이었다. 귀빈으로 온 몽골 친왕도 이 날 이벤트에 초청되었다. 들판에 모인 모든 사람들은 밤하늘을 수놓으며 현란하기 짝이 없는 장관에 넋을 잃었다. 음식도 끊임없이 제공되었고, 음악도 하염없이 흘러나왔다.[46] 프랑스 선교사 왕치성은 원명원의 화려한 '불꽃'을 보고 그 감동을 억누르지 못해 환호했으며, 그날의 풍경을 이렇게 묘사한 바 있다.

중국인들은 해마다 정월 15일이면 명절로 축하하는데, 아무리 궁핍한 사람이라도 다들 자신의 등롱을 밝힌다. 등롱은 저마다 갖가지 모양에 크기도 제각각이다. 이날 중국 전역이 환하게 밝혀지지만, 가장 빛나는 곳은 황제의 궁전이다. 특히 저 향락의 장소가 그러한데, 그곳의 풍경을 스케치해보면 이렇다. 어느 누각이나 전당 혹은 문이나 주랑 천정에 등롱이 걸리지 않은 곳이 없다. 모든 시냇물, 강물, 호수나 못마다 작은 배 모양의 등롱이 띄워지며 물결에 따라 이리저리 오고 간다. 구릉이나 다리를 비롯해 모든 나무에도 등롱이 걸린다. 이 등롱들은 물고기, 새, 길짐승, 꽃병, 과일, 화훼, 배 등 갖가지 모형으로 만들어져 아름답기 그지없다. 어떤 등롱은 비단으로, 어떤 것은 짐승의 뿔, 유리, 조개껍질 등 수천 가지 재료로 만들었다. … 중국인들은 수많은 등롱을 자신들의 건물 안에 펼쳐 놓았다. 나는 그들의 풍요로운 창의성에 놀라울 뿐이다. 참으로 나도 갖고 싶다. 저들의 등롱과 비교하면, 우리 서양인들의 등롱은 창의성도 빈약하고 마음을 끄는 매력도 없다.[47]

현란한 불꽃놀이가 끝나면 원소절도 일단락이 된다. 건륭제는 동락원에서 거행된 야연에 참여하기에 앞서 자신의 침궁으로 돌아와 명절 음식인 경단을 먹었다. 야연을 마친 뒤 건륭제는 등롱을 든 무리들을 뒤쫓아 구주로 돌아왔다.[48]

등롱과 불꽃은 분명 원명원에서 가장 즐거운 일이었다. 원내 어디에서도 볼 수 있었고, 특히 호숫가는 더욱 그러했다. 이를 직접 목격했던 사람들도 그들의 인상을 남겨 놓았는데, 18세기 역사학자였던 조익趙翼(1727~1814)은 운 좋게도 건륭제와 원명원에서 이날의 불꽃을 보았다. 그의 목소리를 들어보자.

상원일 저녁, 서창西廠에서 등무를 추고 불꽃을 요란하게 터뜨렸다. 새벽이 되자 먼저 원명원 궁문 앞에 등롱이 걸린 수십 개의 걸대가 줄지어 세워졌다. 도화선이 타들어가더니 난간은 오색 세계로 변했다. 매 걸대가 다 타오른 뒤, 가운데에서 다시 보탑寶塔 누각의 형상으로 타올랐고, 조롱 안에 앉아있던 비둘기와 까치 수십 마리가 불꽃을 타고 날아올랐다. 미시未時(오후 1시~3시)에서 신시申時(오후 3시~5시)로 넘어갈 무렵, 서창으로 갔다. 앞서 팔기가 말을 타고 갖가지 공연했다. 어떤 이는 한

발은 안장에 걸고 다른 발은 등자에 발을 딛고 달렸고, 어떤 이는 두 발로 말 등에 서서 달리기도 하며, 어떤 이는 말안장을 잡아당기며 걷다가 말에 올라 달리기도 했다. 두 사람이 마주보며 달리다가 말 위에서 몸을 솟구쳐 바꿔 앉기도 하고, 혹은 한 사람이 훌쩍 뛰어올라 말 위에 앉아있는 사람의 머리에 올라서 달리기도 하는 등, 말 위에서 할 수 있는 재주는 모두 보여주었다.

날이 저물자, 누 앞에 등무를 추는 삼천 명이 도열해 섰다. 이들은 태평가를 부르면서 각각 오색등을 쥐고 빙그르르 돌며 나아가거니 멈추었다. 저마다 춤추는 자리가 있었는데, 한번 돌자 삼천 명이 '태太'자를 만들고. 다시 한 번 돌자 '평平'자가 되었으며, 다음으로 '만萬'과 '세歲'자를 이룬 뒤, 끝으로 '태평만세太平萬歲' 넉 자를 한데 만들었다. 이른바 '태평만세 매스게임'이었다. 등무가 끝나자 불꽃을 터뜨렸다. 그 소리가 우레처럼 굉장했고, 불꽃이 하늘을 덮었는데, 수천만 마리 붉은 물고기가 운해 안에서 뛰어놀았다. 천하에서 최고로 아름다운 장관이었다."⁴⁹

이 역사학자의 불꽃놀이에 대한 묘사는 건륭제 측근 조정 대신이 지은 경축시에서도 확인할 수 있다.

은하수 강물은 먼지 하나 일지 않고
비스듬히 날아오른 불꽃 봉황 북극성에 드네.
한바탕 우레 소리 땅 속에 자던 짐승 일으키고

나무마다 꽃을 피워 천상의 봄이로다.

태을루 높아 등불 켜니 대낮 같고

미앙전 앞으로 달이 옮겨 가네.

군왕의 행락이라 새해는 성세리니

앞서 그 빛을 근신들에게 두루 비추네.

銀漢星河不動塵, 斜飛火鳳入勾陳.

一聲雷起地中蟄, 萬樹花開天上春.

太乙高樓燈似晝, 未央前殿月移輪.

君王行樂新年盛, 先使恩光遍近臣.[50]

18세기 말의 영국사절단도 원명원의 불꽃놀이에 매료되었다. 바로우는 이 때 쏘아올린 불꽃 수량이 자신이 일찍이 보았던 모든 불꽃보다도 훨씬 많았다고 했다. 기세나 화려함이나 종류에 있어서도 바타비아에서 보았던 불꽃은 중국의 것에 비하면 아주 낮은 수준이었으며, 이들의 불꽃은 형상의 신기함, 깔끔함, 정교함의 측면에서 그가 이전에 보았던 어떤 불꽃보다 훌륭했다고 했다. 그의 묘사에 의하면, "줄지어 있던 화산이 차례로 터지며 섬광을 쏘아 올렸다. 원내에서 대포, 유탄발사기, 폭죽, 불화살, 조명탄 등이 대략 한 시간 동안 불꽃을 터뜨렸고, 자욱한 연기가 흩어지지 않은 채 머물러 있었다."[51]

원명원은 사람들에게 기쁨과 쾌락을 주는 환경으로 조성되어 있었다. 의심할 바 없이 황제가 자신의 생일을 축하할 수 있는 최적의 장소이기도 했다. 관례대로 황제는 생일날 아침 일찍 일어났고, 문무 대신들은 모두 정식 조복을 입고 원명원의 정대광명전에 모였다. 3품 이하의 관원들은 조금 떨어져 이궁문에 모였다. 황제가 성장盛裝을 하고 자리로 나오자, 곁에서 시종하던 관원이 차례로 전당 안에 있는 관원의 이름을 불렀고, 이들은 각각 황제에게 축하 인사를 올렸다. 1757년 9월 25일, 건륭제의 생일날이었다. 황제는 마침 러허에서 사냥을 하고 있었는데, 정부 관원들은 자금성 오문午門에 모여서 멀리 황제를 향해 축하 인사를 드렸다.[52]

1790년 건륭제는 80세를 맞이했다. 이제껏 어떤 청나라 황제도 이처럼 성대한 생일연을 열었던 이는 없었다. 당시 청나라는 대체로 평화롭게 번영하고 있었으며, 이 자긍심에 가득한 노인은 갖가지 이유로 이 성대한 잔치를 열게 되었다. 생일 전날 밤에 이미 베이징 서직문에서부터 원명원 정문으로 통하는 길까지 쭉 생기발랄하고 곱디고운 장식품이 내걸렸다. 총리 훔정 대신이 이 경축일의 진행을 감독했다. 그는 전국의 주요 관원과 부유한 상인의 하례도 관장했는데, 사실 양회, 창루長蘆, 저장 등 부유한 지역의 사람들이 이 장식품의 비용을 충당한 것이었다.

80세 경축 행사는 1790년 9월 25일 원명원에서 정식으로 시작되었다. 길고긴 축하 대열은 황실 성원, 만주 귀족, 대신, 무장, 문관, 원로, 안남 국왕, 조선 · 버마 · 캄보디아 · 몽골 · 타이완 및 각 회족回族 부락의 대표들 순으로 황제를 알현했다. 그 뒤 저마다 지정된 자리에 앉았다. 그들 모두가 앉자, 손님들은 모두 일제히 '만수무강하소서'라고 부르며 충성을 표시했다. 원명원 남문 서쪽 구릉에 위치한 영수산迎壽山 위에는 새로 수성정壽星亭이란 정자가 세워졌다. '만수萬壽'는 그날 사람들의 입에 가장 많이 올려진 글자였다. '만수'라는 글자는 희대에서도 표현되었다. 이밖에 수백 가지 길상 표현으로 이뤄진 대련이 원명원 도처에 나붙었다. 음악대는 쉬지 않고 멀리서 흥겨운 송축가를 연주했고, 거의 1천 명에 가까운 라마승들이 거대한 차일 아래 운집하여 불경을 외며 위대한 건륭제의 장수를 기원했다. 이처럼 아름다운 제왕의 궁원 안에서 일어난 일들은 모두 사람을 흥분시켰다. 직접 경축하러 올 수 없었던 수천의 관원들이 보낸 경축사가 온종일 읽혀졌다. 팔순의 건륭제는 여전히 건강했고 정신도 또렷했다. 그는 고량교 북쪽 의홍당倚虹堂에서 저녁 식사를 먹었다.

이 잔치에 들어간 비용은 총 1,114,297.5냥 백은으로, 원래 예산보다 573,703냥 백은이 적게 들었다. 아마도 충정어린 만주족, 대신, 지방의 세무관과 지방관들이 가외로 추렴해 비용을 댄 듯하다. 수많은 관료들은 자발적으로 봉급 가운데 일부분을 기부하여 거액의 경축 비용을 보탰다.[53]

그런데 일이 지나고 보니, 이 경축 행사는 원명원 최후의 진정한 팡파르였다. 이후로 청나라 제국은 나락으로 떨어지기 시작했다. 건륭제를 뒤이은 가경제와 도광제는 모두 내부의 갈등과 외부의 위협에 시달렸고, 호화롭고 즐거웠던 궁원 생활에 그늘이 드리워지는 것을 피할 수 없었다. 함풍제가 등극했을 때 청나라 정치와 재정 상황은 악화일로에 있었다. 이 점에서 함풍제는 원명원에서 생활하는 데에 약간의 죄책감을 갖고 있었다. 그러나 그는 끝내 원명원으로 돌아가 생활했고, 향락을 누렸던 군주라는 오명을 뒤집어쓰고 말았다.

함풍제가 화려한 궁원 생활을 누릴 무렵, 원명원은 쇠락기를 맞았음에도 불구하고 여전히 아름답고 안락한 황가 정원의 풍모를 지니고 있었다. 기실 함풍제는 최대의 향락을 통하여 자기 내면의 고통을 감소시키려 했다. 원명원 내 충복들은 그의 용안에 미소를 띠우고 환심을 사고자 12명의 아리따운 만주족 소녀들을 원내로 끌어들였다. 그 가운데 엽혁나랍^{葉赫那拉}이란 성씨를 지닌 소녀가 함풍제의 마음을 잡아끌었고 결국 악명이 자자한 권력자였던 자희태후^(서태후, 1835~1908)가 되었다. 그녀는 청나라를 40년간 지배했다. 이들 사이의 원명원 로맨스는 무수하게 허구적 서사로 쓰였다. 서양의 학자가 쓴 이 글도 마찬가지다.

이른 봄 어느 날이었다. 젊은 황제는 원명원 내 어느 화원에서 발길 닿는 대로 걷고 있었다. 그러다 문득 어디선가 들려오는 맑고 고운 소녀의 음성을 들었다. 참으로 가슴을 저미는 매력적인 노래였다. 그는 발길을 멈추고 듣다가 누가 이렇게 고운 목소리로 노래를 부르는 지 보기로 작정했다. 흥분에 찬 그를 기다리고 있던 이는 날씬하고 키가 큰 예쁜 소녀였다. 바로 여름 별장에서 일어난 일이었다.⁵⁴

이 내용의 디테일은 물론 허구이다. 그러나 두 사람의 만남은 사실이었다. 엽혁나랍 씨의 키는 그다지 크지 않았지만 호리했고, 뒷날 1856년 4월 구주 안 어느 전당에서 아들을 낳았다. 그가 바로 동치제이다. 이 모자는 줄곧 원명원 안에서 살았으며, 영국-프랑스 연합군이 침입하고서야 원명원을 떠났다. 아편전쟁을 겪고 난 뒤 더 이상 이 궁원에서 황가의 생활을 누릴 수 없었던 것이다. 함풍제가 러허에서 세상을 떠난 뒤, 이 모자도 베이징으로 돌아왔다. 그들의 눈에 들어온 것은 불에 타버린 원명원이었다.

원명원 안에는 희대가 아주 많았다. 도광제가 등극한 뒤 원내 극장의 수가 부단히 증가했음을 증명해주는 자료가 있다. 규정에 의하면, 2품 이하 관원은 황제를 배종하고 자금성 안에서 공연을 볼 수 없었다. 그러나 이 규정은 원명원에서는 굳이 지킬 필요가 없었다. 함풍제는 특별히 품계 고하를 따지지 않고 자신과 공연을 볼 수 있도록 했다. 한 가지 예를 들면, 함풍제가 일찍이 자신을 배종하고 공연을 보는 사람이 너무 적은 게 아쉬워서 원명원 부근에 살고 있던, 이미 퇴직한 하급 관원들도 일일이 극장으로 불러서 함께 공연을 보기도 했었다.[55]

원명원이 함락되기 1년 전 즈음, 어느 여름날 밤이었다. 함풍제는 복해에서 용선을 타고 만찬을 즐기고 있었다. 황제는 갑자기 주위 예인藝人을 물러가라 하고, 복화술사인 은령恩齡을 불렀다. 이 에피소드는 함풍제가 모놀로그나 코미디를 좋아했음도 보여준다.[56] 자희 태후는 경극에도 상당히 열의를 갖고 있었다. 그녀는 권력을 잡은 뒤, 원명원이 소실되었음에도 불구하고 청의원을 이화원으로 재건축하고, 잊지 않고 수많은 희대를 세웠다. 오늘날 유람객들은 이화원에서 그 당시 지어진 거대한 희원戲院을 볼 수 있다.

1850년대는 원명원 최후 10년 동안으로, 수많은 청나라 학자들은 무수한 이야기를 만들어 냈다. 이 가운데 여러 민족 출신의 아름다운 소녀들이 원내에 이르러 고뇌에 빠진 젊은 황제에게 사랑을 얻고자 했다는 내용이 가장 많았다. 그 가운데 한 명이었던 만주족 아가씨가 황제의 마음을 사로잡았으니, 바로 훗날의 자희였다. 또 이런 이야기도 있다. 원명원의 총관 대신 문풍文豐은 한족 가녀歌女 네 명을 사왔는데, 행화춘杏花春, 무릉춘武陵春, 해당춘海棠春, 모란춘牡丹春이 그들이다. 그녀들은 저마다 별관에 살면서 함풍제를 모셨고, 이 네 명에 엽혁나랍 씨가 보태져 '오춘五春'으로 불렸다고 한다. 함풍제는 이 여인들에게 흠뻑 빠졌던 바, 청나라 대학자였던 왕카이윈王闓運(1832~1916)의 시에 그 정황이 잘 드러나 있다.

옥녀가 투호하며 마냥 웃고 노래하니
금잔에 술 따르며 밤낮을 이어가네.
사시 경물마다 교외에서 지내고
겨울이 들더니 곧 봄이 되려 하누나.
낭창대는 사춘이 봉연을 뒤따르고
깊은 밤 이윽하자 관원들 교대하네.
치장은 자못 최가의 머리를 배웠고

풍간은 자주 강후의 귀를 물리치네.

玉女擲壺强笑歌, 金杯擲酒連昏曉.

四時景物愛郊居, 玄冬入內望春初.

裊裊四春隨鳳輦, 沉沉伍夜遞銅魚.

內裝頻學崔家髻, 諷諫頻除姜后耳.[57]

왕카이윈의 시는 당시 원내 다채로운 궁정 생활이 예전대로였음을 반영한다. 황제를 모시던 음식물도 예전 그대로였다. 원명원의 마지막 몇 년 동안 호사스런 식당이 봉삼무사전에 차려졌으니 마치 건륭제의 동락원 식당을 대신한 듯했다. 그러나 쾌적한 궁원 환경은 더 이상 함풍을 기쁘게 할 수 없었다. 맛있는 음식이며 듣기 좋은 음악, 아리따운 여자들도 모두 피비린내 나는 난리에 의해 내버려졌다.

원명원에서 즐거움을 찾는 일도 잔혹한 현실을 도피하는 것이 될 수 있었다. 그러나 어떤 때에는 도리어 함풍제를 더욱 고통스럽게 만들었다. 언젠가 그는 원명원에서 숙취로 인해 아침 조회에 나가지 못했다. 황제의 체면을 고려하여 황후는 전날 황제를 모셨던 여인을 징벌했다. 하지만 함풍제는 부끄러웠고 더 이상 술에 취하지 않겠노라고 다짐했다.[58] 함풍제는 자신의 실수를 인정하는 데에 주저하지 않았고 자책까지 했다. 그에게 도덕적 양심이 있었던 것이다. 1860년 원명원에서 자신의 30세 생일 축하연을 취소한 것도 시국이 어려운 상황에서 차마 잔치를 열 수 없었던 것이다.[59] 이는 범상치 않은 결정이었다. 왜냐하면 원명원에서 생일 축하연을 여는 것은 아주 오랜 전통이었기 때문이다. 그의 진심은 다른 조처에서도 확인할 수 있다. 즉 그는 어떤 지방관도 베이징으로 올라와 그의 생일을 축하하지 못하도록 한 것이다.[60] 그러나 오래지 않아 외국 군대가 침입했고, 원명원을 불살라 버렸다. 이후로 어떤 생일 축하연도 이 웅장하고 화려한 궁원 안에서 거행되지 않았다.

제7장

약탈

원명원이 외국 침입자들의 손에 훼손된 경위를 이해하기 위해서 반드시 19세기 중국과 서양의 충돌 경과를 정리할 필요가 있다. 아편전쟁^(1840~1842) 이후 맺어진 조약은 영국의 상업적 이익을 보장하고 있었다. 이는 지난날 매카트니나 암허스트가 거두지 못한 성과로서 영국은 중국 연해에서 특권을 차지하게 되었다. 한편 갓 즉위한 함풍제는 국가의 이익을 영국에 주었던 일을 수치스러워했고, 있는 힘을 다해 청나라 황실의 체면을 만회해 더 이상 이권을 넘겨주려하지 않았다. 그러나 영국인은 기필코 조약을 수정해야만 더 많은 특권을 누릴 수 있었다. 이는 완강한 저항에 부딪쳤고, 끝내 제2차 아편전쟁의 폭발을 불러오기에 이르렀다. 이 사이에 아름다운 제왕 궁원 원명원은 불살라지는 운명을 맞이했다.

거세지는 폭풍우

1856년 10월, 일련의 담판이 실패로 끝나자, 광저우 주재 영국 영사 파크스Harry S. Parkes(1828~1885)는 양광兩廣 총독總督 엽명침葉名琛(1807~1859)과 충돌을 일으켰다. 급기야 엽명침이 영국인의 포로가 되어 이집트로 가는 길에 객사하고 말았다.[1] 중국은 영국과 갈등했을 뿐 아니라, 프랑스 국적 마뢰馬賴 신부Abbé Auguste Chapdelaine가 광시廣西로 몰래 들어왔다가 체포되어 죽임을 당하는 일이 발생했다.[2] 결국 프랑스와 영국은 손을 잡았고, 러시아와 미국의 '도의적' 지원 아래 1857년 12월 8일 광저우를 점령했다. 저지할 수 없는 저들의 군사적 도발을 당한 청나라 조정은 불행하게도 1858년 6월 26일에 굴욕적인 '톈진조약天津條約'을 체결하여 대영제국과 다른 서양 열강에게 중국 내에서의 새로운 권리와 특권을 할양했다. 청나라 조정은 내륙의 수로를 개방하여 통상을 허락하고, 외교 대표의 베이징 상주를 허가했다.[3] 주지하듯 함풍제는 이 조약의 비준을 꺼려하고 있었다.[4]

조약이 체결되자 비준 절차가 기다리고 있었다. 청나라 관원은 처음부터 서양 열강이 베이징에 와서 비준하는 것을 막고자 시도했다. 그러나 오래지않아 한걸음 물러설 수밖에 없었다. 이제 남은 문제는 외국인들이 어떤 길을 통해서 수도로 들어오는가 였다. 영국 주청駐淸 공사 브루스Frederick Bruce는 청나라 정부가 지정한 노선을 거부했다. 그는 이 노선이 옛 조공朝貢 노선이라고 생각했다. 한편 청나라 정부도 영국이 선택한 노선을 거절했는데, 그 길은 다구 포대 요새를 경유했기 때문이다. 청나라 정부는 영국이 대규모 군대를 이끌고 자신들의 외교관을 보호하며 베이징에 온다는 점이 내심 불만스러웠다. 자신들의 제안이 거부되자, 브루스는 해군사령관 호프Hope Grant에게 1860년 6월 25일 무력으로 바이허白河를 점령하도록 명령했다. 다구를 지키던 중국 군대가 호프의 군함을 향해 발포했는데, 뜻밖에 영국군이 인명과 군함에 중대한 손실을 입었다. 그러나 다구의 승리는 오히려 즉각 위기를 고조시켰다.[5]

브루스도 이번 공격이 판단 착오였다고 인정했고 이 일로 영국 정부의 견책을 받았지만, 영국인들은 여전히 자신들이 정한 노선을 따라 베이징으로 와서 비준을 받고자 했다. 사실 다구의 참패가 오히려 영국의 강경 노선을 지지해준 셈이었다.[6] 1860년 8월, 런던은 엘긴을 긴급 파견했다. 그는 호프 장군이 이끄는 인도 병사 1만 1,000명으로 구성된 군대를 거느리고 중국으로 왔다. 강력한 무력을 갖춘 엘긴은 협상의 필요성을 느끼지 않고 있었다. 그런데도 중국은 오히려 이 뜻밖의 작은 승리에 도취했고, 다구의 최고 지휘관인 승격임심은 더욱 타협을 원하지 않았다. 승격임심은 심지어 이 승리는 무례하고 탐욕스런 야만인을 혼내줄 절호의 기회라고 생각했다.[7] 1860년 7월 14일, 그는 득의만만한 태도로 함풍제에게 상주

원명원(圓明園)
(10월 6일)

바리차오(八里橋)
(9월 21일)

하이뎬(海澱)

통저우(通州)

베이징(北京)

장자완(張家灣)
(9월 18일)

바이허(白河)

융딩허(永定河)

N

톈진(天津)
(8월 25일~9월 25일)

베이탕(北塘) (8월 19일)

탕구(塘沽) (8월 14일)

하이허(海河)

보하이완(渤海灣)

다원허(大運河)

다구(大沽) (8월 21일)

1860년 영국-프랑스 군대의 침입 노선

했는데, 야만 오랑캐를 타격하여 저들의 사기를 꺾었으니 중국은 앞으로 수십 년간 태평하리라고 말했다.[8]

안타깝게도 승격임심은 다구의 승리가 중국을 승승장구하도록 할 것이라고 진정 믿고 있었다. 그가 오랫동안 외국인들과 싸워온 경험에 따르면, 두 나라 사이에 전쟁이 끝나면 한쪽은 평화를 원하게 되고 반드시 상대방에게 배상을 해야 평화를 얻을 수 있었다. 승격임심의 희망 섞인 생각으로, 영국인은 반드시 청나라 정부가 요구하는 배상을 치러야 했다. 만일 이때 중국이 평화를 요구하면, 영국인은 도리어 군함 손실을 빌미로 청나라 정부에 배상을 요구할 것이 틀림없었다.[9] 엘긴이 청나라 정부가 허용한 호위병 20명의 수를 2,000명의 군대로 증원하자, 승격임심의 생각은 더욱 확고해졌다. 무엇 때문에 영국인은 저렇게 많은 군대를 베이징으로 보내는 걸까? 수많은 관원들은 영국인의 의도에 대하여 비상한 의심을 품지 않을 수 없었다. 영국인이 정말로 비준을 받으려 한다면, 왜 저들은 군함 20척, 대포 100문, 수천 명의 군인을 보내는 걸까?[10]

중국은 아직도 양보할 의사가 없는 가운데 영국인은 이미 무력 도발을 결정했다. 프랑스도 선교사가 중국 내에서 살해되었다는 것을 이유로 영국과 함께 움직였다. 영국-프랑스 연합군은 8월 21일 신속하게 베이탕北塘을 통해 공격하여 다구를 점령했다.[11] 승격임심은 치명적인 전략 착오를 저질렀던 바, 베이탕의 요새에서 퇴각한 뒤 적을 유인해 엄습할 계획이었다. 그러나 베이탕 철수는 적군이 손쉽게 상륙하도록 허락했고, 적은 화력을 그다지 소모하지 않고도 다구를 점령해 버렸다. 침략군은 8월 23일 탕구塘沽에 진입해 견고한 해안교두보를 세운 뒤, 8월 26일 톈진을 점령했다. 베이징은 이에 깜짝 놀랐다.

극도로 초조해진 함풍제는 즉각 전쟁론에서 평화책으로 책략을 변경했다. 그는 만주족 대신 계량桂良을 톈진으로 파견하여 점령군과 담판을 짓게 했다. 계량은 일찍이 1858년 조약을 체결했던 사람으로, 엘긴에게 '친구'로 불리는 인물이었다. 그러나 승리를 거둔 엘긴은 '부가 조항'을 내걸었고, 그 안에 평화에 대한 대가를 제시했다.[12] 소심한 계량이 위세에 눌려 이 조항을 받아들였지만, 그가 내민 위임장은 엘긴의 신뢰를 얻지 못했다.[13] 계량은 청나라 조정이 반드시 1858년 조약을 준수할 것이며 영국이 제안한 모든 새로운 요구에 순순히 응할 것이라고 애써 강조했다. 그러나 그 역시 베이징의 동의를 얻지 않은 상황에서 서명할 수는 없었다. 이에 엘긴은 혹시 군대의 진격을 늦추려는 계책이 아닌가 의심했고, 이내 단호하게 다음과 같은 결론을 내렸다. "재차 윽박질러야 이 아둔한 정부가 지금 어떤 상황인지 알 수 있으리라."[14] 엘긴은 대단히 불만스러웠다. 함풍제도 계량이 회담 테이블에서 나약한 태도를 보인 것이 못마땅했다. 그는 특히 800만 냥 백은의 배상금, 외국 군대의 다구 점령, 톈진 개방 등 새로운 요구를 아주 거북하게 여겼던 것이다. 연합군의 요구는 여기에 그치지 않았다. 그들은 적어도 수백 명의 군대를 파견하여 사절단을 호송하고 베이징에서 비준을 받겠다고 주장했다. 함풍제의 실록에 근거하면, 그는 이 외국인들의 속내를 의심하고 있었다. 저들이 정작 평화를 원한다면, "이미 의논을 거쳤는데 어찌 군대를 끌고 왔는가?" 함풍제는 "군대를 끌고 온다면 그 이후의 사태를 예측할 수 없다. 만일 수도로 진입한다면 필시 받아들일 수 없는 조건을 들이대리라"고 추측했다.[15] 함풍제는 이 때문에 계량을 질책했던 것인데, 한편으로 이젠 전쟁을 피할 수 없음도 알았다. 청나라 황제가 계량을 질책한 일은 엘긴에게 중국의 태도가 형식적임을 확신시켜 주었다. 엘긴은 즉각 계량과의 담판을 중지했다. 엘긴은 9월 8일 편지에서, "저 아둔한 놈들이 속임수를 부렸는데, 이는 내가 베이징으로 진군해갈 절호의 빌미를 주었다"고 썼다. 사실상 그는 "다시 전쟁을 일으키겠다"고 선전포고한

것이다.[16]

함풍제는 이제 진퇴양난에 빠졌음을 알았다. 한편으로 자신이 더욱 강경하게 나간다면 감내할 만한 수준의 평화를 얻을 수 있을 것이라고 믿었지만, 다른 한편으로 그는 이 순간 전쟁을 선택하는 것은 하나의 모험이란 사실도 알고 있었다. 주위의 대신들도 그에게 별무 도움이 되지 못했다. 어떤 이들은 함풍제가 친정親征해 항전의 의지를 내보이라고 요구하고, 어떤 이들은 그에게 수렵을 명분 삼아 러허로 떠나서 침략군과 직접 맞닥뜨리지 말도록 권유했다. 의논만 하고 시간을 질질 끌던 차, 끝내 오도 가도 못하는 국면을 만났다. 어쩔 줄 몰라 하던 함풍제는 입으로는 일전을 불사하겠다면서 9월 10일 이친왕載垣(재원)과 군기 대신 목음穆蔭을 퉁저우로 보내어 거듭 평화 회담을 열어 "적군이 진격해 오는 것을 막도록 했다."[17]

엘긴의 군대는 퉁저우에 도달하기 전까지 계속 회담 재개를 거부했다. 9월 12일, 엘긴은 이친왕으로부터 "아주 도발적인 서신" 한 통을 받았다. 계속 전진한다면 중국 군대에 의해 격퇴될 것이란 경고였다. 그러나 영국-프랑스 연합군은 계속 전진했고, 엘긴은 웨이드Thomas Wade와 파크스를 이친왕과 목음의 진영에 보내어 "중국의 의도를 염탐시켰다." 이친왕과 목음은 파크스, 웨이드, 그리고 프랑스 대표 바스타드Comte de Bastard를 접견했다. 영국-프랑스 회담 대표는 재차 위협을 가하면서 평화의 대가 수위를 높였다. 그들의 조건에는 퉁저우 반경 6마일(약 9.7킬로미터)까지 진격하고, 장쟈완張家灣 남쪽 5,000미터 지점에 주둔하며, 사절단을 호위하여 베이징으로 들어갈 군인의 수를 천 명까지 증원하는 것이 포함되어 있었다. 이친왕과 목음은 담판이 좋게 마무리될 기미가 보이지 않는 가운데 못내 이 조건들을 수용하고 조약에 서명했다. 이친왕의 지위가 높았던 탓에 엘긴도 그의 승낙을 "믿을 만하다"고 여겼다.[18]

그러나 함풍제는 새로운 협상안을 보고 진노했다. 이런 협상은 도저히 받아들일 수 없었다. 그를 가장 불안하게 만드는 일은 대규모 외국 군대가 베이징에 진입해서가 아니라 외교 국서를 직접 자기 앞에 제출하여 중국의 전통 예절과 체통을 무시하는 것이었다.[19] 파크스는 엘긴에게 보고하면서, 알현이 "가장 해결하기 어려운 문제"라고 쓴 바 있다.[20] 청나라 황제와 그 조정은 외국의 의도에 대하여 줄곧 경계심을 갖고 있었던 차, 이방異邦의 요구 수용이 혹여 국가를 위험에 빠뜨릴 지도 모른다는 우려를 하고 있었던 것이다.

함풍제는 접견하기로 한 날까지도 어떻게 해야 할지 확정하지 못한 채 서로 어긋난 지시만 내리고 있었다. 이런 상황에서 이친왕은 9월 17일 연합군의 사절을 접견했다. 그때 저들이 3일 전 서명했던 비망록을 갖고 온 것을 보고는 더 이상 지난번처럼 좋은 말로 달래려 하지는 않았다. 그 결과 상황은 교착 상태에 빠졌다. 연합군은 승격임심이 장쟈완 남쪽에서 다시 군부대를 추스르는 것을 보고 습격할 준비를 한다고 판단하여, 9월 18일 이 청나라 군대를 공격했다. 바로 이 순간, 영국 대표 파크스 일행이 퉁저우로 돌아오고 있다가 승격임심에게 붙잡혔고, 26명의 외국인들은 모두 베이징의 감옥으로 압송되었다. 얼마 안 있어 영국군도 톈진 지부知府를 포로로 잡았고, 쌍방은 다시 한 번 교전 상황에 돌입했다.[21] 이때 연합군은 회담을 재개하면서 한 가지 조건을 더 걸었다. 바로 모든 포로의 석방이었다.[22]

화가 머리끝까지 치민 엘긴은 몽토방Cousin de Montoubon이 인솔하는 프랑스군 6,700명의 지원 아래 사납게 돌진했다. 후퇴하던 승격임심도 승보와 서린瑞麟이 이끄는 2만 명의 지원군으로 사기를 회복하여 결사항전을 준비했다. 9월 21일, 결전의 날이었다. 전투는 퉁저우 부근 바리차오八里橋에서 시작되었다. 연합군은 침입한 이래 인원이든 물자든 모두 중대한 손실을 입었다. 프랑스 군관도 보급이 부족하여 바리차오에서 군사 작전을 펼치는 것이 곤란했음을 인정했다. 프랑스 군인들도 만주족, 한족 군인들이 용기백배했다고 증언했으며, 엘긴조차 9월 23일에 "청나라 군대가 우위를 점했다"고 말한 바 있다.[23] 실제로 전투가 가장 치열했던 순간, 영국 지휘관 그랜트 장군은 몽골 기마대에게 포로로 사로잡히기까지 했다.[24]

중국군은 인원수에 있어서 상대방보다 월등하게 앞섰지만, 적군의 현대화된 병기 앞에서 무력했고, 기병, 포병, 보병의 연합 작전에 적절하게 대응할 수 없었다. 결국 청나라 군대는 이 결전에서 패배하고 말았다. 목격자의 기록에 의하면, 부상당한 승보가 가마에 실려 베이징으로 돌아가 상처를 치료하려 할 즈음, 백성들은 거리로 온통 뛰쳐나와서 대성통곡하며 곳곳으로 몸을 피했다.[25] 중국은 군사적으로도 낙후한데다 전략적인 착오까지 저질렀다. 즉 모든 병력을 베이징 부근에 배치하여 결전했던 것이다. 만일 중국이 베이징 관원 서수붕^{徐壽朋}이 제출한 건의를 따라서 조직적으로 게릴라전을 펼쳤다면 화베이^{華北}의 엄혹한 추위가 닥쳐올 즈음이라 적군을 곤경에 빠뜨려 전쟁을 끝낼 수 있었을 것이다.[26]

연합군이 바리차오에서 승전한 뒤 베이징의 성문은 크게 열렸고, 수많은 관원들은 함풍제에게 원명원에서 자금성으로 돌아와 경성^{京城}을 수호하고 민심 붕괴를 막도록 청원했다.[27] 하지만 패전한 승격임심은 톈진에서 패주하여 돌아오면서 누구보다 방어에 희망이 없음을 알았기에 함풍제에게 베이징을 떠나 러허로 가서 안전하게 대피하도록 주장했다. 승격임심의 말은 함풍제가 싸울 것인가 물러설 것인가 망설이던 차에 결정적 영향을 주었다. 한편 1860년 9월 21일 저녁까지도 함풍제는 주위 대신들에게 자신의 최후 행동을 내보이지 않았다. 그는 결심이 서자 이튿날 새벽에 홍자영호로 가서 짧으면서도 울분에 찬 참배를 하며 선조에게 고별을 알린 뒤 원명원에서 친왕 다섯과 대학사를 만났다. 함풍제는 이곳에서 그의 아우 공친왕^{恭親王}에게 원명원에 남아주도록 부탁하고, 대학사 계량과 호부시랑 문상^{文祥}에게 공친왕을 도와 화친책을 모색하게 했다.[28]

함풍제는 황실 성원, 만주족 귀족, 관원과 태감 등 대규모 시종들을 거느리고 피난했다. 그들은 바쁘게 장춘원 동문을 통해 원명원을 빠져나갔다. 함풍제는 다른 피난자처럼 상상할 수 없는 어려움을 겪었다. 이를테면 청더로 가는 길에서 살아생전에 가장 조악한

음식을 먹었던 것이다.[29]

예상하듯이 황제가 허둥지둥 달아나자 베이징은 큰 혼란에 빠졌다. 베이징의 성문은 모두 닫혔다. 백성들은 가난하든 부유하든 할 것 없이 공황 상태에 빠졌고, 다들 이 극도의 혼란한 틈을 타고 도성을 빠져나갈 길만 궁리했다.[30]

약탈

공친왕은 순친왕, 혜친왕惠親王 등의 도움을 받아 원명원에서 화친책을 강구했고, 베이징 방어는 만주족 기영과 한족 대신들에게 맡겨졌다. 팔기의 군관들이 긴급히 조발되어 내성으로 들어왔고, 주조배周祖培 등이 외성 방어에 배치되었다. 공친왕은 엘긴과 그로스 Baron Gros 에게 보내는 서신에서 이친왕과 목음 두 사람을 질책하고, 아울러 이들의 직위를 해제하며, 이를 통해 피차의 적대적 대치를 멈추고 다시 예전처럼 우호 관계를 다지자고 제안했다. 그러나 연합군은 9월 25일 최후통첩을 보내며 3일 안에 모든 포로를 석방하라고 요구했다. 공친왕은 전쟁이 끝난 뒤 즉각 포로를 석방하겠다고 응답했지만, 이 정도로는 연합군을 만족시킬 수 없었다. 9월 30일, 엘긴은 공친왕의 또 다른 서신 한 통을 받았다. 그 내용인즉슨 연합군은 퇴각하여 장쟈완까지 후퇴한 뒤 모든 포로를 석방하고 화약에 서명하겠다는 것이었다. 엘긴은 이 요구를 거부하고 쌍방

의 서신 왕래를 정지한 뒤 전략을 그의 장교들에게 하달했다.[31]

베이징의 모든 성문은 9월 23일을 기해 모두 봉쇄되었다. 그 결과 식량을 포함한 물가는 한없이 치솟았다. 당시 한 학자의 메모에 의하면, 시장에 채소가 나오는 대로 사라졌다고 한다.[32] 양식이 부족해지자 군인들의 보급조차 힘들어져서(기록에 의하면 1만 명 분량이 부족했다고 한다) 이미 떨어질 대로 떨어진 사기를 다시 일으켜 세울 수는 없었다. 적군이 잠시 공격을 멈추었다. 바리차오 전투 이후 보급품을 기다리기 위해서였지만, 허약한 방어군은 손을 쓸 수 없었다. 심지어 지휘관인 승격임심조차 투지를 상실했던 것이다.[33] 베이징의 정세는 다급해졌지만 공친왕은 여전히 원명원에 머무르고 있었다.[34]

연합군은 보급품이 채워지자 선발대가 신속하게 베이징성 동남쪽 제화문齊化門까지 진격했다. 이 때 연합사령관은 포로로 붙잡아두었던 퉁저우 지부를 통해 공친왕에게 연합군의 진지로 와서 회담을 하자고 요구했다. 그러나 이 조심스런 친왕은 즉각 대응하지 않았다. 얼마 지나지 않아 추석이 되었다. 청나라 정부는 명절을 빌미로 외국인 포로를 조심스레 팔인교에 태워서 감옥에서 베이징 북문 부근에 있는 고묘高廟의 적당한 장소로 이송했다. 갑작스레 죄수가 귀빈이 되었다. 공친왕은 이런 후의가 상대방의 악감정을 누그러뜨려서 화친을 맺는데 도움이 되기를 기대했던 것이다. 10월 1일, 영국인 포로 가운데 직위가 가장 높았던 파크스가 연합군 지휘관 앞으로 공격을 멈추도록 요청하는 편지를 보냈다. 그러나 그는 편지 안에 영문으로 한 줄을 덧붙였는데, 옹동화翁同龢(1829~1904)[35]도 주의는 했었지만 그것이 무슨 뜻인지 알아차리지 못했다. 파크스는 뒷날 추억을 떠올리며 다음과 같은 기록을 남겼다.

중국 당국은 지금 로크Henry Loch 선생과 나에게 아주 잘 대해주고 있다. 이 조처가 공친왕의 지시에 의한 것이라고 들었다. 공친왕은 군주다운 지혜로운 사람인 듯하다. 따라서 나는 양측이 잠시 적대감을 내려놓고 화친을 논의하는 것이 좋겠다고 생각한다.[36]

게다가 흥미롭게도 내각 중서中書인 양楊 아무개는 같은 날 술과 소고기를 갖고 적의 진영으로 찾아가서 이 침입자들을 위로했고, 이튿날에 조정에서는 상인을 파견하여 화의를 청하자고 의논했다.[37] 그러나 파크스의 서신 등 갖가지 유화적 조처들이 적군을 퇴각시킬 수는 없었다. 연합군 주력은 10월 3일 저녁, 베이징을 향하여 진격했고, 이틀 뒤에는 베이징성과 겨우 5,000미터 떨어진 곳에 주둔했다.[38] 베이징성 안의 부상富商들은 일찍이 연합군에게 소나 양을 예물로 바쳐 적들이 더 이상 전진하지 않도록 기대했지만, 별무소용이 없었던 것이다.[39]

연합군은 오른편에 영국군이, 왼편에 프랑스군이 배치되어 이열 종대로 베이징성을 지나 진군했다. 어떤 저항도 만나지 않은 채 이들은 하이뎬에 집결했다. 공친왕은 적군이 들이닥치기에 앞서 서둘러 원명원을 빠져나왔다.[40] 근대 학자들은 공효공龔孝拱 등 매국노들이 후안무치하게도 침입자들을 이끌고 원명원으로 와서 약탈했다고 비난한다. 공효공은 위대한 시인이자 학자였던 공자진의 아들이다.[41] 이들은 또한 외국인이 만일 원주민의 안내가 없었다면 원명원을 찾지 못했을 것이라 생각한다. 하지만 이는 정확하지 않은 추론일 뿐이다. 공효공은 억지로 끌려왔던 것인 바, 영어를 할 줄 알고, 영국인 친구를 몇몇 알고 있었던 것이 적군을 도왔다는 증거가 되기에는 지나친 감이 있다. 사실 왕도^{王韜}(1828~1897)가 증명하듯이, 공효공은 연합군이 침입했던 즈음에 베이징에 없었다.[42]

1860년 10월 6일 저녁 7시경, 프랑스 군대가 먼저 원명원에 도착했다. 해군 대위 드 피나^{De Pina}는 원명원을 지키던 시위들과 실랑이를 벌였다. 청나라 군대는 필사적으로 이 외국인을 원명원 대문 밖에서 막았다. 그들 사이의 떠들썩한 고성이 "또렷하게 들렸다."[43] 몽토방의 기록에 의하면, 충돌은 대문 밖에서 시작되었고 그 결과 만주족 8품관 임량^{任亮}이 대궁문 부근에서 전사했고, 프랑스 군관 두 명과 군인 몇몇이 부상을 당했다.[44] 원명원을 지키는 군인이 수천 명에 달했지만 현대 무기의 침입을 막지 못한 채 커다란 저항도 한번 못해보고 퇴각당했다. 절망한 원명원 총관 문풍은 복해에 몸을 던져 자진했다. 연합군은 신속하게 아주 널따란 원림 저택들을 차지하기 시작했다. 한 영국인의 기록에 의하면, "모든 사람들이 달아났고, 포로들은 모두 베이징에 있었다"고 한다.[45]

프랑스군 몽토방은 이튿날 원명원과 그 주위를 장악해 들어갔다. 원명원의 화려함은 그에게 깊은 인상을 주었다. 그는 "유럽의 어떤 것도 이 원림의 호화스러움에 견줄 수 없다"고 말했다. 그가 생각하기에도, 글줄 몇몇으로 "저 화려한 양식이며, 직접 눈으로 본 뒤의 불가사의한 감정을" 표현할 방법이 없었던 것이다.[46]

영국군은 부근의 라마사刺嘛寺에서 하룻밤을 묵은 뒤 뒤늦게 원명원에 도착했다. 영국군 지휘관인 엘긴은 그랜트 장군과 함께 10월 7일 새벽, 원명원에서 몽토방을 만났다. 말을 타고 원명원으로 오는 길에 엘긴은 정원과 숲속 사이에 아름다운 궁전이 놓여 있고 그 앞에 넓은 광야가 펼쳐져 있는 것을 발견했다. 하이덴구를 지나는 데 "정교하고 고풍스럽게 장엄한 대문과 성벽이 보였고", 그 다음에 "녹음이 우거진 큰길을 따라 들어가니 아름다운 지붕으로 얹혀 있는 누런 기와가 즐비하게 늘어선 것이 눈에 들어왔다". 오래지 않아 그는 "원림 안 이곳저곳에 40여 개가 넘는 작은 궁전이 저마다 다른 훌륭한 풍경 안에 자리하고 있었으며" 또한 "이 원림이 세심하게 관리되고 있었던 바, 소로며 도로가 잘 닦여 있고 다양하고 아름답게 꾸며진 호수가 있음을" 확인했다.[47] 그의 통역관인 스윈호도 길을 따라가며 아름다운 풍경을 감상했다. 그는 산보로 정대광명전에 이르렀다. 자갈이 깔린 길을 따라가니 "울창한 숲과 호수가 나왔고, 그곳을 지나자 마치 그림 같은 여름 별장이 나왔다. 그런 뒤 조형미가 풍부한 아치교를 건넜다." 계속 그의 목소리를 들어본다.

이곳에 신선이 살 것 같은 건물이 하나 호수 가운데에 솟아 있었다. 건물의 그림자가 맑고 투명한 푸른 물 위로 비치는데 흡사 물 위에 떠

있는 듯했다. 곧이어 한줄기 비탈길을 따라잡아 어느 곳에 이르니 인공적으로 조성된 가산으로 얽힌 신비한 동굴이 나타났다. 그 동굴을 빠져나오자 드넓은 호수가 펼쳐졌다. 그림 같은 정경은 끝이 없었고 점점 승경으로 빠져 들어갔다. 사실 이 모두가 중국의 아름다운 풍경이었다. 온갖 궁리를 짜낸 솜씨는 자연의 투박함을 녹여내어 더욱 매혹적으로 만들었고, 이들을 한데 아울러서 편안한 정원을 이루었던 것이다. 설계자가 활용한 자원은 무궁무진했으며, 그의 작품을 더욱 아름답게 하기 위해 돈을 아낌없이 쏟아 부었으리라. 이 우아한 풍경은 흔히 고전적인 중국화에서 볼 수 있었는데, 그것을 눈앞에 두고 있자니 예술가가 표현해내던 상상력이 살아 움직이는 듯했다.[48]

엘긴도 이 원림에 대한 인상을 남겨놓았다. 1860년 10월 7일 일요일, 그는 원명원에서 이 '하궁'을 찬미하면서 "진정 아름다운 건물로서, 영국 원림처럼 수없이 많은 건축과 아름다운 상방이 있고, 그 안에 중국 골동품과 정교한 시계, 청동기 등이 진열되어있다"고 언급했다. 그의 개인 비서 로크는 특히 이 원림의 건축미를 좋아했다. 그는 독립된 건축물 사이를 화원, 마당, 장랑 등이 잇고 있다면서 "저 전당"(아마도 정대광명전인 듯하다)은 "참으로 인상적"이라고 말했다. 그는 이곳에서 대형 건물이 "정원을 통해 이어지고, 마당을 지나 트인 영접실로 들어가는데, 영접실은 제법 넓은 화원을 마주하고 있다. 그곳에 대리석 계단이 있고, 호안을 따라 대략 3마일 가량의 소로가 나 있다"고 말했다. 그는 한백옥 난간이며, 쪽빛 상감

한 법랑으로 만든 화병과 조화, 실물보다는 큰 청동 사자와 소에 매료되었다.[49]

영국 장군 올굿Allgood이 목격한 것은 견고한 담장으로 둘러싸인 아주 커다란 공터였다. 그 안의 궁전은 "아주 우아했다. 사방에 인공으로 조성된 호수, 강물, 가산, 동굴, 보탑, 산계곡 등이 있고 아름다운 측백나무와 삼나무가 심겨 있었다. 눈이 호사스러울 정도였다. 이 그림 같은 풍경은 구불구불한 작은 길을 따라 갖가지 각도에서 변화무쌍하게 보였다."[50] 이밖에 영국과 프랑스의 수많은 군관들은 자신의 동료들과 함께 원명원과 부근의 원림을 유람했다. 이 외국 침입자들은 아주 득의양양하게 고개를 쳐들고 곳곳을 다녔는데, 만주 기민旗民은 물론 그곳 원주민들도 겁에 질려 저도 모르게 서양 정복자들 앞에서 무릎을 꿇었다고 한다.[51]

곧이어 연합군의 야만스럽고 광적인 원명원 약탈이 시작되었다. 프랑스인과 영국인은 서로 상대방이 먼저 약탈을 시작했다고 주장한다. 프랑스인은 침통한 목소리로 "영국인이 이 원림을 약탈하기 시작했다"고 말하고,[52] 영국인들은 한사코 "자신들이 프랑스인이 정대광명전의 입구 부근에 진을 치고 있는 것을 보았는데, 모든 물건이 강탈되어서 참으로 애석하다"고 말한다.[53] 엘긴은 10월 7일 원명원에 도착했을 때에, "매양 방마다 모두 반수 이상의 재물이 없어졌거나 파괴당했다"고 언급한 바 있다.[54] 이는 프랑스인이 영국군이 도착하기 전에 이미 원명원을 약탈했음을 암시한다. 그런데 근대 학자들은 프랑스인이 원명원의 재물을 약탈한 것은 제한적이었다고 본다. 그들은 기마가 많지 않았기 때문이다. 오히려 영국인이 더 많은 기마대를 소유하고 있어서 광범위하게 약탈하고 무게가 나가는 물건도 실어 갈 수 있었다.[55]

유럽 식민사에서 약탈은 합리화되고 승전의 전리품으로 간주된다. 그러나 군의 기강이 사라질 때 군대는 미쳐 날뛰고 약탈이 시작된다. 스윈호의 기억에 의하면, 연합군의 규율은 장쟈완 함락 이후 실종되었다.[56] 엘긴은 원명원을 보존하고 전리품을 팔아 돈을 챙기려고 했지만, 이미 때는 늦었다. 절제를 잃은 군관들은 어느새 재물을 모든 마차에 가득 실었고 팔거나 가져갔다. 약탈보다 더 악질적인 것은 폐기나 파손이었다. 엘긴은 "매양 1백만 파운드의 재물마다 5만 파운드 정도의 손실이 있었다"라고 지적했다.[57]

수많은 중국 측 문헌에는, 외국 군대가 10월 6일 하이뎬과 원명원에 도착한 뒤 오래지 않아 약탈과 방화가 시작되었다고 적고 있다.[58] 이자명李慈銘(1829~1895)은 그의 일기에서, 외국인이 승격임심의 3만 대군을 격퇴한 뒤 하이뎬을 점령했고, 공친왕이 황급히 달아난 뒤, 외국 병사가 원명원과 사방 곳곳에 불을 놓았다고 기록했다. 황실 대신들도 모두 자신들의 재산마저 남겨둔 채 하이뎬을 탈출했다. 이자명은 1만 명도 안 되는 외국 군대가 버젓이 경사京師 부근에 이처럼 참담한 난국을 만들어놓은 현실에 진정으로 마음 아팠다.[59]

당시 다른 사람의 기록에도, 이 외국인들이 원명원뿐 아니라 하이뎬 거리에서 최소 열여덟 군데를 약탈했다고 지적하고 있다. 예술품, 서적, 회화 등 귀중한 보물들은 모두 즉각 톈진으로 운송되었다. 그곳에는 외국 군함이 정박하고 있었다.[60] 10월 7일, 이날 약 200명의 외국 군인이 청의원에 들이닥쳤다. 이들은 수많은 건물을 파괴했고, 눈에 들어오는 물건 가운데 가져갈 수 있는 것은 거둬갔다.[61] 진문파陳文波는 약탈이 10월 6일 시작되었고, 대규모 약탈은 10월 7일과 8일 사이에 발생했으며, 10월 23일에 원명원을 불사르고, 원명원의 대대적인 약탈은 줄곧 10월 25일까지 지속되었다고 언급했다.[62] 서양루도 예외 없이 약탈을 당했다. 그 안의 가구며 그림이며 모두 훼손되었다. 외국 군대는 흥분하여 주보珠寶, 황금, 비연호鼻煙壺(코담배통), 탕과를 놓는 쟁반, 아름다운 의복 등을 갈취하는 등한가지로 만족하지 않았다.[63]

단 며칠간의 약탈로 원명원은 퇴색되었다. 올긋이 직접 목격했던 바, "휴대 가능한 귀중품, 이를테면 황금, 백은, 시계, 법랑그릇, 자기, 옥석, 비단, 자수품 및 기타 많은 물건이 모두 연합군에 의해 약탈되었다."[64] 마차에 귀중품을 가득 실은 다음, 이들은 가지고 갈 수 없는 것들을 파괴하기 시작했다. 이런 무람없는 약탈은 10월 9일에 최고조에 이르렀다. 원명원 안에서 대량의 황금과 백은이 발견되었다는 소식이 전해진 것이다. 금은 이외에도 이 외국 군인들은 또한 "방안 가득히 화려한 비단과 모피가 들어있는" 곳을 발견했다.[65]

침략군들은 그다지 많은 시간을 들이지 않고도 원명원과 인근의 궁원을 모조리 약탈했다. 그랜트는 포상위원회를 만들어서 그의 병사들에게 강탈한 재물을 위원회에 헌납하고, 이후 전리품을 모아서 공평하게 분배하려고 했다. 대량으로 노획한 전리품 가운데 운반하기 어려운 것은 즉각 현지에서 환금했다. 한 서양인의 기록에 의하면, "돈으로 바꾼 뒤에 상당한 돈을 모았는데, 도합 26,000파운드였다. 그 뒤 군관과 사병이 똑같이 나누었다."[66] 그랜트는 의도적으로 약탈을 상금으로 바꾸었다. 곧 훔친 물건을 합법적인 상품으로 바꾸어 그의 부하들에게 나눠준 것이다.

저들의 약탈이 지나간 뒤, 농민이나 기민처럼 그곳 원주민들이 원명원에 몰래 들어와 그들이 가져갈 수 있는 물건을 훔쳐갔다. 원주민들의 절도는 상황을 더욱 악화시켰다. 더구나 혹자는 비극적인 약탈을 전적으로 원주민에게 돌리기까지 한다. 이는 가을날 가늘어진 터럭을 볼 수 있으면서도 수레에 가득 실린 땔나무를 보지 못한 격이다. 원명원의 재보財寶 손실은 승리한 외국 군대가 펼친 보복에 기인한다. 침입자들은 저 화려하고 위풍당당한 원명원과 그 부속 원림을 만신창이로 만들었다. 사실 이들도 자인했듯, 그들은 원내에서 거대한 재부를 발견한 순간 탐욕스럽고 기본적인 군사규율도 무시하는 존재로 변했다.[67] 울슬리Wolseley는 특히 이런 점을 증언하고 있다.

일단 군인들이 약탈을 시작하자 쉽게 제지할 수 없었다. 그 순간, 인간의 탐욕스런 본성은 규율을 통해 유지해온 기본적인 약속들을 속절없이 허물어 버렸다. 결국 아무리 훈련이 잘된 군대였다 해도 끝내 군인으로서의 정기를 상실하고 말았던 것이다.[68]

울슬리도 "군관과 사병들은 잠시 광증에 걸린 듯했다. 그들은 오로지 한가지에만 전념했다. 바로 약탈이었다. 약탈!"이라고 지적했다.[69] 그랜트의 통역관 스윈호도 주위 군관들을 "허락받은 도둑"이라고 비난했다.[70] 이 유럽인 목격자들의 언급과, 훗날 영국과 프랑스가 서로 죄상을 지적했던 상황은 이 침입자들 모두가 무절제했음을 확증해준다. 그들 최고 지휘관도 이 천인공노할 행위를 제지할 수 없었을 뿐만 아니라 오히려 사병들이 마음대로 약탈하도록 방임했던 것이다. 심지어 엘긴이나 몽토방 등 지휘관조차 청나라 황제의 침궁에서 귀중한 물건을 들고 가서 각각 빅토리아 여왕과 나폴레옹 3세에게 헌정했다.[71] 약탈품은 승전의 기념품이 된 것이다. 원명원에 대한 약탈은 아주 철저하게 진행되었다.

만일 약탈을 '건방지고 말 안 듣는 중국인'을 굴복시키기 위해서였다고 한다면, 목적은 달성된 셈이다. 청나라는 외국인이 원명원을 점령하고 약탈을 벌이는 사이 정신을 차렸다가 이내 좌절과 절망에 빠졌다. 연합군과의 연락을 담당했던 핵심 만주족 관원 항기恒祺는 적극적으로 파크스를 석방시켜, 그에게 양측의 조속한 화친 체결을 도와주기를 부탁했다.[72]

베이징이 포격의 위협을 받고 있는 상황에서, 파크스와 로크를 포함한 8명의 포로가 10월 8일 공친왕의 인솔 하에 조건 없이 석방되어 영국군 진영으로 돌아갔다. 그러자 연합군은 원명원에서 철수하여 흑사黑寺에 주둔했다. 만주족 관원 인괴麟魁와 경영慶英은 곧장 원명원으로 들어가 조사했다. 그들은 공친왕과 문상에게 보고서를 제출했던 바, 수많은 궁원 건축과 대궁문 밖의 영빈실 및 수없이 많은 하이뎬의 민가가 모두 파손되었다고 지적했다.[73]

공친왕은 서둘러 원명원의 훼손 상황을 알고 싶었다. 그래서 곧장 이튿날 특별히 항기를 파견하여 원명원을 조사시켰다. 놀리스Henry Knollys는 항기를 두고 이렇게 말한 바 있다. "가련한 만주족 관원인 항기는 작은 호숫가에 앉아 두 손으로 얼굴을 가린 채 흐느끼고 있었다. 입으로는 '모든 게 사라졌어'라고 혼잣말을 계속 되뇌면서 넋 놓고 있었다." 그의 눈에 호수에 투신하여 자진한 원명원 총관 문풍의 시신이 들어왔다.[74]

당시 청나라 정부는 원명원을 접수하여 관리하고 있었다. 하지만 원주민 약탈자를 온전히 막을 수는 없었다. 일찍이 원명원에 거주했던 사람들이 돌아와 보니 자신들의 가구는 부서지고 서화도 파손되어 있었다.[75] 이자명은 10월 11일 일기에서, 외국인이 약탈하고 남은 자리에 폭도와 유민들이 원명원에 난입했고, 그들도 훔친 재물을 수레 가득히 싣고 떠나갔다고 적고 있다.[76] 예부禮部 관원인 유우남劉雨楠도 그의 일기에서, 원명원이 함락된 뒤 하이뎬의 주택과 상업 지역이 원주민에 의해 약탈당하고 방화되었다고 썼다.[77]

내무부 총관 보윤寶鋆은 연합군이 원명원에서 철수하자 즉각 그의 부하를 파견하여 원내 상황을 살피게 했다. 10월 12일, 그는 공친왕에게 보내는 보고서에서, 몇 개의 대전大殿이 10월 6일에 이미 방화되었고, 화염이 저녁 무렵 하늘까지 치솟았다고 말했다. 아울러 그는 상빈常嬪이 너무 놀란 나머지 목숨을 잃었고, 원명원의 총관 대신 문풍이 자진했다고 보고했다.[78] 뒷날 10월 16일, 그는 러허의 함풍제에게 최신 소식을 보고하면서 다음과 같이 말했다.

23일(양력 10월 7일), 이인夷人 200여 명과 인원 미상의 토비土匪가 청의원 동 궁문東宮門에 난입해 각 전당에 진설된 물건을 약탈하니 큰 물건은 파괴되었고, 작은 물건은 절취당했으며 본처의 인신印信(인장)도 유실되었습니다. 24일(양력 10월 8일), 이인이 연이어 정명원靜明園 궁문으로 들어와, 각 전당에 진설된 물건을 약탈해, 큰 물건은 파괴되고 작은 물건은 대부분 절취당했습니다. 정의원靜宜園은 이인이 아직 찾아오지 않아 각 전당의 진설된 물건은 그대로 있습니다.[79]

보윤은 내무부 총관으로서 원명원과 기타 황가 궁원의 관리를 책임지고 있었다. 그는 의례적으로 함풍제에게 보고했고, 자신은 아직도 직접 원명원 현장을 확인하지는 않았었다. 함풍제는 대노하여 질책했다.

보윤은 제 한 목숨 아끼느라 파괴된 어원에 이제껏 가보지도 않았다. 삼산三山을 전담하면서도 아직도 직접 가보지 않았으니 도대체 속에 뭐가 들었는지 모르겠다! 실로 우리 만주족의 쓰레기다. 일단 성내에 아직도 살펴볼 일이 있기에 본격적인 징죄는 뒤로 미루지만 순방의 임무는 멈추라. 5품 정대頂戴*로 강등하며 일체 공무는 정지한 채 후임자를 기다릴지니, 이로써 후인들의 경계로 삼노라.[80]

러허로 피신했던 함풍제는 원명원이 약탈당했다는 극악한 소식을 접했을 때, 온몸을 부들부들 떨었다. 공친왕을 포함한 조정 대신들은 모두 어쩔 줄을 몰라 하면서 진력을 다해 원명원을 보호하겠노라고 맹서했다. 그들은 또한 이 비극을 맞이한 데 대해 엄한 징벌을 내려달라고 청원했다.[81] 함풍제는 천하에 조서를 내려서 대신 몇몇을 파면했을 뿐, 그들이 계속 일을 보도록 조처했다. 승격임심과 서린은 수도와 황가 궁원의 위수衛戍를 맡고 있던 장수로서 그냥 넘어갈 수는 없었다. 주 지휘관이었던 승격임심은 패전으로 신뢰를 모두 잃었다. 그는 10월 10일 상주문에서, 몽골 기마대를 포함한 자신의 군대를 위해 변명했다. 즉 어떻게 외국 침입자들에게 패배하게 되었는지, 원명원의 재앙을 완전히 막기에는 역부족이었는지를 거론했던 것이다.[82] 함풍제는 이 장수들을 용서할 뜻은 없었다. 그는 조서를 내려 다음과 같이 죄를 물었다.

승격임심과 서린은 대군을 이끌고서 계속 퇴각했다. 겁을 집어먹은 데다 무능하기까지 하다. 이번 이인이 원명원에서 멋대로 분탕질을 할 때에도 막을 수 없었다. 실로 이 죄는 다른 변명의 여지가 없다.[83]

이자명은 함풍제의 분노에 대해 전적으로 동감했다. 베이징 거주민으로서, 학자로서 그는 청나라 군대의 궤멸을 목격했고, 수도

---

*청나라 관직의 표시로서 주옥으로 만들어 관(冠)에 매달았음.

와 궁원이 얼마나 쉽게 허물어졌는지도 보았다. 이 모든 것은 그에게 뼈아픈 수치로 남았다.[84]

방화

공친왕이 연합군 사령관에게 원명원 약탈을 항의했지만 별무 소용이 없었다. 오직 영국인과 프랑스인들에게 청나라 조정이 원명원을 아주 중요하게 여긴다는 인상만 더 심어주었다. 사실 저들은 원명원에서 철수한 뒤, 만주족, 한족 관원이 얼마나 갈팡질팡하는지 보았고, 이내 다시 원명원을 점령했다. 영국의 그랜트는 비로소 만주족 황제가 원명원을 "가장 중요한 궁전"으로 여기고 있음을 확신하게 되었다.[85] 여기서 우리는 왜 영국인이 끝내 원명원을 불태웠는지 이해할 수 있는 단서를 쥐게 된다. 바로 함풍제의 마음을 아프게 하기 위해서였던 것이다.

10월 13일, 연합군 사령관은 만일 베이징성을 열지 않으면 성안에 포격을 하겠다고 윽박질렀다. 항기는 파크스와 담판했고, 그 결과 영국, 프랑스, 미국의 외교관은 각각 병사 1,500명의 호위를 받으며 성으로 들어와 조약을 비준하게 되었다.[86] 10월 14일 정오, 항기는 엘긴과 그의 부하 3~4백 명(이들은 국자감國子監에 유숙했었다)을 이끌고 덕승문으로 들어왔다. 이밖에 천 명의 기병도 따라왔다. 이들은 안정문安定門에 주둔했다. 저들의 깃발이 모든 성문 위에 나부꼈고, 신이

난 저들은 우쭐대며 환호성을 질렀다.[87]

10월 15일, 서양인 포로를 모두 석방했다. 이들이 감옥 안에서 겪었던 모진 일들이 알려졌고, 어떤 포로들은 살아서 나오지 못했다. 이로 인해 화친 회담은 복잡하게 꼬이기 시작했다. 엘긴은 즉각 이것은 "치떨리는 범죄 행위"라고 규정하고 엄정하게 추궁할 것을 요구했다.[88] 공친왕이 엘긴, 그로스 등과 회담일을 정하려고 했지만, 저들은 어떤 응답도 하지 않았다. 이틀이 지난 뒤, 연합군은 더욱 까다로운 새 조건을 내걸었다. 즉 포로들이 감옥에서 받았던 학대에 대하여, 추가 손해배상금, 즉 영국에 30만 냥 백은, 프랑스에 20만 냥 백은을 제공하고, 이밖에 엘긴은 별도로 원명원을 파괴하여 자신들의 원한을 씻겠으며, 이 일은 어떤 담판의 여지도 없다고 말했다. 그는 공친왕에게 보내는 서신에서 이 새로운 요구에 대해 10월 20일 이전까지 대답을 주고, 10월 22일 배상금을 지불하며, 10월 23일 조약 비준을 하겠다고 말한 뒤, 그렇지 않으면 다시 전쟁을 개시한다고 공언했다.[89]

전혀 생각지도 않은 요구에 공친왕은 화가 치밀었다. 10월 16일, 그는 아직 베이징성 밖에 머물렀는데, 연합군은 이미 베이징으로 진입하고 있었다.[90] 연합군은 공친왕이 원명원과 기타 궁원 약탈에 대해 항의한 것을 전혀 개의치 않았다. 엘긴은 도리어 오만하게 공친왕에게 원명원을 평지로 만들어 징벌하겠노라고 통보했다. 참으로 굴욕적이었지만 피할 방법은 없었다. 설령 공친왕이 완강하게 저항하겠다는 뜻을 보였다면, 혹시 옴니암니 따질 여지가 있었을 지도 모를 일이다. 하지만 베이징이 연합군에 점령당함에 따라 그도 적군의 얼굴을 보며 일을 처리해야 한다는 것을 알고 있었다. 그는 그저 항기를 통해 엘긴에게 원명원을 내버려두라고 요구할 뿐이었다. 그러나 엘긴의 태도는 더욱 뻣뻣했다. 10월 18일, 그는 더 이상 어떤 대답도 기다리지 않은 채 원명원과 그 부속 원림을 불태워버리라는 명령을 내렸다.[91]

엘긴은 원명원 방화와 같은 중대한 결정을 내리면서 오직 자기 생각에만 기대어 결심하고, 동맹군인 프랑스의 동의를 전혀 얻지 않았다. 사실 프랑스 사령관 그로스도 이런 극단적 보복 행위로 화친 분위기를 깨뜨리길 원하지 않았다. 설령 어떤 궁전을 허물어야 한다면, 자금성 안의 행정 센터 건물을 방화하는 것이 정치적 색채가 없는 원명원보다 더 적합하다고 생각했다. 엘긴은 프랑스인에게 보낸 화답 서신에서, 그가 왜 "함풍제를 다시 공격해야하는 지, 왜 함풍제가 천인공노할 범죄의 대가를 치러야 하는 지"를 설명했다. 그가 보기에, 포로 학대는 아주 크나큰 범죄였다. 이는 단지 거액의 배상금이나 혹은 청나라 정부를 통해 지불되는 "금전적 보상"으로는 처리할 수 없었다. 엘긴은 또한 청나라 조정에 "자기네 사람을 학대한 죄인"을 건네 달라고 요구하지도 않았다. 그는 자신이 이렇게 국가가 책임져야 할 행위를 함풍제 한 사람에게 돌리는 것은 지휘관 개인의 판단에 전적으로 의지해 전쟁을 수행하는 중국의 행동 방식과 아주 닮은 것이라 생각했다. 그리하여 그는 원명원의 파괴가 "부득이한 최소한의" 선택임을 결론지었다. 그는 원명원이야말로 함풍제가 "가장 사랑하는 장소요, 그것을 파괴하는 것은 그의 자존심과 감성을 극도로 타격하는 것임"을 정확히 알고 있었다.[92] 분명 함풍제에게 그 어떤 것보다 원명원 파괴는 마음 아픈 일이었다.

엘긴은 석방된 포로들이 들려준 이야기에 단단히 화가 났고, 배상을 받아 그들이 감옥에서 받았던 고통을 보상해야 한다고 생각했다. 멀리 런던에서도 포로 학대 소식이 전해지자 팔머슨Lord Palmerson은 "분노로 피가 거꾸로 솟구쳤다."[93] 포로들은 자신들이 "포박당한 채" "감옥으로 이송되어 머리에 칼을 쓰고 갇혀 있었다"고 전했다. 그들 가운데 앤더슨Anderson은 정신착란 증세를 보이다가 갇힌 지 9일 만에 죽었고, 그로부터 5일 지나서 전령 기병 램 천Ram Chun도 "같은 증세를 보이다가 사망했다." 램 천이 죽은 지 사흘 뒤엔 노먼De Norman도 죽었다. 앤더슨 사후 이 포로들은 좀 더 나은 처우를 받다가 석방되었다.[94]

파크스 자신은 괜찮은 대우를 받았다고 증언했다. 그는 하루에 두 끼를 먹었고, 추가로 케이크에 약간의 차와 담배까지 제공받았다. 항기는 9월 29일에 포로들을 흑사 뒤편으로 옮겼고, 이때부터 감옥의 간수들은 그들의 '시종'이 되었다. 포로들이 제공받은 것은 "좋은 음식에 침상뿐 아니라 질 좋은 문구, 비누, 수건 등도 있었다." 그들은 심지어 "수시로 식사를 제공받았다." 파크스는 9월 29일 연합군 진영에 편지를 보내 화친 회담을 계속하도록 요청했다. 그러자 공친왕의 이름으로 "과일과 탕과 등이 듬뿍" 보내졌다.[95] 옹동화의 말에 따르면 그들의 처사에 호의를 느낀 관원들이 10월 2일 성대한 잔치를 열어서 환대했다고 한다.[96]

당시 감옥의 환경은 두말할 것도 없이 아주 참혹했다. 간수들이 죄수에게 잘 대해주는 경우는 아주 드물었다. 형부상서 조광趙光은 그의 미간행 자서전에서 이친왕이 체포한 파크스 등 포로들이 자신이 경험한 최초의 외국 죄수였다고 했다.[97] 그는 일찍이 파크스에게 "당신들은 아마도 학대받지 않을 것이다"라고 말했었다. 그러나 죄수가 칼을 쓰는 것은 규정이기에 감히 관례를 어길 수 없었던 것이다.[98] 비록 어떤 관원들은 파크스 등이 악독한 난동자이기에 처형할 것을 요구했지만, 조광은 이 요구는 영국이 거세게 포격으로 보복하겠다고 위협해 멈추었다고 언급했다. 사실 조광은 파크스를 이용해 평화 회담을 재개할 것을 주장했었다. 그는 공친왕의 동의를 얻어 파크스와 다른 포로들을 열악한 감옥에서 고묘로 이송하고 그들을 후하게 대우해주었다.[99]

9월 29일 이후 포로들의 대우는 좋아졌다. 그러나 이것으로 저들이 받았던 학대를 보상할 수는 없었다. 그런데 포로들이 확실히 학대를 받았다고 해도, 사실 오랫동안 존속해 온 감옥 제도에 의해 학대받은 것이었다. 청나라 정부 당국자(함풍제 본인은 말할 것도 없다)가 명령을 내려 이들을 학대하라고 한 기록은 하나도 없다. 오히려 형부刑部의 1860년 9월 18일에서 19일 사이 공문서에는 이 포로들을 "엄격하게 관리하되" 그들이 편안하고 만족할 수준으로 일상적 물품을 제공하며, 학대하거나 치욕을 안기지 말도록 하라는 지시가 명시되어 있다.[100] 다만 감옥 간수들이 습관적으로 이 지시를 엄히 준수하지 않았을 가능성은 있다. 만일 중국 사법제도의 낙후성을 비판한다면, 유럽 정복자들도 중국인 포로에게 무자비했을 뿐만 아니라 무고한 일반 백성들에게까지 잔혹하게 굴었음을 기억해보자. 차이션즈蔡申之는 "학대에 대해 말한다면, 중국인이 이들 외국인에게 학대받은 것이, 외국인이 중국인에게 학대받은 것보다 훨씬 고통스러웠다"고 지적한다.[101] 함풍제는 외국 군대가 원명원을 유린하고 거리에 불을 지르며 베이징을 마음대로 횡행할 때, "머리카락이 분노로 치솟았다."[102] 기록에 의하면, 청나라 조정의 퉁저우 지부가 적들에게 포로로 있다가 죽었다. 이자명은 거리에서 부녀자를 능욕하는 외국 병사를 목격했다고 썼다.[103] 요컨대 누가 학대하고 누가 더 많이 학대받았는가를 가리는 일은 아무런 의미가 없다. 아쉽게도 정의는 통상 최후 승리자의 차지이기 때문이다.

엘긴은 독자적으로 최후의 정의를 결정했다. 철저하게 원명원을 파괴하라! 그는 병권을 장악한 뒤 중대한 결정을 내릴 때 먼저 상급 기관인 영국 정부에 알리지도 않았고, 프랑스의 반대도 무시했다. 그는 함풍제에게 보복하고 싶었다.[104] 원명원 방화는 확실히 함풍제에게 커다란 상처를 안겼고, 오래지 않아 그는 붕어崩御했다. 이 치유할 수 없는 상처로 거의 150여 년간 간직해온 훌륭한 건축과 궁원의 아름다움도 소멸했다. 그러나 엘긴에게 있어서 그의 결정은 결코 엄혹한 것이 아니었다. 이는 당연한 처사였던 것이다. 처음에 그는 베이징 안팎의 모든 궁전을 파괴하고, 함풍제를 거꾸러뜨

리려고 했었다.[105]

분노로 벌개 진 엘긴은 자신이 옳다는 뜨거운 신념으로 이 폭력 행위를 합리화했다. 영국 신사로서 엘긴은 약탈을 찜찜하게 생각했던 듯하다. 그는 언젠가 "나는 궁전 안의 수많은 보물을 좋아한다. 그러나 내가 도둑은 아니다"라고 한 적이 있다.[106] 또 프랑스인이 "갖은 방법으로 아름다운 비단을 훼손하고, 옥장식과 도자기를 부수었으며," "은화와 말굽은(청대 화폐의 하나)을 훔쳐 달아났다"고 비판했다. 그러면서 영국인들이 '광란의 약탈'에서 벌인 일은 적극적으로 부인했다.[107] 원명원 전체를 평지로 만든 것은 아마 약탈의 증거를 없애서 잃어버린 물건을 다시는 찾을 수 없도록 하려는 의도가 있었던 것은 아니었을까?

일찍이 엘긴을 저지하려다 끝내 막지 못했던 그로스는, 원명원 방화는 "괴테가 말했듯 야만 행위였다"고 통렬히 비판했다.[108] 수십 년 지나 프랑스인이 영국인과 원명원의 운명을 두고 논쟁을 벌였고, 이는 유럽에서 공부한 보수파인 구훙밍辜鴻銘(Thompson Ku, 1857~1928)의 주목을 끌었다. 그는 중국이 프랑스와 영국 사이 공백을 도발해 중국의 이익을 꾀하지 못했음에 안타까워했다.[109] 실제로 이 논쟁은 두 나라의 연맹을 깨뜨릴 만큼 치열하지는 않았다. 다만 중국이 너무 허약하여 이이제이以夷制夷를 할 수 없었을 뿐이다.

엘긴의 명령을 집행하기 위해 마이클John Michel은 영국 제1 보병사단에게 10월 18일 정시에 원명원에 집결해 "원내 건축물마다 보병 연대를 배치하고 파괴하라"고 지시했다.[110] 그랜트는 런던의 국방

대신에게 보내는 급전에서 "10월 18일, 마이클의 제1 보병사단은 기병의 협조 아래 원명원으로 전진하여 건물마다 섶을 쌓아놓고 불을 질렀다. 그것은 대단한 구경거리였다"고 보고했다.[111] 현대적 무기로 무장한 군인들이 질러대는 지옥의 불길은 아주 빠르게 거의 목재로 이뤄진 대궁원大宮苑 전체를 집어삼켰다. 그 결과 "기와 조각 하나 남아 있지 않았다Rienne fut epargne"![112] 영국 왕실로서 공병 대위였던 고든Captain Charles Gorden은 모친에게 보내는 편지에서 이 연옥 같은 살풍경을 '장관'이라고 묘사했다.

어머니, 당신은 우리가 이 화려하고 웅장한 곳을 불지를 것이라고는 상상할 수도 없을 겁니다. 불을 지르려니 마음이 시큰해집니다. 사실 이 궁전은 정말 거대합니다. 우리는 제한된 시간 안에 임무를 완수해야 하기에 모조리 약탈할 수는 없었습니다. 엄청난 황금 장식들이 황동처럼 불태워졌습니다. 불행하게도 이 군대는 군기를 상실해 다들 약탈하면서 야만적으로 변해 갔습니다.[113]

또 다른 영국 군관은 이렇게 말했다.

한바탕 부드러운 바람이 불더니 짙은 연기가 서북쪽에서 엄청나게 실려 왔고, 우리가 주둔한 진영의 상공을 지나 베이징으로 불어갔다. 이곳에서 제법 먼 곳에서 바람에 실려 온 잿더미는 온 거리를 뒤덮었다. 이는 바로 중국 황제의 궁전에 대한 파괴와 징벌의, 소리 없되 분명한 증거였다. 진영과 원명원 사이는 며칠 간 대낮에도 짙은 연기가 하늘을 가려 어두컴컴했다. 정녕 길고긴 일식처럼 온 천지가 검은 그림자에 갇혀 있는 듯했다.[114]

수많은 중국인들도 이 불길을 목격했다. 멀리 베이징 도심 한복판에서도 방화로 인한 짙은 연기를 볼 수 있었다. 뒷날 후난湖南 순무巡撫가 되었던 개혁자 진보잠陳寶箴(1831~1900)은 베이징의 어느 찻집에서 짙은 연기가 서북쪽에서 덮쳐오는 것을 보고 목을 놓아 통곡했다.[115] 한림 편수 오가독吳可讀(1812~1879)도 이 불길은 원명원에서 뿐 아니라 기타 인근의 궁원들에서도 타올랐다고 기록했다. 그는 1860년 10월 18일 일기에 이렇게 적고 있다.

24일 이후, 북쪽에서 연기가 피어올랐다. 이인들은 원명원에 도착한 뒤, 먼저 삼산에 진설한 골동품을 남김없이 약탈하고, 그 뒤에 불을 지르고는 난민이 방화했다고 핑계를 댔다. 그리고 곳곳에 고지하기를, 만일 화의和議가 정해지지 않으면 29일 오시午時를 기하여 베이징성을 공격할 것이니, 거주민은 알아서 몸을 피하라. 그렇지 않으면 모두 불태울 것이다 등등이라고 말했다.[116]

이자명은 10월 19일 일기에서, "어제 서직문 밖에서 불이 났는데 지금까지 꺼지지 않았다. … 외국 병사가 만수산 궁전을 불살랐다고 들었는데, 그곳이 청의원이다"라고 썼다. 또 10월 20일 일기

에서는 "다시 원명원의 정대광명전, 근정전에 불을 질러 거의 소실시켰다"라고 적었다.[117]

공친왕은 아직도 베이징성 밖에 머물고 있었다. 그는 관원 몇몇을 데리고 높은 지대에 올라가 화광이 하늘까지 치솟는 것을 보았다. 칠흑 같은 연기가 서북쪽에서 덮쳐 오자 그는 한없이 고통스럽고 억울했다. 그날 급보를 받았는데, 수천 명의 외국 보병이 하이덴으로 진군하여, 원명원과 삼산 지역 부근의 다른 궁원에도 불을 질렀다고 언급했다. 공친왕은 러허의 함풍제에게 보내는 보고서에서 정확하게 원명원이 입은 파괴와 손실에 대하여 기록하지는 못했다. 비록 그에게 최신의 정보를 맨 처음 보고할 의무가 있었지만 원명원으로 가는 통로를 외국 군대가 가로막고 있었던 터라 정확한 상황을 몰랐던 것이다. 그러나 이내 항기[118]가 올린 보고서를 통해, 연합군이 보복하기 위해 방화했고, 원명원의 손실이 알고 있던 것보다 훨씬 심각한 정도라는 등의 대체적인 정황을 알게 되었다. 공친왕과 관원들은 이 장면을 두 눈으로 보면서 깊은 자책감에 눈물을 흘리고 말았다.[119] 이 경악할 만한 소식이 함풍제에게 전해졌다. 비록 내용이 소상하지는 않았어도 그는 상주문에 "이 분노를 어찌 참을 수 있으랴!"라고 주비朱批(청조 황제는 상주문에 붉은 색으로 평어를 붙였다)를 붙였다.[120]

원명원에 불을 지른 군인들이야말로 저 화려한 원명원이 불에 타 사라지는 모습을 본 첫 번째 목격자였다. 영국 군관 울슬리는 "우리가 처음 원명원에 진입했을 때에는 참으로 선경처럼 사람을 홀리는 정원이었다. 그러나 우리가 10월 19일 원명원에 진군(방화를 가리킨다)했을 때는 그저 쓸쓸한 황무지였다"라고 고백했다.[121] 스윈호도 불을 지른 다음 날 원명원에 가서 본 모습을 이렇게 적었다.

궁전으로 다가가다가 화염이 터지고 튀는 소리에 깜짝 놀랐다. 태양은 짙은 연기에 가려져 희미한 빛만이 나무에 어른거렸다. 붉은 화광이 활활 타오르며 군인의 뺨에 어른대었다. 흡사 악마가 처참하게 파괴된 잿더미에서 아찔하게 춤추고 있는 듯했다.[122]

이 방화가 환경에 오랫동안 영향을 준 것도 분명하다. 근래 연구에 의하면, 1860년 원명원 방화 이후 곤명호의 바닥에 아주 두텁게 재가 깔려서 오염되었을 뿐만 아니라 물위에 떠 사는 규조류(硅藻類)도 절멸했다고 한다.[123]

한편 놀리스와 울슬리를 포함한 영국 군관들은, 함풍제가 사랑하는 궁원에 불을 지른 것은 "조약의 궁극적인 성공에 도움을 주었고, 영국 사절단의 협상력을 증진시켰다"고 확신했다.[124] 그들은 내놓고는 말하지 않았지만 원명원 방화가 함풍제 및 그 조정에 치명적인 일격을 가했고, 이 때문에 화친 회담과 철수를 이루었다고 생각했다.

그러나 실상은 그들의 생각과는 정반대였다. 원명원을 약탈하고 방화하는 사이, 공친왕과 계량, 문상 등은 진지하게 평화의 노력을 포기하려고 했다. 이를테면 10월 8일, 연합군이 원명원을 약탈했을 때, 함풍제에게 진행하고 있던 회담을 늦추도록 건의했다. 왜냐하면 중국이 전체적인 이익을 위해 정복자에게 몸을 낮추더라도 저들은 자신들의 저급한 행위를 멈추려 하지 않을 것이기 때문이었다. 공친왕 등은 러허의 함풍제에게 올리는 보고서에서 자신들의 입장을 거듭 표명했다.

> 패퇴한 병사들이 어지러이 원명원까지 퇴각하자, 이비夷匪* 들도 꼬리를 물고 추적해 왔습니다. 들으니 각 성은 모두 봉쇄되었다고 합니다. 신 등은 긴급하게 만수산으로 옮겼지만, 다시 화친할 수 있기를 기대하고 있습니다. 살펴주십시오. 그러나 뜻밖에도 이 이비들이 이미 동쪽에서, 북쪽에서 쳐들어와 원명원을 점거하고 부근의 시가를 불태우니 참으로 경악스럽습니다. 일이 이렇게 되고 보니, 신 등은 도저히 화의를 재개할 수 없습니다.[125]

이 보고서에서 보듯이, 공친왕은 매우 주저하고 있었다. 그렇지만 함풍제는 이미 심신이 지치고 무너지고 있었다. 이 때문에 한사코 공친왕에게 화친 회담을 지속하는 것이 얼마나 중요한지 일깨워주고 있었다.[126] 청나라 조정이 베이징성에서 투항한 순간 이미 전쟁에서 패배했다는 잔혹한 현실에 들어섰던 것이다. 사실상 원명원을 방화하든 그렇지 않든, 함풍제와 공친왕은 모두 전승자가

---

* 외국 군대를 낮추어 부른 말로, 중화의 입장에서 오랑캐로 간주한 것

주도하는 담판을 수용하려고 했다. 원명원이 불타오르기 전에 적들의 무력에 눌려서 청나라 조정은 연합군에게 베이징 진입을 허락했고, 그것도 전략상 아주 중요한 안정문에 주둔하도록 허용한 것이다. 그러나 청나라 조정이 화친이 성공하리라고 기대했던 것은 본래 먼지처럼 허망한 일이었다.[127] 따라서 원명원 방화는 화친을 맺느냐의 여부와는 전혀 무관한 일이었다.

경혜慶惠, 주조배周祖培 그리고 진부은陳孚恩 등 만주족, 한족 대신들은 10월 19일 베이징성 밖에서 공친왕을 만났다. 이미 참정한 '톈진조약'의 인가에 동의하는 것 이외에도 연합군과 새로 '베이징조약北京條約'을 맺고 굴욕적인 평화를 수용하기 위해서였다. 10월 23일, 공친왕은 연합군 사령관과 회담을 가지면서, 두 개의 조약 모두 수용하고, 50만 냥 백은을 추가한 배상금을 학대받은 포로들에게 주기로 결정했다.[128] 결국 10월 24일, 공친왕은 예부에서 영국인과 새로운 조약을 체결하고, '톈진조약'도 승인했다. 옹동화는 이 체결 현장을 다음과 같이 기록하고 있다.

이날 영국과의 비준은 예부를 체결 장소로 삼아 화려하게 준비했다. 오시에 공저恭邸(공친왕)가 도착하고 베이징에 남아있던 대신들이 모두 모였다. 파크스가 먼저 도착하고, 공저가 서서 맞이하여 함께 앉았다. 조금 있다 엘긴이 왔다. 풍악 소리가 울리는 사이로 팔인교를 타고 기마병과 보병이 각 천 명씩 뒤딸려왔다. 공저가 계단을 내려와 맞이했다. 엘긴이 공저를 보고는 모자를 벗고 몸을 굽혔다. 모두 자리에 앉았는데 엘긴은 한참동안 노려보았다. 파크스와 항기는 모두 입시한 채였다. 조약에 합의하고 피차 서명을 한 뒤, 엘긴은 가마를 타고 떠나고, 공저가 전송했다.[129]

옹동화는 공친왕이 어떻게 원한을 참고 삼키는 지를 함축적이면서도 교묘하게 서술했다. 이 장면을 목격한 유럽 군관도 엘긴의 오만방자하고 냉정한 태도를 정직하게 말한 바 있다.[130] 그러나 엘긴에게 공친왕은 비교적 좋은 인상으로 남아서 "타협하는 데에 신뢰할 만한 중국인"으로 생각했다.[131] 10월 25일, 프랑스인과도 똑같은 체결식을 가지고 평화 조약을 맺었다. 마지막으로, 청나라 조정은 10월 26일에 정부 측 연회를 열고 영국과 프랑스 대사 및 러시아와 미국 대사까지 초청하여 이 대란을 매듭지었다.[132]

10월 22일, 평화 조약에 서명하기 전날 밤, 연합군은 또 다른 요구를 추가했다. 영국은 주룽반도九龍半島를 할양받아 홍콩에서 주룽까지를 치외법권 지역으로 만들고자 도모했다. 프랑스는 중국 내 선교 활동에 어떤 제한도 받지 않는 종교의 자유를 원했다. 아울러 두 나라 모두 중국 노동자의 해외 진출 금지를 해제하도록 요구했다. 공친왕은 아주 못마땅했지만 속수무책으로 모든 요구를 들어줄 뿐이었다.[133] 러시아는 제3자로서 가장 큰 이득을 보았는데, 불운한 청나라 조정의 손에서 헤이룽 강 북쪽에서 우쑤리강烏蘇里江 동쪽에 이르는 넓은 영토를 탈취했다. 공친왕은 이처럼 커다란 대가를 치르며 일을 마무리한 뒤 역설적이게도 영웅이 되었다. 공친왕이 담판을 주도하고 나서야 강압적인 영국-프랑스 군대를 베이징에서 물러나게 했고, 이 경악스런 1860년이 끝나기 전에 저들이 텐진으로부터 철수했으며, 결국 청나라 왕조는 이 끔찍한 위기에서 살아날 수 있었기 때문이다.

그러나 공친왕은 이번 일이 얼마나 사무치도록 굴욕적이었는가를 알고 있었다. 그는 자강운동을 발기하여 서양을 배워 중국을 뒷날 부강하게 만들기를 희망했다. 공친왕은 원명원이 유린당한 사실이 가장 고통스러웠고, 줄곧 이를 잊지 않고 있었다. 한 점 의심할 나위 없는 그의 죄책감은 원명원의 손실을 두고 스스로 함풍제에게 죄를 묻기까지 했다.[134] 함풍제는 이 일로 자신의 형제를 징벌하지는 않았다. 오직 그가 사랑하는 궁원을 불태운 외국인을 원망할 뿐이었다. 이 비극을 두고서 그는 "진정 진저리쳐 진다"고 말한 바 있다. 사실상 원명원이 소실되었다는 소식이 러허의 함풍제 귀에 전해졌을 때, 겨우 30세의 황제는 그 자리에서 피를 토하고 말았다. 그리고 오래지 않아 갑자기 러허에서 붕어했다. 임종하기 직전, 원명원에 대한 애틋한 마음을 끊지 않았다. 그는 직접 동도당同道堂(함풍제가 원명원에서 최후의 만찬을 먹었던 장소다) 인새印璽를 양궁兩宮(동태후 자안慈安과 서태후 자희를 말함)과 어린 황태자에게 주어 잊지 말라고 당부했던 것이다.[135]

곽숭도는 언젠가 간언을 올렸다가 친왕이자 장군이었던 승격임심이 오만하게 내팽개치고 처리하지 않자 당시 후난 고향집에 내려가 있었다. 그곳에서 원명원 소실 소식을 들은 그는 거침없이 승격임심이야말로 이번 재앙의 첫째가는 죄인이라고 비판했다. 그의 논의에 따르면, 그가 병권을 잡고 있을 무렵 아직 평화에 대한 희망이 있었고 전쟁을 피할 수 있었다. 그러나 그는 지나치게 호전적이었으며, 전쟁이 발발한 뒤엔 또 너무 무력하며 대항하지도 못했다. 특히 더욱 분통이 터지는 일은 그렇게 많은 총포와 병사를 가지고도 이처럼 쉽게 다구와 톈진을 내준 일이었다. 만일 그가 자신의 경고에 귀를 기울였더라면 이 재앙은 피할 수 있었을 것이다.[136] 그는 승격임심에게 1860년 7월 '영이英夷'의 손에서 대포 12문을 노획한 뒤 서양의 역량을 얕잡아보지 말도록 건의했었다. 그러나 승격임심은 조정에 보고하면서 정반대로 말했다. 즉 오랑캐의 포를 입수했으니, 우리는 저들을 무찌를 준비를 마쳤다라고 말한 것이다.[137] 하지만 곽숭도의 예측처럼 중국은 현대화된 군대를 상대로 전쟁할 준비가 전혀 되어 있지 않았다. 곽숭도는 함풍제에게 어떤 비판도 가할 마음이 없었다. 하지만 창졸간에 개전開戰을 결정했으니 요컨대 원명원의 소실에 대해 직접적인 책임은 져야한다고 생각했다.

여파

함풍제는 젊은 나이로 붕어하기 전에 원명원의 훼손 정도에 대해 상세하게 알고 있었다. 1860년 11월 16일, 그는 러허에 머물고 있었다. 그곳에서 내무부 총관 명선明善의 보고를 받았다. 그 안에는 기초적인 손실 계산도 되어 있었는데, 구주청안, 장춘선관, 상하천광, 산고수장, 동락원, 대동문 등의 대부분이 1860년 10월 7일 전소되었다고 보고했다. 또한 그는 원명원의 이정청과 서양루가 10월 18일과 19일 사이에 파괴되고, 옥영룡관은 10월 24일 방화되었다는 사실도 알고 있었다. 이 날은 평화 조약이 체결된 날이었다. 명선은 약탈 상황도 보고했다. 원명원이 외국군에 소실되기 전에 원주민 시정무뢰배들이 그 안으로 들어간 적은 없었지만, 원명원에 불이 난 뒤에 부근의 강도와 도적들이 원명원에 몰래 들어와 돈이 됨직한 물건을 훔쳐갔다는 것이었다.[138]

1861년 후반에 들자 원명원이 당한 재앙은 유럽인들의 폭넓은 주목을 끌기 시작했다. 영국 상원의원은 1861년 새로운 회기를 시작하면서 원정군을 치하했다. 그때 『타임스Times』 1861년 2월 15일자 보도에 근거해, 원명원이 유린당한 사건을 두고 격렬한 논쟁이 벌어졌다. 이뿐 아니라 영국과 프랑스 사이에도 약탈과 방화를 두고 중국에서부터 계속 논쟁이 이어져 유럽에 와서도 진행되었다. 이를테면 프랑스 신문 『르 셰클Le Siècle』은 약탈에 대한 영국인의 진술 기고를 거부했다. 또한 프랑스인이 영국인의 원명원 방화를 비판하면, 영국 언론도 프랑스인의 약탈을 비난하며 모두 책임이 있다고 주장했다. 프랑스 작가 위고Victor Hugo(1802~1885)는 유배지인 건지Guernsey 섬에서 버틀러Butler 대위에게 편지를 보내어, "우리는 자신은 문명인이요 중국인은 야만인이라고 말한다. 그런데 이것이 바로 자칭 문명인이 야만인에게 저지른 짓이다"라고 했다.[139] 20세기 중국인들을 위해 위고가 정의의 이름으로 저들을 비판한 것이다. 그의 말은 늘 중국 저작에도 인용되었다. 하다못해 '불타는 원명원'이란 영화의 오프닝 화면에도 등장한다. 1989년 4월 초, 건지 섬을 찾은 어떤 중국인 교사는 상기된 얼굴로, 위고의 서재를 유심히 들여다보며, 이 작가가 1861년 11월 25일 이곳에서 썼던 '놀라운' 편지를 떠올렸다. 또 그는 위고가 중국 공예품의 감상자이자 수장가였음도 발견했다. 위고는 1865년 3월 23일 일기에서, 그가 일찍이한 영국 군관에게서 중국 비단을 구입한 적이 있는데, 이들은 모두원명원에서 '약탈'한 것들이었다고 한다.[140]

청나라 조정은 외국인 침입자가 마음대로 저지르는 행위를 제지할 수 없었다. 그저 국내 약탈자에 대해서만 엄격하게 치죄했을 뿐이다. 그러나 엄혹한 치죄도 시정 유민들이 아무런 방비도 없는 원명원에 들어가는 것을 오랫동안 막을 수는 없었다. 봉도요대, 신수사영愼修思永, 쌍학재 등 심각하게 파괴된 건물에서 가구나 문창門窓 등내부 장식용 물건을 제멋대로 들고 가버렸고, 원내 잔존하던 건물도 너무도 빨리 본래 모습을 잃어갔다. 명선은 약탈당한 이후 원명원에서 약간의 돈뭉치를 찾아내었다. 대략 106,621냥 백은 정도였는데, 이는 29,325냥 백은의 '은초銀鈔(옛날 은화에 대하여 발행한 지폐)'와 동전 수백 개에 상당하는 가치였다. 정확하게 말하자면 잃어버린 수많은황금, 백은, 목재, 골동품 등은 영원히 찾을 수 없을 것이다. 원명원의 장부가 모두 불태워졌기 때문이다.[141]

청나라 조정은 실종된 원명원의 물건들을 회수하려고 시도한 바 있다. 그러나 이는 참으로 어려운 일이었다. 서창瑞昶은 1861년 11월 11일 재무 장부를 만들었는데, 가장 진귀한 보물은 모두 외국인의 손에 들어가서 회수할 방법이 없었다. 국내 도둑들에게 탈취당한 것은 그다지 가치가 없는 물품들이었고, 수량 또한 너무 방대하여 추적하여 회수하기에 난감했다. 또한 수많은 사람들이 원명원 물품을 의도하지 않은 상태에서 취득한 사실도 밝혀졌다. 이를테면 혹자는 우연히 그것을 조사하다 기념품으로 가지기도 하고, 혹은 자신도 알지 못하는 사이에 점포에서 장물을 구득했던 것이다. 아마도 조정은 원명원 부근의 민가를 뒤져서 장물을 수색할 수도 있었을 것이다. 그러나 명선은 이 방법에 반대했다. 그는 대안으로, 정부가 1개월 정도의 시간을 주고, 기한 내에 원명원 물건을 반환하는 사람에겐 죄를 묻지 말자고 건의했다.[142] 뒷날 1997년 2월, 베이징에서 거행된 경매회에서 『남순성전南巡聖典』 잔질본(권101~권103)이 출품되었다. 이는 원명원 문원각에 소장되었다가 잃어버린 물건이었다. 이 책은 고진高晉이 건륭제의 제4차 남순 과정을 기록한 것으로 모두 120권 분량으로 『사고전서』 사부에 들어있다.[143]

청나라 조정은 승보에게 잃어버린 물건을 찾아내도록 지시했다. 그는 1860년 말경, 원명원 부근에서 대량의 소품들을 찾았다.[144] 그러나 이 소품들은 그저 창해일속에 지나지 않을 뿐 아니라 그다지 큰 가치도 없었다. 궁정과 조정은 이 경악할 만한 손실에 대해 제대로 발표한 적도 없었다. 정부 측은 대외적으로 원명원이 훼손된 일을 두고 통상 "원명원에 불이 났다"는 둥 "어느 날 큰 재난이 원명원에 일어났다"는 둥 뭉뚱그려 둘러댈 뿐이었다.

제법 가치가 있는 재물은 대부분 외국인에게 약탈당해 전리품이 되었고, 그 일부가 1861년 베이징에 등장했다. 원명원의 대형 수장품들, 예를 들어 옥기, 법랑그릇, 도자기, 비단, 시계 등은 영국과 프랑스로 운송되었다. 일찍이 1861년 3월 런던에서 열린 경매회, 1861년 4월 튈르리 궁Tuileries(프랑스 파리의 옛 궁전)에서 개막된 전시회, 1861년 12월 12일 목요일에 열렸던 파리의 경매회에서도 그 모습을 드러냈다. 이제 전리품은 최고 인기품이 되었다. 그리고 이 보물들은 서양의 주요 박물관(특히 대영박물관과 파리의 프랑스 국가도서관)에 수장되었고, 그 밖의 물건들은 시장의 유통망으로 흘러들어가 전 세계로 흩어졌다. 이로 인해 해외로 흘러나간 중국 '진품'의 수량도 눈에 띄게 늘어났다. 뒷날 1987년, 본래 장춘원 서양루 원형 분수에 진열되었던 십이지신 청동머리상 가운데 원숭이가 뉴욕 경매에서 매매되어, 현재 타이베이臺北 한사寒舍(the Humble House, 타이완의 골동품수집회사)의 수장품이 되었다. 또한 호랑이, 소, 말 등의 청동머리상도 1989년 6월 13일 런던의 경매에 출현했는데, 이번에도 한사가 말을 구입했다.[145]

참담한 만주족, 한족 대신들은 유럽 제국주의자의 잔혹함과 야만성에 대해 통렬히 비판했다. 몽골 출신의 보수적 성리학자이자 대신인 왜인倭仁은 특히 황위를 계승한 동치제에게 1860년의 치욕을 기억하도록 일깨웠다. 그로부터 얼마 후 왕카이윈과 양윈스 등 시인은 애끓는 심정을 시로 담아내어, 잿더미가 된 원명원과 잃어버린 보물들을 아쉬워했다.[146]

1898년 변법자강운동의 위대한 개혁자였던 캉유웨이康有爲 ^(1858~1927)는, 1904년 파리의 오리엔탈 박물관^{Oriental Museum}에 소장된 원명원 보물을 목격한 순간 마음 한쪽이 무너지는 느낌을 받았다. 그는 인새 2과顆, 수많은 문물들, 값을 따질 수 없는 화병이며 병풍, 쟁반, 불상, 그림, 그리고 만춘원^(기춘원의 전신) 전당에 있었던 대자가 쓰인 옥기 등을 보았다. 캉유웨이가 알고 있기로 이들은 모두 1861년과 1901년에 프랑스로 보내진 전리품들로서 전통 문화를 대표하는 최고의 정품들이었다. 그는 이런 보물들이 외국인의 손에 있음이 너무도 안타까웠다.

캉유웨이는 언젠가 약탈당한 원명원을 거닐었던 적이 있었다. 때문에 그의 상심은 더욱 깊었다. 1890년대 황폐한 원명원을 걸었던 기억이 다시 새로웠다. 가만히 지난날을 떠올리니 수양버들 뒤로 가득 만개한 연꽃이 언뜻 보인다. 청동 낙타는 버려져 잡초 사이에 묻혀 있고, 부서진 다리가 호숫가 갈대숲에 걸려 있는데, 소나무 뒤로 한백옥의 전대가 살짝 모습을 드러낸다. 어디선가 가을바람이 불어오더니 메마른 가지 끝은 서글프게 울고만 있다. 문득 고개 돌리니 멍한 얼굴을 한 머리 센 태감이 기와조각에 앉아 있었다. 이제 장춘원으로 들어서자, 무너진 유럽식 건물이 빛바랜 모습으로 힘겹게 서 있었다.

캉유웨이도 다른 사람처럼 자연스레 원명원의 비극에서 국가의 운명을 떠올렸다. 청나라의 전성기 때 원명원은 봄날처럼 생기가 넘쳐흘렀고, 꾀꼬리의 노래처럼 즐거웠다. 같은 시대였던 영국

윌리엄 왕 통치기에 인구가 고작 백만을 넘지 않았고, 서양 문명도 그다지 발달하지 않았다. 그러나 오래지 않아 거대한 변화가 일어났다. 중국은 여전히 제자리걸음을 하고 있었지만 증기선과 철도가 서양을 권력과 부유의 길로 안내하고 있었던 것이다. 끝내 유럽의 군대는 중국의 대문을 열었고, 대청제국의 안방까지 난입했으며, 함풍제는 결국 체면을 구기며 달아나게 되었다. 또한 그토록 아름다운 원명원을 불태워 평지로 만들어버렸다. 충성심 가득한 개혁자였던 캉유웨이는 오로지 청나라가 부흥하기를 희망했다. 언젠가 원명원의 지난 날 영화를 회복할 것이라고 꿈도 꾸었다. 또한 용기龍旗가 다시 휘황찬란한 궁전 마루에 걸리고, 엄숙한 궁정 시위 대열이 말발굽 소리를 내면서 성문을 나설 것이라고 기대했다. "누런 지붕에 용기 아침햇빛을 두르고, 팔교 시위 엄숙하게 만마 발굽소리뿐이네.黃屋龍旗繞朝暉, 八校無嘩萬馬蹄"147

원명원에 대한 애도는 20세기까지 지속되었고 현대 중국 민족주의의 주요한 요소가 되었다. 이는 엘긴의 생각과 아주 다른 국면이었다. 그는 원명원 방화가 그저 함풍제 한 사람을 징벌한 것이라고 여겼다. 그러나 원명원의 재앙에 분노하는 자는, 결코 캉유웨이와 같은 만청 보황파保皇派만이 아니었다. 중화민국 이후 어떤 정치적 포부를 지녔든지, 어떤 교육을 받았든지, 다들 이 일에 분개했다. 옌징 대학교燕京大學校와 칭화 대학교清華大學校의 교수와 학생들은 원명원과 아주 가까운 거리에 있었던 탓에 이 황량한 궁원을 늘 찾았다. 어떤 이들은 자신의 느낌을 적어놓기도 했다. 옌징 대학교의 학자이며 시인인 구쑤이^{顧隨}는 어느 가을날 원명원을 산보한 뒤 '임강선^{臨江仙}'에 자신의 마음을 남겨 놓았다.

눈앞에 중양절 다시 지나건만

바람 좋거나 햇볕 따스하지 않네.

늦매미 차가운 가지 안고 목메 울거니와

먼 하늘 기러기 날아가거든

이 세상 가을을 어찌 지낼거나.

퇴락한 나의 땅 눈에 담고서

천천히 거칠어진 비탈길 걷노라.

산에 올라 다시 옛 산하 쳐다보니

가을하늘 높고 시냇물 말랐는데

인적 드물고 석양빛만 가득하네.

산보하다 짧은 지팡이에 가만히 기대고서

옷깃 여미고 오롯하게 높은 산등성에 앉았노라.

눈길 한번 줄 때마다 애간장이 끊어지나니

새로 얽은 초가집 두세 칸에

옛 궁원 담장 몇 단만 남았어라.

어디선가 닭 울음 이어졌다 끊어지고

가없는 석양빛만 찬란하나니

난산에 풀 이울고 소 · 양이 내려오네.

사람더러 한스러워하지 말라 하나

나라가 너무 황량하구나.

眼看重陽又過, 難敎風日晴和.

晚蟬聲咽抱涼柯. 長天飛雁去, 人世奈秋何.

落落眼中吾土, 漫漫脚下荒坡.

登臨還見舊山河. 秋高溪水瘦, 人少夕陽多.

散步閑扶短杖, 正襟危坐高岡.

一回眺望一牽腸. 數間新草舍, 幾段舊宮墻.

何處鷄聲斷續, 無邊夕照輝煌.

亂山衰草下牛羊. 敎人爭不恨, 故國太荒凉.[148]

중국 공산당 마르크스주의의 대부 리다자오[李大釗(1888~1927)]는 1917년 친구와 함께 원명원을 찾았다. 리다자오는 구릉에 올라가보니 무너진 담장에 깨진 기와 조각만 남은 처량한 풍경과 울퉁불퉁한 길만 눈에 들어왔다.

원명원 두 차례나 오랑캐의 겁난 만났으니
천년 묵은 학은 차마 돌아오지 못하네.
한 곡조 구슬픈 피리소리 다 불지도 못하고
남은 재만 오히려 저녁연기와 날리누나.
아름다운 궁궐과 누각은 푸른 먼지투성이요
금수의 자취만이 황폐한 땅을 달리네.
깨어진 비석 묻혔고 궁인은 늙었는데

하릴없이 쑥대머리에 묻은 재만 터누나.

圓明兩度昆明劫, 鶴化千年未忍歸.

一曲悲笳吹不盡, 殘灰猶共晚烟飛.

玉闕瓊樓接碧埃, 獸蹄鳥迹走荒苔.

殘碑沒盡宮人老, 空向蒿萊撥劫灰.[149]

보수파 작가인 린수林紓(1851~1924)도 마르크스주의자 리다자오처럼 원명원의 불행에 대하여 동일하게 아파했다. 린수는 화가이기도 한데, 이 궁원의 그림을 그리고, "눈물 훔치며 수레에 오르다, 고개 돌려 지는 해를 바라보네掩淚上車行, 回頭望殘照"라고 화제畵題를 적었다.[150] 그 뒤 1930년, 중국인들은 폐허에 모여서 원명원 소실을 추념하는 행사를 가졌다. 역사학자 샹다向達은 원명원 사건을 두고 "동양과 서양이 오간 이래로 서양의 반달리즘vandalism(문화예술을 파괴하는 경향)이 동양에 끼친 재앙 가운데 이 사건 만큼 일찍 일어났고 규모가 엄청난 것은 없었다"고 말했다.[151] 1940년대에 일본이 중국을 점령했을 때에도 사람들은 원명원 소실 80주년을 맞아 아픈 기억을 떠올렸다.[152]

이 때문에 1949년 중화인민공화국이 성립하기 전, 파괴된 원명원은 가장 유력한 민족주의와 애국의 상징물이 되어 있었다. 물론 사회주의혁명의 승리도 1860년의 매운 기억을 달콤하게 만들 수는 없었다. 대륙의 학자 왕웨이王威는, "영국-프랑스 침략군이 문물을 파괴한 것은 아주 엄중한 일이다. 그 잔인성과 폭력성의 수준도 근대사에서 보기 드물다. 원명원의 약탈과 방화는 인류 문화사의 손실로서 그 가치를 계산할 수 없다. 또한 세계 유일의 정원을 불살 랐을 뿐만 아니라 중국이 대대로 소장한 역사적 문물까지 태워버 렸다"고 말했다.[153]

장아이핑張愛萍(일찍이 중국 국방부장을 지냈다)은 1980년에 특별히 원명원을 찾았다가 감분感憤에 찬 사詞를 지었다.

눈을 부릅뜨고 폐허를 보며

원수의 연합군을 경멸하노라.

수리하고 보수하라

우리 강산 다시 아름다워지리.

怒目看廢址

不齒聯軍寇仇.

整修整修,

還我河山錦繡.[154]

중국인들의 강렬한 호응에 반응을 보이듯이, 영국 작가 덴비Hope Denby는 1930년에 다음과 같이 반박했다.

중국인들은 원명원을 국가 자산의 일부분으로 여긴다. 그러나 이 원림이 황제 한 사람의 향락을 위해 존재했던 것은 잊고 있다. 자손들이 찬란한 유산을 빼앗긴 것처럼, 저들은 예술품과 건축의 손실에 대한 원한을 영국인에게 돌리며 자신들의 문화예술을 파괴한 행위를 꾸짖고 있다. 프랑스인이 훼손한 부분은 거의 잊은 듯하다. 또한 자신들이 훔쳐간 부분이 더욱 많음에도 너무도 쉽게 잊어버린 듯하다. 외국을 원수로 여기는 풍조가 있는 한 원명원 소실은 영원히 맨 앞에 내세워지리라.[155]

원명원이 황제의 향락을 위해 제공된 것은 틀림없다. 엘긴은 방화가 함풍제의 마음을 아프게 할 것이라고 생각했고, 함풍제도 분명 엄중한 상처를 입었다. 그러나 현대 중국인들, 특히 지식인들은 원명원 소실이 이 만주족 황제를 징벌하기 위한 것이었다고 생각하지 않는다. 거의 모든 중국인들은 참담한 마음을 갖고 있다. 그들은 왜 서양인이 자신들이 정한 국제법을 어기고, 전시에 민간인 혹은 국가 원수의 손에서조차 사적 재산을 약탈할 수 없다는 규정을 내팽개친 것인지 궁금해 한다. 그래서 그들은 원명원을 자의적으로 훼손한 일은 불합리한 보복이었다고 판단한다. 중국인에게 있어서, 법률적 의제는 잠시 젖혀두고라도, 이 유일무이한 문물을 훼손한 것은 인류 문화유산의 중대한 손실이었던 것이다.

엘긴의 비서 로크는 언젠가 "예술과 지식의 성과를 완전히 소실시키지는 않았다"고 해명한 바 있다. 그는 "원명원 내에 보존되었던 서적과 원고류는 유일한 것이 아니었다. 사후에 확인해보았고, 방화하기 전에 소량의 서적과 수고를 발견했지만 희귀본이라고 확정할 수 있는 것은 아니었다"고 확언했다.[156] 로크의 말은 틀렸다. 상황은 정반대였다. 프랑스 학자 몇몇은 최근 연구보고에서 "원명원을 훼손한 일은 야만적인 행위로서, 궁원과 그 기념비적 건축물 안에 소장된 예술품 및 그 가치를 따질 수 없는 도서관을 철저히 파괴한 것이다"라고 지적하고 있다.[157] 원명원은 유일한 건축과 풍경을 갖고 있다는 점 이외에 역대 청나라 황제가 150여 년간 축적해온 유산, 이를테면 희귀한 원고, 서적(문원각이란 도서관 형태로 온전히 갖추고 있었다), 도자기, 옥기, 그림, 골동품 등을 소장하고 있었다. 하다못해 진晉나라 고개지顧愷之(392~467)가 그린 '사녀도仕女圖'도 원명원에서 영국인에게 약탈당하여 대영박물관 안에 수장되어 있다.

현대 중국인들이 원명원을 잊을 수 없는 또 하나의 이유는, 그들이 이 궁원을 자신들의 찬란한 문화유산으로 여기고 있는데, 이것이 외국인 침략자에 의해 제멋대로 훼손되었으며, 그로 인해 아름다운 건축을 상실하여 상심하게 된 데에 있다. 그들은 따끔하게 영국인을 비판한다. 영국은 19세기 가장 중요한 제국주의 열강의 하나였다. 원명원을 두고 말한다면, 프랑스인과 중국인이 모두 약탈에 참여했다는 것은 논쟁의 여지가 없다. 허나 영국인은 약탈한 뒤다시 독자적으로 원명원을 불태워 평지로 만들었다.[158] 만일 영국 국왕이나 여왕이 사는 버킹검 궁Buckingham Palace이 어떤 이유에서든 외국인에게 파괴되었다면, 영국인도 똑같은 심정을 가지게 되었으리라. 사실 영국의 그랜트는 19세기 영국 제국주의의 오만방자함을 이렇게 증언한 바 있다.

우리는 문명 세계를 보호해 야만인에게 압박받거나 유린당하지 않도록 해야 한다. 중국은 옛날 습관적으로 다른 민족을 공격했다. 우리는 중국의 자존심에 일격을 가했다. 경험이 보여주듯, 이는 중국으로 하여금 자신이 유럽인의 상대가 되지 못한다는 사실을 확인시켜주었다. 무엇보다도 우리는 중국인을 압박하여 '베이징조약'을 맺었다. 이는 이전에 중국과 맺었던 어떤 조약보다도 더욱 오랫동안 지속될 것이라고 확신한다.[159]

과거를 돌아보면, 중국인은 고난 속에서도 엘긴이 함풍제에게 준 교훈을 배웠다. 그들은 근대 서양을 신뢰할 수도, 이해할 수도 없었다. 저들이 저지른 약탈과 방화 등으로 인하여 그 정도는 더욱 심해졌다. 강대한 서양 군대가 베이징에 주둔하자 중국인은 두려워했다. 베이징에 거주하던 오가독은 일기에서 "우리 군대는 수십만이었지만 끝내 한사람도 배겨낼 수 없었다. 이병夷兵은 불과 3백의 기마병이었을 뿐인데, 마치 무인지경에 들어온 듯했으니, 참으로 이상한 일이다"라고 적었다.[160] 이자명은 외국인의 폭력을 목격하고 분개하여, "요사이 이인이 성 안팎을 누비고 다닌다. 궁금宮禁에 난입하고 마을과 시장을 휘젓고 다니는데, 말을 타고 칼을 휘두르며 걸핏하면 사람을 해치고 물건을 훼손한다. 부녀자를 만나면 떼를 지어 윽박지르고 능욕을 주었다"고 기록했다.[161] 이자명과 오가독은 다른 베이징 거주민들처럼 서양 열강에 대해 극도로 분노하고 있었다.

서양으로부터 시작된 거부할 수 없는 근대의 조류는 중국을, 그들이 원하든 그렇지 않든, 현대 국가의 반열로 끌어들이고 있다. 그러나 현대 문명의 어두운 면, 즉 1860년의 야만 행위는 중국인에게 깊은 두려움을 주었다. 이는 중국인의 역사 기억 속에 과거 문화에 대한 후진적 폭력 행위를 삽입시켰고, 이 때문에 오랫동안 이들은 서양의 과학기술과 그 놀라운 성취를 반기면서도 저들의 도덕적 가치를 칭송하지는 않았다. 실제로 중국인은 서양의 정신 문명이 저들의 물질문명보다 훨씬 뒤쳐진다고 생각한다. 그들은 '소실된 원명원'이란 이미지를 통해서 그들 나라가 근대 문명에 의해서가 아니라 흉노와 같은 야만족에게 정복당했다고 생각하고 있는 것이다.

제8장

복구와 마지막 약탈

1860년 '지옥의 불'이 심각하게 원명원을 훼손하여, 이 궁원은 더 이상 황가가 거주할 수 있는 곳이 못되었다. 그러나 군대와 태감은 여전히 이 파괴된 궁원을 지키고, 민간인이 들어오지 못하도록 했다. 새로 등극한 동치제와 양궁^(자안과 자희)은 함풍제의 영구靈柩를 러허에서 베이징으로 모시고 온 뒤 자금성 안에 거주했지만 여전히 원림 생활을 잊지 못했다. 그들의 추억은 눈앞에 보이는 듯 또렷했던 것이다. 동치제는 1856년 4월 27일, 원명원에서 태어났다. 그의 생모인 자희 태후와 함풍제는 일찍이 원내에서 낭만적인 로맨스를 즐겼었다. 수많은 황족 성원도 그들이 황급히 러허로 도망하기 전,

함풍제와 함께 원내에서 최후의 조찬을 들던 아픈 순간을 기억하고 있었다. 또 함풍제가 원명원이 약탈당하고 방화되었던 참혹한 소식을 접한 순간에 고통스러워한 모습도 기억하고 있었다.

상처를 치료하는 가장 좋은 방법은 원명원의 지난날 풍광을 회복하는 것이었다. 그러나 끊임없는 국내 소요와 뜻하지 않은 군비 및 전쟁 배상금으로 재정 위기가 발생했고, 동치제는 원명원 복구 의제를 제기하는 것이 결코 적절하지 못함을 알고 있었다. 1867년 가을, 어사 덕태德泰가 황가의 입장에서 원명원 복구를 주청했다. 국고가 이렇게 비었으니, 전국적으로 기부를 요청하고 세금을 추가 징수하자는 것이었다. 이는 분명 하나의 풍향타였다. 일반 관료들이 부정적인 반응을 보이자, 동치제는 즉각 1868년 9월 16일 유시를 내려 덕태의 건의가 적절치 않고 황당하다고 내쳤다.[1] 덕태의 건의는 반대 여론을 일으켰고, 조정은 그를 동북 변방으로 유배 보내기로 결정했다. 그러나 그는 자진을 선택했다. 아마도 궁내에서 그에게 원명원 복구를 건의하도록 사주했던 듯한데, 저들에 대한 배신감에 죽음으로 항의한 것이다. 결국 이후 원명원은 오랫동안 파괴된 상태로 놓여 있었다.

황량한 원명원 여행

1871년 늦봄, 원명원은 여전히 처량한 상태였다. 왕카이윈은 친구인 쉬수쥔^{徐樹鈞}과 그해 5월 27일 전 원명원 영부^{營部} 수비군관 요
승은^{廖承恩}의 안내로 원명원을 찾았다. 만수산 자락의 청의원에서부
터 시작하여 돌아다녔는데, 그곳에서 퇴락한 정원, 부서진 전당, 거
의 말라붙은 호수, 소슬한 풍경 사이로 봉긋 솟아있는 나무 몇 그
루, 원내를 마음대로 휘젓고 다니는 초부와 목동 등을 보았다. 곤명
호에서 돌아오는 길에 보았던 꼬리 잘린 청동 물소의 등에는 아직
도 어명^{御銘}의 제자^{題字}를 식별할 수 있었다. 부근의 친왕과 대신들의
정원들도 황가 궁원의 기백을 상실한 지 오래였다.[2]

1871년, 왕카이윈이 보았던 곤명호 주위 풍경은 영국 대사관 직
원이 1866년에 보았던 것과 비교해 더욱 눈뜨고 볼 수 없을 정도
로 변해있었다. 그 직원은 폐허에서 그래도 편안한 풍경, 검게 그을
린 담장, 말라붙은 소나무 등을 보았다. 아직도 호수에는 연꽃이
피어있었고, 수목과 건물로 가득한 작은 섬들이 몇몇 있었으며, 한
백옥 난간이 있는 3층 높이의 아주 큰 팔각형 전각이 우뚝 솟아있
었다. 또한 그는 높은 지대에 세워진 건축들을 보았는데, 동사^{銅寺},
관사^{館舍} 그리고 두 개의 작은 나선형 보탑도 보았다. 탑 안에는 불
상이 가득했다. 그리고 황색과 녹색의 지붕을 올린 큰 사원도 보았
다.[3] 이들은 그래도 1866년에 볼 수 있었던 풍광들의 편린이었던
바, 5년 사이에 그 종적은 온데간데없었다.

왕카이윈 등은 요승은의 집에서 하룻밤을 묵었다. 다음 날인 5월
28일, 이들은 원명원 복연문을 지나 다시 원림을 거닐었다. 길에서
우연히 만난 동 씨^{董氏} 성의 늙은 태감이 자진해서 길 안내를 해주었

다. 그들은 깨진 담장이나 기와 조각 사이를 지나서 정대광명전에 이르렀다. 이곳은 심각하게 훼손되어 있었다. 주대主臺의 계단조차 모두 부서져 있었다. 북쪽으로 가니, 전호 뒤편으로 황제의 침궁이 었던 구주청안이 나왔다. 그저 부서진 담장뿐이었다. 동태감은 천지일가춘의 건물터를 가리키면서, 이곳이 자희 태후가 살던 곳으로 후궁과 황자들이 거주하던 궁실과 이어져 있었다고 말했다. 그러나 구주의 건축들은, 예를 들어 모란대, 오복당, 함풍제가 세운 청휘각 등은 완전히 불타 없어졌다. 복해에 이르자, 가없이 황량하여 콧날이 시큰해졌다. 봉도蓬島의 몇몇 지붕이나 누각은 알아볼 수 있었지만, 기타 이름 있는 경관지점은 볼 수 없었다. 태감은 한곳을 가리키며 원명원 총관 문풍이 외국인에게 침입을 받던 순간 투신해 자살한 곳이라고 말하고는 눈물을 훔쳤다.

그런 뒤 천천히 서북쪽으로 가니, 확연대공 앞에 솟아있는 쌍학재가 보였다. 왕카이윈은 이곳에서 건륭제 시절을 떠올렸다. 당시 학 12마리가 이곳에 내려왔다고 한다. 건륭제는 길조라고 여기고 이 학이 날마다 찾아오기를 원했다. 조정 관원들은 이곳에 저마다 자태가 다른 금학金鶴 12마리를 만들어 건륭제에게 바쳤는데, 실물 같은 그 정교한 솜씨에 반한 건륭제는 재齋를 지어서 그 안에 금학을 두었던 것이다. 그러나 지금은 그 안에 어떤 것도 남아있지 않았다. 사위성도 이미 무너졌고, 본래 있던 불상 20만 기는 하나도 찾을 수 없었다.[4]

황폐한 원명원 여행은 해가 넘어갈 무렵 끝났다. 왕카이윈은 서글픈 정원의 모습과 자신의 상심을 '원명원사[圓明園詞]'에 녹여내었다.

제왕의 활과 칼 한스럽게도 돌아오지 않고

한번 화마에 교외 먼지 연기 바람 속이라.

옥천은 서럽게 울고 곤명은 메워진 채

오직 청동 물소만 가시나무숲을 지키네.

청지수 안 여우 한밤중 울어대고

수의교 아래 물고기 하릴없이 눈물 흘리네.

복연문의 늙은 태감 뉘시런가

일찍이 조반 이으며 지존을 받들었지.

옛날엔 시끌벅적 조정 귀빈에 물렸는데

이제는 적막하게 오가는 이 반기누나.

현량문은 닫혀있고 벽돌만 남았는데

광명전은 허물어져 퇴락한 벽만 더듬네.

문종께서 새로 청휘당을 얽으시니

전호와 가깝고 새벽빛을 받았다오.

요망한 꿈속의 수목신은 2품을 사양하고

부처의 사위성은 제방으로 흩어졌네.

호수 안의 부들은 너울대며 늘어졌고

계단 앞의 다북쑥은 쓸쓸히 바람 소리라.

마른 나무 다시 뽑아 도적은 땔나무 하고

놀던 물고기 비약을 멈추니 그물에 놀랐다오.

따로 구름 젖히고 달을 아로새긴 대에

태평한 삼성이 예전처럼 오시리라.

어지러이 대나무가 이끼 뚫고 나올 줄 어이 알리오

봄꽃이 이슬 받아 되었는지 보이지 않네.

너른 호수 서쪽 가니 헌軒과 정자 있거든

강건하고 힘찬 필치 성왕들의 자취라오.

鼎湖弓劍恨空還, 郊塵風煙一炬間.

玉泉悲咽昆明塞, 唯有銅犀守荊棘.

靑芝岫裏狐夜啼, 繡猗橋下魚空泣.

何人老監福緣門, 曾綴朝班奉至尊.

昔日喧闐厭朝貴, 于今寂寞喜遊人.

賢良門閉有殘磚, 光明殿毁尋頹壁.

文宗新構淸輝堂, 爲近前湖納曉光.

妖夢林神辭二品, 佛城舍衛散諸方.

湖中蒲稗依依長, 階前蒿艾蕭蕭響.

枯樹重抽盜作薪, 游鱗暫躍驚逢網.

別有開雲鏤月臺, 太平三聖昔同來.

寧知亂竹侵苔出, 不見春花泣露開.

平湖西去軒亭在, 題筆銀鉤連到睿.[5]

왕카이윈이 원명원을 구석구석 살펴본 것은 아니었으므로 장춘
원 북단의 서양루는 보지 못했다. 그로부터 2년 뒤인 1873년, 중국

세관에 근무하던 젊은 독일인 관원이었던 올머(1847~1927, 1872년에서 1880년 사이 베이징에서 근무했다)는 서양루에 들어가서 만신창이가 된 바로크식 건축의 사진을 여러 장 찍었다. 그 덕분에 궁전 사진이 남았고 1933년에 그림들과 함께 책으로 간행되었다.[6]

현대 역사학자 티레Regine Thiriez는 올머와 다른 서양인이 찍은 사진을 통해 원명원의 유럽식 궁전에 관해 '폐허에서 돌무더기로'란 취지로 저술한 바 있다. 그녀는 무정한 훼손 과정을 기록했는데, 1873년, 올머가 촬영한 사진을 보면 "대부분 검게 그을린 대리석 문미門楣가 모두 끊어져서 궁전 안 열린 공간을 기이한 둥근 아치형 모양으로 만들고 있다. … 지붕에 있던 기와조각이 바닥에 가득하지만 새겨 넣은 무늬는 대부분 온전했"다고 언급했다. 오랫동안 간단없이 도난당한 탓에 서양루는 사라질 운명을 직면했다. 대수법과 원영관의 머리 부분 장식은 1873년에서 1877년 사이 사라졌다. 해기취의 대리석 난간도 1876년 이전에 땅에 떨어졌고, 그 머리 부분이 갈라진 것은 1886년이 되기 전이었다. 1901년 의화단운동이 끝난 뒤 원명원의 궁전은 돌무더기가 되었다. 1911년 신해혁명으로 청나라 왕조가 전복되어 정권을 잃자 원명원을 돌볼 사람도 없어져, 원내 경관지점으로부터 황토 장식, 대리석, 석판, 꽃무늬 벽돌 등을 실어 나르는 장면이 심심찮게 목격되었다. 1940년 일제강점기에 서양루 대부분이 철저하게 파괴되어 있었다.[7]

복구를 둘러싼 갈등

올머의 사진과 왕카이윈의 시는 1873년 이전의 원명원 모습을 보여준다. 그때에도 복구를 건의한 사람이 있었다. 동치제가 그 첫 번째 사람이다. 당시 그는 친정^{親政}하고 있었다. 그 역시 지혜롭게도 유가의 효도를 끌어다 원명원 복구의 이유를 정당화했다. 즉 자안 태후와 자희 태후에 대한 효심의 표현으로서, 그녀들이 어려운 시기에 자신을 인도했으니 그녀들을 편안한 궁원 환경에서 봉양하고 싶다며, 만약 원명원을 복구한다면 이 목적을 달성할 수 있으리란 것이었다. 동치제는 자신의 결정을 공포하기 위해 1873년 11월 17일 조서를 내렸다.

원명원은 본래 열조께서 거동하셔서 정치를 하셨던 장소이다. 짐이 등극한 이래로 양궁 황태후를 원내에 모시지 못해 마음이 참 불편하다. 날마다 옛 제도를 회복하리라 생각하고 있다. 지금 재정이 부족하니 예전대로 수리하는 것은 감당할 수 없다. 짐이 재삼 생각해보니, 열조의 성용^{聖容}을 모신 안우궁과 양궁 황태후가 거처하실 궁전, 그리고 짐이 정치를 볼 장소만이라도 복구하고 나머지 건축은 복원하지 않는 것이 좋겠다. 왕공 이하 베이징성 안팎 대소 관원에게 능력껏 기부를 하되 내무부 총관 대신이 주관하고, 수시로 장려하도록 하라. 또한 해당 대신들은 잘 살펴서 처리하도록 하라.[8]

내무부 총관 대신이 11월 19일 이 일을 시작하여, 동치제의 어지御旨에 답하는 상주문을 올렸다. 그 내용은 우선 부춘당, 청하재 등을 복구하여 두 분 태후가 거처할 곳을 마련한다. 그 다음에 왕공 대신에게서 시급히 요구되는 비용을 거둬 좋은 도면에 따라 길일을 골라 착공한다는 것이었다. 동치제는 11월 20일, 내친김에 시간을 미루지 않고 원명원 동남쪽에 있는 기춘원을 만춘원으로, 부춘당을 천지일가춘 혹은 승은당으로, 청하재는 청하당으로 고쳤다. 개명은 낡은 것을 버리고 새것을 맞이한다는 취지에서였다.[9]

그러나 오래지 않아 어사 심회沈淮가 상소하여 복구를 늦추도록 청했다. 그의 말인즉슨, 나라가 남북으로 천재에 시달리고 서양도 끊임없이 위협하는 어려운 시국에 향락을 위한 궁원을 복구하는 일은 천자의 성명聖名을 훼손할 것이라는 것이었다.[10] 충심으로 간언한 말이었지만, 한창 열의가 오른 동치제는 복구를 멈출 뜻이 없었다. 그는 심회가 자신의 효심을 헤아리지 않는다고 질책했다. 사실 동치제는 1875년 전에 복구를 마무리하여 자희 태후의 40세 생일을 경축하려고 했다. 그래서 복구를 잠시 늦추자는 어사의 건의를 받아들이지 않았던 것이다.[11]

그러나 어사의 반대는 차치해두고라도 경비 부족을 무시할 수는 없었다. 호부우시랑 계청桂淸이 우선적으로 복구할 건물을 대상으로 계산해보니, 그 비용은 국고가 지불할 수 있는 능력을 넘어섰다. 계청은 동치제에게 사실대로 보고했다가 곧장 벼슬에서 떨려났다. 동치제는 다시 내무부 대신 명선과 계보桂寶에게 원명원 손실

평가를 실시하라고 지시했다. 하지만 복구 자금을 어떻게 마련할 것인지에 대해서는 아무런 언급도 하지 않았다. 결산 결과, 1860년 재앙을 겪은 이후 비교적 상태가 좋은 곳은 13곳에 지나지 않았고, 이곳들은 모두 원명원 북단에 위치하고 있었다.

만춘원 안에 위치한 장엄법계莊嚴法界를 제외하고, 보존 상태가 양호한 경관지점은 모두 원명원 본원에 있었다. 십자정은 만방안화의 사위성 남쪽에 솟아 있었고, 행화춘관의 춘우헌도 온전한 축이었으며, 홍자영호 남단에 위치한 괴성각魁星閣도 완전무결했다. 지과정知過亭, 신수사영, 염계락처, 어약연비, 그리고 북원산촌의 시냇가 근처의 과농헌 등도 괜찮았다. 복해 서북쪽에 위치한 확연대공 앞의 쌍학재도 파괴당하지 않았다. 서북쪽의 자벽산방, 북단 정중앙에 있는 팔각정八角亭, 북문 입구 오른편에 있는 경운당耕雲堂 등도 여전히 모습을 유지하고 있었다. 그러나 이 평가 보고는 불완전했다. 주지하듯, 이 목록에는 호수 안 섬들에 남아있는 집채와 누각이 포함되지 않았다. 이를테면 1871년 왕카이윈이 보았던 봉도의 상황도 누락되어 있었다. 게다가 아직 사용가능한 성문, 나루, 다리, 사원 등도 누락되어 있었다. 장춘원의 해악개금의 아름다운 풍경도 1900년 의화단운동 때까지는 유지되었다.[12]

동치제의 지지를 얻은 내무부는 왕공 대신들에게 기부를 재촉하며 일단 시급하게 요구되는 비용을 충당해 복구를 추동하려고 시도했다. 이때 동치제가 존경하던 황숙 공친왕은 사재를 털어 2만 냥 백은을 내놓았고, 다른 왕공 대신들도 저마다 형편에 맞게 은냥

을 바쳤다.[13]

그러나 이들의 헌납에는 한계가 있었다. 국가 재정은 급속히 악화되었고, 이에 어사들은 직언을 올리기에 이르렀다. 유백천游百川이란 어사는 1873년 12월 5일 동치제에게 상서하여 복구를 늦추도록 간언했다. 그는 특히 안전 문제를 강조했다. 원명원은 베이징성 교외에 위치하고 있었기에, 원명원을 잘 수리하더라도 또다시 외국의 공격을 당하지 말라는 보장이 없었다. 그는 동치제와 태후 두 분은 자금성 내에 거주하는 것이 안전하며, 그로써 거액의 경비를 줄일 수 있을 것이라고 말했다. 그러나 동치제는 자신을 언짢게 하는 이 간언을 거부했다. 게다가 어사가 일부러 자신의 효성과 자신이 소중하게 여기는 유가적 가치관을 왜곡하고 있고, 더러 간언으로 명예를 낚으려는 의도까지 보인다며 어사의 충성심마저 의심했다. 동치제는 이 일로 유백천의 관직을 폐하고 복구를 방해하는 사람은 누구라도 징벌하겠다고 선언했다.[14]

1873년 12월 7일, 기공식이 거행되어 원명원 복구가 본격적으로 개시되었다. 일의 순서를 보면, 첫째, 대궁문과 이궁문을 말끔하게 정리하고, 훼손된 출입 궁문과 시종들의 상방을 정돈하며, 담장의 무너진 잔해를 청소하고, 모든 오물과 쓰레기를 치워야 했다. 정리 정돈 작업 이후에는 정무를 보는 전당과 구주의 건축물을 조영하는 일이 필요했다. 이제 존재하지 않는 정대광명전은 옛 터에 전부 다시 지어야 했다. 심각하게 파손된 근정전과 그 부속 집채, 낭도, 정원도 아주 퇴락한 상태였기에 반드시 부지를 고르게 만들어야 재건할 수 있었다. 구주의 656채 건물 가운데 적어도 437채의 전당, 상방, 서재, 정원은 보수해야 했다.[15]

현존하는 복구 도면을 보면, 원상태와 똑같이 복원하려한 것 같지는 않다. 보수 과정에서 어떤 부분은 첨가되는 방식으로, 어떤 부분은 전혀 새롭게 만드는 등 일정 정도 융통성이 있었다. 심지어 어떤 건물은 대폭 수정하여 옛것보다 좋게 만들고자 했다. 그 예로 자희 태후의 침궁이었던 천지일가춘을 들 수 있다. 이는 본래 부춘당이 있던 자리에 특별히 설계하여 새롭게 복원한 것이다. 새로운 '천지일가춘'은 동쪽에서 서쪽으로 뻗어있는 기둥 넷의 건물로서, 가운데 놓인 기둥 사이가 대략 183.3인치(약 4.7미터)이고, 그 양쪽으로 뻗은 기둥과의 거리는 169.2인치(약 4.3미터)였다. 4개의 집채가 잇달아 이어있고, 북쪽에서 남쪽 방향으로 물결형 처마를 세웠다. 앞의 3칸짜리 집채의 깊이는 394.8인치(약 10미터)이고 뒤편 3칸짜리 집채는 366.6인치(약 9.3미터)이다. 또한 낭도를 통해 주 건물의 양끝 부분에 있는 정원으로 이어진다. 이 가운데 문월루問月樓라 불리는 부속 건물은 징광사澄光榭로 개명했다. 동쪽의 공터에는 희원, 희대, 상방들을 세워서 은퇴한 태후들의 오락거리를 만들어 주었다. 근처의 복원하지 않을 건물과 정자는 모두 평지로 밀어버려서 정원의 면적을 확장시켰다.[16]

자희 태후는 천지일가춘을 복원하는 과정에 자주 개입했다. 건물의 외관은 물론 내부 장식도 살펴보았고, 심지어 직접 설계 도면을 그리기도 했다.[17] 복원한 결과 그 설계며 포국, 그리고 건물이 놓인 위치까지 이전과는 아주 달라졌다.

복원 과정은 항상 예산 문제에 봉착했다. 이는 황제의 권력이나 태후의 열정만으로 해결할 수 없는 일이었다. 건설하는 동안 늘 재정은 압박을 받았고, 반드시 들어가야 할 재료도 부족했다. 특히 큰 원목이 바닥났다. 머지않아 담장, 도로, 다리, 수문, 정원과 유람선 등을 지을 수 없었고, 주요 경관지점의 조영들, 이를테면 청하당, 홍자영호, 상하천광, 만방안화, 무릉춘색, 행화춘관, 동락원, 사위성, 서봉수색, 북원산촌北遠山村, 자벽산방, 팔각정, 어약연비 등은 착공조차 하지 못했다.[18] 극소수 개별 건물만 완성한 채 복구 과정은 멈추었다. 아직 사용되지 않은 수많은 목재 기둥이 바닥에 방치되었고, 각종 건재도 미완성된 상방의 빈 공간에 쌓였다. 조영 지점은 그저 나무 난간을 세워서 보호했다.[19]

동치제는 이처럼 거대한 제국이 훼손된 어원을 복구하는 '소규모' 공사비조차 감당할 수 없다는 사실에 놀랐다. 그러나 어찌되었든 이 일을 그만두고 싶지는 않았다. 그래서 그는 원래 만춘원 안에 태후들의 봉양을 위해 마련하기로 한 3천 칸 상방을 1,420칸으로 50퍼센트 감축했다. 동치제는 매우 초조해졌다. 일부라도 건축하여 곧 닥칠 모친의 40세 생일을 경축하고 싶었다. 그래서 그는 예산 지출을 줄여서라도 원림 조영을 재개할 명분을 찾았던 것이다.

실제로 동치제는 1874년 초, 원림 조영의 재개를 강력히 촉구했다. 필요한 3천 그루 원목을 구하지 않은 상태에서, 그는 지체 없이 1874년 2월 2일 홍자영호 주전의 용마루를 기일 안에 상량하도록 했다. 3월 7일, 조영이 속도를 내기 시작하는 듯했다. 하지만 동치제가 온정신을 쏟았던 원림 조영은 반대 여론을 일으켰고, 고위 대신들까지 비판 대열에 합류했다.

특히 주목되는 사람은 공친왕을 도와 외교 업무를 주관했던 문상(1818~1876)이다. 4월 2일, 그는 동치제에게 원림 조영의 중지를 주청했다. 그 이유로, 거액의 비용 지출로 이미 온 나라가 소란스러워졌다면서 국가에 원명원 복구를 완성할 만한 충분한 재정도 없으며, 헌납으로 경비를 충당하더라도 창해일속에 지나지 않을 뿐 방대한 비용을 맞출 수 없을 것이라고 경고했다.[20]

하지만 문상도 결코 동치제를 만류할 수 없었다. 동치제는 오히려 적극적으로, 4월 27일 비밀리에 홍자영호 부근의 조영 현장을 방문했다. 이는 황제의 안전을 위협할 수 있는 아주 적절치 못한 행동이었다. 이로 인해 수많은 사람들, 특히 원로 황족 성원과 조정 대신들은 내심 경악하고 두려웠다. 그리하여 동치제의 황숙 공친왕과 태부太傅 이홍조李鴻藻(1820~1897)가 적극적으로 나서기로 마음먹었다. 그들은 순친왕이 이끄는 황실 대표단을 꾸려서 동치제와 1874년 5월 9일 만났다. 이날 이들은 동치제에게 간절히 더 이상 사적으로 조영 현장을 방문하지 말도록 권유하면서 공사 정지를 청원했다.[21] 그러나 이 회담은 실패로 끝났다.

오래지 않아 동치제는 5월 24일에 다시 남몰래 공사 현장을 찾았고, 그의 시종과 쌍학재에서 야찬野餐을 들었다. 동치제는 내놓고 대신들의 권유를 무시했고, 황족들은 더욱 불안해졌다. 이때 각 지방에서 올라온 관원들도 원명원 복구 반대의 목소리를 냈다. 이를 테면 1874년 7월 13일, 양강兩江 총독 이종희李宗羲는 두 가지 문제점에 대해 주청했다. 첫째, 서양이 호시탐탐 노리는 상황에서 원명원을 복구한다 해도 더 이상 안전한 공간이 되지 못하며, 둘째, 한나라 문제文帝와 송나라 인종仁宗을 본받아, 외국으로부터 받은 모멸감을 씻어내지 못한 상태에서 궁원에 돈을 쏟아 붓는 것은 안된다는 것이었다.[22]

이종희 총독의 상서는 위망 있는 한림원 편수 이문전李文田(1834~1895)의 호응을 얻었다. 이문전은 전에 원명원 복구 비용을 헌납한 적이 있던 인물이었다. 이문전이 장편으로 주청한 내용을 정부 측 기록에서 찾을 수는 없다. 그러나 이자명의 일기에 그 핵심이 기록되어 있는 바, 그가 거리낌 없이 직언하는 모습이 잘 드러나 있다. 즉 이문전은 조영이 계속된다면 얼마 안 가 '못물이 마를 때까지 낚시를 하는', 즉 서양인의 이른바 '황금알을 낳는 거위를 죽이는 어리석음'을 범할 것이라고 말했다. 또한 근년의 천재天災는 하늘의 경고이니, 천자는 경계로 삼아야한다고도 지적했다. 끝으로 그는 이종희의 논의에 찬성하면서, 목하의 시국에서 원명원 복구는 더욱 쉽게 외국인 침입자의 사냥물이 될 것이니, 이런데도 무엇 때문에 완전히 복구하려는 것인지 묻고 있다.[23] 그러나 동치제는 이들의 간언에 전혀 귀를 기울이지 않았다. 그는 여론에 대해서 일체 반응을 보이지 않았고, 복구를 계속 하고자 했다. 그를 막으려 하는 사람에 대해서 코웃음 치며, 오히려 동락원의 희루를 3층으로 올리려고 했다.[24]

외부의 반대와 비판을 무시할 수는 있었지만, 나날이 심각해지는 비용 문제를 좌시할 수는 없었다. 내무부 기록에 의하면, 원림 조영을 시작하고 싶어도 경비가 제대로 마련되지 않았다고 한다.[25] 모든 노력을 기울여 개인의 헌납과 기부를 독려했지만, 1874년 5월 17일까지 겨우 30만 냥 백은을 모았을 뿐이었다. 소요 경비는 거의 수천만 냥 백은이 들 것이라고 추산되는 상황이었다. 비록 얼마를 헌납하든 문제 삼지 않았지만 관원들은 대단히 고통스러워했다. 왕가벽王家璧은 기부 헌납으로 인해 수많은 관원의 가정이 파산했다고 지적한 바 있다. 이 때문에 그는 동치제에게, 이를테면 아편세를 징수하는 등 가능한 다른 재원을 모색하거나, 아니면 원명원 복구 진행을 늦추거나 재고하시라고 건의했다.[26]

재정 이외에도 전당과 누각을 건축하는 데 필요한 원목도 난제였다. 동치제는 일찍이 후베이湖北, 후난, 푸젠福建, 저장, 쓰촨四川 등 임목을 생산하는 성부省府의 관원에게 협조를 구했다. 적어도 3천 그루가 있어야 원명원 조영의 수요를 맞출 수 있었다. 그러나 후광湖廣 총독 이한장李翰章, 후베이 순무 곽백음郭柏廕, 후난 순무 왕문소王文韶 등 봉강封疆 대신들은, 그들이 아무리 노력해도 관할 지역 안에서 충분한 나무를 찾아 공급할 수 없노라고 조정에 보고했다. 후베이와 후난은 본디 삼나무, 측백나무, 소나무의 산지였지만, 대부분 하류와 호숫가에 자라고 있었고, 태평천국(1851~1865) 기간에 모두 잘려져 배로 만들어졌으며, 시장에서 찾을 수 있는 목재는 겨우 일반 민가를 짓는 데에 적합할 뿐이라고 말했다. 유일하게 긍정적으로 응답한 이는 후광 총독 이한장인데, 그 역시 미개발 지역인 구이저우貴州의 삼림에서 재목을 발견하여 경사로 운송할 수 있을 것이라고 대답했다.[27]

그 밖의 지역에서 온 대답도 모두 실망스러웠다. 저장 순무 양창준楊昌浚은 1874년 4월 25일 상주문에서, 경내에 어떤 거목도 찾을 수 없노라고 대놓고 대답했다. 이는 계속되는 전쟁으로 저장성 경내의 수목이 급속히 감소했기 때문이었다. 재목이 부족해 태평천국운동 기간에 훼손된 수많은 사원들을 복구할 수도 없었다. 쓰촨 총독 오당吳棠은, 경내가 외지고 아직 개발되지 않은 숲 속에 분명 품질이 좋은 거목이 있을 터이지만 어떻게 손에 넣을지가 문제라고 보고했다. 당시 운송 조건을 보면 이는 불가능한 일이었다. 양광 총독 서린은 7월에 올린 상서에서, 그가 관할하는 경내에서 생산되는 삼나무와 측백나무는 경도가 원명원 조영에 적합하지 않다고 보고했다. 그러나 그는 홍콩과 마카오를 통하여 외국의 목재가 들어오니 이것도 하나의 방법이 될 수 있다고 말했다.[28]

목재를 공급하는 일은 결국 커다란 난제가 되었고, 동치제는 부득불 모든 공사를 중지한다고 선언했다. 51세의 광동 상인 이광소李光昭는 돈으로 감생監生 자리를 얻었던 자인데, 1873년 내무부에 원명원 복구를 위한 목재를 공급하겠노라고 제안했다.[29] 그는 자신이 수십 년간 소장해 온, 수십만 냥 백은의 가치가 있는 수천 그루의 나무를 헌납하겠다고 말했다. 이뿐 아니라 십년 이내에 십만 냥 백은의 가치가 나가는 목재를 가져다 원명원 공사에 제공하겠다고 했다. 그런데 그는 어떤 상도 요구하지 않았고, 그저 이들 목재를 운반해 목적지에 도달할 때까지 세금을 면제해주고, 이밖에 권한을 위임받은 관원과 동행하여 전국에서 기부금을 모집하고 각지에서 협조를 얻을 수 있도록 윤허해 줄 것을 희망했다. 그 뒤 1874년 7월 10일 보고서를 올리기를, 자신이 해외에서 구매한 서양목 1,500그루와 두터운 목판 550장 등 총 30만 냥 백은 가치의 목재가 장차 톈진에 도착할 것이라고 말했다. 신이 난 내무부 총관은 이들을 원명원 복구 목재로 사용하고 세금을 면제해줄 것을 건의했다.[30]

그런데 톈진에 있던 직예直隷 총독 이홍장李鴻章(1823~1901)이 이광소를 사기 혐의로 고소했다. 이광소가 프랑스 상인에게서 목재를 구입한 것은 확실하지만, 그 비용으로 고작 5만4,000 냥의 외국 은화를 썼을 뿐이었다. 이는 그가 보고한 경비의 40퍼센트에 불과했다. 이 때문에 청나라 조정 최고 결의 기구인 군기처軍機處는 이홍장에게 톈진에 주재하고 있는 프랑스와 영국 대사관 직원에게 사실관계를 확인해 보도록 지시했다.[31] 조사 결과, 이광소는 동치제가 목재를 급히 필요로 하는 마음을 이용해 중국 관원과 외국 상인을 속인 것으로 확인되었다. 그는 재판을 받았고, 1874년 9월 28일 처형되었다. 이광소는 재판 과정에서 내무부의 몇몇 대신, 심지어 황제까지 연루되어 있음을 넌지시 내비쳤다. 상당히 당황한 조정은 사건의 범위를 최소화하기 위해 서둘러 이광소와 함께 화난華南 지역에 갔던 내무부 필첩식 성린成麟을 파직하고, 계보와 숭륜崇綸 등 내무부 총관 대신 두 사람을 징벌하는 것으로 사건을 마무리 지었다.[32]

이 추문은 널리 알려졌고 관원들의 복구 반대 목소리를 자극했다. 그들은 의심할 나위 없이 이는 황제가 원명원 조영에 너무 집착해 일어난 것이라고 생각했다. 1874년 8월 1일, 양균楊鈞은 대담하게 즉각 모든 원명원 조영을 중단해 이로 인한 국고의 고갈을 막도록 주청하고, 원림을 복구하려는 뜻은 좋지만 그 천문학적 비용이 국가 자원이 부족할 때엔 청나라의 명맥을 위협할 것이라고 간언했다. 8월 27일, 산시山西 순무 포원심鮑源深도 원명원 조영의 즉각 중단을 주청하며, 동치제의 효심을 천하 백성에 대한 사랑으로 돌리기를 권했다.[33]

산시 순무의 상소가 올려 진 뒤 이틀이 지난 8월 29일, 공친왕은 다른 친왕 세 명, 대학사 두 명(문상과 보윤), 군기 대신 두 명(심계분沈桂芬과 이홍조) 등과 함께 동치제에게 상서했다. 이들 청나라 조정 최고위층 관원 대표는 이구동성으로 몇 가지 점을 진술했다. 첫째, 호부戶部는 더 이상 내무부가 제출한 2천만 냥 백은의 수요에 맞추어 복구비를 충당할 수 없다, 둘째, 조정 안팎이 복구에 강력히 불만스러워하는 것을 가볍게 여기지 말아야 한다, 셋째, 자금성 부근 삼해三海, 즉 북해北海, 중해中海, 남해南海 등을 보수하여 태후 두 분을 봉양하면 비교적 실질적이다 등이었다.[34] 그들은 공사 중단이 긴급하다고 강조하면서 이 상소를 본 뒤 곧장 자신들을 불러볼 것을 요구했다. 그들은 황제를 알현할 수 있었다. 그러나 동치제의 태도는 아주 강경했다. 오여륜吳汝綸(1840~1903)은 당시 긴장된 분위기와 격렬한 대화를 기록했는데 청대 역사상 보기 드문 상황이었다.

아무 관원, 아무 중승中丞이 원명원 공사 중단의 일을 거론했다. 7월 18일, 정부의 친신親臣이 대내大內가 20일 원명원 안에서 연희를 구경한다는 소식을 듣고, 10여 명이 함께 상소해 다시 고려하시도록 청했다. 이에 먼저 자신들을 불러보시기를 청했지만, 주상은 윤허하지 않았다. 재삼 청한 뒤에야 뵐 수 있었다. 상소가 올라갔다. 주상이 보시다 몇 줄도 채 되지 않아 곧 "나더러 공사를 중단하라고? 너희들이 아직도 혀를 놀리다니!"라고 말했다. 공저가 "신 아무가 아뢸 바가 아직 많습니다. 조영 중단 건만이 아닙니다. 신이 말씀드리겠습니다"라 하고 상소에서 진술한 바를 항목마다 읽어가며 되풀이 해 진술했다. 주상이 크게 화를 내며, "여기서 네게 어떻게 해야 하지?"라고 하니, 문상이 땅에 엎드려 통곡하다가 거의 숨이 멎을 듯했다. 이에 먼저 부축하여 내보내도록 했다. 순저醇邸가 계속 울며 간언하며 미행 건을 거론하니, 주상은 어디서 그 소식을 들었는지 캐물었다. 순저가 사실대로 때와 장소를 말하자, 주상은 이에 얼굴이 발개지며 입을 다물었다. 그리고 어지를 내려 조영을 중단하도록 했다. 27일, 주상이 순저를 불러보시고, 마침 남원南苑으로 갔다가 다시 공저를 불러다 미행 건을 물으셨다. '누구에게서 들었소?' 공저는 자신의 아들 재징載澄에게 들었다고 하니, 드디어 공저에게 화를 내고 재징에게 죄를 주었다.[35]

동치제는 비록 '어지를 내려 공사를 중단했'지만 마음으로는 서운했던 탓에 "다른 날에 다시 공왕을 파직할 유지를 기초했다." 다행히도 태후들이 사리에 밝아 황제를 찾아왔고, "양궁이 윗자리에서 눈물 흘리자, 황상이 아랫자리에서 무릎을 꿇었으며" 태후들이 "십년 이래 공저가 없었다면 어떻게 지금이 있을 수 있겠소?"라 하기에 앞서 내린 유지를 철회했다.[36] 사실 동치제가 원명원 복구에 열심이었던 것은 자신의 향락을 위해서가 아니라 오로지 태후들을 위해서였다.

양궁 가운데 자희가 원명원에 대하여 더욱 열정을 갖고 있었다. 당연히 이는 동치제를 더욱 압박했고, 동치제가 원명원 문제를 어떻게 할 것인지에 대하여 자문하고 싶었던 사람도 자희였다. 당시 누구도 그녀가 갖고 있는 정책 결정에 대한 영향력을 낮게 평가하는 사람은 없었다. 더구나 그녀의 권세는 나날이 커져가고 있었음에라! 태부 이홍조는 동치제를 위해 솔선하여 양궁과 만났다. 사람들의 존경을 받고 있던 태부는 태후들에게 직언하기를, 만약 계속 원명원 내 조영을 진행한다면 분명 황제와 조정에 해를 끼치게 될 것이라고 충고했다.[37]

이런 진심어린 말이 지극히 위망 있는 학자이자 대신의 입에서 나오자 즉각 효과가 나타났다. 1874년 9월 9일, 동치제는 비로소 마음을 바꾸었다. 그는 양궁의 동의하에 황숙 두 명과 대신 몇몇을 불러다놓고 그들 앞에서 향후 10년 아니 20년까지는 모든 원명원 조영을 잠시 늦추고, 조정의 재정 능력이 복원될 때 비로소 재개하겠노라고 선포했다. '잠시 늦춘다'는 말로 '취소한다'는 말을 대신한 것은 황제의 체면을 고려한 것이었다. 당시 누구도 원명원 복구가 다시 진행되리라고는 생각한 사람은 없었다. 동치제의 유지도 같은 날 공식적으로 반포되었다.

전날 어지를 내려, 내무부 총관 대신에게 원명원을 선택적으로 복구하도록 한 것은 원래 양궁 황태후의 휴양을 대비하고 그로써 봉양하여 효성을 바치려는 것이었다. 올해 착공한 뒤 짐은 친히 수차례 찾아가 살펴보았던 바, 그 규모가 너무 커서 기한 안에 완성할 수 있는 것이 아니었다. 현재 물력 공급이 어렵고 경비도 부족하며, 군무軍務가 아직 평온하지 않은데다 각 성은 때때로 재난을 겪고 있다. 짐이 태후의 마음을 우러러 헤아려 보니 토목 공사로 백성을 고달프게 하길 진정 원하지 않으셨다. 모든 원명원의 조영을 즉각 중단하고, 뒷날 변경이 편안해지고 국고가 채워질 때를 기다려 다시 재개하도록 하라. 인하여 삼해가 궁액宮掖과 가깝고 전각이 온전하니 수리를 하더라도 일이 번잡하지는 않겠다. 해당 대신은 삼해 지역을 조사하여 정황을 살핀 뒤 어떻게 보수할 것인지 아뢰도록 하라.[38]

동치제는 어쩔 수 없이 원림 공사를 잠시 늦추었다. 공사가 중단된 시점까지 481만 냥 백은을 소모했다. 물론 이 비용은 일정한 성과를 냈다. 1877년 쓰촨 출신 시인 모창毛昶이 이곳을 찾았을 때, 복원된 정원, 수목, 바위 등이 모두 예전처럼 아름다웠다. 쌍학재의 모든 건축은 거의 복원되어 완벽했다. 그러나 나머지 40경은 대부분 파손된 채였다. 미처 사용되지 않은 목재와 석재가 쌓여갔

고, 홍자영호의 지붕 아래 걸려있던 용마루도 잘려진 채 보관되었다.[39]

청의원의 재탄생

동치제는 냉정한 현실을 수긍하기는 했지만 내심 못마땅했다. 곧이어 원명원 복원을 반대했던 대신 10여 명을 파직시켰다. 심지어 공친왕이 자신과 태후들과의 관계를 서먹하게 만들었다고 질책했다. 이는 대단히 엄혹한 비난으로서, 내친김에 동치제는 권세 있는 만주 귀족 문상이 극력 청원했음에도 1874년 9월 10일 공친왕의 세습 친왕 칭호를 박탈했다.[40]

1875년 1월 12일, 동치제가 갑자기 붕어했다. 향년 19세였다. 삼해 공사도 3일 뒤에 중단했다. 자희 태후가 네 살짜리 조카 재첨載湉(1871~1908)을 안고 등극하니, 이가 광서제光緒帝이다. 자안은 이미 죽은 뒤였기에 자희가 수렴청정할 수 있는 유일한 태후였다. 그녀는 자신의 권세와 영향력이 커진 뒤, 드러내놓고 자신의 궁원 조영 계획을 진행했다. 삼해 이외에도 그녀는 원명원 부속 원림이었던 청의원을 복구하려고 마음먹었다.

청의원은 건륭제가 1750년에서 1764년 사이에 15년의 시간과 448만 냥 백은의 비용을 들여 조영했다. 건륭제가 모친에 대한 공경심을 보이고 그녀를 기쁘게 하기 위해서였다.[41] 이 원림은 만수산과 곤명호 사이의 경관단위에 위치한다. 곤명호는 커다란 호수로서 수질도 맑아서 구역 안 모든 황가 원림에 충분한 물을 제공했고, 넓은 운하망을 구축하여, 베이징 서직문 부근의 고량교까지 이어졌다. 건륭제는 청의원에서 한낮을 보내다 해가 지기 전에 원명원으로 돌아오곤 했었다.[42]

자희 태후가 청의원에 주목한 데에는 아주 큰 이유가 있었다. 그녀는 저 매력적인 산빛과 호수에 매료되었을 뿐 아니라 또 훼손된 정도가 원명원보다 심하지 않아서 복구 비용도 비교적 적었다. 일단 마음을 먹자, 그녀는 즉각 내무부에 지시를 내리고, 1888년 자신의 생일 이전에 이 궁원을 복구하여 자축할 수 있기를 희망했다. 조정 안팎에 반대하는 사람은 거의 없었다. 이미 자희 태후가 '여인천하' 독재 체제를 건립했던 바, 사람들은 두려워 감히 다른 목소리를 낼 수 없었던 것이다.

자희 태후는 직접 청의원 복구에 깊이 관여했다. 그녀는 세밀하게 조영 진도를 감독하고, 늘 설계에 참여해 그 내용을 새로 고치기도 했다. 이를테면 곤명호에는 1860년 심각하게 훼손되었던 석방이 복구되어 있다. 이 석방이야말로 그녀의 발상이었다. 석방은 "물은 배를 띄울 수 있고, 배를 전복시킬 수도 있다水能載舟亦能覆舟"는 유가의 명언을 표상했다. 물은 백성을 비유하고, 배는 정부를 비유한다. 이로써 백성이 정부에게 얼마나 중요한 지를 강조한 것이다.[43]

이 복구 예산이 정식으로 공개된 적은 없다. 그러나 외부의 추산에 의하면 3천만 내지 8천만 냥 백은이 소요되었다고 한다. 그럼, 자희 태후는 어디에서 이 비용을 충당했을까? 유명한 북양군벌 지도자 돤치루이段祺瑞(1865~1936)의 말에 의하면, 이홍장이 3천만 냥 백은을 들여 군함을 구매하려고 했는데, 자희가 이 돈으로 궁원을 복구했다고 한다.[44] 자희 태후가 북양함대의 고방庫房에서 막대한 재정을 가로채 청의원 보수에 필요한 경비를 충당했다는 것인데, 이는 사실이다. 그래서인지 그녀는 진정 해군에 감사라도 하듯 1887년 1월 27일에 해군훈련학교를 예산안에 포함시켰다. 물론 그 예산에는 곤명호의 석방 축조비도 들어있었다. 그러나 결국 석방은 물에 뜨지 않았고, 자희 태후는 청일전쟁 패배의 책임을 물게 되었다.[45]

드디어 1888년 3월 13일, 청의원이 다시 태어났다. 광서제도 공식적으로 이곳의 이름을 '이화원'으로 고쳐주었다. 이후 자희 태후는 1908년 세상을 떠날 때까지 이곳을 자신의 거처로 삼았다.

크게 보면 이화원은 청의원을 보수한 것이지만, 청의원 본래의 설계를 개선하여 모든 건물과 풍경을 극도로 세밀하게 일치시켜 전체적인 공간의 완전성을 추구했다. 정원의 바위는 예술적으로 쌓아올렸고, 그림 같이 자연스런 배경과 시적 상상력을 자아내는 인공 건축은 정교하게 안배했다.

이화원의 면적은 약 3.4평방킬로미터로서, 건축미와 예술적 취향에 있어서 모두 원명원에 필적한다. 이화원도 원명원처럼 이정理政의 기능을 갖추었고, 거주자에게 기쁨과 즐거움을 주었다. 전체 원림은 곤명호와 만수산을 결합했다. 이 궁원은 원림 생활에 있어서 자희 태후를 만족시켜준 듯하다. 더욱 중요한 것은, 이 개성 있는 궁원과 아름다운 풍경이 오늘날까지 존속하며, 우리에게 청나라 궁원을 이해하는 데 더할 나위 없는 자료를 제공하고 있다는 사실이다.[46]

자, 이화원의 포국을 개략적으로 이야기해보자. '불향각佛香閣'은 20미터 높이의 석대 위에 앉아서 만수산 앞쪽 비탈면으로 41미터 높이로 솟아있다. 전형적인 목조 건축으로 8면 4층 누각이다. 건륭

이화원(頤和園) 전도. 만수산과 곤명호 사이에 위치하는 이 원림은 원래 청의원(淸漪園)이었다. 지금도 이화원에는, 동궁문을 통해 들어가서 만수산 가운데에서 배를 타고 곤명호를 지나 섬에 내려 다리를 건너 신궁문으로 나오는 관람 코스가 있다. 만수산 뒤로 한참 돌아가서 북궁문으로 나오는 경우도 있는데, 그 사이에 석방이 있고, 자희 태후가 즐겨 찾았던 가짜 매매가가 있다.

북궁문(北宮門)

만수산(萬壽山)

동궁문(東宮門)

곤명호(昆明湖)

신궁문(新宮門)

루산이 그림

제가 '낙수당樂壽堂'으로 명명했던 주전은 건륭 시대의 양식에 근거해 건축되었다.[47] 이 독특한 풍취를 지닌 누각을 복원하는 데 780만 냥 백은이 들었다. 완공한 뒤 '배운전排雲殿'으로 개명했다. 이 전각의 지붕은 황색 유리와로 곤명호에 걸쳐있는 한백옥 석교와 마주하고 있다. 배운전은 자희 태후의 주요한 거처였다. 멀리서 보면, 호숫가, 패루, 전문, 석교, 내문内門, 배운전이 한눈에 들어오며 상승감을 느끼게 된다.

확여정廓如亭은 이화원에서 가장 큰 정자자로서 팔각형인데, 내외 3층에 모두 24개의 원기둥과 16개의 방형方型 지주로 지탱하고 있다. 십칠공교十七孔橋의 남단에 앉아있고 130평방미터의 면적을 차지하고 있다. 정자의 겹처마는 매 면마다 뾰족하게 솟아있어 웅장한 기세를 보여준다. 만주족 친왕 부걸溥杰의 묘사에 따르면, 이런 정자형태는 다른 곳에서 볼 수 없는 유일한 것으로, 거대한 몽골 파오를 표상하며 만주족 조상의 유목 생활을 일깨워주었다.[48]

회정軎亭은 한 쌍의 육각형 정자로서, 이화원 동쪽의 구릉 정상에 위치하고 있다. 자희 태후는 늘 8월 15일 보름달이 뜨는 밤이면 이곳에서 달구경을 했다고 하는데, 특히 지상에서 달빛 아래 정자 두 곳의 그림자가 하나로 겹쳐지는 모습을 감상할 수 있었다고 한다. 보름달이 동쪽에서 천천히 떠올라 서쪽으로 옮아갈 무렵이면, 두 정자의 그림자가 서서히 거대한 그림자로 모이며 만월의 아름다움을 느끼게 해준다.

동정銅亭도 '보운각寶雲閣'으로 불리며 독특한 건축으로 이름이 났다. 이 정자는 모두 구리로 주조되었고, 무게가 207톤, 높이는 7.5 미터로 거대한 한백옥 대계 위에 앉아 있다. 건륭제 때 처음 완공되 었으며 1860년에도 다행히 살아남았다. 그러나 동탁銅卓을 제외하 고 내부 장식품은 모두 약탈당했다. 자희 태후가 복구한 뒤 매달 초 하루와 보름이면 라마승들이 모여 불경을 외며 황가를 위해 복을 빌었다.

　라마교는 몽골과 서장에 널리 퍼진 종교로서 청나라 개국 이래 만주족 통치자들의 주목을 받아왔다. 그들은 몽골과 서장 사람들 을 통제하기 위한 정치적 필요 때문에 종교를 빌린 것이다. 수많은 라마 사원이 베이징 서쪽에 세워졌고 대부분 청나라 조정의 허락 을 얻은 것이었다. 건륭제는 만수산 뒤쪽 비탈면에 거대한 라마 사 원들을 세웠는데 그 면적만도 대략 2만 평방미터에 달한다. 사원은 불교의 우주관을 상징하도록 설계되었다. 사원들 안에는 네 개의 정원이 있고 그 안에 각각 홍색, 백색, 녹색, 흑색 탑이 있다. 이들은 불교의 사토四土*를 상징하며, 네 가지 불교의 지혜를 대표한다, 아 울러 두 개의 대계를 마주보도록 하여 해와 달이 불교의 세계를 에 워싸고 있는 모습을 표현했다.[49] 이 건축물은 모두 1860년에 초토 화되었고, 이화원으로 복구되는 범위에 들어가지는 못했다. 그저 소수의 불상만이 유적지에 있는 전당 안에 보존되어 있다.

　이화원에서 가장 유명한 장랑은 구불구불 이어지면서 물결처럼

---

* 부처가 사는 네 가지 세계를 뜻한다.

파도친다. 길이는 728미터로 동쪽에서 서쪽으로 모두 273단^段인데 그 사이에 네 개의 8각형 정자가 있다. 이곳을 걸어가면 갖가지 경치를 구경할 수 있다. 자희 태후는 이곳에서 가장 크게 자부심을 느꼈다. 사실 이화원의 모든 건축 가운데 가장 독창적인 설계를 보여주는 부분이기도 하다. 사람들은 장랑 안에서 호수를 보다가 산자락에 흩날리는 눈을 보기도 하고, 물안개 자욱한 사이로 태양을 볼 수도 있으며 청아한 빗소리를 들을 수도 있다. 장랑은 길고 고운 비단 띠처럼 산과 호수로 둘러싸인 건물들을 두르고 있다. 장랑에는 1860년 재앙 이전에 8만 폭의 쑤저우풍^{蘇州風} 채색화를 기둥에 걸어놓았다. 그 내용은 꽃, 새, 풍경, 날아오르는 선학 5백 마리, 고대 소설과 민간 전설 속 인물 등이었다.[50] 이 정교한 그림들은 시대를 달리하며 그려졌고, 가장 이르기로는 건륭제가 남순 기간 보았던 아름다운 풍경을 화가에게 똑같이 그리도록 한 것이 있었다. 장랑은 지반이 단단하여 1888년 복구 당시 비교적 수월하게 복원할 수 있었지만, 그 안에 그려진 그림들의 아름다움은 회복할 수 없었다.[51]

이화원에는 다리도 많다. 곤명호에만도 30개가 있다. 가장 긴 다리는 십칠공교다. 길이 150미터 폭 8미터의 다리가 무지개 모양으로 뻗어 호수 동쪽의 둑과 호수 남쪽에 있는 작은 섬을 잇고 있다. 다리의 난간에는 500마리의 석사자가 갖가지 모양으로 앉아 있다. 또한 다리의 동쪽 끝에는 실물 크기의 청동 물소가 있는데, 아주 정교하게 조각되어 있으며 건륭제 때의 작품이다. 이곳에 놓인 이유는 수재^{水災}를 '진압하기' 위해서라고 한다. 청동 물소의 크기와 무

이화원의 장랑(長廊). 이화원에서 가장 유명한 장랑은 구불구불 이어지면서 물결처럼 파도친다. 길이는 728미터로 동쪽에서 서쪽으로 모두 273단인데 그 사이에 네 개의 8각형 정자가 있다. 이곳을 걸어가면 갖가지 경치를 구경할 수 있다.

게가 상당하여 원명원 약탈 당시에도 살아남을 수 있었다. 옥대교玉帶橋는 곤명호 서쪽 긴 둑에서 원내로 이어지는 여섯 개의 다리 가운데 하나이다. 백색의 아치형 석교로서 불룩 솟아나온 부분이 수면에서 아주 높아 용선도 수월하게 지나갈 수 있다.

자희 태후는 때맞추어 이화원을 복구해 자신의 생일을 축하했다. 그런 뒤 이 궁원을 자신의 거처로 삼았고, 아울러 매년 음력 10월 10일이면 거창한 생일잔치를 열어 축하 손님들을 대접했다. 그녀의 생일잔치는 1주일 간 지속되었다. 이 기간 동안 이 궁원 안에 성대한 유수석流水席*을 펼쳐놓고 끊임없는 여흥과 공연을 즐겼다.

---

* 자리를 정하지 않고 오는 대로 앉아서 먹고 가는 연회 방식

광서제와 대신들은 배운전에 모여 자희 태후에게 삼궤구고례를 바쳤고, 그녀에게 글과 구두로 축하하는 말을 올렸다. 1894년은 자희 태후가 60세가 되는 해이다. 친왕으로 조직된 특별위원회가 생일연을 근래 보기 드문 행사로 기획했던 바, 그 규모는 자금성에서 이화원까지의 거리에 곱고 아름다운 장식을 진설할 정도로 건륭제의 잔치에 버금갔다. 그러나 자희 태후가 처한 시대는 이미 건륭제의 태평성세가 아니었다. 1894년 청일전쟁이 벌어졌다. 청나라는 한 해도 버티지 못하고 참패를 당했고, 이미 확정되었던 자희 태후의 생일 행사 계획은 속절없이 무너졌다. 그녀는 이런 상황에서 생일연의 규모를 대폭 축소할 수밖에 없었다. 그래도 그녀는 1897년 생일연에서 일종의 보상을 받았으니, 이화원 안의 각 희대에서 8일간의 연대희를 벌였던 것이다. 이 행사를 치르느라 자희 태후는 당시 3억2,400만 킬로그램 백미白米의 비용을 사용했다. 물론 이 비용 안에는 전국 각지 관원이 바친 예물은 포함되지 않았다.[52]

자희 태후는 1888년에서 1908년까지 황제 배후에 있었던 진정한 권력자였다. 특히 1898년 무술정변戊戌政變 이후, 그녀는 이화원을 자신의 정무 처리 장소로 삼았다. 마치 청나라 황제가 원명원을 사용한 방식과 똑같았다. 자희 태후가 일상을 지낸 장소는 장랑의 동쪽에 위치하고 있으며 이화원의 중추지이다. 거대한 사합원四合院 구조로 되어 있는, 49칸의 크고 작은 집채들로 구성된 대원大院이다. 이곳의 정원은 3,000평방미터에 달하고 만수산 뒤편에 위치하며 곤명호를 바라보고 있다. 자희 태후는 10칸짜리 상방에 자신의 일

상처를 꾸미고 '낙수당'이라 불렀으며 큰 전당은 '인수전仁壽殿'이라고 불렀다. 원명원의 정대광명전에 해당하는 셈이다. 그녀는 원명원 안에 있던 청동 기린(기린은 길상을 상징하는 독각수다)을 정원의 공터 안에 두고, 인수전의 본당 중앙에는 '수협인부壽協仁符' 네 자를 편액에 새겨 걸었으며, 정문 양쪽 벽에 거대한 현판을 걸었는데, 각각 100마리의 박쥐를 그려 넣었다. 박쥐들은 각각 '수壽'자를 쥐고 있었다. 그녀의 탁자 뒷면에 있는 병풍에도 갖가지 서법으로 200개의 '수'자를 써 놓았다. 언뜻 보더라도 자희 태후는 역사상 다른 통치자들처럼 인자仁慈와 장수에 집착하고 있었다.[53]

지금도 이 전당 안에는 자단목으로 제작된 '용의龍椅' 두 개를 볼 수 있다. 의자마다 아홉 마리 용이 살아 움직일 듯 새겨져 있는데, 이는 황권을 상징한다. 자희 태후와 광서제는 이화원 안에서 주요 인사를 접견할 때에 각각 용의에 앉아서 만났다. 이화원은 공식적인 장소가 아니었기에 자희 태후는 대부분 엄격하게 규정을 따르지 않은 채 황제와 동석했던 것이다. 그러나 자금성처럼 비교적 공식적인 자리에서는 비록 광서제가 자희 태후의 꼭두각시였다 해도, 그녀는 광서제의 뒤에서 비단 주렴으로 막을 치고서 수렴청정을 했다.

자희 태후는 분명 넓은 호수와 푸른 산으로 둘러싸인 이화원의 아름다움을 참으로 좋아했다. 틈만 나면 곤명호에 배를 띄워 놀았는데, 흡사 옹정제와 건륭제가 복해에서 뱃놀이를 했던 것과 닮았다. 또한 산 뒤편 침궁 정원 안에 기석으로 만들어진 조형물에 기화

이초를 심어놓고 좋아했고, 꽃피는 계절이 오면, 자희 태후는 건륭제처럼 활짝 핀 목란화에 흠뻑 취했다. 그녀도 도광제처럼 희극 마니아였다. 이화원에 대형 희대를 만들어놓고 즐겼다.[54] 이 때문에 폐허로 변해버린 원명원을 잊을 수 있었다.

1896년, 이홍장은 세계일주를 마치고 돌아와 다른 사람에게 먼저 이화원의 자희 태후에게 보고를 올리도록 하고, 그 사이에 원명원에 들러 잠시 휴식을 취할 생각이었다. 그러나 원명원을 지키고 있던 태감들이 그를 제지했고, 미리 허락을 받지 않은 채 진입했다고 광서제에게 고발했다. 당시 자희 태후는 이 일을 정확하게 알고 있지 못한 상태였다. 한편 옹동화는 광서제의 스승이자 신임하는 대신으로 이홍장의 정적이었다. 그는 이홍장의 '삼안화령三眼花翎*을 떼어 징벌하도록 건의했다. 광서제가 이 의견을 좇았다. 그러나 자희 태후가 이홍장을 변호하여, 봉록 1년 치 감봉으로 처리했다.[55]

근래 어떤 이는 이홍장이 황폐한 원명원에 진입한 것은 호기심 때문이었고, 그에게 내려진 징벌은 사실 이광소의 사기 행각을 그가 폭로하여 원명원 조영이 중단된 된 데에 대한 보복이었다고 지적하고 있다.[56] 그런데 이처럼 엄격하게 원명원을 지켰던 것은 무엇 때문이었을까? 혹시 조영 공사가 계속 진행되고 있었던 것을 은폐하려던 것은 아니었을까? 기록에 따르면, 자희 태후와 광서제는 1886년에서 1898년까지 정기적으로 원명원을 찾았다. 이는 조영

---

* 청나라 제도에 공을 세운 자의 관모에 달던 공작령(孔雀翎)으로, 공작령에 둥근 문양을 안(眼)이라고 부르며 삼안(三眼)이 최고 등급이다.

을 감독하기 위한 시찰이었던 것으로 보인다. 또한 1897년 회계예산 가운데 9만6,500냥 백은을 원명원에 제공하고 있다.[57] 원명원의 조영을 완전히 중단했다는 선언은 그저 대외용 포고였을 뿐이요, 실제는 그렇지 않았으리라고 의심하지 않을 수 없다.

또다시 약탈, 그리고 그 후

만일 원명원이 1900년 의화단운동(이 일로 8국 연합군이 중국을 침입했다) 기간 또다시 약탈과 방화를 당하지 않았다면,[58] 복구된 부분들은 당연히 남아 있었으리라. 1900년 8월 5일, 자희 태후와 광서제가 달아나자, 또다시 베이징은 외국인 침입자의 손에 떨어졌다. 1900년의 침입은 1860년에 비해 사람 수도 많고 더욱 잔혹했다. 그들은 재차 약탈하고 불을 질렀으며, 그 범위는 더욱 넓고 시간도 오래 지속되었다.

약탈 대상은 돈이 있는 사람과 만주 귀족의 집이었고, 약탈자에는 군대뿐 아니라 외교관과 선교사도 포함되었다. 미국 선교사 마틴[W. A. P. Martin]은 약탈 현장을 목격하고, 그 장면을 '폭동'이라고 묘사한 바 있다.[59]

수많은 중국인 포로는 잔인한 학대와 비정한 총살을 당했다. 이런 극단적인 폭동에 대한 보도와 증거는, 당시 미국 작가에게 "이들이 받은 처우는 로마의 폭군 네로가 기독교도를 처우했던 것과 비슷하다"는 느낌을 주었다.[60] 주목할 만한 것은, 대략 침입하기 1

년 전, 이 열강들은 1899년 헤이그조약에 참여하여, 그동안 당연시되었던 전쟁 기간의 약탈과 자의적 살육을 금지하는 내용을 명문화했었다는 점이다.

새로 복원된 이화원이든 파괴된 채 그대로 있었던 원명원이든 모두 약탈당했다. 8국 연합군은 아주 손쉽게 베이징을 점령했고, 기동력 있는 독일 기병은 동복상董福祥(1840~1908, 청나라 말기 간쑤甘肅 지역의 지도자)의 패잔병을 뒤쫓아 내몽골까지 들어갔다. 독일군은 다시 돌아와 영국 및 이탈리아 군대와 함께 베이징 서북쪽에 주둔한 채, 원명원 내 모든 궁원을 약탈했다. 겨울 추위가 닥치자, 그들은 원명원에서 목재 문과 창틀을 떼어다 태우며 몸을 녹였다.[61] 1870년대에 복구된 모든 것들은 완전히 소실되었다. 1860년과 똑같이 침입자들은 약탈한 물건을 분배하기 위해 포상위원회를 조직했고, 영국대사관에서 경매회를 열었다.[62]

외국 군대가 철수하자, 원주민 무뢰한, 좀도둑, 건달패, 유민들이 무정부 상태를 이용해 마음대로 돈이 됨직한 물건들을 약탈했다. 심지어 궁원을 보호하던 만주족 기민들도 그 대열에 참가했다. 1900년 9월 17일, 100명이 넘는 기민이 원명원 시위의 경고를 무시하고, 손에 도끼며 삽을 쥐고 장춘원의 해악개금에 난입했다. 그들은 섬으로 들어오는 다리를 파괴하며 저항했지만 결국 시위들에게 격퇴되었고 대부분 피살당했다. 그러나 1주일 뒤 16명의 기민이 원내 얼어붙은 호수 위로 들어와서 마음대로 원명원을 약탈했다. 건축물을 뜯어가고, 사용할 수 있는 목재를 마차로 실어 날랐으며, 원내 거대한 소나무와 측백나무를 베어다 팔았다. 기둥에서 창틀까지 모두 부근의 청하진淸河鎭에 가져다 팔았는데, 쌓아놓고 보니 "작은 산"을 이루었다. 원내에서 가져간 작은 나무 조각이며 나뭇가지는 시장에서 팔리고 있었고, 사람들은 이를 땔나무로 사용했다. 그 결과 원내 건축물, 특히 목재 건축물과 나무는 사라지고 말았다. 1900년 원명원의 파괴는 결코 1860년의 재앙 못지않았다.[63]

외국인 침입자들은 이화원도 파괴했다. 미국인 리칼튼James Ricalton은 의화단운동 기간에 중국을 찾았다. 그는 이화원 호숫가를 1마일(약 1.6킬로미터) 가량 발이 가는대로 산보하며 독특하고 기이한 건축들을 보았는데, 어디에나 약탈자와 파괴자가 남겨놓은 상흔을 그대로 드러내고 있었다.[64] 하지만 다행스럽게도 이화원은 1860년 원명원처럼 방화로 심각하게 훼손되지는 않았다. 그래서 그 복구 작업은 비교적 쉬웠고 그다지 많은 비용이 들지 않았다. 사실 1902년 자희 태후가 베이징으로 돌아왔을 때, 이화원은 잘 복구되어서 그녀가 들어오기를 기다리고 있었다. 그녀는 '낙농헌樂農軒'이란 농가를 지어놓고 자신이 피난했던 내륙의 농촌 시절 아픔을 되새겼다.[65] 8국 연합국이 일으킨 재앙은 그녀를 겸손하게 만들었다. 그녀는 더 이상 외국을 적대시하지 않고 오히려 외국인을 반기게 되었다. 이를 테면 1902년 이후 자희 태후는 자신이 아끼던 이화원에서 서양 귀부인들을 대접한 바 있다. 이때부터 조정은 그녀의 통제 하에 있었지만, 자희 태후는 거의 이화원을 떠나지 않았고, 끝내 1908년 그 안에서 세상을 떠났다. 젊었지만 허약했던 광서제도 원내에 살았는데, 거주하던 누각이 사방에 물을 두르고 있어 마치 구치소와 같았다. 그는 자희 태후보다 하루 전에 세상을 등졌다.

의화단운동이 발생한 뒤, 원명원의 운명도 정해졌다. 치명적인 두 번째 약탈은 복구의 희망을 저버리도록 만들었고, 이 궁원을 역사 유적으로만 기억되게 했다. 전쟁 이후 물게 된 거액의 배상금은 청나라 조정의 재정을 더욱 압박했다. 예를 들어, 1904년 내무부는 원명원의 시위와 태감의 수를 줄였다. 1909년에도 그 수는 여전히 16,718명 남짓이었다.[66] 그러나 그들 대부분은 이전에 원호였던 사람들로서 부녀자와 아이들을 포함한 숫자이다. 원명원에서 그들은 파괴자이지 보호자는 아니었다.

청나라의 쇠퇴와 멸망은 더욱 악인들이 편승할 기회를 제공했고 나아가 원명원을 파괴시켰다. 1911년 초가을, 원명원을 찾은 후난성 의회 주석 탄옌카이譚延闓(1879~1930)는 왕카이윈이 1870년에 보았던 경물을 볼 수 없었다. 그의 눈에 들어온 것은 그저 들풀과 어지러이 널린 돌조각뿐이었다. 유일하게 남아있는 건물이라고는 장춘원 북단에 반쯤 허물어진 유럽식 바로크 건축이었다.[67] 그래도 그것을 알아볼 수 있었던 이유는 서양 건축이 견고한 석재와 대리석 기단을 사용했기 때문이다. 유럽 건축가의 논리에 따르면, 이 건물은 1914년 이전에만 손을 썼더라면 수월하게 복원할 수 있었을 것이라고 한다. 그러나 당시의 처참한 형편으로는 어떤 역사 문물도 온 힘을 쏟아 보호할 수 없었다.[68] 보호받지 못하는 상황에서 반이나마 남아있던 건축은 점점 무너져 갔다. 그리고 결국 몇몇의 거대한 대리석 조각더미로 남았다. 올머가 1870년 촬영했던 20장의 사진은 1933년 출판되었다. 이 사진을 통해 우리는 유럽식 건축의 외관을 확인할 수 있다.[69]

중국의 정치 체제가 군주제에서 공화제로 변화했지만, 퇴락해가는 원명원의 위상을 개선하는 데 영향을 주지는 못했다. 마지막 만주족 통치자 선통제宣統帝(푸이溥儀)는 자금성 내 궁실 및 궁원 등 모든 재산의 소유권을 허락받았다. 이는 1912년 퇴위할 때 협의했던 내용이었다. 원명원은 지속적으로 전 청나라의 내무부가 관리 감독했다. 그러나 요동치는 민국정부民國政府가 그 약속을 거의 이행할 수 없는 것이 문제였다. 지킬 능력이 없는 황실은 부패한 정객이나 거친 군벌의 희생양이 되기 쉬웠던 것이다. 적지 않은 청나라 황실의 능묘는 폭파되고 도굴되었다. 원명원이 파괴되지 않았더라면 수많은 탐욕의 과녁이 되었으리라.

초기 북양정부北洋政府는 공공연히 자금성에 자리하고 있던 옛 청나라 궁정 측에 원명원에 있는 주요한 물자를 요구했다. 1915년, 베이징의 번화한 상업 구역을 새로 정비하며 완성한 정양문正陽門을 꾸미기 위해, 내무부 총장은 왕실 내무부의 비준을 얻어 원명원 서북쪽에 있는 안일당安逸堂에서 석기린 한 쌍을 옮겨왔다. 같은 해 베이징의 군방軍方 장령將領이 원명원 안에 있는 가산과 가석假石을 요구했다. 원하든 그렇지 않든, 내무부는 이 요구들을 거절할 수 없었다. 궁정 측은 분개하여 강개하게 대응했지만 별무 소용이 없었다. 적어도 처음엔 내무부가 푸이의 동의를 얻었기에, 궁정 측은 흔쾌

하게 민국정부의 요구에 응하여 자발적으로 원명원의 태호석 51덩이를 옮겨다 주었다.[70]

총통 위안스카이袁世凱(1859~1916)가 세상을 떠나자 정국은 다시 바뀌었다. 곧이어 닥친 사회적 혼란은 원명원의 보호를 더욱 곤란하게 만들었다. 사실상 거의 황폐화된 원림은 도적이 손만 대면 가져갈 수 있는 사냥감이었다. 푸이는 태감 총관 왕허시王和熹로부터 도적이 원명원에 난입한 일을 보고받았지만 베이징 정부의 도움을 얻는 것 이외에 다른 방법이 없었다. 경찰이 도적 세 명을 잡았다. 그들은 원명원에서 석재 수백 덩이를 훔쳤다고 자백했다. 그러나 오래지 않아 경찰과 심지어 군인까지도 도적으로 변했다. 1919년 가을 어느 날, 수십 명의 군인이 마음대로 문원각 유적지에서 마차 수십 대 분량의 태호석을 실어갔다. 황실측이 베이징의 보군步軍 총령아문總領衙門에 강력하게 항의를 보냈지만, 역시 아무 소용도 없었다.[71]

1919년, 서원에 주둔하고 있던 변방군邊防軍 포삼영炮三營 부관인 가오高 아무가 원명원 안에서 물건을 약탈했다. 이 불법 행위에 격노한 푸이가 육군부陸軍部에 항의했다. 소식에 의하면, 가오 부관과 십여 사람이 대낮에 원명원에 난입하여, 세 대의 대형 수레에 돌덩이를 실어갔다고 한다.

푸이는, 원명원이 완벽한 사적 재산이므로 정부 당국은 이를 보호할 의무가 있다고 거듭 강조했지만, 수비하던 군인이 도적이 된 뒤로는 합법적 보호조차 아무런 의미가 없어졌다. 이후 민국정부의 관계자이든 재야에 있던 사람들이든 모두 끊임없이 원명원에 있던 물건들을 밖으로 빼돌렸다. 가장 참을 수 없는 일은 1921년에 일어났다. 제16사단 양영両營에 속한 군인들이 원내에 진입하려다가, 그들을 타일러 막던 태감을 구타하고 원명원에 진입하여 물건을 약탈했다. 그들은 사위성의 담장을 뜯고 수많은 태호석을 옮겨갔는데, 이틀 내내 약탈했다. 사실상 누구도 감히 그들을 막을 수 없었다. 이 군인들은 원명원을 떠나갈 때에도 20명의 무력에 빠진 태감들에게 욕설을 지껄였다.[72]

민국정부의 교육 기관도 원명원에서 탐욕의 눈빛을 거두지 않았다. 1921년, 베이징 룽첸고아원龍泉孤兒院은 푸이를 압박하여 원명원 서쪽 담장 벽돌과 원내 호석湖石을 그들에게 기부하도록 종용했다. 고아원 측은 이를 건축 재료로 사용할 예정인데, 폐기된 물건을 공익에 활용하는 것이라는 구실까지 붙였다. 1922년, 옌징 대학교의 선교사 책임자는 교내 막근원莫根園을 건축하기 위해 원명원에서 대량의 석재를 가져갈 수 있도록 해달라고 요구했다. 이 두 가지 사례는 그래도 공익의 용도로 활용된 것이었지만, 다른 사람들은 개인의 사용을 채우려고만 했다. 이후 같은 해, 경사 경찰총감警察總監 쉐즈헝薛之珩은 원명원의 건축 자재를 '차용해' 개인적으로 사용했다. 영향력 있는 관원 가운데 그가 유일하게 이런 짓을 한 경우는 아니었다. 쑤蕭 위원과 완瑗 위원은 원명원에서 60대가 넘는 대형 수레에 태호석을 싣고 갔다. 원명원에 주재하던 총관 왕허산王和珊이 항의했지만 거들떠보지도 않았다.[73]

거의 한시도 멈추지 않고 이어지는 원명원 약탈 행위를 근절하기 위해, 세 명의 내부부 대신 사오잉^{紹英}, 치서우^{耆壽}, 바오시^{寶熙}는 1922년 9월 베이징의 경기^{京畿} 위수총사령^{衛戍總司令} 왕화이칭^{王懷慶}에게 원명원에서 물건을 탈취해가는 것이 얼마나 심각한 일인지 강조했다. 왕 총사령은 원명원을 최대한 보호하겠다고 응낙했다. 그러나 쓸쓸하게도 왕화이칭 총사령 자신이 일찍이 수백 명의 노동자에게 호미, 도끼, 자귀 등을 들려서 원명원에 잠입시킨 뒤, 사위성을 에워싸고 있는 견고한 성벽이며, 홍자영호의 담장이며, 바로크식 건축의 벽돌담을 뜯어내서 모호^{茅湖}에 있는 자신의 별장인 달원^{達園}을 지었었다. 그것도 무려 3년에 걸쳐 진행된 일이었다.[74]

1923년 봄, 내부부가 발신한 편지를 보면, 원명원의 외벽을 에워싸고 있던 북쪽 담장과 서쪽 담장도 모두 뜯겨졌다.[75] 오래지 않아 동북의 군벌 장쭤린^{張作霖(1873~1928)}이 베이징을 장악했다. 그는 원명원에서 대량의 한백옥을 가져다 배로 랴오닝으로 옮겨가 자신의 묘지를 조영했다. 이와 동시에 한 부유한 독일군 무기상이 원명원에서 갖가지 건재를 가져다가 자신의 에메랄드 가든을 지었다. 이제 원명원 안에 있던 담장도 온데간데없이 사라지고 말았다.

담장이 뜯겨 사라지자 사람들은 원명원의 토지에 눈독을 들였다. 1923년, 칭화 대학교는 신학기가 시작할 즈음, 차오윈샹^{曹雲祥} 총장이 정식으로 황실 측에 칭화 대학교 캠퍼스 인근의 원명원 토지 일부를 제공받아 대학 부지를 확장하고 싶다고 요청했다. 그는 원명원 토지를 칭화 대학교에 주는 것이야말로 고적을 보존할 가장 좋은 방법이라고 믿고 있었다. 현금으로 토지를 구매하고자 했지만 경비가 부족했던 탓에 그렇게 할 수 없었던 그는, 만주족 학생에게 약 26만 위안의 장학금을 제공하는 것으로 황실에 보상하겠다고 제안했다. 이 제안은 제법 매력적이었다. 당시 만주족 학생 가운데 이 훌륭한 학부에 들어간 예가 없었기 때문이다. 그러나 푸이는 응답을 미루었다. 그는 어떤 이유라도 토지를 내준다면 다시는 되찾을 수 없다는 사실을 잘 알고 있었기 때문이다.[76]

원명원의 정체성은 잠시나마 유지되었다. 그러나 1924년 내내 원내의 물건이 여전히 사람들에게 약탈당하고 있었다. 특히 북양정부의 비서장 왕란팅王蘭亭은 단도직입적으로 내무부에 통보하여 원명원의 가산에서 1백대 수레 분량의 바위를 가져다 개인 정원을 조영하겠다고 요구했다. 하지만 황실 측은 이를 막을 수 없었다. 같은 해 말에 한 무리 기병들이 푸이의 내무부에 알리지도 않고 원명원에 주둔했다. 옌징 대학교를 관장하던 외국 목사들은 1925년 캠퍼스 인근 원명원을 답사한 뒤, 안우궁의 석주石柱와 공예품을 옌징 대학교 안으로 옮겨놓았다. 황실 측은 경찰을 통해 이 목사들에게 따져 물었지만, 그들에게 돌아온 대답은 이 석주를 교내에 두어야 더욱 안전하다는 말뿐이었다. 베이징 시내 중산공원中山公園 이사회는 원내 무너진 돌무더기는 결코 안전하지 않다면서 푸이에게 남은 석재를 자신들의 공원으로 옮기는 것이 보존에 타당하다고 건의했다. 이와 비슷한 요구가 끊임없이 제기되었다. 하지만 이 전청前淸의 퇴위한 황제는 새로운 터를 찾는 것이 원명원 유물을 처리하는 가장 좋은 방법이라고 결코 생각하지 않았다.[77]

그러나 푸이의 생각은 전혀 존중받지 못했고, 기념비적인 유물도 그대로 원명원 밖으로 옮겨지고 있었다. 외관이 아름다운 청동 동물상과 바위는 비교적 일찍 이화원으로 옮겨졌고, 만춘원 입구의 신궁문^{新宮門}의 적지 않은 상방, 가림벽, 아치문, 석사자 등은 전청의 베이러^{貝勒(만주어로 왕족, 귀족을 지칭함)}들이 자선단체에 팔아 중학교 교사^{校舍}가 되었다.[78] 난정의 석주와 청동 조각상들, 태호석과 석조^{石雕} 난간은 중산공원으로 옮겨졌다. 이 가운데 원명원에서 가져 온 바위는 난징의 중산릉^{中山陵}으로 운반되었다. 옌징 대학교에 팔았던 물품들, 이를테면 한백옥으로 조각한 석기린, 분수대, 석조 병풍, 돌다리, 유럽식 조각품과 조각 장식이 붙어있는 화표 세 개 등은 모두 홍자영호에 있던 것이었다. 베이징도서관이 1930년에 원명원에서 가지고 온 물품을 전시했는데, 이 가운데 특히 주목을 끌었던 것은 홍자영호에 있던 조각 장식 기둥 한 쌍, 장춘원의 대동문에서 가지고 온 석사자 한 쌍, 문원각에서 가지고 온 석비 두 개였다.[79]

엄청난 물품들이 옮겨진 이외에도 전청의 태감과 기민, 원주민들에 의해 절도당한 물건들은 이루다 헤아릴 수 없다. 1920년대 베이징에 거주했던 사람들은 거의 날마다 원명원에서 운반되는 석조각, 청동명문, 태호석, 벽돌, 기와 조각 및 기타 건축 자재들을 목격했다.[80] 영국 작가 덴비가 1930년대에 "베이징의 허름한 석공 점포에서 아주 정교하고 아름답게 쌍화환^{雙花環} 무늬나 꽃문양을 조각한 돌이나 대리석, 이국적인 주제로 만들어진 조각상 등을 구매할 수 있었다. 이 조각들은 유럽식 건축 궁전에서 나온 것으로, 1내

지 2달러를 주면 살 수 있었다"고 말한 것도 그리 놀랄 일은 아닌 셈이다.[81]

이후로 사람들의 약탈, 화재, 그리고 기후의 엄습은 원명원을 인적이 드문 황야로 만들었다. 1931년 3월, 중국건축협회는 대중들에게 역사문물 보호 의식을 환기시키기 위해, 송나라 건축가인 이명중李明仲(이름은 계誡) 서거 821주년 기념을 계기로 원명원의 역사와 유적 전시회를 개최했다. 이 자리에서 지도, 모형, 안내서, 바위, 비문, 문헌, 시문, 서적 등이 공개되었다.[82] 이 전시회는 아주 많은 사람들의 주목을 끌었고 흡인력도 있었지만 당시 중국의 정치와 사회 환경 아래에서 역사 문물의 보존은 참으로 이행하기 어려운 일이었다.

곧이어 전쟁이 발발했다. 1937년에서 1945년까지 화둥華東(중국 동부를 말함) 지역이 일본군에 점령당했고, 베이징(당시 베이핑北平으로 불렸다) 부근의 굶주린 농민, 전청 태감과 만주족 기민들은 원명원으로 들어와 땅을 일구어 그곳을 농장으로 바꾸어갔다. 그 결과 구릉은 평지가 되고 호수는 메워져 경작지가 되거나 연못이 되었다. 원명원은 이제 지표의 모습도 사라지기 시작했다.

1949년, 중화인민공화국이 성립되었다. 그러나 원명원 유적을 보호할 조치가 즉각 시행되지는 않았다. 심지어 중국과학원中國科學院은 이곳에 대형 수목원을 조성할 계획을 세웠다. 이 계획은 실현되지 않았지만, 논밭과 농사農舍가 자리 잡은 지 여러 해인데다 밑도 끝도 없이 남아있을 태세였다. 정부는 1950년대 후반에야 비로소 징발 방식을 통하여 유적지 대부분의 토지권을 확보했다. 그러나 농민들을 별도로 이주시켜야 했으니, 사실 이는 대단히 어려운 과제였다. 1959년에서 1961년까지 삼 년 간 자연재해로 상황은 더욱 악화되었다. 이 기간에 더욱 많은 농민들이 원명원의 토지를 점유했고, 원명원은 또다시 소멸될 위기를 맞이하게 되었다. 원내 구릉이 또다시 평평해지고, 호수는 메워졌으며, 수많은 초가집이 세워지고, 길이 되는대로 닦여 나갔다.

1966년에서 1976년까지 장장 10년에 걸친 문화대혁명^{文化大革命}의 광풍은 원명원에 더욱 큰 파괴를 안겨주었다. 이 난리 동안 대략 800미터의 담장이 부서지고, 1,000그루의 나무가 베어졌으며, 528대 분량의 석재가 실려 나갔다.[83] 특히 베이징 대학교 교수와 학생들은 문화대혁명이 끝난 뒤, 당시 자신들이 홍위병의 명령 아래 원명원에서 농사를 지었다고 말한 바 있다. 문화대혁명이 고조됨에 따라 원명원 유적지에는 논밭, 공장, 학교, 사격장, 목장 등이 자리 잡았다. '정각사'로 불리는 라마 사원은 심각하게 파손되었음에도 기적적으로 문화대혁명을 겪고 살아남았다. 이 사원은 18세기 건륭제 때 지어졌고, 라마의 숙소와 불상을 안치한 관각^{館閣}으로 이루어져 있었다. 1860년의 재앙은 피했지만, 1900년에는 의화단이 점거하고, 1901년에는 독일군이 점거했다. 이 점령자들은 사원 내부의 문과 창을 떼어내 불을 피웠다. 1910년 민국의 유력한 정치인인 옌후이칭^{顔惠慶}은 라마를 내쫓고 불상을 부순 뒤, 이 사원을 자신의 별장 일부로 만들었다. 정각사 주위의 아름다운 측백나무들은 칭화 대학교에 팔려 기숙사 건축 자재로 사용되었다. 1960년대 이후 20여 년간 하이뎬기계수리공장^{海澱機械修理工場}은 끊임없이 사원 주위의 소나무며 측백나무를 베어내 작업실과 생활 공간을 만들었다.

1976년 문화대혁명이 끝난 뒤, 역사 문물을 보존하자는 의논이 이루어지고 원명원을 관리할 특별 사무실이 만들어졌다. 1980년 8월, 중국정부는 원명원을 국가 '중점고적^{重點古迹}'으로 선포하고 정부 차원에서 보호했다. 끝없이 지속될 것 같았던 원명원의 파괴가 드디어 멈추었다.

원명원 유적 공원

보호인가 또 다른 파괴인가

천재와 인재의 무정한 파괴를 경험한 원명원이 남아있는 것은 거의 기적과 같다. 마지막 위기는 '문화대혁명'이었다. 이 기간에 수많은 농장, 공장 그리고 학교가 원명원 안에 세워졌고, 원명원의 경관을 심각하게 훼손했다. 1976년 문화대혁명이 종결되자, 원명원의 철저한 파괴만은 막을 수 있게 되었다. 그런데 중요한 것은 파괴와 약탈에 대한 잔인한 기억이 더욱 강렬하게 역사 문화 유적의 애호와 보존 의식을 자극했다는 것이다. 그 결과 1976년 원명원관리처가 설립되어 원명원의 유적을 보존하고자 노력해 왔다. 이후 이곳은 외부에 개방되었고, 1980년 이후로 일본, 미국, 영국, 스웨

덴 등 외국인 관광객 수가 급속히 증가했다.[1]

1980년, 원명원에 대한 전면적인 조사가 실시되었다. 측량 결과, 전체 토지는 860에이커^(5,220묘)로서 녹지 230에이커^(1,400묘), 연못 59에이커^(360묘), 건축군 부지 33에이커^(200묘)를 포괄한다. 기타 60퍼센트의 토지는, 논 230에이커^(1,400묘), 저수지 11.5에이커^(70묘), 밭 131에이커^(800묘), 농사^{農舍} 59에이커^(360묘), 공장·학교·창고·사무실·사격장 등 73에이커^(480묘), 도로 25에이커^(150묘) 등이었다. 인공으로 조성된 구릉들은 문화대혁명 기간에 평지로 변해, 원래 42에이커^(250묘)였던 산이 반도 남아 있지 않았다.[2]

이번 조사는 수많은 조직에서 유적지를 점유하고 있음도 확인시켜 주었다. 2,000명의 농민이 살고 있는 20개 촌락, 101 중학교, 베이징 시 화공연구원^{化工硏究院(화공化工 제5공장)}, 하이뎬구 무장부^{武裝部} 사격장, 인민공사^{人民公社} 오리 농장, 하이뎬기계수리공장 등이 있었다. 특히 기계수리공장이 차지한 토지가 58에이커^(350묘)에 달했다. 이들 조직의 존재와 그들이 계획하고 있는 건설 공사를 제지하지 않는다면, 원명원 내 본래 건축이 서 있었던 토지는 모두 사라질 운명이었다. 조사원에 의하면, 수많은 유적지가 벌써 식별할 수 없을 정도로 황폐해졌다. 그럼 어떻게 해야 역사 유적지의 토지 침탈을 막고 유적지 자체의 파괴를 막을 수 있을까? 가장 좋은 방법은 유적지에서 이 점거자들을 내보내는 것이었다. 하지만 참으로 어려운 일이었다.[3]

1980년 가을, 대규모의 정치 지도자, 명망 높은 학자, 저명한 건축가와 예술가들이 원명원 보호에 지대한 관심을 표현하면서 원명원은 전국적인 주목을 받게 되었다. 1,583명이 서명한 공개 성명을 통해, '원명원을 보호, 복원하고 이용하자'는 슬로건을 내걸었다.[4]

오래지 않아, 중국건축학회는 원명원 소실 120주년을 기념하며 1980년 8월 13일에서 19일까지 대규모 토론회를 열었다. 참가자들은 원명원을 보호하는 가장 좋은 방법은 원래 터에 일부 경관 지점과 건축을 복원해야 한다는 데 마음을 모았다. 만약 유적을 돌보지 않는다면 도시화·현대화에 직면하여 지속적으로 파괴될 것이기 때문이었다. 따라서 효과적인 역사 보존을 위해 1980년 10월 17일에 준비위원회를 조직했고, 조속한 시일 안에 정식으로 원명원학회를 설립해 영구적인 기구로 만들고자 했다.[5]

1984년 12월 1일, 원명원학회가 베이징 하이뎬극장海澱劇院에서 창립대회를 열었다. 수많은 고위 공무원을 포함해 약 400명의 각계 인사가 이 대회에 참석했다. 초안으로 제시된 장정章程은 유적 공원의 특별한 가치를 강조했다. 그 목적은 국가의 문화 생활을 풍요롭게 하고, 애국 교육을 강화하며, 관광업과 국제 우호를 촉진시키기 위해서라고 밝혔다. 사실 이는 중국인의 문화 의식을 고양시키는 일과도 통했다. 이 때문에 원명원 역사 유적의 보호는 국가의 우선 사업이 되었다. 그러나 원명원학회의 희망은 보호에 그치지 않았다. 원명원학회위원회, 중국원명원기금회, 중국원명원기획설계공사, 원명원관리협조위원회 등의 조직으로 구성된 원명원학회는 연구 및 문화 활동 그리고 복원 공사를 목적으로 했다.

토론회와 학회에 참여한 사람 가운데에는 아직도 유적의 파괴를 방지하고 당장 유적을 정돈하는 일이 얼마나 중요한 지 깨닫지 못한 이들도 있었다. 어찌되었든 원명원을 복원할 것인지 여부에 대한 합의된 견해를 끌어내지는 못했다. 설령 인식을 같이했더라도 어떻게 복원하고, 어느 수준까지 복원할 것인지에 대한 의견이 갈라져 격렬한 토론이 벌어졌을 것이다. 대폭적인 복원을 반대하는 측은 국가 자원의 낭비라며, 귀중한 경비를 일반인을 위한 주택 마련에 투입해야 한다고 주장했다. 또 어떤 사람은 복원에 찬성하는 사람들을 심지어 자희 태후에 비유하기도 했다. 그녀가 군비에 충당할 돈을 청의원 복구에 쏟았기 때문이었다.[6]

토론회 참가자들은 원명원의 옛 모습을 복구하려면 천문학적 자금이 들어간다는 것을 알고 있었다. 청더 피서산장의 건물을 복원하는 데 들어가는 비용만도 내무부 계산에 의하면 매 평방미터 당 500위안이 필요했다. 원명원의 주요 건축 면적을 16만 평방미터로 계산할 경우, 기타 각종 지출을 감안하여 비용을 산정하면 거의 1.6억 위안(1980년 당시 환율로 보면 거의 1.07억 달러가 된다)이 되었다.[7] 이는 당연히 대규모 복원을 반대하는 사람들에게 유리한 데이터였다. 한편, 복원을 제기하는 측도 국가 자원의 부족을 알고 있었지만, 복원이 국가의 자존과 애국심에 뿌리를 두고 있었기에 자신들의 열정을 포기할 수는 없었다.

결국 절충안이 마련되었다. 일부 기본적인 건축을 복원해 황량한 원명원을 매력적인 기념 공원으로 바꾸는 것이었다. 갖가지 논의들 가운데 왕즈리^{汪之力}의 초안이 많은 사람들의 주목을 받았다. 그는 처음부터 원명원학회에 참가한 인물로서, 낡은 건축을 현재의 필요에 알맞게 리모델링하는 것을 원칙으로 제시했다. 원명원의 건축 역사에서 설계의 변동은 늘 있었던 일이라고 일깨워 주었고, 그럼에도 불구하고 원명원의 전체 포국은 바뀌어서는 안 된다고 말했다. 특히 호수와 택지, 물길, 구릉, 건축물이 놓였던 지점, 그리고 유명한 경관지점들의 기본적인 배치가 그러했다. 왕즈리는 원명원의 핵심과 전체적인 규모를 유지하는 것이 가장 근본적이고 필수적인 사항이며, 지난 날 아주 중요했던 건축물이라고 반드시 복원할 필요는 없다고 강조했다. 이를테면 정대광명전, 구주청 안에 있던 황실 침궁, 사원, 그리고 도관 등이 그러했다. 이 유적지에는 나무나 꽃을 심고 초원을 만들며, 길을 놓고, 간이휴게소, 전력 설비, 배수 구역, 오염 방지 장치, 사무실, 전시관, 오락 시설 등을 안배할 수 있는 일이었다.[8]

1980년대 원명원에 관심을 가졌던 사람들은 비록 제한적인 복원이라 해도, 이는 역사 유적의 파괴를 막는 길이라고 생각했다. 국가와 관광 업계의 지지 하에 담장과 난간을 치고 현장을 정돈하는 등 장구한 프로젝트가 시작되었다. 당장 손을 써야 할 문제는 합법적으로 토지를 취득하여 점유자들을 강제로 몰아내고 모든 농가, 공장, 학교를 다시 세워주는 일로서, 엄청난 비용이 들어가는 작업이었다. 토지에 기대어 살아온 농민들은 특히 처리가 어려웠다. 결국 점유자들에게 실질적인 도움이 되는 방법을 찾아냈다. 이는 덩

샤오핑鄧小平의 개혁 덕분이었다.[9] 이 점유자들은 농민이든 노동자이든 직업을 바꾸어 유적을 발굴했다. 즉 그들은 새로 설립된 원명원 유적 공원 개발 건설 공사의 직원이 된 것이다. 이제 이들의 역할은 바뀌었다. 유적을 파괴했던 그들은 아름다운 원명원 유적 공원을 창조하게 되었다. 마침내 1983년 8월 10일, 맑고 화창한 날에 정식으로 기초를 마련했다.[10]

이에 1984년, 대규모 복원 공사가 시작되었다. 기공식은 같은 해 12월 1일에 유적지에서 거행되었다. 수천 명이 모였고, 국제적인 관심을 끌었다. 복구 작업은 좋은 기억으로 남을만한 공원을 창조하기 위한 것으로, 장춘원 북단의 유럽식 건축 구역을 우선적으로 처리하기로 계획했다. 1984년 7월 12일에서 14일 사이 베이징에서 열린 회의에서 전문가들은 현장 조사를 토대로 한 보고서를 통해 이렇게 결정했다. 특별히 이 지점이 선택된 배경은, 남아있는 부분에서 그나마 바로크식 건축의 잔해와 석재를 확인할 수 있었기 때문이다. 잔해는 과거의 국치國恥를 기억하기 위한 증거일 뿐이었지, 웅장한 외관을 증명하기 위한 것은 아니었다. 이곳은 정돈과 배치를 통해 고적으로서 나무랄 데 없는 곳이 되었다. 또한 유럽식 건축 안에는 아주 흥미로운 분수가 있었다. 지반이 단단했던 탓에 그다지 경비를 많이 들이지 않고도 복구할 수 있었으며, 핵심 관광 경관지점이 되었다. 관광 수익은 원명원 복원 비용으로 들어갔다. 물론 어떠한 복구도 장춘원 전체의 모습을 해쳐서는 안 되고 무엇보다 전문가들은 원명원 유적이 전체적으로 온전하게 유지되기를 갈

망했다.[11]

유럽식 건축 구역은 그저 잃어버린 궁원의 일부에 불과했지만, 대략만 복원하더라도 그 경비는 엄청났다. 전문가 두 사람이 추정한 결과, 850만 위안(약 210만 달러)이 필요했다.[12] 이 수치도 해당 건물 전체를 복원하는 비용은 아니었다. 또 그들도 모두 복구하는 것이 필요하다고 생각하지는 않았다. 앞서 1982년 3월 20일 토론회에서 이 문제를 거론하자, 예술가와 건축가들은 거석 잔해를 움직이지 말고 이곳을 '비장한 모습'으로 남겨두자고 했었다.[13] 십여 년이 지난 1992년, 유럽식 건축 구역 유적의 정비가 완성되었다. 중국인들은 적은 액수이지만 기부를 통해 지지 의사를 표명했다. 이 가운데 특히 농촌 경제 개혁으로 부유하게 된 허베이河北의 자오 씨趙氏 형제가 원명원관리처에 3만 위안을 기부한 것이 주목받았다.[14]

원명원의 명성은 곧장 나라 안팎의 수많은 관광객을 유적 공원으로 끌어들였다. 관광객 수는 1979년 연인원 7,000명에서 1984년 연인원 28만 명으로 증가하여 5년 사이 39배나 성장하며 그 수가 부단히 증가했다. 바꿔 말하자면, 처음 공원을 정식으로 개방한 이후 1984년까지 연인원 100만 명이 이 유적을 방문했던 것이다.[15] 관광업은 물론 유적 공원을 위해 적지 않은 자금을 모아서 계속되는 복원 공사에 투입되었다.

1986년, 내가 원명원을 다시 방문했을 때, 유적 공원은 호피 문양을 넣은 담장이 400미터 가량 새로 둘러 있었다. 또한 입구에서 유적 공원까지 도로가 놓였고, 길을 따라 가면서 조각이 새겨진 대리석, 황폐한 정각사, 석교石橋, 아직 정돈되지 않은 구릉 등을 볼 수 있었다. 복해는 진흙으로 메워진 지 수십 년 지나서야, 1984년 12월 1일에 아름다운 호수로 재창조되었고, 1985년 개방되어 뱃놀이가 허용되었다.[16] 아직도 개방된 구역의 20~30퍼센트 정도의 건축물 부지가 울퉁불퉁한 흙덩이와 들풀에 뒤덮여 있었다. 수많은 부지(공원 근처의 파손된 부지를 포함하여)가 정돈되고 보호받고 있었지만, 남쪽 인근의 사자림과 매매가 터는 자취도 없이 사라져 보호의 손길이 절실했다.

누구도 공원 설립이 역사 문물 보호에 기여한다는 점을 의심하지 않았다. 공원을 세우는 과정에서 유적 안에 살던 농민들은 계획에 따라 계속해 옮겨갔다. 1991년 여름, 나는 세 번째로 공원을 찾았다. 적어도 296에이커(1,800묘)의 토지, 본래 원명원 토지의 약 35퍼센트를 회수했다. 또한 유럽식 건축 구역의 오래된 대문은 어느새 눈이 번쩍 뜨일 만한 새로운 문으로 바뀌어 있었고, 서양식 미궁도 원래 모습대로 재건되어 있었다. 1986년에서 1992년 사이에 기춘원의 궁전식 대문을 포함하여 대략 7,000미터의 담장, 그리고 해악개금, 봉린주, 별유동천, 조원藻園 및 다른 경관지점 수십 군데가 복구되었다. 이밖에도 이 기간 동안 20만 그루의 나무와 10만 주의 꽃이 심어졌다. 이제 복해, 장춘원의 대부분 및 기춘원 등 적어도 300만 헥타르의 토지가 베이징 서북 지역에 새로운 공원을 이루고 있었던 것이다.

그러나 원명원의 옛 경관지점을 회복하여 사람을 끌어들인 것은 또한 새로운 동기에 의해서도 비약적으로 추동되었으니 바로 상업주의였다. 복구된 인공 건축은 다리이든 집채이든 대부분 조악했고, 예술적 기교를 결핍하여 본래 원명원이 지녔던 최고 수준의 예술적 성취에는 한참 못 미치는 것이었다. 나는 1991년 시냇물을 가로지르는 자그마한 다리를 본 적이 있다. 어떤 합리적인 이유를 갖다 대더라도 도저히 품위가 없었다. 이 찬란한 궁원 안에 이처럼 볼품없고 조잡한 방식의 복원을 하다니, 도저히 이해할 수 없었다. 다른 사람도 같은 생각을 하고 있었다. 1996년 신문의 한 글은 이런 엉거주춤한 솜씨는 단시간 내에 상업적 이익을 취하려는 것이라며 날카롭게 비판했다. 그 글의 필자는 냉소적으로 원명원을 이른바 '되살아난 봉황'이라고 불렀지만, 사실 '가짜 봉황'이란 뜻이었다.[17]

1997년, 홍콩 부근의 도시 주하이珠海는 서양루, 구주청안, 방호승경을 모방하여 '원명신원圓明新園'을 지었다. 물론 상업주의가 이 조성 배후의 원동력이었다. 이 원명신원의 첫해 수입은 뜻밖에도 1.6억 위안이 넘었다. 이 이익이 많이 남는 장사는 새로운 논쟁을 불러일으켰다. "이 제왕 궁원을 완전하게 복원할 수 있는가? 아니면 불가능한가?" 반대편에 선 사람들은 역사가나 건축가 할 것 없이 모두 현대화 속에서 어떻게 원래의 건축 유적을 보호할 수 있을지 의문을 던지고 있다. 그들에게 복원은 문화 유적에 대한 파괴의 연속이며, 유적 보호는 오히려 애국과 미학의 목적에 부합할 뿐이다.[18] 아쉽게도 이미 경종이 울렸다. 전통 건축과 원림 공예의 최고 수준의 기술은 이미 알 수 없게 되었다. 비록 자금이 충분하면 언제라도 잃어버린 궁원을 다시 세울 수 있지만, 잃어버린 기예는 다시 되찾을 수 없다.

더욱 안 좋은 일은, 원명원 옛터를 침범하고 있는 새로운 상황들이다. 1990년대 초기, 일단의 무례한 사람들이 원명원 옛터에 이른바 '원명원예술촌圓明園藝術村'을 건립했다. 1996년 이후, 원명원 옛터 옆에 대단위 빌라들이 지어졌다. 하이뎬에 있는 부동산 회사는 합자회사를 설립해 이른바 '원명원 가든 빌라'를 건축한 것이다. 그 범위는 유적 공원의 북쪽 경계에 닿아있어서 사람들의 구매욕을 자극했다. 이처럼 원명원을 두고 상행위를 하는 것은 혼란을 주고 착각을 일으켜 마치 원명원을 사고파는 듯한 인상을 준다. 또한 베이징의 '순환 도로'가 끊임없이 확장됨에 따라 고속도로가 원명원 옛터를 지나갈 것이다. 아이러니컬하게도 보호받아야 할 유적이 여전히 도시화와 상업주의의 위협 아래 신음하고 있었던 것이다. 상업주의에 짓눌린 원명원 유적 공원의 미래는 더욱 어둡고 걱정스럽기만 하다.

만일 원명원 유적 공원과 주하이의 원명신원이 완전하게 예술적 품위를 재현할 수 없다면, 차라리 거대한 피서산장이나 제법 좋은 상태로 보존되어 있는 이화원을 통해 제왕 궁원의 아름다움을 음미하는 것이 나을 듯하다. 이화원은 본래 원명원에 속했던 청의원이었지만, 현존하는 제왕 궁원 가운데 가장 방대하고 웅장하다. 이 궁원은 청나라가 망한 뒤, 1924에 처음 공개되었다. 그렇지만 관리

소홀로 원내 수많은 건축이 파손되었고, 곤명호의 수위도 급속도로 낮아졌다. 1964년, 막대한 노력을 통하여 494에이커(3,000묘)의 호수를 정비하고, 새로운 물길을 뚫어 물을 충분하게 담아냈다. 이화원은 문화대혁명 기간에 파괴되었지만, 정치 폭풍이 지나간 뒤에 주요 건축과 주위 환경을 모두 온전히 보존해 복원이 상대적으로 용이했다. 1979년 이후, 이화원 안의 7만 평방미터가 넘는 건축들이 모두 정돈되고 보수되었다. 이 안에는 약 4,000동의 집채도 포함된다. 만수산 뒤편에 있는 매매가(1860년과 1900년에 파괴되었다)도 복원되었다. 그나마 모습을 갖춘 이화원은 원명원의 자리를 잠시나마 대신할 수 있을 것이다. 그러나 원명원은 제왕 궁원으로서의 아름다운 모습을 영원히 되찾을 수 없으리라. 아, 잃어버린 낙원이여!

■ 서론

1. 玄奘, 『大唐西域記』, 上海: 上海人民出版社, 1977, p.132.

2. Michèle Perazzoli-t'Serstevens ed., *Le Yuanmingyuan: Jeux d'eau et palais: European du XVIII siècle à la cour de Chine*, Paris: Editions Recherche sur les Civilizations, 1988.

3. Jonathan D. Spence, *The Search for Modern China*, New York: W. W. Norton, 1990, p.100.

4. 러허 피서산장의 경관은 장둥판(張東盤)이 편찬한 『避暑山莊三十六景』(上海: 人民美術出版社, 1984)을 참조.

5. 왕웨이(王威)의 『圓明園』(1959년 출판, 1993년 재판)은 선구적인 저작으로 한결 새로운 내용을 갖췄지만, 원명원에 대한 서술은 간략하다. 류펑한(劉鳳翰)이 1960년 타이페이에서 출판한 『圓明園興亡史』 (臺北: 文星書店, 1963, 1969)도 왕웨이의 저서와 대동소이하다.

제1부 건축

■ 제1장 처음

1. 陳從周, 『說園(*On Chinese Gardens*)』, 上海: 同濟大學出版社, 1994, p.5.

2. 彭一剛, 『中國古典園林分析』, 北京: 中國建築工業出版社, 1988, p.7.

3. '선경(仙境)'은 전설상 동해에 있다는 봉래산을 가리킨다. 봉래신화에 대한 가장 이른 기록은 3세기 동진(東晉) 왕가(王嘉)의 『拾遺記』(北京: 中華書局, 1981, pp.223~224)에서 볼 수 있다.

4. 고고학자들이 하나라의 존재를 이야기하지만 당시의 문헌 기록이 부족하다. 그래서 '역사의 진실성'은 역사가에게 의문일 수밖에 없다. '요대(瑤臺)'는 뒷날 문헌에만 나올 뿐이다.

5. '원(苑)'자는 일찍부터 갑골문에 나온다. 고전 문헌에서는 늘 '동물을 기르는 곳'이란 뜻을 지녔다. 그래서 그 원 의미를 동물원이라고 볼 수 있다. 기원전 221년 진나라가 중원을 통일한 뒤, '원(苑)'은 '원(園)' 혹은 '원유(苑囿)'란 이름으로 고쳐졌다. 한나라의 사마천(司馬遷)은 『사기』에서 이 명사를 표준화하였고, 이후로 '원유'는 제왕 궁원을 가리키게 되었다.

6. 『시경』에 "영대를 짓기 시작하니, 헤아리고 다듬었네(經始靈臺, 經之營之)", "왕이 영유에 계시니, 사슴들이 엎드려 순종하네(王在靈囿, 麀鹿攸伏)"란 구절이 있다.

7. 사마천은 "진시황이 궁전을 위수 남쪽 상림원에 지었다. 먼저 아방궁을 지었는데, 동서로 5백 보에 남북으로 5십 길이었으며, 그 위에 만인을 앉힐 수 있고, 그 아래에 5길 높이의 깃발을 세울 수 있었다[(始皇)乃營作朝宮渭南上林苑中. 先作前殿阿房, 東西五百步, 南北伍十丈, 上可以坐萬人, 下可以建伍丈旗]"라고 기록하고 있다. 초(楚)나라의 항우(項羽)가 이 화려한 궁원을 불살라서 "진나라 궁실을 불살랐는데, 불이 사흘이 되도록 꺼지지 않았다(燒秦宮室, 火三月不滅)"고 했다. 아방궁 전설을 두고 당나라의 두목(杜牧)은 "유독 산이 우뚝하더니 아방궁이 출현했네. 3백여 리를 압도하며 하늘의 해를 막았어라. 여산은 북쪽에 서 있거니 서쪽으로 꺾여서, 곧장 함양으로 달리네. 강물 두 개가 넘실대며 궁궐 담

장으로 흘러드누나. 5보마다 누가 하나요, 10보에 각이 하나라. … 하루인데도 같은 궁궐인데도 기후가 같지 않구나(獨山兀, 阿房出. 覆壓三百餘里, 隔離天日. 驪山北構而西折, 直走咸陽. 二川溶溶, 流入宮墻. 伍步一樓, 十步一閣. … 一日之內, 一宮之間, 而氣候不齊)"라고 비평했다. 이 아방궁은 결코 허구가 아니다. 고고학자들은 지금의 시안(西安) 부근에서 그 유적을 찾았는데 전체 면적이 남북으로 약 1마일(1.61킬로미터)이라고 한다.

8. 『古今圖書集成』, 卷97, pp.546~547, 523.

9. 한나라의 역사가 반고(班固)의 『한서』에 의하면, '건장궁(建章宮)'은 거대한 궁전 건축군의 주전이고, '태액(太液)'은 건장궁 북쪽에 있는 호수로서 그 가운데에 선산(仙山), 혹은 신산(神山)이라고 불리는 섬이 있다. 班固, 『漢書』, 第4冊, 北京: 中華書局, 1962, p.12445.

10. 주목할 만한 예외도 있다. 한나라의 간신 양기(梁冀)는 "널리 원유를 열어 흙을 가져다 산을 쌓았다. … 깊은 수풀 외진 계곡이 마치 본래 그러한 듯했다. … 다시 임원을 많이 열었는데 마치 왕실과 비슷하였다. … 또 토원을 하남성 서쪽에 세웠는데 수십 리였다. … 여러 해에 걸쳐 이루었다(廣開園囿, 采土築山 … 深林絶澗, 有若自然 … 又多拓林苑, 禁同王家 … 又起菟苑于河南城西, 經數十里 … 數年乃成)"고 했다. 『後漢書』 第5冊, 北京: 中華書局, 1985, p.1182.

11. 陳壽, 『三國志』, 第3冊, 北京: 中華書局, 1959, p.712.

12. 가장 유명한 예로 석숭(石崇, 249~300)을 들 수 있다. 석씨 집안은 265년 서진(西晉)의 건국을 도왔던 일로 거의 무한한 권력과 특권을 쥐게 되었다. 석숭은 그의 부친을 이어 고관이 되었고 점차 열정적으로 재산을 늘려갔다. 그의 금곡원(金谷園)은 대단히 웅장하며 뤄양(洛陽) 부근의 경관단위에 조영되었다. 사실 금곡하(金谷河)가 이곳으로 흘러들어오기 때문에 원을 '금곡원'이라고 명명했다. 그는 권세를 잃기 전까지 항상 반악(潘岳)·육기(陸機) 등 유명한 학자, 문사들과 함께 이곳에서 놀았다. 그는 또한 녹주(綠珠)와 같은 미녀를 이곳에 살도록 했다.

13. 산수화 예술은 남조(南朝) 시기에 나타났다. 그 이유는 부분적으로 한나라가 붕괴하고 지속적인 사회·정치적 동란으로 현학(玄學)이 일어난 데로 소급되지만, 한편으로 매력적인 강남의 산수에 계발되었기 때문이다. 산수화 형식은 당대(唐代)에 이미 성숙했다. 근대 학자에 의하면, 분열의 시기에 성행한 산수원림은 입체적인 산수화라고 부를 수 있다. 진정한 산수시가 사령운(謝靈運, 385~433), 도연명(陶淵明, 372~427) 등을 포함해 이 시기에 시작된 것도 우연은 아니다. 산수시는 그림과 원림의 문자적 표현이라고 볼 수 있는 것이다.

14. 司馬光, 『自治通鑑』, 第8冊, 臺北: 新象書局, 1978, p.5639.

15. 白居易, 『長慶集』, 卷7, 北京: 文學古籍刊印社, 1955, p.2.

16. Chuin Tung, "Foreign Influence in Chinese Architecture", *T'ien Hsia Monthly* 6.5(May 1938), pp.410~417.

17. 任曉紅, 『禪與中國園林』, 北京: 商務印書館, 1994, p.44.

18. 葉夢得, 『石林燕語』, 北京: 中華書局, 1984, p.4; 孟元老, 『東京夢華錄注』, 鄧之成 注釋, 香港: 商務印書館, 1961, pp.189~190.

19. 『古今圖書集成』, 卷97, pp.525~526; James M. Hargett, "Huizong's Magic Marchmount: The Genyue Pleasure Park of Kaifeng", *Monumenta Serica* 38(1988~1989), pp.1~6.

20. 孟亞男, 『中國園林史』, 臺北: 文津出版社, 1993, p.139.

21. 袁枚, 『隨園三十八種』, 光緒壬辰印本, 卷39, pp.7~8.

22. 『劉敦楨文集』, 北京: 中國建築工業出版社, 1993, p.3.

23. 이계(李誡)의 저작은 1974년 재판(重印)되었다. 현대 건축가 량쓰청(梁思成)이 원문에 해설을 붙

여 놓았다. 서양인의 연구로는 드미에빌(Paul Demieville)의 "Le Ying-tsa-fa-che"(營造法式)를 참조할 만하다(*Bulletin de l'Ecole française d'Extrême Orient*, 1925, pp.213~264).

24. 이 책은 두 종류의 중문 주석본(1983, 1987) 이외에 최근 하디(Alison Hardie) 여사의 영문 번역본이 있다. 서명은 *The Craft of Gardens*(1988)다. 이 세 가지 주석본은 계성(計成)의 원문에 대한 주요한 해석을 제공하고 있다.

25. 추즈핑(丘治平)은 최근 프랑스판 『圓明園』을 간행했다. 이 안에 채색된 40경이 수록되어 있는데 볼 만하다. Che Bing Chiu, *Yuanming Yuan: Le Jardin de la Clarté Parfait*, Paris: Les Éditions de L'imprimeur, 2000, 第5章.

26. 『杜詩鏡銓』, 卷12, 臺北: 中華書局, 1972, p.5.

27. 현대 원림 전문가인 천충저우(陳從周)가 제기한 논의인데 음미할 만하다. 陳從周, 『園林談叢』, 上海: 上海文化出版社, 1980, pp.1~6.

28. 中國第一歷史檔案館 編, 『圓明園: 淸代檔案史料』, 上冊, 上海: 上海古籍出版社, 1991, pp.10~11.

29. 朱啓鈐 輯, 『樣式雷世家攷』(舒牧·申俊·賀乃賢 編, 『圓明園資料集』, 北京: 書目文獻出版社, 1984, pp.102~104); 單士元, 『宮廷建築23匠樣式雷』(舒牧·申俊·賀乃賢 編, pp.95~101).

30. 中國第一歷史檔案館, 『圓明園: 淸代檔案史料』, 下冊, p.1066.

31. 이 주제에 유효한 설명을 한 영문 저작으로 니덤(Joseph Needham)의 *Science and Civilization in China*(vol.2~3)를 들 수 있다. 로스바크(S. Rossbach)의 *Fengshui: The Chinese Art of Placement*; S. Skinner, *The Living Earth Manual of Feng-shui*와 아이텔(Ernest J. Eitel)의 *Feng-Shui: The Science of Sacred Landscape in Old China* 등도 참조할 만하다.

32. Joseph Needham, *Science and Civilization in China*, vol.2: History of Science Thought, Cambridge: University Press, 1959, p.361.

33. 中國第一歷史檔案館 編, 『圓明園: 淸代檔案史料』, 上冊, pp.6~7.

34. 劉侗·于奕正, 『帝京景物略』, 北京: 北京古籍出版社, 1980, p296; 顧祖禹, 『讀史方輿紀要』 第2冊, 臺北: 新興書局, 1956, p.476.

35. 姚遠之, 『竹葉亭雜記』 北京: 中華書局, 1982, p.5.

■ 제2장 포국

1. 『帝京景物略』, 北京: 北京古籍出版社, 1980, p.297.

2. 『梁思成文集』, 第3冊, 北京, 中國建築工業出版社, 1985, pp.227~231.

3. 陳從周, 『說園』, p.5.

4. 侯仁之, 「圓明園」(圓明滄桑編委會 編, 『圓明滄桑』, 北京: 文化藝術出版社, 1991, p.99).

5. Samuel H. Holmes, *The Journal of Mr. Samuel H. Holmes*, London: W. Bulmer & Co., 1798, p.134.

6. 于敏中 等 編, 『日下舊聞考』, 第2冊, 北京: 北京古籍出版社, 1985, pp.1333~1334.

7. 圓明滄桑編委會 編, p.16.

8. 程演生 編, 『圓明園考』, 上海: 中華書局, 1928, p.1.

9. Jean Denis Attiret, *A Particular Account of the Emperor of China's Gardens Near Pekin*. Trans. Sir Harry Beaumont, London: Garland, 1982, p.9.

10. 펑이강(彭一剛)에 의하면, 일반적으로 '藏(감춤)'과 '露(드러냄)'이란 용어로써 중국과 서양 문화

의 차이를 설명할 수 있다. 중국은 '감춤'을 서양은 '드러냄'을 강조한다. 중국 원림의 건축은 이 '감춤'의 예술을 충분히 발휘했다(彭一剛, p.23).

11. Sir George Leonard Staunton, *An Authentic Account of an Embassy from the King of Great Britain to the Emperor of China*, vol.2, Piladelphia: John Bioren, 1799, p.114.

12. 1838년 궁궐 문헌 기록에 의하면, 내무부 총관 삼화(三和)는 건륭제에게 보고하기를, '비룡(飛龍)'이란 이름을 가진 용선의 수리비로 9,238.6냥 백은이 들었고, 추가적으로 713.82냥의 장식과 도색 비용이 들었다고 말했다(中國第一歷史檔案館 編, 『圓明園: 淸代檔案史料』, 上册, pp.46~47).

13. 于敏中 等 編, 第2册, p.1325.

14. 같은 책, 第2册, p.1326.

15. 같은 책, 第2册, pp.1330~1331; 中國圓明園學會 編, 『圓明園四十景圖詠』, 北京: 中國建築工業出版社, 1985, p.9.

16. 이 방대한 복합 건축군이 '구주청안(九州淸晏)'이다. 아홉 개의 작은 섬 안에 하나의 섬이 있으며, 원명원에서 가장 큰 건축물의 하나이다. 정대광명전이 완성되기 이전에 황제의 주전(主殿)으로 사용되었다. 공산당은 1929년 이 터에 죽은 동지들을 묻었으며, 지금도 그들의 무덤을 확인할 수 있다.

17. 王毅, 『園林與中國文化』, 上海: 上海人民出版社, 1990, pp.177~181.

18. 于敏中 等 編, 第2册, p.1331~1332; 王威, 『圓明園』, 臺北: 淑馨出版社, 1992, p.21.

19. Jean Denis Attiret, p.23.

20. Robert Swinhoe, *Narrative of the North China Campaign of 1860*, London: Smith, Elder, 1861, p.298.

21. 于敏中 等 編, 第2册, p.1326; 中國圓明園學會 編, p.13.

22. 吳振棫, 『養吉齋叢錄』, 北京: 北京古籍出版社, 1983, p.278.

23. 건륭제는 평생 동안 아주 많은 시를 남겼다. 그의 어제시는 모두 28함, 42,500수로서 선양(沈陽) 고궁박물관(故宮博物館)에 수장되어 있다. 1976년 타이페이의 고궁박물원은 건륭제의 시 가운데 가장 아름다운 판본을 뽑아 『淸高宗御製詩文全集』을 간행하였다. 쑨퍼런(孫丕任)·부웨이이(卜維義)가 편한 『乾隆詩選』(沈陽: 春風文藝出版社, 1987)은 특히 원명원에 관한 시를 뽑은 책이다.

24. 于敏中 等 編, 第2册, pp.1337~1340.

25. 같은 책, 第2册, p.1341.

26. 王先謙, 『莊子集解』, 臺北: 世界書局, 1972, p.108.

27. 于敏中 等 編, 第3册, pp.1341~1343; 中國圓明園學會 編, pp.10~27.

28. '卍'자 모양 누각은 수많은 상징 건축 가운데 하나이다. 이밖에도 첩서(疊書, 간격을 두고 동일한 글자 모양을 중첩해서 쓰는 것) 모양, '田'자 모양, '工'자 모양, '口'자 모양 등 다양하다.

29. 于敏中 等 編, 第3册, p.1347~1348.

30. 이 '도화오(桃花塢)'는 원명원에서 옛날부터 전해오는 이야기에 의거해 설계되고 조영된 대표적인 건축으로 전설을 구체적으로 표현하려고 하였다. '무릉(武陵)'은 전설 속에서 어부가 찾아 나섰던 장소다(于敏中 等 編, 第3册, pp.1347~1348).

31. 中國圓明園學會 編, p.39.

32. 이른바 '화표(華表)'는 화려한 장식으로 조각된 기둥으로 높이 솟아 있다. 원래 원명원의 홍자영호(鴻慈永祜)에 있던 것인데, 지금 베이징 대학교 캠퍼스 안에서 찾아볼 수 있다.

33. 『圓明園』, 第3期, 1984. 12., p.133.

34. 于敏中 等 編, 第3册, pp.1351~1353; 昭槤, 『嘯亭雜錄』, 北京: 中華書局, 1980, p.391.

35. 于敏中 等 編, 第3册, p.1354; 中國圓明園學會 編, p.41.

36. 于敏中 等 編, 第3冊, p.1355; 中國圓明園學會 編, p.43.

37. 于敏中 等 編, 第3冊, p.1362; 中國圓明園學會 編, pp.49, 51.

38. 于敏中 等 編, 第3冊, p.1341~1375; 中國圓明園學會 編, pp.45, 47, 53, 55, 57.

39. 353년 봄, 왕희지(王羲之)는 친구 42명과 함께 저장성(浙江省) 동편 회계산(會稽山)의 난정(蘭亭)에 모였다. 건륭제는 원명원에 이 유명한 모임의 장소와 똑같은 경관을 만들도록 했다. 그는 1779년 이 경관에 어필(御筆)로 제자(題字)한 석비(石碑)를 남겼다. 이 석비는 1917년 원명원으로부터 베이징의 한 공원으로 옮겨졌는데, 그곳이 뒷날의 중산공원(中山公園)이다. 왕희지의 난정과 똑같이 건륭제의 난정도 장방형인데, 수집된 자료에 의하면 뒷날 팔각형 정자로 개건하고, 육각형의 초가지붕을 얹은 정자와 사각형 죽정(竹亭)을 추가했다.

40. 于敏中 等 編, 第3冊, p.1376; 中國圓明園學會 編, 『圓明園四十景圖詠』, pp.80~83.

41. 于敏中 等 編, 第3冊, p.1365.

42. 같은 책, 第3冊, p.1365~1366; 中國圓明園學會 編, 『圓明園四十景圖詠』, p.59.

43. 于敏中 等 編, 第3冊, p.1378, 乾隆詩句.

44. 『清史稿』, 第14冊, 北京: 中華書局, 1976, pp.3862~3863.

45. Jean Denis Attiret, p.16.

46. 『舊唐書』, 第7冊, 北京: 中華書局, 1975, p.2346.

47. Jean Denis Attiret, pp.16~17.

48. 昭槤, p.378.

49. Jean Denis Attiret, pp.20~21.

50. 圓明滄桑編委會 編, p.11.

51. 于敏中 等 編, 第3冊, pp.1368~1369; 『圓明園』, 第2期, 1983年 9月, p.50.

52. 于敏中 等 編, 第3冊, pp.1370~1371; 中國圓明園學會 編, p.64.

53. 于敏中 等 編, 第3冊, p.1373.

54. 같은 책, 第3冊, p.1372; 中國圓明園學會 編, p.74.

55. 彭哲愚 · 張寶章 編, 『頤和園圓明園的傳說』, 石家庄: 河北少年兒童出版社, 1985, pp.134~136.

56. 于敏中 等 編, 第3冊, p.1372; 中國圓明園學會 編, p.72.

57. 于敏中 等 編, 第3冊, pp.1371~1372; 中國圓明園學會 編, p.70.

58. 于敏中 等 編, 第3冊, pp.1372~1373; 中國圓明園學會 編, p.77.

59. Jean Denis Attiret, pp.7~8.

■ 제3장 확충

1. 于敏中 等 編, 第3冊, pp.1379~1380; 程演生 編, p.30.

2. 건륭(乾隆)의 〈詠含經堂〉에 다음과 같은 구절이 있다: "높은 헌은 더위를 물리칠 수 있고, 깊은 방도 서늘하여라. 도를 음미하고 의리를 연마하며, 때에 따라 밝은 햇빛 사랑하노라(高軒能却暑, 邃室亦生凉. 味道硏精義, 隨時愛景光)" 于敏中 等 編, 第3冊, pp.1381~1382; 焦雄, 『長春園園林建築』(『圓明園』第3期, 1984年 12月, p.14).

3. 건륭제는 1772년에 이 영원히 빛날 도서관 건설을 시작해, 거의 36,000편의 원고를 수장할 수 있는, 총 일곱 채의 건물을 지닌 도서관을 완성했다. 이 가운데 세 곳은 내전과 외침 하에서도 다행스럽

게 보존되어 왔다. 그러나 『사고전서』를 편찬한 이면에는 서적을 금서로 정하거나 훼철한 일면도 있다. R. Kent Guy, *The Emperor's Four Treasures: Scholars and the State in the Late Ch'ien-lung Era*, Cambridge, Mass.: The Council on East Asian Studies, Harvard University, 1987.

4. '순화(淳化)'는 990년~994년 북송의 연호이다. 유명한 비각들이 대부분 이 시기에 수집되었다. 건륭제는 '순화헌(淳化軒)'이란 제목의 문장을 짓고, 400개의 탁본을 떠 예물로 어사와 2품 이상의 관원에게 내렸다.

5. 趙光華, 『長春園建築及園林花木之一些資料』(『圓明園』, 第3期, 1984年 12月, p.2).

6. 焦雄, pp.16~19.

7. 于敏中 等 編, 第3册, p.1386.

8. 건륭제는 석비에 '愛此淸凉洞(이 청량한 동굴을 사랑하노라)'란 다섯 글자를 새겨 넣고 석비를 동굴 안에 두었다. 이 석비는 지금도 남아 있어서 그 동굴 안에서 찾아볼 수 있다.

9. 趙光華, 『長春園建築及園林花木之一些資料』, p.3.

10. '해악개금(海岳開襟)'은 호수 한가운데에 자리하고 있었기에 1860년 재앙은 피했지만 끝내 1900년 의화단운동으로 훼손되었다. 于敏中 等 編, 第3册, p.1385.

11. 건륭이 쓴 시에 다음과 같은 시구가 있다. "나는 신선 되는 것을 경계했거니와 해악의 기이한 흥취는 우연이라오(我之所戒在求仙, 海岳奇興屬偶然)." 于敏中 等 編, 第3册, pp.1385~1386; 趙光華, 『長春園建築及園林花木之一些資料』, pp.2~3.

12. 于敏中 等 編, 第3册, p.1390; 焦雄, pp.14~16.

13. 이 돌의 원래 이름은 부용석(芙蓉石)으로, 오늘날 베이징의 중산공원에 세워져 있다. 吳振棫, p.272.

14. 朱家溍 · 李艶琴 輯, 「淸 · 五朝御製集中的圓明園詩」(『圓明園』第2期, 1983年 9月, p.65).

15. 于敏中 等 編, 第3册, p.1387; 吳振棫, p.198; Liu Dunzheng, *Chinese Classical Gardens of Suzhou*, New York: McGraw Hill, 1993, p.105.

16. 于敏中 等 編, 第3册, pp.1387~1389.

17. 같은 책, p.1389; 趙光華, pp.4~5; 焦雄, p.14; 蔡申之, 「圓明園之回憶」, 『英法聯軍史料』(沈雲龍 主編, 『近代中國史料叢刊續編』, 第43輯, 臺北: 文海出版社, p.134).

18. 計成, 『園冶』, 臺北: 金楓出版社, 1987, pp.218~238.

19. 張岱, 『陶庵夢憶』, 杭州: 西湖書社, 1982, p.59.

20. 『宋史』, 北京: 中華書局, 1977, p.13684.

21. 陳從周, 『說園』, p.16.

22. Liu Dunzheng, p.34.

23. 같은 책, p.36.

24. 張家驥, 『中國造園史』, 哈爾濱: 黑龍江人民出版社, 1986, p.167.

25. 于敏中 等 編, 第3册, p.1387.

26. 金毓豊, 「圓明園西洋樓評析」(『圓明園』第3期, 1984年 12月, p.22).

27. Maurice Adam, *Yuen Ming Yuen l'Oeuvre Architectrale des Anciens Jésuites au XVIII Siècle*, Peiping: Imprimerie des Lazaristes.

28. Cecile and Michel Beurdeley, *Giuseppe Castiglione: A Jesuit Painter at the Court of the Chinese Emperors*. Trans. Michael Bullock, Rutland, Vt., and Tokyo: Charles E. Tuttle Co., 1971, pp.5, 11, 45, 59, 66~67.

29. 같은 책, p.68.

30. 바로크식 유럽 건축은 규모가 방대하고 재질이 견고하다. 그래서 비록 전체를 식별할 수 있는 것은 아니지만 그 대부분은 지금 눈으로 볼 수 있는 원명원의 잔해와 폐허를 구성한다. 이러한 이유로 수많은 학자들은 이 유럽식 건축 부분을 원명원으로 오해하기도 한다. "영국인은 원명원의 정원을 불살랐다. 이곳은 베이징 교외에 있는 아름다운 여름 궁전으로, 예수회 건축사의 기획으로 건륭제의 향락을 위해 지어졌다." Jonathan D. Spence, *The Search for Morden China*, p.181.

31. 장우인(蔣友仁)은 그의 작업 기록을 『書簡集』(Lettres édifiantes)에 적어 놓았다. Cecile and Michel Beurdeley; Maurice Adam, pp.21~22.

32. 孫若怡, 『從圓明園西洋樓景區的建築園林看中西文化交流與乾隆時期的精緻文化』, 臺北: 國立師範大學 歷史研究所 博士論文, 1998, p.17.

33. 필자는 1992년 원명원을 방문했을 때, 이 미궁이 폐허에 다시 세워져 있는 모습을 보았다.

34. 申國溪 編譯, 「長春園歐式建築圖釋」(舒牧·申偉·賀乃賢 編, p.83); Maurice Adam, pp.27~28.

35. 향비(香妃)는 오랫동안 논쟁이 되어 온 인물이다. 가장 주요한 내용은 그녀의 이름으로, 어떤 청나라 관방 측 문서에서도 찾을 수 없다. 청나라 역사학의 권위자인 멍선(孟森)은 향비와 또 다른 중국 위구르에서 온 회교 여자 용비(容妃)가 사실상 같은 사람이라고 말한다. 그러나 타이완 극작가 장룽자오(姜龍昭)는 타이완 고궁박물원에 수장된 낭세령(Castiglione)이 그린 「향비융장도(香妃戎裝圖)」 등 기타 증거를 통하여 오늘날까지 유지되어 온 관점에 도전했다. 그러나 학자들은 또 이 증거의 신빙성마저 의심한다. 이 논쟁의 종합적 내용을 장룽자오가 편집한 『香妃考證』(臺北: 文史哲出版社, 1989, 1992)을 통해 참조할 수 있다. 뷰로델리(Beurdely) 등은 향비가 엽이강대한(葉爾羌大汗)이 건륭제의 원정군에 대항하다가 전사한 뒤 남겨놓은 미망인이라고 말한다. Cecile and Michel Beurdeley, p.71.

36. Maurice Adam, pp.29~30; 童寯, 「北京長春園西洋建築」(『圓明園』, 第1期, 1981年11月, pp.71~80).

37. 中國第一歷史檔案館 編, 『圓明園: 淸代檔案史料』, 下冊, p.1560.

38. Cecile and Michel Beurdeley, p.68.

39. 최신 자료에 의하면, 12지신 청동두상 가운데 쥐, 소, 호랑이, 토끼, 말, 원숭이, 돼지 등 일곱 마리가 지금까지 세상에 남아 있다.

40. 中國第一歷史檔案館 編, 『圓明園: 淸代檔案史料』, 下冊, p.1565.

41. 童寯, 「北京長春園西洋建築」(圓明滄桑編委會 編, p.128).

42. Maurice Adam, pp.33~36; Carroll Brown Malone, *History of the Peking Summer Palaces under the Ch'ing Dynasty*, Champaign: University of Illinois Press, 1934, p.158; 童寯, 「北京長春園西洋建築」(『圓明園』, 第1期 1981年11月, pp.78~80).

43. 童寯, 「長春園西洋建築」, p.129.

44. Michael Sullivan, *The Meeting of Eastern and Western Art: From the Sixteenth Century to the Present Daym* London: Thames and Hudson, 1973, pp.67~68.

45. 吳振域, p.326.

46. 于敏中 等 編, 第3冊, p.1376.

47. 같은 책, 第3冊, p.1366.

48. 같은 책, pp.1367~1368.

49. 같은 책, p.1367.

50. 彭哲愚·張寶章 編, 『頤和園圓明園的傳說』, pp.131~132.

51. 『사고전서』 편찬과 관련 있는 저술로 가이(R. Kent Guy)의 *The Emperor's Four Treasuries*를 참조할 만하다.

52. 비문은 다음 자료를 참조할 만하다. 于敏中 等 編, 第3册, pp.1360~1361; 劉家駒, 「從高宗纂輯四庫 全書與禁毁書籍」(『大陸雜誌』, 75期, 2~3號, 1987年 2月, pp.1~30)

53. Cary Y. Liu, "The Ch'ing Dynasty Wen-yuan-ko Imperial Library: Architectural Symbology and the Ordering of Knowledge", p.135. 이 글은 1999년에 쓴 프린스턴 대학교 박사 학위 논문이다.

54. 于敏中 等 編, 第3册, p.1360.

55. 「圓明園文源閣記實」(舒牧・申偉・賀乃賢 編, pp.189~196); 蔡申之, p.134.

56. 吳振棫, p.197.

57. 같은 책, pp.190, 197.

58. 이 숫자는 궁궐 문서와 『圓明園現行則例』에서 확인한 것으로 제법 정확한 수치다. 中國第一歷史檔 案館 編, 『圓明園: 淸代檔案史料』, 下冊, pp.983~1055.

59. 黃濬(秋岳), 『花隨人聖庵摭憶全編』, 中冊, 臺北: 聯經出版事業公司, 1979, p.433.

60. 吳振棫, p.197~198.

61. 허중이(何重義)와 쩡자오펀(曾昭奮)의 견해에 따르면, 이 정원과 건물은 1950년 초기까지 남아있 었다. 원명원내 1백 곳의 건축군 가운데에서 1세기 가량 지속된 파괴 과정에서 의연하게 살아남아 있었 던 것이다. 「綺春園槪貌」(圓明滄桑編輯委 編, 『圓明滄桑』, pp.133~134).

62. 이 장의 기춘원(綺春園)에 대한 서술은 이 원림의 세 폭짜리 지도, 우전위(吳振棫)의 『養吉齋叢錄』 (p197), 바이러신(白日新)의 「圓明長春綺春三園形象的探討」(『圓明園』, 第2期, 1983年 9月, pp.22~25) 등의 자료에 의거했다.

제2부 역사

■ 제4장 홍기

1. 于敏中 等 編, 第2册, pp.1268~1269.

2. 『燕行錄選集』, 서울: 大東文化研究院, 1961, p.201.

3. John Bell, *Travels from St. Petersburg in Russia to Various Parts of Asia*, Edinburgh: Geo. Robinson & Co., 1788, pp.6~7.

4. 馮爾康, 『雍正傳』, 北京: 人民出版社, 1995, pp.58~59.

5. 풍수(風水)가 비과학적이고 황당하기는 하지만 이미 천 년 넘게 풍속으로 전해져 왔기 때문에, 오늘 날까지도 모든 중국인에게 영향을 끼치고 있다.

6. 于敏中 等 編, 第2册, p.1321.

7. 馮爾康, p.64.

8. 于敏中 等 編, 第2册, pp.1274~1279.

9. 周維權, 「圓明園的興建及其造園藝術淺談」(『圓明園』, 第1期, 1981年 11月, p.31); 張恩蔭, 「圓明園興 建史的一個問題」(『圓明園』, 第4期, 1986年 10月, p.24).

10. 于敏中 等 編, 第2册, p.1335; 中國圓明園學會 編, p.13.

11. 中國第一歷史檔案館 編, 『圓明園: 淸代檔案史料』, 上册, p.8.

12. 中國第一歷史檔案館 編, 『圓明園: 淸代檔案史料』, 上册, p.15; 吳振棫, p.293.

13. 中國第一歷史檔案館 編,『圓明園: 淸代檔案史料』, 上冊, p.17.

14. 같은 책, 上冊, p.22.

15. 程演生 編, pp.1~3.

16. J. L. Crammer-Byng ed., *An Embassary to China, being the Journal kept by Lord Macartney during his embassy to the Emperor Ch'ien-lung 1793-94*, London: Longmans Green, 1962, p.84.

17. 왕웨이(王威)의 진술에 의하면, 원래 이 길에 포장되고 있던 석판들은 1953년까지도 원명원으로 가는 길에서 볼 수 있었지만, 도시화가 부단히 진전됨에 따라 석판로는 더 이상 볼 수 없게 되었다. 王威, p.19.

18. 吳振棫, p.245.

19. 中國第一歷史檔案館 編,『圓明園: 淸代檔案史料』, 上冊, p.19.

20. 吳振棫, p.245.

21. 中國第一歷史檔案館 編,『圓明園: 淸代檔案史料』, 上冊, p.4; 王威, p.81.

22. 張恩蔭,「圓明園興建年表」(圓明滄桑編委會 編, p.137).

23. 于敏中 等 編, 第2冊, p.1326.

24. 같은 책, 第2冊, pp.1327~1331.

25.「淸·五朝御製集中的圓明園詩」(『圓明園』, 第2期, 1983年 9月, p.55).

26. 于敏中 等 編, 第3冊, p.1356.

27. 中國第一歷史檔案館 編,『圓明園: 淸代檔案史料』, 下冊, pp.1018~1019.

28. 같은 책, 上冊, p.18; 下冊, p.1643.

29. 같은 책, 上冊, p.18; 張恩蔭,「圓明園興建年表」, p.136.

30. 中國第一歷史檔案館 編,『圓明園: 淸代檔案史料』, 上冊, pp.60~61;『淸史稿』, 第14冊, 北京: 中華書局, 1976, pp.3862~3863; 崇賢,「圓明園營制詳考」(舒牧·申偉·賀乃賢 編, pp.189~196).

31. Jean Denis Attiret, pp.20~21.

32. 昭槤, p.378.

33. 彭哲愚·張寶章 編, p.158.

34. 于敏中 等 編, 第3冊, pp.1365~1366.

35. 같은 책, 第3冊, pp.1378.

36.『淸史稿』, 第3冊, p.329.

37. Carroll Brown Malone, p.58.

38.『圓明園』, 第2期, 1983年 9月, p.55.

39. 于敏中 等 編, 第2冊, p.1322.

40.『淸史稿』, 第3冊, p.340; 吳振棫, p.297.

41. 馮爾康, p.545.

42. 于敏中 等 編, 第2冊, pp.1335~1337.

43. 中國圓明園學會 編, p.28.

44. 于敏中 等 編, 第3冊, p.1378.

45. 中國第一歷史檔案館 編,『圓明園: 淸代檔案史料』, 下冊, p.1182.

46. '원명원도(圓明園圖)'가 완성된 시기에 대해서는 다른 견해도 있다. 우민중(于敏中)은 건륭 2년(1737년)으로 기록하고 있지만, 문서 자료에는 건륭 3년(1738년)으로 나와 있다. 中國第一歷史檔案館 編,『圓明園: 淸代檔案史料』, 下冊, p.1245.

47. 『淸史稿』, 第3册, p.366.

48. 우민중(于敏中)은 홍자영호(鴻慈永祜)가 1742년에 완공되었다고 기록했다. 그러나 최근 발견된 군기처 문서에는 1737년 이미 낙성했다고 되어 있었다. 于敏中 等 編, 第2册, p.1323; 中國第一歷史檔案館 編, 『圓明園: 淸代檔案史料』, 下册, p.1648.

49. 『圓明園』, 第4期, 1986年 10月, p.70.

50. 건륭제가 원명원 사계절을 두고 지은 시는 『圓明園』(第2期, 1983年 9月, p.57)에 수록되어 있다.

51. 칸(Harold L. Kahn)의 지적에 의하면, 건륭제는 다음 몇 가지 이유로 막대한 비용이 드는 남순(南巡)을 합리화했다. 첫째, 효성에서 늙은 노모를 모시고 아름다운 강남을 둘러본다. 둘째, 백성의 목소리를 직접 듣는다. 셋째, 회하와 양쯔강(長江) 유역의 하천 정비 공정을 시찰한다. Harold L. Kahn, *Monachy in the Emperor's Eye: Image and Reality in Ch'ien-lung Reign*: Cambridge, Mass.: Harvard University Press, 1971, pp.91~95. 그러나 건륭제가 가장 주요한 목적을 누락했는데, 바로 강남 풍광과 개성있는 정원을 살펴보고, 그 정원의 부분 양식을 차용하여 원명원에 복제 조영하는 것이었다. 간혹 그는 강남 정원 전체를 원내에 복제하기도 했다. 이를테면 쑤저우(蘇州)의 사자림(獅子林)이 그에 해당한다.

52. 건륭이 원명원 안에서 어떻게 생활했는 지에 대한 세부 묘사는 본서 제6장을 참조할 것.

53. Alain Peyrefitte, *The Immobile Empire*. Trans. Jon Rothschild, New York: Alfred A. Knopf., 1992.

54. 故宮博物院掌故部 編, 『掌故叢編』, 北京: 中華書局, 1990, pp.612~614.

55. 같은 책, pp.674, 692.

56. Sir George Leonard Staunton, vol.2, pp.19, 24, 29; J. L. Crammer-Byng ed., p.92.

57. Samuel H. Holmes, p.134.

58. 中國第一歷史檔案館 編, 『圓明園: 淸代檔案史料』, 上册, pp.342~343, 350.

59. Sir George Leonard Staunton, vol.2, p.24.

60. Aenesa Anderson, *A Narrative of the British Embassy to China in the Years of 1792, 1793, and 1794*, London: Debrett, 1795, p.112.

61. Alain Peyrefitte, p.130; 『乾隆英使覲見記』, 卷1, 上海: 中華書局, 1916, pp.43~44.

62. John Barrow, *Travels in China: Containing Descriptions, Observations, and Comparisons Made and Collected in the Course of a Short Residence at the Imperial Palace of Yuen-min-yuen and a Subsequent Journey through the Country from Pekin to Canton*, Philadelphia: W. F. M'Laughlin, 1805, p.73.

63. 中國第一歷史檔案館 編, 『英使馬戛爾尼訪華檔案史料匯編』, 北京: 國際文化出版公司, 1996, p.570.

64. 같은 책, pp.139, 564, 568~569; 故宮博物院掌故部 編, p.671.

65. John Barrow, p.83.

66. 같은 책 p.84.

67. J. L. Crammer-Byng ed., p.264.

68. John Barrow, pp.86~92.

69. Helen H. Robbins, *Our First Ambassador to China: The Life of Macartney*, London: John Murray, 1908, p.275; 『乾隆英使覲見記』, 卷1, p.48.

70. Sir George Leonard Staunton, vol.2, p.25; J. L. Crammer-Byng ed., p.95; Alain Peyrefitte, p.136; 『乾隆英使覲見記』, 卷1, p.49; 中國第一歷史檔案館 編, 『圓明園: 淸代檔案史料』, 上册, p.345.

71. 故宮博物院掌故部 編, pp.671, 698, 700.

72. 『乾隆英使覲見記』, 卷1, p.51.

73. Alain Peyrefitte, pp.138~139; 中國第一歷史檔案館編: 『圓明園: 淸代檔案史料』, 上冊, pp.331, 342.

74. 『乾隆英使覲見記』 卷1, pp.54~55.

75. 中國第一歷史檔案館 編, 『圓明園: 淸代檔案史料』, 上冊, pp.345, 348~354; 故宮博物院掌故部 編, pp.695~696.

76. Sir George Leonard Staunton, vol.2, pp.45~60; 『乾隆英使覲見記』, 卷2, p.1.

77. Sir George Leonard Staunton, vol.2, pp.80~84; Alain Peyrefitte, pp.223~235, 249~251; 『乾隆英使覲見記』, 卷2, pp.10~23.

78. 中國第一歷史檔案館 編, 『英使馬戛爾尼訪華檔案史料匯編』, p.147.

79. 같은 책, pp.9, 10, 13, 148, 172, 173, 174; 故宮博物院掌故部 編, pp.715~716.

80. James Hevia, *Cherishing Men from Afar: Qing Guest Ritual and Macartney Embassy of 1793*, Durham: Duke University Press, 1995, pp.225~248.

81. 故宮博物院掌故部 編, p.692.

82. Sir George Leonard Staunton, vol.2, p.68, 73~79.

83. W. W. Rockhill, *Diplomatic Audience at the Court of China*, Taipei: Chengwen chubanshe, 1971, reprint edition, p.31.

84. 1793년 청궁 문서 기록에 의하면, 러허에서 건륭제를 알현했던 영국 사절단에는, 대사 조지 매카트니(Lord George Macartney), 부사 조지 레오나드 스타운톤(George Leonard Staunton), 부사의 아들 조지 토마스 스타운톤(George Thomas Staunton), 지휘관 벤슨(Lt. Col. George Benson), 비서 윈더(Edward Winder)와 레미오(Louis Lamiot), 물리학자 바랑(Balang), 부지휘관 패리스(Lt. Henry Williwam Parish), 군관 이루, 시종 바이런과 잉단리, 해군 대위 매킨토시(William Mackintosh), 음악가 5명, 하인 11명, 사병 40명 등 모두 68명의 영국인이었다. 中國第一歷史檔案館 編, 『圓明園: 淸代檔案史料』, 上冊, p.356.

85. 中國第一歷史檔案館 編, 『英使馬戛爾尼訪華檔案史料匯編』, pp.14, 154, 172; 故宮博物院掌故部 編, pp.677, 738.

86. 中國第一歷史檔案館 編, 『圓明園: 淸代檔案史料』, 上冊, pp.330~331, 335~338.

87. John Barrow, p.80; J. L. Crammer-Byng ed., pp.144~145.

88. 中國第一歷史檔案館 編, 『圓明園: 淸代檔案史料』, 上冊, pp.357~358.

89. Alain Peyrefitte, pp.272~273.

90. 「軍機處隨手檔」(中國第一歷史檔案館 編, 『英使馬戛爾尼訪華檔案史料匯編』, p.555).

91. 故宮博物院掌故部 編, pp.746, 749.

92. J. J. L. Duyvendak, "The Last Dutch Embassy to the Chinese Court(1794-1795)", *T'oung Pao* 34. 4, 1938~1939, p.11; C. R. Boxer, "Issac Titsingh's Embassy to the Court of Ch'ien Lung(1794-1795)," in *T'ien Hsia Monthly* 8 (January 1939), pp.9~12.

93. C. R. Boxer, p.16.

94. J. J. L. Duyvendak, p.88.

95. C. R. Boxer, p.21.

96. J. J. L. Duyvendak, pp.53~54, 63.

97. 같은 책, p.67.

98. 같은 책, pp.68~70.

99. Hope Danby, *The Garden of Perfect Brightness: The History of Yuan Ming Yuan and of the*

Emperors Who Lived There, London: William & Norgate, 1950, p.155.

100. 같은 책, pp.156~158.

101. J. J. L. Duyvendak, pp.70~71.

102. 원명원을 점령한 영국군 그랜트 장군이 목격한 내용이다. Carroll Brown Malone, p.182.

103. J. L. Crammer-Byng ed., pp.366~367; John Barrow, pp.76~77, 145.

104. 中國第一歷史檔案館 編,『英使馬戛爾尼訪華檔案史料匯編』p.208; 中國第一歷史檔案館 編,『圓明園: 淸代檔案史料』, 上冊, p.448.

105. 中國第一歷史檔案館 編,『英使馬戛爾尼訪華檔案史料匯編』pp.210, 212.

106. 같은 책, pp.213~214; 中國第一歷史檔案館 編,『圓明園: 淸代檔案史料』, 上冊, pp.448~450; Hope Danby, pp.170~175; Immanual C. Y. Hsu, *The Rise of Modern China*, New York: Oxford University Press, 1983, pp.163~166.

107.『淸史稿』, 第3冊, p.563; Harold L. Kahn, pp.191~199.

108. 姚元之,『竹葉亭雜記』, pp.14~15.

109.『淸史稿』, 第3冊, p.567.

110. 청궁 문서에 의하면, 건륭제는 1769년 '기춘원(綺春園)'의 이름을 거대한 편액에 새기고, 1770년에 정식으로 내걸었다. 中國第一歷史檔案館 編,『圓明園: 淸代檔案史料』, 下冊, p.1660. 이 자료는 새롭게 기춘원이 조영되었다는 사실을 알려 준다. 기춘원은 동치 연간에 '만춘원(萬春園)'으로 개명되었다.

111. 吳振棫, p.197.

112. 楊乃濟 編,「圓明園大事記」(『圓明園』第4期, 1986年 10月, p.37).

113. 吳振棫, p.207.

114.『淸史稿』, 第14冊, pp.3853, 3866; 姚元之, p.22.

115. 馮爾康, p.546.

116.『淸史稿』, 第3冊, p.603.

117. 中國第一歷史檔案館 編,『圓明園: 淸代檔案史料』, 上冊, pp.442~444.

118. 吳振棫, p.132.

119. Hope Danby, p.174.

120. 姚元之, p.16.

121. 黃濬(秋岳), p.433.

122. 中國第一歷史檔案館 編,『圓明園: 淸代檔案史料』, 下冊, pp.1671, 1674.

123.『道咸同光四朝詩詞』, 臺北: 鼎文書局重印本, 1971, p.21.

124.『淸史稿』, 第4冊, p.709.

125. 中國第一歷史檔案館 編,『圓明園: 淸代檔案史料』, 上冊, p.494.

126. 같은 책, pp.507~508.

127. 舒牧 編,「圓明園大事年表」(舒牧·申偉·賀乃賢 編, p.373).

128. 張恩蔭,『圓明園興建年表』, p.148.

129. 彭哲愚·張寶章 編, pp.171~173.

130. 공자진(龔自珍)은 항저우 출신으로 문아(文雅)한 집안에서 태어났다. 박학하고 다방면에 관심을 갖고 있었다. 특히 금문경학(今文經學)과 시사(詩詞)에 이름 있었다. 그의 시사는 후세에 깊은 영향을 주었다. 관직은 높이 올라가지 않았지만 당시 사회·정치 환경에 대한 예리한 관찰과 변혁의 건의를 통해 근대기 주요한 개혁자가 되었다. 그에 관한 책과 글은 아주 많기에 일일이 제시하지 않는다.

131. 龔自珍,『龔自珍全集』,臺北: 河洛圖書出版社, 1975, p.468.

132. 黃濬, p.409.

133. 『清史稿』, 第4冊, p.588.

134. Hope Danby, p.184.

135. 王闓運,「圓明園詞」(舒牧 · 申偉 · 賀乃賢 編, pp.322, 330).

136. 楊云史,「壇靑引」(『江山萬里樓詩抄』, 稿本).

137. 中國第一歷史檔案館 編,『圓明園: 淸代檔案史料』, 上冊, pp.548~550.

138. 곽숭도(郭嵩燾)는 뛰어난 청나라 문인으로서 서양과 어떻게 소통해야하는 지를 잘 알고 있었다. 광서제가 통치하던 때에 영국과 프랑스로 사절을 나갔던 첫 번째 중국 관리였다. 汪榮祖,『走向世界的挫折: 郭嵩燾與道咸同光時代』, 臺北: 東大圖書出版公司, 1993.

139. 『郭嵩燾日記』, 第1冊, 長沙, 湖南人民出版社, 1981~1983, p.213.

140. 『竹葉亭雜記』, p.4.

141. 『郭嵩燾日記』, 第1冊, pp.214~215.

142. 汪榮祖, pp.59~80.

143. 『郭嵩燾日記』, 第1冊, pp.307, 330~331; 汪榮祖, pp.84~85; 于敏中 等 編, 第3冊, pp.1391~1411.

144. 汪榮祖, pp.90~91.

■ 제5장 조직과 기능

1. 내무부의 조직과 기능은 『淸史稿』에 잘 나온다. 이곳은 오직 황제만을 모시는 기구였다.

2. Te-ch'ang Chang, "The Economic Role of the Imperial Household in the Ch'ing Dynasty", *Journal of Asian Studies* 31. 2(February 1972), p.250.

3. Preston M. Torbert, *The Ch'ing Imperial Household Department: A Study of Its Organization and Principal Functions*, 1662-1796, Cambridge, Mass.: Harvard University Press, 1977, pp.29, 39.

4. 福格,『聽雨叢談』, 北京: 中華書局, 1984, p.22.

5. 『淸史稿』, 卷12, pp.3421~3424.

6. Preston M. Torbert, pp.43, 103, 106, 108, 113, 120.

7. 『淸史稿』, 卷12, p.3429; 中國第一歷史檔案館 編,『圓明園: 淸代檔案史料』, 下冊, p.992.

8. 中國第一歷史檔案館 編,『圓明園: 淸代檔案史料』, 下冊, pp.992~997.

9. 같은 책, 下冊, p.993;『淸史稿』, 卷12, p.3429.

10. 中國第一歷史檔案館 編,『圓明園: 淸代檔案史料』, 下冊, pp.1001~1003.

11. 같은 책, 下冊, pp.985~98.

12. 같은 책, 下冊, p.992.

13. 같은 책, 下冊, pp.1039~1040.

14. 같은 책, 下冊, p.1039.

15. J. L. Crammer-Byng ed., p.244.

16. 中國第一歷史檔案館 編,『圓明園: 淸代檔案史料』, 上冊, pp.71~72.

17. 같은 책, 下冊, p.987.

18. 같은 책, 下冊, pp.1000~1001.

19. 같은 책, 上册, p.88.

20. 같은 책, 上册, p.255.

21. 楊乃濟 輯, 『圓明園大事記』, p.36.

22. 吳振棫, p.207.

23. 楊乃濟 輯, p.36.

24. 예부터 중국인은 단향목을 축하 예물로 삼았다. 양저우(揚州) 주가(朱家)가 제작한 단향목 가구는 정교하기로 이름이 났었다.

25. 吳振棫, p.132.

26. 『清史稿』, 卷4, p.709.

27. 楊乃濟 輯, p.37.

28. 張恩蔭, 『圓明園興建年表』, p.148.

29. 何重義・曾昭奮, 『圓明園與北京西郊水係』(『圓明園』, 第1期, 1981年 11月, p.43).

30. 中國第一歷史檔案館 編, 『圓明園: 清代檔案史料』, 下册, pp.1023, 1028, 1030.

31. 같은 책, 下册, pp.1028~1029.

32. 같은 책, 下册, pp.1034~1035.

33. 같은 책, 下册, p.1029.

34. 같은 책, 下册, p.1005.

35. 같은 책, 下册, p.1019.

36. 같은 책, 上册, pp.74~78, 508~510.

37. 『欽定總管內務府現行則例』.

38. 中國第一歷史檔案館 編, 『圓明園: 清代檔案史料』, 下册, pp.1045~1050.

39. 같은 책, 上册, pp.67~68.

40. 같은 책, 上册, p.68.

41. 같은 책, 上册, pp.72~74.

42. 鄂爾泰・張廷玉 等 編, 『國朝官史』, 北京: 北京古籍出版社, 1987, p.50.

43. 中國第一歷史檔案館 編, 『圓明園: 清代檔案史料』, 上册, pp.132, 162~163, 207~208, 264~265, 366~367.

44. 같은 책, 上册, pp.266~267, 290.

45. 같은 책, 上册, pp.289~290.

46. 같은 책, 上册, p.79.

47. 같은 책, 上册, pp.79~80, 82~83.

48. 같은 책, 上册, pp.98~100.

49. 같은 책, 上册, pp.511~513, 536~537, 541~542.

50. 같은 책, 上册, p.101.

51. 같은 책, 上册, pp.144~147.

52. 같은 책, 上册, pp.129~130.

53. 같은 책, 上册, p.139.

54. 같은 책, 上册, pp.182~184.

55. 같은 책, 上册, pp.124~132, 138~148.

56. 같은 책, 上册, pp.127~128.

57. 같은 책, 上册, pp.130~131.

58. 같은 책, 上册, pp.544~545.

59. 같은 책, 上册, pp.76~78.

60. 같은 책, 上册, p.554, 586.

61. 같은 책, 上册, pp.621~623.

62. 같은 책, 上册, pp.598, 600.

63. 같은 책, 上册, pp.603~605.

64. 같은 책, 上册, pp.607~610.

65. 같은 책, 上册, p.611.

66. 같은 책, 上册, p.613.

67. 같은 책, 上册, pp.614~615.

68. 같은 책, 上册, pp.615~618.

69. 같은 책, 上册, pp.619~620.

■ 제6장 황궁의 일상

1. Teodore Walrond ed., *Letters and Journals of James, 8th Earl of Elgin*, London: John Murray, 1872, p.369.

2. 中國第一歷史檔案館 編, 『圓明園: 淸代檔案史料』, 下册, pp.827~911; 于敏中 等 編, 第1册, pp.178~179.

3. 萬依 · 王樹卿 · 劉潞, 『淸代宮廷史』, 沈陽: 遼寧人民出版社, 1990, p.296.

4. 『圓明園』, 第2期, 1983年 9月, p.65.

5. 건륭의 복식에 대해서는 『穿戴檔』에 상세히 묘사되어 있다. 中國第一歷史檔案館 編, 『圓明園: 淸代檔案史料』, 下册, pp.827~911.

6. 中國第一歷史檔案館 編, 『圓明園: 淸代檔案史料』, 下册, p.827; 于敏中 等 編, 第1册, pp.178~179.

7. 中國第一歷史檔案館 編, 『圓明園: 淸代檔案史料』, 下册, p.828.

8. 같은 책, 下册, p.829.

9. 같은 책, 下册, pp.831~838.

10. Harold L. Kahn, p.88.

11. 章乃煒, 『淸宮述聞』, 北京: 北京古籍出版社, 1988, p.355.

12. 袁枚, 『隨園食單』, 1892年 木刻本, 『隨園三十八種』 卷27, 1上~1下.

13. 같은 책, 1上~29下.

14. 章乃煒, pp.355~356.

15. K. C. Chang ed., *Food in Chinese Cultul: Anthropological and Historical Perspectives*, New Heaven and London: Yale University Press, 1977, p.281.

16. 中國第一歷史檔案館 編, 『圓明園: 淸代檔案史料』, 下册, pp.924~958.

17. 吳振棫, pp.165, 167.

18. 中國第一歷史檔案館 編, 『圓明園: 淸代檔案史料』, 上册, pp.23~24.

19. 吳振棫, pp.163~164, 166~167.

20. John Bell, pp.14~15.

21. John Barrow, pp.74, 80, 135.

22. Sir George Leonard Staunton, vol.2, p.78.

23. 『內務府來文』, 圓明園資料, 北京: 中國第一歷史檔案館, 編號4667; 昭槤, pp.374~375.

24. 林乃桑, 『中國飲食文化』, 上海: 上海人民出版社, 1989, p.62.

25. 孔祥吉, 『晚淸軼聞叢考』, 成都: 巴蜀書社, 1998, p.115.

26. 林乃桑, p.140.

27. 中國第一歷史檔案館 編, 『圓明園: 淸代檔案史料』, 上冊, p.20.

28. 章乃煒, p.165.

29. 같은 책, p.356.

30. 中國第一歷史檔案館 編, 『圓明園: 淸代檔案史料』, 下冊, p.924.

31. 서양 사람들은 제비집(燕窩)을 이상한 음식으로 본다. 그러나 중국 황가나 부유한 이들의 식사에서
는 환영받는 음식이었다. 제비집은 중국 4대 진미 가운데 하나로서, 다른 셋은 샥스핀(魚翅), 곰발바닥
(熊掌), 해삼(海蔘)이다. 흑연와(黑燕窩, 제비집의 하나)는 직접 끓이기 전 손질이 백연와보다 번거로
운데, 원매(袁枚)의 논의에 의하면, 반드시 은침으로 제비집에서 깃털을 제거해야 한다. 간혹 제비집에
는 자잘한 깃털과 나뭇잎 파편이 들어있기 때문이다. 그래서 순수하게 타액으로만 이뤄지는 백연와를
가장 좋은 것으로 친다. 제비집의 가격은 지금도 비싼 편인데, 양질의 연와는 1980년대 초 홍콩 시장 가
격으로 1온스(약 28그램)에 300달러였다. 당시 금 1온스가 대략 400달러였다.

32. 袁枚, 『隨園食單』, 5上.

33. Frederick J. Simoons, *Food in China: A Cultural and Historical Inquiry*, Ann Arbor, Boston: CRC
Press, 1991, p.431.

34. 中國第一歷史檔案館 編, 『圓明園: 淸代檔案史料』, 下冊, pp.924, 927, 938.

35. Fernand Braudel, *Capitalism and Material Lift, 1400-1800*, New York: Harper & Row, 1967, 1973,
p.143.

36. 福格, 『聽雨叢談』, 北京: 中華書局, 1984, p.169.

37. 章乃煒, pp.228~230.

38. 中國第一歷史檔案館 編, 『圓明園: 淸代檔案史料』, 下冊, pp.926~933.

39. 같은 책, 下冊, p.934.

40. 같은 책, 下冊, pp.934~935.

41. 같은 책, 下冊, p.935.

42. 같은 책, 下冊, pp.936~937, 942, 937~958.

43. 姚元之, pp.5~6; Jean Denis Attiret, pp.27~29.

44. 舒牧·申偉·賀乃賢 編, p.281.

45. 顧祿, 『淸嘉錄』, 上海: 上海古籍出版社, 1986, p.27.

46. 昭槤, pp.374~375; 姚元之, pp.6~7; 顧祿, p.26.

47. Jean Denis Attiret, pp.32~34.

48. 中國第一歷史檔案館 編, 『圓明園: 淸代檔案史料』, 下冊, p.831.

49. 趙翼, 『檐曝雜記』, 北京: 中華書局, 1982, pp.11~12.

50. 程演生 編, p.13.

51. John Barrow, p.139.

52. 昭槤, p.389.

53. 吳振棫, pp.125~132.

54. Hope Danby, p.185.

55. 舒牧・申偉・賀乃賢 編, p.284.

56. 같은 책, p.283.

57. 같은 책, p.330.

58. 같은 책, pp.330~331.

59. 1831년 태어난 함풍제는 1860년에 30세 생일을 축하했다. 중국의 나이 계산 방법이 서양과 다르기는 하지만, 그뿐 만은 아니었다. 장수하려면 나이가 '9'로 끝날 때 생일을 축하하는 것이 '0'으로 끝나는 해에 축하하는 것보다 더욱 길하다고 믿었기 때문이다. 물론 나이를 모두 채워서 생일을 축하하기도 한다.

60. 『淸史稿』, 卷4, pp.747~748, 758.

■ 제7장 약탈

1. Stanley Lane-Poole, F. V. Dickins, *The Life of the Sir Harry Parkes*, London & New York: Macmillan, 1894, pp.140~185; 蔣廷黻, 『近代中國外交史資料輯要』(1931), 第1冊, 臺北: 臺灣商務印書館, 1972, p.188; John Y. Wong, *Yeh Ming-ch'en: Viceroy of Liang Kuang, 1852-1858*, Cambridge University Press, 1976; Henri Cordier, *L'Expédition de Chine de 1860*, Histoire Diplomatique notes et Documents, Paris: Pélix Algan, 1906, pp.1~2.

2. 蔣廷黻, 第1冊, p.195.

3. 같은 책, 第1冊, pp.204~236.

4. 賈楨 編, 『咸豊朝籌辦夷務始末』, 卷3, 北京: 故宮博物院, 1930, pp.204~236.

5. Immanuel C. Y. Hsu, *China's Entrance into the Family of Nations*, Cambridge, Mass.: Harvard University Press, 1960, pp. 212~213.

6. John King Fairbank, "The Creation of the Treaty System," in Denis Twitchett and John King Fairbank ed., *The Cambridge History of China*, Cambridge: Cambridge University Press, 1978, vol.10, Part 1, p.257.

7. 僧格林沁, 「奏議」(『道咸同光四朝奏議』, 第3冊, 臺北: 臺灣商務印書館, 1970, pp.1284~1285).

8. T. F. Tsiang, "China After the Victory of Taku, June 25, 1859", *American Historical Review* 35, 1 (October 1929), pp.79~84.

9. 같은 책, p.82.

10. 같은 책, p.81.

11. Teodore Walrond ed., pp.344~345.

12. 같은 책, p.348.

13. 蔣廷黻, 第1冊, pp.253~255.

14. Teodore Walrond ed., p.398.

15. 「大淸文宗顯皇帝實錄」(『大淸歷朝實錄』 第93冊, 卷326, 沈陽: 滿洲國國務院, 1937~1938, p.10).

16. Teodore Walrond ed., p.350. 이 사건에 대한 중국의 입장은 함풍제가 1860년 9월 4일에 내각에 내린 조서에 나타나 있다.

17. 상세한 내용은 이친왕(怡親王)과 목음(穆蔭)이 보낸 서신과 영국-프랑스 연합군의 답신을 참조.

18. Teodore Walrond ed., pp.352~354.

19. 賈楨 編,『咸豊朝籌辦夷務始末』, 卷7, pp.2271~2272, 2304~2306, 2308, 2341~2315.

20. Teodore Walrond ed., p.355.

21. 엘긴은 이친왕과 목음이 다른 마음을 품고 찾아왔다고 의심했다. 그리고 그가 판단하기로, 승격임심은 적군(엘긴의 군대)이 장쟈만 부근의 방어선에서 자신의 군대를 위협할 것이라고 생각했고, 그래서 영국-프랑스 연합군이 자신이 파견한 군대 진지에 접근하자, 대대적으로 저항하여 이런 결과를 낳았다고 보았다. 엘긴의 평가는 왜 다시 충돌이 일어났는지에 대한 이유를 알려 준다.

22. 蔣廷黻, 第1册, pp.264~267; 舒牧 · 申偉 · 賀乃賢 編, p.123; John King Fairbank, "The Creation of the Treaty System," p.257; Teodore Walrond ed., p.356~357; 吳相湘,『晚淸宮廷實紀』, 臺北: 正中書局, 1953, pp.28~35; 王威,『圓明園』, 北京: 北京出版社, 1980, p.40.

23. Henri Cordier, pp.349~352; Paul Varin, *Expédition de Chine*, Paris: Michel Lévy Fréres, 1862, pp.193~197, 199~215; Teodore Walrond ed., p.358; Henry Knollys, *The Incidents in the China War of 1860. Compiled from the Private Journals of General Sir Hope Grant*, London: Blackwood & Sonsm, 1875, pp.111~127; 王威,『圓明園』, p.40; W. C. Costin, *Great Britain and China, 1833-1860*, Oxford: Oxford University Press, 1937, 1968, pp.315~331.

24. Henry Knollys, pp.xiii, 116~117.

25. 李慈銘,『越縵堂日記補』, 卷9, 上海: 商務印書館, 1936, p.42下.

26. 中央研究院 近代史研究所 編,『道光咸豊兩朝籌辦夷務始末補遺』, 第3册, 臺北: 中央研究院 近代史研究所, 1966, pp.1923~1996.

27. 賈楨 編, 卷6, p.2255; 蔣孟引,『第二次鴉片戰爭』, 第2册, 北京: 三聯出版社, 1965, pp.34~35.

28. 賈楨 編, 卷7, p.2335.

29. 寶成關,『奕訢慈禧政爭記』, 長春: 吉林文史出版社, 1990, p.62; 吳相湘,『晚淸宮廷實紀』, pp.36~37.

30. 黃濬, p.434; 李慈銘, p.42下; Henry Knollys, pp.170~173; Robert Swinhoe, pp.312~313; 吳相湘,『晚淸宮廷實紀』, pp.36~37.

31. 賈楨 編, 卷7, pp.2335, 2356, 2358; Teodore Walrond ed., pp.359~360; 中央研究院 近代史研究所 編, pp.234, 236, 246~248, 310.

32. 李慈銘, pp.43上~43下.

33. 賈楨 編, 卷7, pp.2362~2363.

34. 공친왕(恭親王)이 원명원에 남아서 베이징조약을 거부했다는 것은 흥미로운 논란거리다. 이자명(李慈銘)은 공친왕이 함풍제의 어지를 받아 원내에 남아 있었다고 기술했다. 옹동화(翁同龢)는 함풍제가 그에게 강화를 도모하라고 요구했다고 지적하고 있다. 그런데 현대 학자들은 함풍제가 결코 그의 동생을 전적으로 신임하지 않았다고 말한다. 왜냐하면 그가 베이징에 진입해 정치와 군사 대권을 장악할 우려가 있었기 때문이다.

35. 翁同龢,『翁文恭公日記』, 復印本重印, 卷1, 臺北: 商務印書館, 1970, p.191; Teodore Walrond ed., p.360.

36. Robert James Leslie M'Ghee, *How We Got to Pekin: A Narrative of the Campaign in China of 1860*, London: Richard Bentley, 1862, p.245.

37. 李慈銘, p.49.

38. 舒牧 · 申偉 · 賀乃賢 編, pp.127~128; Teodore Walrond ed., p.360.

39. 翁同龢, p.193.

40. 같은 책, p.195; 賈楨等 編, 卷7, p.2426.

41. 程演生 編, p.20上.(『圓明園』第1期, 1981年 11月, pp.93~113); 黃濬, pp.406~407.

42. 王韜, 『瀛壖雜誌』(1895) 卷1, p.132.

43. Paul Varin, pp.222, 228~229; Henri Cordier, pp.349~362.

44. 舒牧・申偉・賀乃賢 編, p.223.

45. Teodore Walrond ed., p.361.

46. Henri Cordier, p.354; Paul Varin, pp.228, 232~236.

47. Henry Knollys, pp.127~128; Lieut. Col. G. T. Wolseley, *Narrative of the War with China in 1860*, London: Wilmington: Scholarly Resources, 1862, 1972, reprint edition, pp.218~242.

48. Robert Swinhoe, p.301.

49. Henry Brogham Loch, *Personal Narrative of Occurrences during Lord Elgin's Embassy to China in 1860*, London: John Murray, 1909, 3rd edition, pp.169~170.

50. Major General G. Allgood, *China War, 1860, Letters and Journals*, New York and Boombay: Longmans, Green, 1901, p.85.

51. 吳相湘, 『晚清宮廷實紀』, p.38.

52. Paul Varin, p.236.

53. Henry Knollys, pp.128, 219~221.

54. Teodore Walrond ed., p.361.

55. Regine Thiriez, *Barbarian Lens: Western Photographers of the Qianlong Emperor's European Palaces*, Amsterdam: Gordon and Breach Publishers, 1998, p.56.

56. Robert Swinhoe, pp.243~244; Theodore Teodore Walrond ed., pp.355, 359.

57. 같은 책, pp.361~362.

58. 蔡申之, p.145.

59. 李慈銘, pp.51上~51下. 영국-프랑스 연합군은 3만 명이었고, 이 밖에 프랑스군 1만 명이 예비 부대로 있었다.

60. 舒牧・申偉・賀乃賢 編, pp.130~131.

61. 같은 책, p.131.

62. 같은 책, pp.166~188.

63. Cecile and Michel Beurdeley, p.74.

64. Major General G. Allgood, p.85.

65. Henry Knollys, p.130.

66. 같은 책, pp.191~192, 226~227; Robert James Leslie M'Ghee, pp.201~289; Robert Swinhoe, p.310; A. B. Tulloch, *Recollections of Forty Years' Service*, Edinburgh: Blackwood, 1903, p.118.

67. Col. G. T. Wolseley, pp.215~242; Henry Knollys, p.190~227.

68. Col. G. T. Wolseley, pp.224~225.

69. 같은 책, p.227.

70. Robert Swinhoe, p.306; Paul Varin, pp.238~239.

71. Cecile and Michel Beurdeley, p.74. 이는 원래 1860년에 발생한 일을 기록하고 있는 제목 미상의 프랑스어 대화 기록으로부터 근거한 것이다. 이 자료는 총독 장지동(張之洞, 1837~1909)의 통역관 구홍

밍(辜鴻銘)을 통해 만청의 유명한 상하이 기자인 왕캉니엔(汪康年)에게 보내졌다. 구훙밍의 독특한 견해는 중국어로 번역되어 있으며, 왕캉니엔의 편지 가운데에서 찾아볼 수 있다.『汪穰卿先生筆記』, 卷1冊, 臺北: 文海出版社, 1969, p.39.

72. 翁同龢, p.197.

73. 賈禎 編, 卷7, p.2421; Teodore Walrond ed., p.362.

74. Henry Knollys, p.194~195.

75. 舒牧·申偉·賀乃賢 編, p.134.

76. 李慈銘, p.54 下.

77.『英法聯軍史料』, pp.77, 80.

78. 中國第一歷史檔案館 編,『圓明園: 清代檔案史料』, 上冊, p.556.

79. 같은 책, p.558.

80. 같은 책, p.557; (淸) 寶鋆 等纂:『淸代籌辦夷務始末』, 刻印本, 卷65, 北平: 故宮博物院, 1930, pp.32~33.

81. 中國第一歷史檔案館 編,『圓明園: 清代檔案史料』, 上冊, pp.553~554.

82. 같은 책, pp.552~553.

83. 같은 책, p.555.

84. 李慈銘, p.51 上.

85. Henry Knollys, p.204.

86. 翁同龢, p.199; 李慈銘, p.54.

87. 翁同龢, p.200.

88. Teodore Walrond ed., p.365.

89. 中國第一歷史檔案館編,『圓明園: 清代檔案史料』, 上冊, p.560.

90. 翁同龢, p.201.

91. 中國第一歷史檔案館 編,『圓明園: 清代檔案史料』, 上冊, pp.559~562; 공친왕(恭親王), 계량(桂良), 문상(文祥)의 비망록은 장팅푸(蔣廷黻)의『近代中國外交史資料輯要』(第1冊, pp.269~270)와 차이선즈(蔡申之)의『圓明園之回憶』(p.157)에 보인다.

92. Henri Cordier, pp.388~390. ; Teodore Walrond ed., p.366.

93. British Parliamentary Papers, "The Earl of Elgin to Lord Russell, Peking, October 25, 1860," China, Shannon: Irish University Press, 1971, vol.34, pp.376~377, lxvi, No.103; W. C. Costin, p.337.

94. Robert James Leslie M'Ghee, pp.222~229.

95. 같은 책, pp.240, 244~245; 李慈銘, p.47 下.

96. 翁同龢, p.192.

97. 파크스는 진술하는 과정에서 '조광(趙光)'을 '조노야(趙老爺)'라고 불렀다.

98. 舒牧·申偉·賀乃賢 編, p.267; Robert James Leslie M'Ghee, p.241.

99. 舒牧·申偉·賀乃賢 編, p.268; 拙庵,「圓明園余憶」(沈雲龍 主編,『近代中國史料叢刊續編』, 第43輯, pp.174~175).

100. 蔡申之, pp.142, 151.

101. 같은 책, p.168.

102.『大淸文宗顯皇帝實錄』(『大淸歷朝實錄』, 第93冊, 卷329, p.7 上).

103. 李慈銘, pp.74 下~75 上.

104. Teodore Walrond ed., p.366.

105. 엘긴과 그로스 사이의 서신은 차이션즈(蔡申之)의『圓明園之回憶』(p.152)에 인용되어 있다; 그로스가 프랑스 외교부에 보낸 보고서는 코르디에(Cordier)의 *L'Expedition de Chine de 1860*(pp.358~362)에 나온다.

106. Robert Swinhoe, p.300.

107. Teodore Walrond ed., p.361~362; Henry Knollys, pp.226~227.

108. Col. G. T. Wolseley, p.279; Henry Knollys, pp.202~203.

109. 汪康年, p.39.

110. Robert Swinhoe, p.329.

111. Henry Knollys, p.204.

112. Paul Varin, p.267; 그로스와 엘긴 사이의 서신은 코르디에(Cordier)의 *L'Expedition de Chine de 1860*(pp.368~383, 385~391, 409~415)에서 참조할 수 있다; Hosea Ballou Morse, *The International Relations of the Chinese Emperor*, London: Longmans, Green, 1910-1918, 1966, vol.1, p.610; Carroll Brown Malone, p.187.

113. Demetrius C. Boulger, *Life of Gordon*, London: Fisher Unwin, 1896, vol.1, p.46.

114. Col. G. T. Wolseley, p.279.

115. 陳三立,『散原精舍文集』, 臺北: 商務印書館, 1962, p.103.

116. 吳可讀,『吳可讀文集』, 卷4, 臺北: 學生書局, 1978, pp.12~13.

117. 李慈銘, p.59.

118. 항기(恒祺)의 이름은 프랑스어로는 Heng-k'i, 영어로는 Hang-ki라고 표기된다.

119. 中國第一歷史檔案館 編,『圓明園: 淸代檔案史料』, 第1冊, pp.562~563; 蔣廷黻, 第1冊, pp.272~273; Henri Cordier, pp.361, 364, 373; Henry Knollys, p.194.

120. 中國第一歷史檔案館 編,『圓明園: 淸代檔案史料』, 第1冊, p.563.

121. Col. G. T. Wolseley, p.280.

122. Robert Swinhoe, p.330.

123.『世界日報』, 1996. 03. 21.

124. Henry Knollys, p.233; Col. G. T. Wolseley, p.279.

125. 中國第一歷史檔案館 編,『圓明園: 淸代檔案史料』, 上冊, p.551.

126. 賈楨 編,『咸豊朝籌辦夷務始末』, 卷7, pp.2413~2414; 舒牧·申偉·賀乃賢 編, p.139; 中國第一歷史檔案館 編,『圓明園: 淸代檔案史料』, 上冊, p.209.

127. Henry Knollys, p.198.

128. 翁同龢, p.204.

129. 같은 책, pp.205~206.

130. 蔡申之, pp.75~76.

131. Teodore Walrond ed., p.371.

132. 李慈銘, p.65下.

133. 賈楨 編,『咸豊朝籌辦夷務始末』, 卷7, pp.2496~2497; 蔡申之, pp.161~162.

134.『圓明園』, 第1期, 1981年 11月, p.209.

135. 吳相湘,『晩淸宮廷實紀』, pp.204~205.

136. 郭嵩燾,『郭嵩燾日記』, 第1冊, p.428.

137. Tsiang, *China After the Victory of Taku, June 25, 1859*, p.82.

138. 中國第一歷史檔案館 編,『圓明園: 淸代檔案史料』, 上冊, pp.573, 576.

139. Regine Thiriez, pp.58~59.

140. 陳增厚,「兩果和圓明園」,『僑報』(第33版), 뉴욕, 1997. 07. 14.

141. 中國第一歷史檔案館 編,『圓明園: 淸代檔案史料』, 上冊, pp.573~576.

142. 같은 책, pp.571~572.

143. 張躍進,「文淵閣四庫全書殘卷發現記」,『僑報』(第19版), 뉴욕, 1997. 05. 19.

144. 中國第一歷史檔案館 編,『圓明園: 淸代檔案史料』, 第1冊, pp.576~578, 583~585, 587~596.

145. Victoria Siu, "Castiglione and Yuanming Yuan Collections," *Orientations (Hong Kong) 19(1-6 November 1988)*, pp.75~76; 孫若怡, pp.72~73.

146. 倭仁,「遺折」,『近代中國史料叢刊續編』(沈雲龍 主編), 第34輯, p.207.

147. 康有爲,『康南海先生遊記匯編』, 臺北: 文史哲出版社 1975, pp.294~298.

148. 顧隨,『顧隨文集』, 北京: 中華書局, 1986, p.481.

149. 李大釗,『李大釗詩文選集』, 北京: 人民文學出版社, 1981, pp.12~13.

150. 舒牧 · 申偉 · 賀乃賢 編, p.316.

151. 向達,「圓明園罹劫七十年紀念述聞」(『圓明園』, 第1期, 1981年 11月, p.115).

152. 蔡申之, p.113.

153. 王威,『圓明園』, p.48.

154. 張愛萍,「如夢令」(『圓明園』第1期, 1981年 11月, p.10).

155. Hope Danby, p.204.

156. Henry Brogham Loch, p.168.

157. Michèle Perazzoli-t'Serstevens ed, pp.7~34.

158. 『圓明園』, 第1期, pp.140~141.

159. Henry Knollys, pp.224~225.

160. 吳可讀, p.12.

161. 李慈銘, pp.74~75.

■ 제8장 복구와 마지막 약탈

1. 王先謙 編,「東華續錄: 同治朝」,『十二朝東華錄』(1884), 卷73, 臺北: 文海出版社, 1963, p.35.

2. 王闓運,『湘綺樓日記』(1927), 重印(16冊), 第2冊, 臺北: 臺灣商務印書館, 1973, p.257; 舒牧 · 申偉 · 賀乃賢 編, p.324.

3. Carroll Brown Malone, p.195.

4. 王闓運,『湘綺樓日記』, 第2冊, p.258; 쉬수췬(徐樹鈞)의 평론은 수무(舒牧) · 선웨이(申偉) · 허나이산(賀乃賢) 등이 편집한『圓明園資料集』(pp.324~325)에서 인용했다; 彭哲愚 · 張寶章 編, pp.126~130.

5. 舒牧 · 申偉 · 賀乃賢 編, pp.331~332.

6. 滕固,『圓明園歐式宮殿殘跡』, pp.1~6.

7. Regine Thiriez, pp.62~64.

8. 中國第一歷史檔案館 編,『圓明園: 淸代檔案史料』, 上冊, pp.628~629; 李宗侗 · 劉鳳翰,『李鴻藻先生年譜』, 第1冊, 臺北: 中國學術著作獎助委員會, 1969, pp.190~191.

9. 中國第一歷史檔案館 編, 『圓明園: 淸代檔案史料』, 上冊, pp.627~628.

10. 같은 책, p.629.

11. 「穆宗實錄」, 『大淸歷朝實錄』 卷310, p.58.

12. 『劉敦楨文集』, 北京: 中國建築工業出版社, 1982, p.298; 王威, 『圓明園』, pp.52~53.

13. 中國第一歷史檔案館 編, 『圓明園: 淸代檔案史料』, 上冊, pp.629~631, 633~635.

14. 中國第一歷史檔案館 編, 『圓明園: 淸代檔案史料』, 上冊, pp.631, 637~638; 李宗侗 · 劉鳳翰, pp.194~195.

15. 현대 건축가 류듄전(劉敦楨)의 원명원 보수에 대한 자료 수집과 분석은 인상적이다. 원명원에 대한 그의 연구는 기술 방면의 세밀한 부분에까지 닿아 있다. 그의 장편 논문(『圓明園』, 第1期, pp.121~171)과 왕포즈(王朴子)의 글(『圓明園』, 第2期, pp.38~39)은 참조할 만하다.

16. 『劉敦楨文集』, pp.313, 338.

17. 吳相湘, 『晩淸宮廷實紀』 p.120.

18. 『劉敦楨文集』, pp.338~349; 李宗侗 · 劉鳳翰, p.194; 吳相湘, 『晩淸宮廷實紀』, pp.207~211.

19. 『劉敦楨文集』, pp.313~318, 320~332.

20. 中國第一歷史檔案館 編, 『圓明園: 淸代檔案史料』, 上冊, pp.674~675.

21. 李宗侗 · 劉鳳翰, pp.200~201.

22. 中國第一歷史檔案館 編, 『圓明園: 淸代檔案史料』, 上冊, p.721.

23. 黃濬, pp.413~415; 中國第一歷史檔案館 編, 『圓明園: 淸代檔案史料』, 上冊, pp.724~726.

24. 吳相湘, 『晩淸宮廷實紀』 p.220.

25. 中國第一歷史檔案館 編, 『圓明園: 淸代檔案史料』, 上冊, p.677.

26. 같은 책, pp.693~699.

27. 같은 책, pp.675~676.

28. 中國第一歷史檔案館 編, 『圓明園: 淸代檔案史料』, 上冊, pp.678~680, 700~702, 710~712.

29. 만청 정부는 재정이 부족해지자 부유한 상인에게 거액을 헌납하고 관직을 얻으라고 종용했다. 이 '매관(賣官)' 정책은 이광소(李光昭) 등과 같은 이가 관료 사회에 진입하는 계기가 되었고, 그는 이를 통해 더욱 재부를 긁어모았다. 만일 이홍장(李鴻章)의 철저한 진상 조사가 없었다면, 이광소는 본전을 생각해 더욱 축재하려고 했을 것이다.

30. 中國第一歷史檔案館 編, 『圓明園: 淸代檔案史料』, 上冊, pp.726~730.

31. 같은 책, pp.736~738.

32. 같은 책, pp.741~742, 747, 750, 752.

33. 같은 책, pp.731~732, 738~739.

34. 같은 책, pp.739~740.

35. 吳汝綸 著, 吳闓生 編, 『桐城吳先生日記』, 臺北: 廣文書局, 1963, pp.11上~12下.

36. 같은 책, p.12下.

37. 李宗侗 · 劉鳳翰, pp.211~212.

38. 中國第一歷史檔案館 編, 『圓明園: 淸代檔案史料』, 上冊, p.743.

39. 舒牧 · 申偉 · 賀乃賢 編, p.319.

40. 中國第一歷史檔案館 編, 『圓明園: 淸代檔案史料』, 上冊, pp.744~746.

41. 于敏中 等 編, 第3冊, p.1391.

42. 張家驥, p.160; 劉侗 · 于奕正, 『帝京景物略』, 北京: 北京古籍出版社, 1983, pp.307~308.

43. 于敏中 等 編, 第3册, pp.1399~1400.

44. 徐鳳桐 編, 『頤和園趣聞』, 北京: 中國旅遊出版社, 1986, p.61.

45. 梁啓超 著, 『飮氷室文集』, 第19册, 上海: 中華書局, 1926, pp.50上~50下.

46. 자희 태후가 이화원을 다시 복구하기로 결정함으로써 이화원은 뒷날 보존이 양호한 궁원으로 남게 되었으며, 지금은 중국에서 가장 환영받는 관광 명소가 되었다.

47. 于敏中 等 編, 第3册, p.1396~1398.

48. 徐鳳桐 編, p.54.

49. 『圓明園』, 第3期, 1984年 12月, pp.150~161.

50. 辛文生 編, 『頤和園長廊的故事』, 臺北: 世界書局, 1998.

51. 장랑(長廊)에 그려진 그림은 모두 1만 폭이 된다. 문화대혁명 기간에 다시 엄혹하게 파괴당했고, 전통 형식의 회화는 홍위병에 의해 더럽혀졌다. 1981년 초에 이화원을 방문했을 때, 혹자가 내게 민간 전설을 그대로 복구할 방법이 없어서 이렇게 새로운 그림으로 옛것을 대신하고 있다고 말해 주었다. 신원성(辛文生)이 편한 『頤和園長廊的故事』와 쉬펑퉁(徐鳳桐)이 편저한 『頤和園趣聞』이 장랑에 대해 참고할 만한 저작들이다.

52. 徐鳳桐 編, p.76.

53. 1981년 저자가 이화원을 찾았을 때 이 전당을 보았다. 나는 두 개의 용의(龍椅) 자리를 포함해 내부의 장식 위치는 그대로 유지되었다고 생각한다.

54. 徐鳳桐 編, pp.13~14, 104~107.

55. 程演生 編, 『圓明園考』(『圓明園』, 第1期, pp.95~113).

56. 吳相湘, 『晚淸宮廷與人物』, 臺北: 文星出版社, 1964, p.163.

57. 舒牧 · 申偉 · 賀乃賢 編, pp.381~382; 吳相湘, 『晚淸宮廷與人物』, p.171.

58. 의화단운동은 근대사에서 가장 중요한 사건 가운데 하나로서, 청조 멸망의 시작으로 여겨질 만하다.

59. W. A. P. Martin, The Seige of Peking, New York: Fleming H. Revell Co, 1990, p.134; E. J. Dillon, The Chinese Wolf and the European Lamb, Comtemporary Review 79 (July 1900), pp.1~17, 28~30.

60. E. J. Dillon, p.18.

61. 王威, 『圓明園』, pp.59~60.

62. George Barrow, The Fire of Life, London: Hutcheson & Co., 1942, p.64.

63. 趙光華, 「圓明園及其屬園的後期破壞例擧」(『圓明園』, 第4期, 1986年 10月, p.13).

64. James Ricalton, China through the Stereoscope: A Journey through the Dragon Empire at the Time of the Boxer Uprising, New York: Underwood & Underwood, 1901, p.344.

65. 徐鳳桐 編, p.84.

66. 中國第一歷史檔案館 編, 『圓明園: 淸代檔案史料』, 上册, p.763.

67. 舒牧 · 申偉 · 賀乃賢 編, p.334. ; 程演生編, 『圓明園考』, p.21下.

68. Hope Danby, p.224.

69. 근대학자 텅구(滕固, 1901~1941)가 베를린에서 이 사진들을 찾았으며, 1930년대에 그림으로 그려서 책으로 출판했다. 책명은 『圓明園歐式宮殿殘跡』이지만 명확한 출판 날짜는 없다. 최근에 출판된 티레(Thiriez)의 Barbarian Lens를 참고할 만하다.

70. 中國第一歷史檔案館 編, 『圓明園: 淸代檔案史料』, 上册, pp.766~769.

71. 같은 책, pp.770~772.

72. 같은 책, pp.766~769.

73. 같은 책, pp.780~785.

74. 같은 책, pp.789~790; 民國8年(1919년) 溥儀檔.

75. 中國第一歷史檔案館 編, 『圓明園: 清代檔案史料』, 上冊, p.800.

76. 같은 책, pp.803~804.

77. 같은 책, pp.802~823.

78. 『圓明園』, 第4期, 1986年 10月, p.15.

79. 王威, 『圓明園』, p.63.

80. 『圓明園』, 第4期, p.15; 中國第一歷史檔案館 編, 『圓明園: 清代檔案史料』, 上冊, pp.798~802; 王威, 『圓明園』, p.62~64; Hope Danby, p.225.

81. Hope Danby, p.226.

82. 舒牧·申偉·賀乃賢 編, pp.354~360.

83. 같은 책, p.17.

■ 후기

1. 『圓明園』, 第1期, 1981年 11月, pp.21~22.

2. 같은 책, p.22.

3. 같은 책, pp.21~24.

4. 『圓明園』, 第1期, pp.1~6.

5. 같은 책, p.230.

6. 『圓明園』, 第4期, 1986年 10月, pp.2~3.

7. 汪之力, 「圓明園遺址整修初探」, pp.5~14.(『圓明園』, 第2期, 1983年 9月).

8. 汪之力, 「圓明園遺址整修初探」, pp.8~10.(『圓明園』, 第2期, 1983年 9月).

9. 『圓明園』, 第4期, pp.231~232; 汪之力, 「開創圓明園遺址保護 整修與利用的新局面」, (『圓明園』 第4期, pp.6~11).

10. 『圓明園』, 第3期, 1984年 12月, p.211.

11. 汪之力, 「圓明園西洋樓遺址的基本方針與初步按排」(『圓明園』, 第4期, 1983年 9月, pp.186~223).

12. 何重義·曾昭奮, 「圓明園與北京西郊水係」(『圓明園』, 第1期, p.44~57).

13. 『圓明園』, 第3期, p.176.

14. 같은 책, p.175.

15. 汪之力, 「開倉圓明園遺址保護, 整修與利用的新局面」(『圓明園』, 第4期, pp.7~11).

16. 韓利, 「福海景區動工整修」(『圓明園』 第4期, p.235).

17. 從維熙, 「假鳳虛凰鑒戒－關于修建圓明園」, 『僑報』(第30版), 뉴욕, 1996. 02. 24.

18. 建民, 「圓明園重修與否引爭議」, 『神州鄕情週刊』(第2期), p.1, 뉴욕, 世界日報社, 1999. 04.

■ 중국 문헌

• 白居易, 『白氏長慶集』(10冊), 北京: 文學古籍刊印社, 1955, 宋本 復印.

• 白日新, 「圓明長春綺春三園形象的探討」, 『圓明園』(第2期), pp.22~25.

• 白日新, 「圓明三園景圖辨析」, 『林業史園林史論文集』(北京林學院林業史研究室 編), 北京: 北京林學院林業史研究室, 1982, pp.77~83.

• 班固, 『漢書』(點校本, 12冊), 北京: 中華書局, 1962.

• 寶成關, 『奕訢慈禧政爭記』, 長春: 吉林文史出版社, 1990.

• 蔡申之, 「圓明園之回憶」, 『英法聯軍史料』(沈云龍 主編, 『近代中國史料叢刊續編』) 第43輯, 臺北: 文海出版社, pp.111~169.

• 陳從周, 『說園』, 上海: 同濟大學出版社, 1994.

• 陳從周, 『園林談叢』, 上海: 文化出版社, 1980.

• 陳三立, 『散原精舍文集』, 臺北: 臺灣商務印書館, 1962.

• 陳壽, 『三國志』(點校本, 3冊), 北京: 中華書局, 1959.

• 陳文波, 「圓明園殘毀考」, 『圓明園資料集』(舒牧 · 申偉 · 賀乃賢 編), 北京: 書目文獻出版社, 1984, pp.166~188.

• 陳文良 · 魏開肇 · 李學文, 『北京名園趣談』, 北京: 中國建築工業出版社, 1983.

• 陳植, 『園冶注釋』, 臺北: 明文書局, 1983.

• 程演生 編, 「圓明園考」, 『圓明園』(第1期), 上海: 中華書局, 1928, pp.95~113.

• 程增厚, 「雨果和圓明園」, 『僑報』(第33版), 뉴욕, 1997. 07. 14.

• 崇賢, 「圓明園營制詳考」, 『清華周刊』(40卷 2期), 1933. 10. pp.61~91; 『圓明園資料集』(舒牧 · 申偉 · 賀乃賢 編), 北京: 書目文獻出版社, 1984, pp.240~262.

• 從維熙, 「假風虛風鑒戒-關于修建圓明園」, 『僑報』(第30版), 뉴욕, 1996. 02. 24.

• 戴璐, 『藤蔭雜記』(1877), 北京: 北京古籍出版社, 1981.

• 杜甫, 『杜詩鏡銓』(楊倫), 臺北: 中華書局, 1972.

• 杜牧, 『樊川文集』, 上海: 上海古籍出版社, 1978.

• 鄂爾泰 · 張廷玉 編, 『國朝宮史』(2冊), 北京: 北京古籍出版社, 1987.

• 范曄, 『後漢書』(點校本, 12冊), 北京: 中華書局, 1965.

• 方裕謹, 「圓明園被焚資料撣錄」, 『圓明園』(第1期), pp.206~223.

• 方裕謹, 「原中法大學收藏之樣式雷圓明園圖樣目錄」, 『圓明園』(第2期), p.73.

• 方裕謹, 「圓明園與英使馬戛爾尼來華」, 『圓明園』(第3期), pp.91~96.

• 馮爾康, 『雍正傳』, 北京: 人民出版社, 1995.

• 福路, 『聽雨叢談』, 北京: 中華書局, 1984.

• 傅抱石, 『中國的人物畫和山水畫』, 香港: 中華書局, 1973.

• 龔自珍, 『龔自珍全集』(點校本), 臺北: 河洛圖書出版社, 1975.

• 故宮博物院掌故部 編, 『掌故叢編』, 北京: 中華書局, 1990.

• 顧祿, 『清嘉錄』, 上海: 上海古籍出版社, 1986.

• 顧隨, 『顧隨文集』, 北京: 中華書局, 1986.

• 顧祖禹, 『讀史方輿紀要』(1679, 20冊), 臺北: 新興書局, 1956.

• 郭嵩燾, 『郭嵩燾日記』(4冊), 長沙: 湖南人民出版社, 1981~1983.

• 何重義・曾昭奮, 「圓明園與北京西郊水系」, 『圓明園』(第1期), pp.43~57.

• 何重義, 「長春園的復興和西洋樓遺址整修」, 『圓明園』(第3期), pp.25~37.

• 何重義, 「長春園初探」, 『圓明滄桑』(圓明滄桑編委會 編), 北京: 文化藝術出版社, 1991, pp.118~126.

• 何重義, 「綺春園槪貌」, 『圓明滄桑』(圓明滄桑編委會 編), 北京: 文化藝術出版社, 1991, pp.131~135.

• 洪璟, 「圓明園弔古話四春」, 『世界日報』(第20版), 1996. 03. 03.

• 侯仁之, 「圓明園」, 『圓明滄桑』(圓明滄桑編委會 編), 北京: 文化藝術出版社, 1991, pp.99~102.

• 黃長美, 『中國庭園與文人思想』, 臺北: 明文書局, 1986.

• 黃江泰, 「愼德堂的平面」, 『圓明園』(第4期), pp.18~22.

• 黃浚, 『花隨人聖庵摭憶全編』(3冊), 臺北: 聯經出版事業公司, 1979.

• 黃凱鈞, 「圓明園記」, 『淸史集腋』(廣文編譯所 主編) 第8冊, 臺北: 廣文書局, 1972, pp.2343~2351.

• 黃縮朋, 「圓明園: 中國歷史上的一代名園」(黃鐘駿 編), 香港: 三聯書店, 1985.

• 計成, 『園冶』, 臺北: 金楓出版社, 1987.

• 計成, 『園冶注釋』, 臺北: 明文書局, 1983.

• 賈禎 編, 『咸豊朝籌辦夷務始末』(80冊), 北京: 故宮博物院, 1930.

• 建民, 「圓明園重修與否引爭議」, 『神州鄕情周刊』(第2期), 뉴육: 世界日報社.

• 姜龍昭, 『香妃考證』, 臺北: 文史哲出版社, 1992.

• 蔣良騏, 『東華錄』(1861), 北京: 中華書局, 1980.

• 蔣孟引, 『第二次鴉片戰爭』, 北京: 三聯出版社, 1965.

• 蔣廷黻, 『近代中國外交史資料輯要』(1931) 第1冊, 臺北: 臺灣商務印書館, 1972.

• 蔣文光, 「圓明園蘭亭八柱」, 『圓明園』(第3期), pp.129~131.

• 蔣一葵, 『長安客話』, 北京: 中華書局, 1980.

• 焦雄, 「長春園園林建築」, 『圓明園』(第3期), pp.12~20.

• 金柏苓, 「淸漪園後山的造園藝術和園林建築」, 『圓明園』(第3期), pp.151~161.

• 金毓豊, 「圓明園西洋樓評析」, 『圓明園』(第3期), pp.21~24.

• 康有爲, 『康南海先生遊記滙編』, 臺北: 文史哲出版社, 1975.

• 孔祥吉, 『晚淸軼聞叢考』, 成都: 巴蜀書社, 1998.

• 李慈銘, 『桃花聖解庵日記』, 臺北: 臺灣商務印書館, 1973.

• 李慈銘, 『越縵堂日記補』(線裝本, 13冊), 上海: 商務印書館, 1936.

• 李大釗, 『李大釗詩文選集』, 北京: 人民文學出版社, 1981.

• 李秋香, 「圓明園安佑宮的石麒麟」, 『圓明園』(第3期), p.133.

• 李宗侗・劉鳳翰, 『李鴻藻先生年譜』(2冊), 臺北: 中國學術著作獎助委員會, 1969.

• 勵宗萬, 『京城古迹考』(1964), 北京: 北京古籍出版社, 1981.

• 梁啓超, 『新大陸遊記』, 長沙: 湖南人民出版社, 1981.

• 梁啓超, 『飮氷室文集』, 上海: 中華書局, 1926.

• 梁思成, 「中國建築史」, 『梁思成文集』(淸華大學建築系 編) 第3冊, 北京: 中國建築工業出版社, 1985, pp.1~272.

• 梁章鉅, 『浪迹叢談』, 北京: 中華書局, 1981.

• 林乃燊, 『中國飮食文化』, 上海: 上海人民出版社, 1989.
• 劉策, 『中國古典苑囿與名園』, 臺北: 明文書局, 1986.
• 劉敦楨, 『劉敦楨文集』, 北京: 中國建築工業出版社, 1982.
• 劉風翰, 『圓明園興亡史』, 臺北: 文星書店, 1969.
• 劉家駒, 「淸高宗纂輯四庫全書與禁毀書籍」, 『大陸雜志』(75卷, 2~3期), 1987. 2., pp.1~30.
• 劉侗 · 于奕正, 『帝京景物略』, 北京: 北京古籍出版社, 1983.
• 柳宗元, 『柳宗元文集』(4冊), 北京: 中華書局, 1979.
• 呂堅, 「郎世寧何時來華」, 『歷史檔案』 第1冊, 北京, 1981, p134.
• 羅振玉, 『殷墟書契前編』, 출판지 미상, 1912.
• 駱兆平, 『天一閣叢談』, 北京: 中華書局, 1993.
• 馬戛爾尼(Lord Macartney), 『乾隆英使觀見記』(劉半農 譯), 上海: 中華書局, 1916.
• 孟森, 『明淸史論著集刊』, 臺北: 世界書局, 1961.
• 孟亞男, 『中國園林史』, 臺北: 文津出版社, 1993.
• 孟元老, 『東京夢華錄注』(鄧之成 注釋), 香港: 商務印書館, 1961.
• 歐陽采薇, 「西書中關于圓明園的記事」, 『圓明園』(第1期), pp.172~205.
• 潘榮勝, 『帝京歲時記勝』(1961), 北京: 北京古籍出版社, 1981.
• 彭一剛, 『中國古典園林分析』, 北京: 中國建築工業出版社, 1988.
• 彭哲愚 · 張寶章 編, 『頤和園圓明園的傳說』, 石家莊: 河北少年兒童出版社, 1985.
• 錢仲聯, 『夢苕庵淸代文學論集』, 濟南: 齊魯書社, 1983.
• 秦國經, 「從淸宮檔案看英使馬戛爾尼訪華歷史事實」, 『英使馬戛爾尼訪華檔案史料滙編』(中國第一歷史檔案館 編), 北京: 國際文化出版公司, 1996, pp.23~88.
• 任曉紅, 『禪與中國園林』, 北京: 商務印書館, 1994.
• 僧格林沁, 「奏議」, 『道咸同光四朝奏議』 第3冊, 臺北: 臺灣商務印書館, 1970, pp.1284~1285.
• 單士元, 「最先報告英法聯軍毀劫圓明園的文獻」, 『圓明園資料集』(舒牧 · 申偉 · 賀乃賢 編), 北京: 書目文獻出版社, 1984, pp.117~120.
• 史樹靑, 「法國楓丹白露中國館中的圓明園遺物」, 『圓明園』(第2期), p156.
• 壽鵰, 「圓明園遊記」, 『圓明園資料集』(舒牧 · 申偉 · 賀乃賢 編), 北京: 書目文獻出版社, 1984, pp.298~305.
• 舒牧, 「圓明園大事年表」, 『圓明園資料集』(舒牧 · 申偉 · 賀乃賢 編), 北京: 書目文獻出版社, 1984, pp.361~389.
• 舒牧 · 申偉 · 賀乃賢 編, 『圓明園資料集』, 北京: 書目文獻出版社, 1984.
• 司馬光, 『自治通鑒』(點校本, 14冊), 臺北: 新象書局, 1978.
• 司馬遷, 『史記』(點校本, 10冊), 北京: 中華書局, 1975.
• 孫丕任 · 卜維義 編, 『乾隆詩選』, 沈陽: 春風文藝出版社, 1987.
• 孫若怡, 「從圓明園西洋樓景區的建築園林看中西文化交流與乾隆時期的精致文化」, 臺北: 國立師範大學歷史研究所博士論文, 1998.
• 孫雄 編, 『道咸同光四朝詩史』, 臺北: 鼎文, 1971.
• 譚廷闓, 「圓明付記」, 『圓明園資料集』(舒牧 · 申偉 · 賀乃賢 編), 北京: 書目文獻出版社, 1984, pp.298~305.
• 騰固 編, 『圓明園歐式宮殿殘迹』, 上海: 商務印書館, 1933.

- 童寯,「北京長春園西洋建築」,『圓明園』(第1期), pp.71~80.
- 童寯,「長春園西洋建築」,『圓明滄桑』(圓明滄桑編委會 編), 北京: 文化藝術出版社, 1991, pp.126~130.
- 萬依・王樹卿・劉潞,『清代宮廷史』, 沈陽: 遼寧人民出版社, 1990.
- 汪康年,『汪穰卿先生筆記』, 臺北: 文海出版社, 1969.
- 汪榮祖,『走向世界的挫折: 郭崇燾與道咸同光時代』, 臺北: 東大圖書出版公司, 1993.
- 汪之力,「開創圓明園遺址保護整修與利用的新局面」,『圓明園』(第4期), pp.6~11.
- 汪之力,「有效保護圓明園遺址與積極開展科學研究」,『圓明園』(第1期), pp.16~20.
- 汪之力,「圓明園遺址整修初探」,『圓明園』(第2期), pp.5~14.
- 汪之力,「整修圓明園西洋樓遺址的基本方針與初步安排」,『圓明園』(第4期), pp.188~190.
- 王謇,『宋平江城坊考』, 南京: 江蘇古籍出版社, 1986.
- 王闓運,『湘綺樓日記』(16冊), 臺北: 臺灣商務印書館, 1973.
- 王璞子,「從同治重修工程看圓明園建築的地盤布局和間架結構」,『圓明園』(第2期), pp.38~39.
- 王士性,『廣志繹』, 北京: 中華書局, 1981.
- 王韜,『瀛壖雜志』, 臺北: 廣文書局 重印.
- 王威,『圓明園』, 北京: 北京出版社, 1980; 臺北: 淑馨出版社, 1992.
- 王先謙,『莊子集釋』, 臺北: 世界書局, 1972.
- 王先謙 纂,『東華續錄: 同治朝』(100卷)/『十二朝東華錄』, 臺北: 文海出版社, 1963.
- 王毅,『園林與中國文化』, 上海: 上海人民出版社, 1990.
- 王云翔,「圓明園技勇八品首領任亮墓碑碑文」,『圓明園資料集』(舒牧・申偉・賀乃賢 編), 北京: 書目文獻出版社, 1984, p.223.
- 王鎮華,『中國建築備忘錄』, 臺北: 時報出版公司, 1984.
- 翁同龢,『翁文恭公日記』(影印本, 20冊), 臺北: 臺灣商務印書館, 1970.
- 倭仁,「遺折」/「倭文端公遺書」,『近代中國史料叢刊』(沈云龍 主編) 第34輯, 臺北: 文海出版社, pp.193~195.
- 吳長元 輯,『宸垣識略』, 北京: 北京古籍出版社, 1981.
- 吳可讀,『吳可讀文集』, 臺北: 學生書局, 1978.
- 吳汝綸,『桐城吳先生日記』, 臺北: 廣文書局, 1963.
- 吳世昌,「魏晉風流與私家園林」,『學文月刊』(第2期), 1934. 06., pp.80~114.
- 吳相湘,『晚清宮廷實紀』, 臺北: 正中書局, 1953.
- 吳相湘,『晚清宮廷與人物』, 臺北: 文星書店, 1964.
- 吳哲夫,「四庫全書特展詳實」,『故宮文物月刊』(第53期), 1987. 08., pp.14~30.
- 吳振棫,『養吉齋叢錄』, 北京: 北京古籍出版社, 1983.
- 向達,「圓明園罹劫七十年紀念述聞」,『圓明園』(第1期), pp.115~120 / p.229.
- 蕭統 編,『文選』, 臺北: 藝文印書館, 1976.
- 笑然,「圓明園軼聞」,『圓明園資料集』(舒牧・申偉・賀乃賢 編), 北京: 書目文獻出版社, 1984, pp.274~286.
- 謝興堯,「纍孝拱與圓明園」,『圓明園資料集』(舒牧・申偉・賀乃賢 編), 北京: 書目文獻出版社, 1984, pp.287~295.
- 辛文生 編,『頤和園長廊的故事』, 臺北: 世界書局, 1998.
- 熊秉眞・呂妙芬 主編,『禮教與情欲: 前近代中國文化中的後/現代性』, 臺北: 中央研究院近代史研究所, 1999.

- 徐昻發, 『畏壘筆記』, 上海: 上海古籍出版社, 1985.
- 徐風桐 編著, 『頤和園趣聞』, 北京: 中國旅遊出版社, 1986.
- 徐朋壽 輯, 『道咸同光四朝奏議』 第3册, 臺北: 臺灣商務印書館, 1970, pp.1293~1296.
- 玄奘, 『大唐西域記』, 上海: 上海人民出版社, 1977.
- 薛福成, 『出使四國日記』, 長沙: 湖南人民出版社, 1981.
- 楊鴻勛, 「略論圓明園中標題園的變體創作」, 『圓明園』(第1期), pp.68~70.
- 楊鴻勛, 「萬園之園圓明園」, 『圓明園資料集』(舒牧·申偉·賀乃賢 編), 北京: 書目文獻出版社, 1984, pp.1~8.
- 楊乃濟 輯, 「圓明園大事記」, 『圓明園』(第4期), pp.29~38.
- 楊云史 編著, 『江山萬里樓詩抄』, 未刊稿.
- 姚華, 「圓明園遊記」, 『圓明園資料集』(舒牧·申偉·賀乃賢 編), 北京: 書目文獻出版社, 1984, p.297.
- 姚元之, 『竹葉亭雜記』, 北京: 中華書局, 1982.
- 葉夢得, 『石林燕語』, 北京: 中華書局, 1984.
- 미상, 『日下尊聞錄』(1964), 北京: 北京古籍出版社, 1981.
- 于敏中 等 編, 『日下舊聞考』, 北京: 北京古籍出版社, 1985.
- 圓明園管理局, 『圓明園』, 北京: 圓明園管理局, 1981.
- 袁枚, 『隨園食單』, 『隨園三十八種』 卷27, 著易堂 木刻本(40卷).
- 曾鞏, 『曾鞏集』(2册), 北京: 中華書局, 1984.
- 曾昭奮, 「圓明園守軍英勇抗擊侵略軍的歷史見證」, 『圓明園』(第3期), p.134.
- 張愛萍, 「如夢令」, 『圓明園』(第1期), p.10.
- 張寶章·彭哲愚 編, 『香山的傳說』, 石家莊: 河北少年兒童出版社, 1985.
- 張岱, 『陶庵夢憶』, 杭州: 西湖書社, 1982.
- 張恩蔭, 「福海龍舟競渡」, 『圓明園』(第2期), p.159.
- 張恩蔭, 「略論圓明園盛期植物造景」, 『圓明滄桑』(圓明滄桑編委會 編), 北京: 文化藝述出版社, 1991, pp.111~117.
- 張恩蔭, 「圓明園興建年表」, 『圓明滄桑』(圓明滄桑編委會 編), 北京: 文化藝述出版社, 1991, pp.136~149.
- 張恩蔭, 「圓明園中的戲臺」, 『圓明園』(第2期), p46.
- 張恩蔭, 「圓明園興建史的幾個問題」, 『圓明園』(第4期), pp.23~28.
- 張家驥, 『中國造園史』, 哈爾濱: 黑龍江人民出版社, 1986.
- 張馭寰, 「圓明園的建築彩畫」, 『圓明園』(第2期), pp.32~37.
- 張躍進, 「文淵閣四庫全書殘卷發現記」, 『僑報』(第19版), 뉴욕, 1997. 05. 19.
- 章東盤·李一氓, 『避暑山莊三十六景』, 上海: 人民美術出版社, 1984.
- 章乃煒, 『淸宮述聞』, 北京: 北京古籍出版社, 1988.
- 昭槤, 『嘯亭雜錄』, 北京: 中華書局, 1980.
- 趙光華, 「長春園建築及園林花木之一些資料」, 『圓明園』(第3期), pp.1~11.
- 趙光華, 「圓明園及其屬園的後期破壞例擧」, 『圓明園』(第4期), pp.12~17.
- 趙光華, 「圓明園之一景-坐石臨流考」, 『圓明園』(第1期), pp.58~67.
- 趙令時, 『侯鯖錄』, 知不足齋叢書(第22册).

• 趙翼, 『簷曝雜記』, 北京: 中華書局, 1982.

• 中國第一歷史檔案館 編, 『圓明園: 淸代檔案史料』, 上海: 上海古籍出版社, 1991.

• 中國第一歷史檔案館 編, 『英使馬戛爾尼訪華檔案史料滙編』, 北京: 國際文化出版公司, 1996.

• 中國圓明園學會 編, 『圓明園四十景圖詠』, 北京: 中國建築工業出版社, 1985.

• 中國圓明園學會籌備委員會 主編, 『圓明園』(第1期~第4期), 北京: 中國建築工業出版社, 1981~1986.

• 周維權, 「淸漪園史略」, 『圓明園』(第3期), pp.137~149.

• 周維權, 「圓明園的興建及其造園藝術淺談」, 『圓明園』(第1期), pp.29~41.

• 周維權, 「圓明園造園藝術新探」, 『圓明滄桑』(圓明滄桑編委會 編), 北京: 文化藝述出版社, 1991, pp.103~111.

• 周武忠, 『中國園林藝術』, 香港: 中華書局, 1991.

• 朱家溍・李艶琴 輯, 「淸・五朝御制集中的圓明園詩」, 『圓明園』(第2期), pp.54~72.

• 朱家溍・李艶琴 輯, 「淸・五朝御制集中的圓明園詩. 續一」, 『圓明園』(第3期), pp.43~90.

• 朱家溍・李艶琴 輯, 「淸・五朝御制集中的圓明園詩. 續二」, 『圓明園』(第4期), pp.62~101.

• 朱啓鈐 輯, 「樣式雷世家考」, 『圓明園資料集』(舒牧・申偉・賀乃賢 編), 北京: 書目文獻出版社, 1984, pp.102~104.

• 拙菴, 「圓明園餘憶」, 『英法聯軍史料』(沈云龍 主編, 『近代中國史料叢刊續編』) 第43輯, 臺北: 文海出版社, 1974, pp.170~181.

• 中央研究院近代史研究所 編, 『道光咸豊兩朝籌辦夷務始末補遺』, 臺北: 中央研究院近代史研究所, 1966.

• 『穿戴檔』, 北京: 中國第一歷史檔案館. 編號: 1899・1901・1903・1905.

• 『古今圖書集成』(第97卷), 臺北: 文星書局 重印.

• 『光緖二・三・四・二十四年之意檔』, 北京: 中國第一歷史檔案館.

• 『國立北平圖書館館刊』 卷7, 1933年 5~8月, pp.119~146.

• 「金勛編寫的圓明園文獻資料三種」, 『圓明園資料集』(舒牧・申偉・賀乃賢 編), 北京: 書目文獻出版社, 1984, pp.189~218.

• 『舊唐書』(點校本, 17冊), 北京: 中華書局, 1975.

• 『遼史』(點校本, 5冊), 北京: 中華書局, 1974.

• 『穆宗實錄』, 『大淸歷朝實錄』(滿洲國國務院 編) 4485卷, 沈陽: 滿洲國國務院, 1937~1938.

• 『內務府來文』, 『圓明園資料』, 北京: 中國第一歷史檔案館.

• 『欽定總管圓明園則例』(手稿本), 北京: 中國第一歷史檔案館(館藏原稿).

• 『淸代籌辦夷務始末』(刻印本, 260冊), 北平: 故宮博物院, 1930.

• 『淸史稿』(點校本, 48冊), 北京: 中華書局, 1976.

• 『膳底檔』, 北京: 中國第一歷史檔案館. 編號 538.

• 『世界日報』, 뉴욕, 1996. 03. 21.

• 『書經』(線裝本), 上海: 商務印書館, 1911.

• 『宋史』(點校本, 40冊), 北京: 中華書局, 1977.

• 『同治十二年旨意檔』(手稿本), 北京: 中國第一歷史檔案館.

• 『咸豊十年新政諭十七日檔』, 北京: 中國第一歷史檔案館(原稿影印).

• 『新唐書』(點校本, 20冊), 北京: 中華書局, 1975.

• 成均館大學校 大東文化硏究院 編, 『燕行錄選集』, 서울: 大東文化硏究院, 1961.

• 『英法聯軍史料』(沈云龍 主編, 『近代中國史料叢刊續編』) 第43輯, 臺北: 文海出版社, 1974.

- 圓明滄桑編委會 編, 『圓明滄桑』, 北京: 文化藝術出版社, 1991.
- 「圓明園碑志」, 『圓明園資料集』(舒牧·申偉·賀乃賢 編), 北京: 書目文獻出版社, 1984, pp.219~222.
- 「圓明園大事年表」, 『圓明園資料集』(舒牧·申偉·賀乃賢 編), 北京: 書目文獻出版社, 1984, pp.361~389.
- 「圓明園內工則例」, 『圓明園資料集』(舒牧·申偉·賀乃賢 編), 北京: 書目文獻出版社, 1984, pp.225~239.
- 「圓明園詩詞」, 『圓明園資料集』(舒牧·申偉·賀乃賢 編), 北京: 書目文獻出版社, 1984, pp.310~353.
- 『圓明園詠』, 石家莊: 河北美術出版社, 1987.
- 「圓明園文獻目錄」, 『圓明園資料集』(舒牧·申偉·賀乃賢 編), 北京: 書目文獻出版社, 1984, pp.390~409.
- 「圓明園西洋樓遺址整修規畫方案」, 『圓明園』(第4期), pp.205~223.
- 「圓明園遺址的現狀」, 『圓明園』(第1期), pp.21~24.
- 「中國圓明園學會隆重擧行成立大會」, 『圓明園』(第4期), pp.1~2.
- 『中國圓明園學會章程』, 『圓明園』(第4期), pp.2~3.

■ 서양 문헌

- Adam, Maurice. 1936. *Yuen Ming Yuen l'Oeuvre Architectrale des Anciens Jesuites au XVIII Siècle.* Peiping: Imprimerie des Lazaristes.
- Allgood, Major General G. 1901. *China War, 1860, Letters and Journals.* New York and Bombay: Longmans, Green.
- Anderson, Aenesa. 1795. *A Narrative of the British Embassy to China in the Years of 1792, 1793, and 1794.* London: Debrett.
- Anderson, E. N. 1988. *The Food of China.* New Haven: Yale University Press.
- Arlington, L. C., and William Lewisohn. 1935. *In Search of Old Peking.* Peking: Henri Vetch.
- Attiret, Jean Denis. 1982. *A Particular Account of the Emperor of China's Gardens Near Pekin.* Trans. from French by Sir Harry Beaumont (Joseph Spence). London: Garland. Reprint.
- Backhouse, Sir Edmund and J. O. P. Bland. 1970. *Annals and Memoirs of the Court of Peking.* 1914. New York: AMS Press. Reprint.
- Barmé, Geremie R. 1996. "The Garden of Perfect Brightness, a Life in Ruins," *East Asian History* II (June): 111-58. Canberra: Australia National University.
- Barrow, George. 1942. *The Fire of Life.* London: Hutcheson & Co.
- Barrow, John. 1805. *Travels in China: Containing Descriptions, Observations, and Comparisons Made and Collected in the Course of a Short Residence at the Imperial Palace of Yuen-min-yuen and a Subsequent Journey through the Country from Pekin to Canton.* Philadelphia: W. F. M'Laughlin.
- Bell, John. 1788. *Travels from St. Petersburg in Russia to Various Parts of Asia.* Edinburgh: Geo Robinsons & Co. 2 vols.
- Beurdeley, Cecile and Michel. 1971. *Giuseppe Castiglione: A Jesuit Painter at the Court of the Chinese*

Emperors. Trans. Michael Bullock. Rutland, Vt., and Tokyo: Charles E. Tuttle Co.

• Bickers, Robert ed. 1993. *Ritual and Diplomacy: The Macartey Mission to China 1792-1794*. London: British Association of Chinese Studies and Wellsweep Press.

• Boulger, Demetrius C. 1896. *Life of Gordon*. London: Fisher Unwin. 2 vols.

• Boxer, C. R. 1939. "Isaac Titsingh's Embassy to the Court of Ch'ien Lung (1794-1795)," *T'ien Hsia Monthly* 8 (January): 9-33.

• Boyd, Andrew. 1962. *Chinese Architecture and Town Planning, 1500-1911*. Chicago: University of Chicago Press.

• Braudel, Fernand. 1967, 1973. *Capitalism and Material Life, 1400-1800*. New York: Harper & Row.

• British Parliamentary Papers. "The Earl of Elgin to Lord J. Russell, Peking, October 25, 1860," China Vol. 34. Shannon: Irish University Press, 1971, pp.375-77.

• Chang, Amos Ih Tiao. 1956. *The Tao of Architecture*. Princeton: Princeton University Press.

• Chang, K. C. ed. 1977. *Food in Chinese Culture: Anthropological and Historical Perspectives*. New Haven and London: Yale University Press.

• Chang, Te-ch'ang 1972. "The Economic Role of the Imperial Household in the Ch'ing Dynasty," *Journal of Asian studies* 31, No.2(February): 243-73.

• Ch'en Shou-Yi. 1936. "The Chinese Garden in Eighteenth Century England." *T'ien Hsia Monthly* 2 (April): 321-340.

• Cibot. 1782. "Essai sur les jardins de plaisance des Chinois,". In *Memoires concernant l'histoire les sciences, les arts, les mocurs, les usages, etc. des Chinois*, vol. 8, pp.301-26. Paris.

• Combaz, Gisbert. 1909. *Les Palais Impériaux de La Chine*. Bruxelles: Des Presses de Vromant & Co.

• Cordier, Henri. 1906. *L'Expedition de Chine de 1860*. Histoire Diplomatique notes et Documents. Paris: Pélix Algan.

• Costin, W. C. 1937, 1968. *Great Britain and China, 1833-1860*. Oxford: Oxford University Press.

• Crammer-Byng, J. L. ed. 1962. *An Embassy to China, being the Journal kept by Lord Macartney during his embassy to the Emperor Ch'ien-lung 1793-94*. London: Longmans Green.

• Crammer-Byng, J. L. and T. H. Levere. 1981. "A Case Study of Cultural Collision: Scientific Apparatus in the Macartney Mission to China, 1793," *Annals of Science* 38: 503-25.

• Danby, Hope. 1950. *The Garden of Perfect Brightness: The History of Yuan Ming Yuan and of the Emperors Who Lived There*. London: William & Norgate.

• de Groot, Roy Andries. 1983. "On the Trail of Bird's Nest Soup: Caves, Climbs, and High Stakes," *Smithsonian* 14.6(September): 66-75.

• Delatour, Louis F. 1803. *Essais sur l'Architecture des Chinois*. Paris: Clouster.

• Dillon, E. J. 1901. "The Chinese Wolfand the European Lamb," *Contemporary Review* 79 (July): 1-17.

• Duyvendak, J. J. L. 1938-1939. "The Last Dutch Embassy to the Chinese Court (1794-1795)," *T'oung Pao,* Nos.34. 1-2: 1-116.

• Eitel, Ernest J. 1984. *Feng-shui: the Science of Sacred Landscape in Old China*. 1873. London: Synergetic Press. Reprint.

• Fairbank, John King. 1978. "The Creation of the Treaty System." In Denis Twitchett and John K. Fairbank, ed. *The Cambridge History of China*. vol. 10, part 1: 213-263.

• Gernet, Jacques. 1962. *Daily Life in China on the Eve of the Mongol Invasion, 1250-1276*. Stanford University Press.

• Gaham, Dorothy. 1938. *Chinese Gardens of the Contemporary Scene*. New York: Dodd, Mead & Co.

• Grant, Sir Hope and Henry Knollys. 1875. *Incidents of the China War of 1860*. Edinburgh and London: William Black-wood & Sons.

• Guy, R. Kent. 1987. *The Emperor's Four Treasuries. Scholars and the State in the Late Ch'ien-lung Era*. Cambridge, Mass.: The Council on East Asian Studies, Harvard University.

• Hargett, James M. 1988-1989. "Huizong's Magic Marchmount: The Genyue Pleasure Park of Kaifeng," *Monumenta Serica* 38: 1-48.

• Hevia, James. 1994. "Loot's Fate: The Economy of Plunder and the Moral Life of Objects 'From the Summer Palace of the Emperor of China.'" *History and Anthropology* 6, No. 4: 319-345.

• Hevia, James. 1995. *Cherishing Men from Afar: Qing Guest Ritual and the Macartney Embassy of 1793*. Durham: Duke University Press.

• Holmes, Samuel H. 1798. *The Journal of Mr. Samual H. Holmes*. London: W. Bulmer & Co.

• Hsu, Immanuel C. Y. 1960. *China's Entrance into the Family of Nations*. Cambidge, Mass.: Harvard University Press.

• Hsu, Immauel C. Y. 1983. *The Rise of Modern China*. New York: Oxford University Press.

• Hummel, Arthur. 1975. *Eminent Chinese of the Ch'ing Period*. Taipei: Chengwen Chubanshe. Reprint edition.

• IP, Benjamin Wai-Bun. 1986. "The Expression of Nature in Traditional Su Zhou Gadens," *Journal of Garden History* 6, No 2(April-June): 125-40.

• Ishida, Mikinosuke. 1960. "A Biographical Study of Giuseppe Castiglione, a Jesuit Painter in the Court of Peking under the Ch'ing Dynasty," *In Memoirs of the Research Department of the Toyo Bunko*. Tokyo: Toyo Bunko.

• Jekyll, Gertrude. 1983. *Wall and Water Gardens*. New Hampshire: The Ayer Co.

• Ji Cheng. 1988. *The Craft of Gardens*. Trans. Alison Hardie. New Haven: Yale University Press.

• Johnston, R. Stewart. 1991. *Scholar Gardens of China: A Study and Analysis of the Spatial Design of the Chinese Private Garden*. Cambridge: Cambridge University Press.

• Kahn, Harold L. 1971. *Monarchy in the Emperor's Eyes: Image and Reality in the Ch'ien-lung Reign*. Cambridge, Mass.: Harvard University Press.

• Knollys, Henry. 1875. *The Incidents in the China War of 1860. Compiled from the Private Journals of General Sir Hope Grant*. London: Blackwood & Sons.

• Lai, Chuen-Yan David. 1974. "A Feng Shui Model as a Location Index," *Annals of the Association of American Geographers* 64, No.4 (December): 506-13.

• Lane-Poole, Stanley and F. V. Dickins. 1894. *The Life of Sir Harry Parkes*. London & New York Macmillan. 2 vols.

• Lane-Poole, Stanley and F. V. Dickins. 1901. *Sir Harry Parkes in China*. London: Methuen & Co.

• Lavollee, Charles. 1865. "L'Expedition Anglo-francaise en Chine," *Revue des deux monde*, 15 juellet, 1 aout.

• Legge, James. 1935. *The Chinese Classics*, IV. Shanghai: Oxford University Press. Reprint of the last edition.

• *Lettres édifiantes et curiruses ecrites des missions etrangeres par quelques missionaires de la Compagnie de Jesus (1702-1776)*. Paris.

• Liu, Cary Y, 1997. "The Ch'ing Dynasty Wen-Yuan-ko Imperial Library: Architectural Symbology and the Ordering of Knowledge," Ph.D. Dissertation, Princeton University.

• Liu Dunzhen. 1993. *Chinese Classical Gardens of Suzhou*. Trans. Chen Lixian. Joseph C. Wang, English text editor. New York: McGraw-Hill, Inc.

• Loch, Henry Brogham. 1909. *Personal Narrative of Occurrences during Lord Elgin's Embassy to China in 1860*. London: John Murray. 3rd edition.

• Loehr, George R. 1963. "The Sinicization of Missionary Artists and Thier Works at the Manchu Court During the Eighteenth Century," *Cahiers D'histoire Mondiale* 8: 795-803.

• M'Ghee, Rev. Robert J. L. 1862. *How We Got to Pekin, A Narrative of the Campaign in China of 1860*. London: Richard Bentley.

• Malone, Carroll Brown. 1934. *History of the Peking Summer Palaces under the Ch'ing Dynasty*. Champaign: University of Illinois Press.

• Martin, W. A. P. 1900. *The Seige of Peking*. New York: Fleming H. Revell Co.

• Morse, Hosea Ballou. 1910-1918, 1966. *The International Relations of the Chinese Empire*. London: Longmans, Green.

• Needham, Joseph. 1956. *Science and Civilisation in China*. Wang Ling, research assistant. Vol. 2: *History of Scientific Thought*. Cambridge at the University Press.

• Paludan, Ann. 1986. *The Imperial Ming Tombs*. Hong Kong: Hong Kong University Press.

• Pelissier, Roger. 1970. *The Awakening of China, 1793-1949*. New York: Capricorn Press.

• Perazzoli-t'Serstevens, Michèle ed. 1988. *Le Yuanmingyuan:Jeux d'eau et palais european du XVIII siecle à la cour de Chine*. Paris: Editions Recherche sur les Civilisations.

• Peyrefitte, Alain. 1992. *The Immobile Empire*. Trans. from French by Jon Rothschild. New York: Alfred A. Knopf.

• Picard, Rend. 1973. *Ces Paintres Jesuites à la Cour de Chine*. Grenoble: Editions des 4 Seigneus.

• Qiao, Yun ed. 1988. *Classical Chinese Gardens*. Hong Kong: The Joint Publishing Co.

• Ricalton, James. 1901. *China through the Stereoscope: A Journey through the Dragon Empire at the Time of the Boxer Uprising*. New York: Underwood & Underwood.

• Robbins, Helen H. 1909. *Our First Ambassador to China: The Life of Lord Macartney*. London: John Murray.

• Rockhill, W. W. 1905, 1971. *Diplomatic Audience at the Court of China*. Taipei: Ch'engwen chubanshe. Reprint.

• Rossbach, S. 1984. *Fengshui: The Chinese Art of Placement*. London: Hutchimson.

• Saarinen, Eliel. 1985. *The Search for Form in Art and Architecture*. New York: Dover Publications Co.

• Schneider, Laurence A. 1980. *A Madman of Ch'u: The Chinese Myth of Loyalty and Dissent*. Berkeley: University of California Press.

• Simoons, Frederick J. 1991. *Food in China: A Cultural and Historical Inquiry*. Ann Arbor, Boston: CRC Press.

• Sirén, Osvald. 1949. *Gardens of China*. New York: Ronald Press Co.

• Sirén, Osvald. 1976. *Imperial Palaces of Peking*. Brussels: Van Oest, 1926. Reprint, New York: AMS Press.

• Siu, Victoria. 1988. "Castiglione and the Yuanming Yuan Collections," *Orientations* (Hong Kong) 19 (1-6 November):72-79.

• Skinner, S. 1982. *The Living Earth Manual of Feng-shui*. London: Routledge & Kegan Paul.

• Smith, Joanna F. Handlin. 1992. "Gardens in Ch'i Piao-chia's Social World: Wealth and Values in Late-Ming Kiangnan," *Journal of Asian Studies* 51. No.1 (February): 55-81.

• Spence, Jonathan D. 1975. *Emperor of China: Self-Portrait of K'ang-hsi*. New York: Vintage.

• Spence, Jonathan D. 1990. *The Search for Modern China*. New York: W. W. Norton.

• Staunton, Sir George Leonard. 1799. *An Authentic Account of an Embassy from the King of Great Britain to the Emperor of China*. Philadelphia: John Bioren. 2 vols.

• Sullivan, Michael. 1973. *The Metting of Eastern and Western Art: From the Sixteenth Century to the Present Day*. London: Thames and Hudson.

• Swinhoe, Robert. 1861. *Narrative of the North China Campaign of 1860*. London: Smith, Elder.

• Tan, Chester C. 1967. *The Boxer Catastrophe*. New York: W. W. Norton.

• Thiriez, Regine. 1990. "Les Palais européens du Yuanmingyuan a travers la photographie: 1860-1940," *Arts Asiatiques* (Paris) XLV: 90-96.

• Thiriez, Regine. 1998. *Barbarian Lens: Western Photographers of the Qianling Emperor's European Palaces*. Amsterdam: Gordon and Breach Breach Publishers.

• Torbert, Preston M. 1977. *The Ch'ing Imperial Household Department: A Study of Its Organization and Principal Functions, 1662-1796*. Cambridge, Mass.: Harvard University Press.

• Tsiang, T. F. 1929. "China After the Victory of Taku, June 25, 1859," *American Historical Review* 35, No.1 (October): 79-84.

• Tulloch, A. B. 1903. *Recollections of Forty Years' Service*. Edinburgh: Blackwood.

• Tung, Chuin. 1936. "Chinese Gardens Especially in Kiangsu and Cheking," *T'ien Hsia Monthly* 3. No.1 (October): 220-44.

• Tung, Chuin. 1938. "Foreign Influence in Chinese Architecture," *T'ien Hsia Monthly* 6, No.5 (May): 410-17.

• Twain, Mark. 1901. "To the Person Sitting in Darkness," *North American Review* 172 (February): 161-76.

• Van Braam, Andre-Everand. 1798. *An Authentic Account of the Embassy of the Dutch East India Company to the Court of the Emperor of China, in the Year 1794 and 1795*. London: R. Philips.

• Varin, Paul. 1862. *Expedition de Chine*. Paris: Michel Lévy Frères.

• Waley, Arthur. 1975. *Yuan Mei: Eighteenth-Century Chinese Poet*. Stanford: Stanford University Press.

• Walrond, Theodore ed. 1872. *Letters and Journals of James, 8th Earl of Elgin*. London: John Murray.

• Wang, Joseph Cho. 1998. *The Chinese Garden*. Hong Kong: Oxford University Press.

• Wang, Tony Shou-kang. 1987. "Master Plan of Yuanming Yuan Ruin Park in Peking," M. Arch. Thesis, University of California, Berkeley.

• *Wenzong Xianhuangdi Shilu (Veritable Record of he Xianfeng Emperor)*. 1937-1938. In *Daqing Lichao Shilu(Veritable Record of Successive Reigns of the Qing Dynasty)*. Tokyo: Okura shuppan kabushiki kaisha.

• Wolseley, Lieut. Col. G. T. 1862, 1972. *Narrative of the War with China in 1860*. London; Wilmington: Scholarly Resources. Reprint.

• Wong, John Y. 1976. *Yeh Ming-ch'en: Viceroy of Liang Kuang, 1852-8*. Cambridge: Cambridge University Press.

• Yang, Hangxun. 1982. *The Classical Gardens of China*. Trans. Wang Huimin. New York: Van Nostrand Reinhold Co.

- ㅈ -

A Paradise Lost
The Imperial Garden Yuanming Yuan

원명원40경도영
(圓明園四十景圖詠)

풍류를 즐겼던 건륭제는 원명원 안의 아름다운 경관지점景點 40곳 각각에 이름을 짓고 제영을 붙였다. 아울러 궁정 화가였던 심원과 당대 및 서법가 왕유돈汪由敦에게 명령하여 비단에 40경을 그리도록 했다. 이것이 『원명원40경도영圓明園四十景圖詠』이다. 이 그림들은 원서에는 수록되어 있지 않지만, 본서에서는 독자들의 이해를 돕기 위해 각 경관의 그림을 전재했다. 아울러 건륭제의 시사詩詞 가운데 일부를 뽑아 우리말로 옮겼고, 경관마다 규모와 주요 건물을 밝혀 그 모습을 짐작하도록 했다.

① 景

정대광명 正大光明

빼어난 곳이라 주나라 영유와 같고, 勝地同靈囿,

남아있는 법도는 창춘강희 이었도다. 遺規繼暢春.

정대광명은 원명원 본원 남쪽의 대궁문(大宮門) 안쪽에 있다. 청조 원명원 본원의 조정이 있는 곳이다. 그
남쪽 궁문 앞에 세워진 대영벽(大影壁)에서 북쪽으로 정대광명전 뒤 수산(壽山)까지가 경관의 경계이다. 남
북으로 370미터, 동서로 310미터, 부지 10만 평방미터, 건축면적 7,000평방미터다. 대궁문은 원명원의 정문
이다. 이곳을 지나면 출입현량문(出入賢良門)이 나온다. 그래서 이궁문(二宮門)으로 부른다. 두 개의 궁문
밖으로 6부 9경의 치소(値所)인 조방(朝房)이 동서에 각각 있다.

2景

근정친현 勤政親賢

끊임없이 노력해 처음 먹은 뜻 끝까지 간직하고, 乾乾終始志,

『서경』의 '무일'을 병풍으로 써서 가까이 할지라. 無逸近書屛.

근정친현은 정대광명전(正大光明殿)의 동쪽에 있다. 이곳은 청나라 제왕의 정치 공간으로서 자금성의 양심전(養心殿)과 기능이 비슷하다. 남북으로 150미터, 동서로 170미터, 부지 2.5만 평방미터, 건축면적 6,750평방미터다. 근정전(勤政殿), 동명당(洞明堂), 비운헌(飛雲軒), 정감각(靜鑒閣), 회청분(懷淸芬), 수목가음(秀木佳蔭), 생추정(生秋庭), 방벽총(芳碧叢), 보합태화(保合太和), 부춘루(富春樓), 죽림청향(竹林淸響), 길상소(吉祥所) 등이 있다.

구주청안 九州淸晏

끝을 처음처럼 삼가기는 옛 성인의 가르침이라,愼終如始, 前聖之謨,

아, 젊은이들이여, 처음 마음과 달리하지 말지니.嗚呼小子, 毋渝厥初.

구주청안은 청조 제왕의 침궁으로서, 정대광명(正大光明)의 북쪽에 있다. 전호(前湖)와 후호(後湖) 사이에 있으며 다리나 배로만 드나들 수 있었다. 시중드는 태감, 궁녀 이외에 누구도 이곳에 들어갈 수 없었다. 동서로 220미터, 남북으로 120미터, 부지 2.5만 평방미터, 건축면적 8,600평방미터다. 원명원전(圓明園殿), 봉삼무사전(奉三無私殿), 구주청안전(九州淸晏殿), 동도당(同道堂), 청휘각(淸暉閣), 이정서사(怡情書史), 신덕당(愼德堂), 천지일가춘(天地一家春) 등이 있다. 청휘각은 원명원 본원이 처음 지어질 때 조영되었다.

❹景

누월개운 鏤月開雲

모란꽃 즐기는데 언제가 최고일까,^{最可娛幾暇,}

오직 비온 끝에 마주해야 하리라.^{惟應對雨餘.}

누월개운은 후호(後湖)의 동쪽 남단에 있다. 그 서쪽이 구주청안(九州淸晏)이요, 남쪽은 근정친현(勤政親賢)이다. 남북으로 108미터, 동서로 95미터, 부지 1만 평방미터, 건축면적 1,100평방미터다. 원래 옹정제가 황자 시절에 모란 화원으로 가꾸고 '모란대(牧丹臺)'라고 불렀는데, 건륭제가 '누월개운'으로 고쳤다. 어란분(御蘭芬), 양소서옥(養素書屋), 허명실(虛明室), 영춘정(永春亭) 등이 있다.

⑤景

천연도화 天然圖畵

소나무 추녀마루 구름과 이어지며 푸른 물결 굽어보고,松棟連雲俯碧瀾,

그 아래 곧게 벋은 대나무 있어 그윽한 소리 바스락대네.下有修篁戛幽籟.

천연도화는 누월개운(鏤月開雲)의 북쪽에 있고, 그 서쪽이 후호(後湖)이다. 남북으로 150미터, 동서로 110
미터, 부지 1.6만 평방미터, 건축면적 2,950평방미터다. 강희제가 짓기 시작했으며 '죽자원(竹子院)'으로 불
렸다. 낭음각(朗吟閣), 죽과루(竹䕼樓), 오복당(五福堂), 담정재(湛靜齋), 정지춘사가(靜知春事佳), 소제춘
효(蘇堤春曉), 문창각(文昌閣) 등이 있다.

428

⑥景

벽동서원 碧桐書院

달도 돌고 바람 휘감으니 푸른 그림자 나부끼고, 月轉風回翠影翻,

비 듣는 창에 더욱 맑은 소리 듣기 싫지 않아라. 雨窓尤不厭淸喧.

벽동서원은 천연도화(天然圖畫)의 건너편 북쪽에 있다. 서남쪽으로 후호(後湖)를 바라보고 있으며 산으로 둘러싸인 채 밖으로 물을 두르고 있다. 남북으로 120미터, 동서로 115미터, 부지 1.35만 평방미터, 건축면적 1,700평방미터다. '벽오원(碧梧院)'으로도 불렸다. 『일하구문고』에는 벽동서원 서쪽에 운잠정(雲岑亭)이 있었다고 전한다.

(7景)

자운보호 慈雲普護

울긋불긋 꽃들 가까울사 주렴도 좋을시고,偎紅倚綠簾櫳好,

꾀꼬리 꾀꼴꾀꼴 남당에 동이 트네.鶯聲瀏栗南塘曉.

자운보호는 후호(後湖)의 북쪽에 있으며 동쪽으로 벽동서원(碧桐書院)을 마주하고 있다. 남북으로 120미
터, 동서로 90미터, 부지 1만 평방미터, 건축면적 800평방미터다. 처음엔 '간각(澗閣)'으로 불렸다. 환희불
장(歡喜佛場), 용왕전(龍王殿), 자명종루(自鳴鐘樓) 등이 있다.

상하천광 上下天光

위아래로 물과 하늘이 하나의 빛깔이요, 上下水天一色,

물과 하늘이 위아래로 서로 이어졌어라. 水天上下相連.

상하천광은 자운보호의 서쪽에 있으며, 그 남쪽으로 후호를 굽어보고 있다. 부지 1.05만 평방미터. 건축면적 1,600평방미터. 옹정제가 초기에 짓고, 누각 서쪽의 다리에 '음화(飮和)'란 편액을 걸어놓았다. 함월루(涵月樓), 심경징관창청(心鏡澄觀敞廳) 등이 있다.

(9景)

행화춘관杏花春館

사르락 향그럽게 붉은 눈송이가 빈 뜰을 수놓으니,霏香紅雪韻空庭,

어이 겨울 매화더러 화병을 차지하게 내버려 두랴.肯讓寒梅占膽絣.

행화춘관은 후호(後湖)의 서북쪽에 있는 경관으로 처음에 '채포(菜圃)'로 불리다가 뒷날 '춘우헌(春雨軒)'
으로 불리기도 했다. 부지 2.2만 평방미터, 건축면적 1,200평방미터다. 간학여청(間壑餘淸), 득사정(得樹
亭), 경수재(鏡水齋), 상취(賞趣), 음뢰정(吟籟亭), 억재(抑齋), 취미당(翠微堂), 연경(淵鏡), 병암(屛巖), 토
지사(土地祠) 등이 있다.

10景

탄탄탕탕 坦坦蕩蕩

묻는다 한들 어떻게 대답하랴, 有問如何答,

물고기의 즐거움은 물고기만 아네. 魚樂魚自知.

탄탄탕탕은 후호(後湖) 서쪽에 있다. 포국은 항저우 서호의 옥천관어(玉泉觀魚)를 닮았다. 못에 금린어(金鱗魚)를 수천 마리 풀어놓아서 '금어지(金魚池)'로 불린다. 부지 1.05만 평방미터, 건축면적 1,650평방미터다. 건륭제는 '소심당(素心堂)'으로도 불렀으며 157번 묵었다고 한다. 반무원(半畝園), 담회당(澹懷堂), 쌍가재(雙佳齋), 광풍제월(光風霽月), 지어정(知魚亭), 췌경재(萃景齋), 벽란교(碧瀾橋) 등이 있다.

⑪景

여고함금 茹古涵今

새 지저귀고 꽃 향기로울사 고요한 깨달음이 생기고, 鳥語花香生靜悟,

소나무 바람 불고 물에 달 뜨니 좋은 벗을 얻었구나. 松風水月得佳朋.

여고함금은 탄탄탕탕(坦坦蕩蕩)의 남쪽에 있으며 그 동북으로 후호(後湖)를 바라보고 있다. '소경헌(韶景軒)'으로도 불린다. 부지 9,000평방미터, 건축면적 3,300평방미터다. 건륭제가 초기에 세웠다. 소경헌(韶景軒), 죽향재(竹香齋), 정통재(靜通齋) 등이 있다.

12景

장춘선관 長春仙館

섬돌 아래 소나무처럼 장수를 축원하며, 階下松齡祝,

천년토록 만수무강하기를 봉헌하노라. 千秋奉壽康.

장춘선관은 정대광명전(正大光明殿)의 서쪽, 여고함금(茹古涵今)의 남쪽에 있다. 사방을 산으로 두르고, 그
안에 섬을 안고 있다. 섬은 남북으로 75미터, 동서로 110미터, 부지 8,000평방미터, 건축면적 3,700평방미
터다. 녹음헌(綠陰軒), 여경헌(麗景軒), 춘호헌(春好軒), 수안실(陷安室), 함벽당(含碧堂), 임허계정(林虛桂
靜), 명옥계(鳴玉溪) 등이 있다.

⑬景

산고수장山高水長

때때로 군자의 덕성을 살펴보고,時觀君子德,

어명으로 귀빈 위한 자리 베푸네.式命上賓筵.

산고수장은 원명원 본원 서남쪽에 있다. 멀리 서산(西山)을 마주하고 있고 앞으로 물을 두르고 있는데, 경관 중앙부가 훤하게 트였다. 남북으로 460미터, 동서로 280미터, 부지 12.88만 평방미터, 건축면적 2,500평방 미터다. 서광(西廣), 서광자(西廣子), 서원(西苑), 서원(西圃) 등으로도 불렀다. 외국 사신에게 연회를 열거 나 시위들의 군사 훈련 장소였다. 그래서 산고수장루(山高水長樓)를 옹정제는 '인견루(引見樓)'로 불렀다. 이밖에 십삼소(十三所)가 있다.

436

⑭景

만방안화 萬方安和

만방이 귀의하니 붉은 노을이 덮었고야, 萬方歸霞冒,
마음 하나로 편안하고 화평하길 원하네. 一意願安和.

만방안화는 후호의 서쪽에 있으며, 그 동쪽이 행화춘관(杏花春館)이요, 서남쪽으로 호수 너머가 산고수장
(山高水長)이다. '만(卍)'자 모양의 건물을 주축으로 한 경관이다. 남북으로 205미터, 동서로 130미터, 부지
2.7만 평방미터. 건축면적 1,950평방미터와. 옹정제가 초기에 지었는데 '만자방(萬字房)'으로 불렸다. 사방
영정(四方寧靜), 안연(安然), 산수청음(山水淸音), 벽계일대(碧溪一帶), 침류수석(枕流漱石), 관묘음(觀妙
音), 가기영인(佳氣迎人), 고산유수(高山流水), 십자정(十字亭) 등이 있다.

437

무릉춘색武陵春色

산봉우리 겹겹으로 에두르고 물 한줄기 통할 뿐인데,複岫廻環一水通,

봄날이 무르익자 한 잎 한 잎 물위에 떠서 붉어라.春深片片貼波紅.

무릉춘색은 만방안화(萬方安和)의 북쪽에 있다. 도연명(陶淵明)의 「도화원기(桃花源記)」의 이미지를 본떴다. 원림 동남부에 첩석(疊石)하여 경관을 만들고, 배를 타고 거슬러 오르면 도화동에 들어서게 된다. 남북으로 220미터, 동서로 105미터, 부지 2.3만 평방미터, 건축면적 2,000평방미터다. 강희제가 만들고 '도화오(桃花塢)'라고 불렀다. 호중천(壺中天), 동천일월다가경(洞天日月多佳景), 소은서지(小隱栖遲), 전벽당(全碧堂), 천군태연(天君泰然), 도화심처(桃花深處), 낙선당(樂善堂), 품시당(品詩堂), 항춘당(恒春堂) 등이 있다.

⑯景
월지운거 月地雲居

대천세계 하늘의 문이여, 大千乾闥,
저 하늘의 진짜 달을 가리키네. 指上天眞月.

월지운거는 만방안화(萬方安和)의 서산 너머, 무릉춘색(武陵春色)의 서쪽에 있다. 남북으로 190미터, 동서
로 230미터, 부지 4.3만 평방미터, 건축면적 6,100평방미터다. 원래 '안우궁(安佑宮)'으로 불렸으며, 옹정제
의 신위를 모신 곳이다. 청정지(淸淨地), 묘증무성(妙證無聲), 연화법장(蓮花法藏), 계정혜(戒定慧), 법원루
(法源樓), 정실(靜室) 등이 있다.

홍자영호 鴻慈永祜

만년토록 보우하사 훌륭한 계책 드리웠으니, 萬年佑啓垂謨烈,

통서를 계승하여 신중하게 면려할지어다. 繼序兢兢矢勉脩.

홍자영호는 월지운거(月地雲居)의 서북쪽에 있으며, 청나라 황실의 조상을 모신 사당이다. 안우궁(安佑宮)
으로도 불린다. 남북으로 185미터, 동서로 160미터, 부지 2.95만 평방미터, 건축면적 3,600평방미터다. 치부
전(致孚殿), 안우문(安佑門), 안우궁(安佑宮) 등이 있다. 안우궁의 화표(華表) 하나는 베이징 대학교에, 다
른 하나는 중국국가도서관에 있고, 석기린(石麒麟) 한 쌍은 베이징 대학교 서문 안쪽에 있으며, 운룡석(雲
龍石)도 베이징 대학교와 이화원(頤和園)에 있다.

회방서원 滙芳書院

'청아', '역박'은 어진 인재 기르는 마음이니,菁莪棫樸育賢意,

나를 도와 아름다움으로 만방을 덮을진저.佐我休明被萬方.

회방서원은 안우궁(安佑宮) 동쪽에 있으며, 동쪽, 서쪽, 남쪽으로 못을 두르고 있다. 북쪽은 원명원 본원 담장과 닿아 있다. 남북으로 100미터, 동서로 160미터, 부지 1.6만 평방미터, 건축면적은 3,600평방미터다. '회방서원(彙芳書院)'으로도 쓴다. 서조헌(抒藻軒), 함원재(涵遠齋), 췌조헌(萃照軒), 미월헌(眉月軒), 탁운루(倬雲樓), 연상정(延賞亭), 문진(問津) 등이 있다.

⑲景

다가여운 多稼如雲

농사일 어려운 줄 그래도 알 수 있지만, 稼穡艱難尚克知,

기장과 벼가 잘 자랄지 인재 찾아 묻노라. 黍高稻下入疇諮.

다가여운은 회방서원(滙芳書院) 동북쪽, 원명원 본원의 북쪽 담장 안에 있다. 북쪽으로 계하를 둘렀고, 앞으로 연못을 바라보며, 그 건너편에 논이 있다. 남북으로 80미터, 동서로 45미터, 부지 3,600평방미터, 건축면적 1,050평방미터다. '기하향(芰荷香)'으로도 불린다. 주 건축 동남쪽에 담록실(湛淥室)이 있다.

⑳景

일천림우 日天琳宇

하늘 밖 능엄(楞嚴)의 성이라, 天外楞化城,

속진이 섞일까 허락지 않누나. 不許紅塵雜.

일천림우는 회방서원(滙芳書院)의 남쪽에 있다. 남북으로 110미터, 동서로 160미터, 부지 1.7만 평방미터, 건축면적 4,400평방미터다. 흔히 사찰 원림으로 불린다. 옹정제 초기에 세워졌고, 건륭제가 '일천림우'라고 이름 붙였다. 일천희색(一天喜色), 극락세계(極樂世界), 능엄단(楞嚴壇), 서응궁(瑞應宮) 등이 있다.

㉑景

염계락처 濂溪樂處

연꽃 향기 바람 타고 호수 위로 불어오면,香風湖面來,

뜨거운 한여름도 바야흐로 서늘한 가을일세.炎夏方秋冷.

염계락처는 일천림우(日天琳宇) 동쪽에 있으며 신수사영(愼修思永)으로도 불린다. 주 경관은 섬 위에 있으며 산으로 두르면서, 그 밖을 물로 에두르고 있다. 남북으로 120미터, 동서로 170미터, 부지 2만 평방미터, 건축면적 2,300평방미터다. 수운거(水雲居), 지과당(知過堂), 묵광정(墨光亭), 향설랑(香雪廊), 임천정(臨泉亭), 득월(得月) 등이 있다.

담박영정 澹泊寧靜

청산은 본래 편안하고 고요한 몸이거니, 青山本來寧靜體,

녹수도 이다지 맑고 깨끗한 얼굴이어라. 綠水如斯澹泊容.

담박영정은 후호(後湖)의 북쪽에 있으며, 주 건축은 '전(田)'자 모양으로 되어 있다. 동서로 160미터, 남북으로 140미터, 부지 2.6만 평방미터, 건축면적 1,350평방미터다. 주 건축의 동쪽에 취부루(翠扶樓)가 있고 그 앞뒤로 논이 있다. 도광제는 '담박청정(澹泊清靜)'이라고 불렸다.

445

영수난향 映水蘭香

원림에 살며 어찌 유흥만을 일삼으랴, 園居豈爲事遊觀,

조만간 농사일을 난간에 기대 보리라. 早晩農功倚檻看.

영수난향은 담박영정(澹泊寧靜)의 서쪽에 있다. 남북으로 160미터, 동서로 100미터, 부지 1.6만 평방미터, 건축면적 1,150평방미터다. 다가헌(多稼軒), 관가헌(觀稼軒), 수정역(水晶域), 정향옥(靜香屋), 호묘루(互妙樓), 촌벽정(寸碧亭), 인승헌(引勝軒), 초학등(招鶴磴), 도향정(稻香亭) 등이 있다.

446

㉔景

수목명슬水木明瑟

숲은 소슬하고 물은 서늘할시고,林瑟瑟, 水冷冷,

계곡에 바람 불자 뭇소리 일어나고 산새도 한번 울어 예는구나.溪風群籟動, 山鳥一聲鳴.

수목명슬은 담박영정(澹泊寧靜)의 북쪽에 있다. 남북으로 130미터, 동서로 100미터. 부지 1.3만 평방미터, 건
축면적 900미터이다. 건륭제의 글씨 '수목명슬'을 새긴 태호석이 이화원 인수전(仁壽殿)에 있다. 인월지(印
月池), 조어기(釣魚磯), 풍락헌(豊樂軒), 귀직산당(貴織山堂), 지경직(知耕織), 탁린소(濯鱗沼) 등이 있다.

어약연비 魚躍鳶飛

물고기 강에서 헤엄치고 솔개 구름과 날거니,川泳與雲飛,

사물마다 지극한 이치를 머금었네.物物含至理.

어약연비는 원명원 본원의 대북문(大北門) 안쪽에 있다. 건축면적 2,500평방미터다. 옹정제가 세운 포국이 건륭제가 그림으로 남길 때까지 그대로 유지되었다. 창관헌(暢觀軒), 포취환류(鋪翠環流), 전묘(傳妙) 등이 있다.

448

서봉수색西峰秀色

서창은 바로 서산과 마주해 열렸으니,西窓正對西山啓,

멀리 높은 봉우리와 닿아 지척인 듯해라.遙接嶢峰等咫尺.

서봉수색은 어약연비의 남쪽에 있다. 그 남쪽이 사위성(舍衛城)이다. 사방을 물로 둘리고 그 밖으로 언덕 을 쌓았다. 남북으로 90미터, 동서로 120미터, 부지 1.1만 평방미터, 건축면적 1,750평방미터다. 함운재(含 韻齋), 소광려(小匡廬), 일당화기(一堂和氣), 자득헌(自得軒), 남경방(嵐鏡舫), 화항관어(花港觀魚) 등이 있 다. 1756년 칠석에 건륭제는 구주청안(九州淸宴)에서 배를 타고 이곳에 내려 향을 사르고 아침식사를 했다.

북원산촌北遠山村

낮은 지붕에 기둥 서넛인 어부의 집이요, 矮屋幾楹漁舍,

성근 울타리 한 줄기 두른 농민의 집이로다. 疏籬一帶農家.

북원산촌은 어약연비(魚躍鳶飛)의 동쪽에 있다. 물가를 따라 남북으로 논밭이 펼쳐지며 농촌의 마을 풍경을 이루고 있다. 남북으로 80미터, 동서로 160미터, 부지 1.3만 평방미터, 건축면적 2,000평방미터다. '북원산방(北苑山房)' 혹은 '북원산촌(北苑山村)'으로도 불렸다. 과농헌(課農軒), 수촌도(水村圖), 난야(蘭野), 회우정사(繪雨精舍), 관음암(觀音庵) 등이 있다.

450

사의서옥 四宜書屋

28景

바람 불든 꽃이 피든 눈이 오든 달이 뜨든 모두 보배로이 좋으니, 風花雪月各殊宜.

사시사철 맑고 깨끗할사, 소나무며 대나무가 내 벗이로세. 四時瀟灑松竹我.

사의서옥은 복해(福海)의 북쪽에 있다. 남북으로 170미터, 동서로 150미터, 부지 2.5만 평방미터, 건축면적 2,400평방미터다. 옹정제가 짓고 처음엔 '춘우서화(春宇舒和)'라고 불렀고, 건륭제가 '안란원(安瀾園)'으로 고쳤다. 조경관(藻經館), 채방주(采芳洲), 녹유방(綠帷舫), 함아재(涵雅齋), 무변풍월지각(無邊風月之閣), 함추당(涵秋堂), 운도정(雲濤亭), 연월청진루(煙月淸眞樓), 염하루(染霞樓), 원수산방(遠秀山房), 소죽헌(嘯竹軒), 득취서옥(得趣書屋), 인량소루(引凉小樓) 등이 있다.

451

㉙景

평호추월 平湖秋月

무엇이 하늘빛이고 무엇이 물빛이언가, 不辨天光與水光,

옥장식한 못가 누각에 구름도 서늘하네. 結璘池館慶霄凉.

평호추월은 복해(福海)의 북쪽에 있다. 항저우(杭州) 서호(西湖)의 풍경을 본떠서 만들었다. 동서로 400미터, 남북으로 50~100미터, 부지 2만 평방미터, 건축면적 1,400평방미터다. 유수음(流水音), 화서난고(花嶼蘭皐), 양봉삽운정(兩峰揷雲亭), 산수락(山水樂), 군자헌(君子軒), 하은정(夏隱亭), 장밀루(藏密樓), 송풍각(松風閣) 등이 있다.

㉚景

봉도요대 蓬島瑤臺

이름난 꽃 화사하고 풀숲도 우거질사, 名葩綽約草葳蕤,

어렴풋이 선계의 백옥지가 보이누나. 隱映仙家白玉墀.

봉도요대는 복해 가운데에 있다. 섬 3개를 이어서 삼신산을 본떴다. 부지는 3,500평방미터, 건축면적 1,200
평방미터다. 옹정제는 '봉래주(蓬萊洲)'라고 불렀다. 경중각(鏡中閣), 일일평안보호음(日日平安報好音), 신
주삼도(神洲三島), 유춘전(留春殿), 창금루(暢襟樓), 영해선산(瀛海仙山) 등이 있다.

(31景)

방호승경 方壺勝境

나는 듯한 궁궐 구름인 양 거울 같은 물에 담겼고, 飛觀圖雲鏡水涵,

허공을 잡아챌 듯 소나무며 잣나무 하늘과 닿았어라. 拿空松柏與天參.

방호승경은 복해(福海) 동북쪽 물굽이의 북편에 있으며, 선산을 본뜬 경관지점이다. 남북으로 160미터, 동서로 125미터, 부지 2만 평방미터, 건축면적 7,000평방미터다. 영훈정(迎薰亭), 집서정(集瑞亭), 응상정(凝祥亭), 의춘전(宜春殿), 비취루(翡翠樓), 벽운루(碧雲樓), 자하루(紫霞樓), 삼담인월(三潭印月), 운학정(雲壑亭) 등이 있다.

454

함허랑감 涵虛朗鑑

하늘과 물이 서로 잊은 곳이러니, 天水相忘處,

허공과 밝은 달이 나와 셋이 되었다오. 空明共我三.

함허랑감은 복해 동쪽의 북편에 있다. 남북으로 200미터, 동서로 60미터, 부지 1.2만 평방미터, 건축면적 500평방미터다. 고방(庫房)의 건축면적만 530평방미터다. 뇌봉석조(雷峰夕照)라고도 불린다. 혜여춘(惠如春), 회심불원(會心不遠), 이란정(暗蘭庭) 등이 있다.

접수산방接水山房

안개놀이 촉촉한 기운을 주는데,煙霞供潤澤,

아침저녁으로 보니 먼 흥취 일어라.朝暮看遙興.

접수산방은 복해(福海) 동쪽의 남단에 있다. 남북으로 250미터, 동서로 50미터, 부지 1.25만 평방미터, 건축 면적 1,200평방미터다. 가경제는 '관란당(觀瀾堂)'으로 이름을 고쳤다. 운금야(雲錦野), 금취헌(琴趣軒), 징련루(澄練樓), 이연서옥(怡然書屋), 남취정(擥翠亭) 등이 있다.

㉞景
별유동천別有洞天

앉은 자리에 속진의 요란함 끊어지고,几席絶塵囂,

풀이며 나무들 맑고도 깨끗하여라.草木淸且淑.

별유동천은 복해 동남쪽 산수 사이에 있다. '수청촌(秀淸村)'으로도 불린다. 남북으로 100미터, 동서로 170
미터, 부지 1.7만 평방미터. 건축면적 2,050평방미터다. 남쪽으로 수청촌문을 나서면 기춘원(綺春園)이고,
동쪽 연유문(緣油門)을 나서면 장춘원(長春園)이다. 집엽정(接葉亭), 납취루(納翠樓), 시상제(時賞齋), 수
목청화지각(水木淸華之閣), 활화방(活畵舫), 조상루(眺爽樓), 선훈사(扇薰榭) 등이 있다.

㉟景

협경명금 夾鏡鳴琴

버들 낭창이는 바람 속으로 목란배 띄웠거니, 垂絲風裏木蘭船,

퍼덕퍼덕 오리들 안개 낀 물가에서 날아오르네. 拍拍飛鳧破溶煙.

협경명금은 복해(福海)의 남쪽, 중앙부에 있다. 동서로 600미터, 남북으로 50~100미터, 부지 4만 평방미터,
건축면적은 1,600평방미터다. 광육궁(廣育宮), 취원루(聚遠樓), 남병만종(南屏晚鐘), 징벽정(澄碧亭), 춘화
진(春和鎭), 호산재망(湖山在望) 등이 있다. 청나라 황제는 매월 초하루와 보름이면 광육궁에서 향을 사르
며 예불을 드렸다.

36景

조신욕덕 澡身浴德

내가 다가가 텅 빈 맑은 물을 굽어보니,_{我來俯空明,}
거울 같은 물은 어느새 말없이 알아보네._{鏡已黙相識.}

조신욕덕은 복해 서쪽에 있다. 남북으로 300미터, 동서로 100미터, 부지 3만 평방미터, 건축면적 1,500평방미터다. 옹정제가 지었으며 '계월송풍(溪月松風)'이란 편액을 내린 바 있다. 징허사(澄虛榭), 정향관(靜香館), 해온서옥(解慍書屋), 광연각(曠然閣), 취영홍음(翠影紅蔭), 망영주정(望瀛洲亭), 계산엄화(溪山罨畵), 심류독서당(深柳讀書堂), 연진원(延眞院) 등이 있다.

459

⑨景

확연대공廓然大公

산은 흙을 양보하지 않아 드높아 깎아지르고, 有山不讓土, 故得高嵯峨.

물은 물줄기를 가리지 않아 하넓어 질펀해라. 有河不擇流, 故得寬彌瀰.

확연대공은 복해(福海) 서쪽에 있으며 쌍학재(雙鶴齋)라고도 불린다. 남북으로 320미터, 동서로 160미터, 부지 5만 평방미터, 건축면적 2,450평방미터다. 강희제 후기에 지어졌고, 처음 이름은 심류독서당(深柳讀書堂)이었다. 쌍학재, 임하화(臨河畵), 기음당(綺吟堂), 채지경(采芝徑), 단제정(丹梯亭), 계수정(啓秀亭), 영산루(影山樓), 정가헌(靜嘉軒), 천진가가루(天眞可佳樓), 기하심처(芰荷深處), 산고선득월(山高先得月) 등이 있다.

좌석임류 坐石臨流

하얀 바위틈 맑은 샘은 푸른 덩굴을 둘렀고, 白石淸泉帶碧蘿,

곡류에는 하나하나 연잎금잔을 띄웠어라. 曲流貼貼泛金荷.

좌석임류는 후호(後湖)의 동북쪽에 있다. 그림 속 경관은 서북부의 좌석임류, 서남부의 포박초당(抱朴草堂), 동북부의 사위성(舍衛城), 동남부의 동락원(同樂園), 중앙부의 매매가(買買街) 다섯 부분을 포함하고 있다. 남북으로 360미터, 동서로 210미터, 부지 7만 평방미터, 건축면적 4,350평방미터다. 좌석임류정(坐石臨流亭), 양화실(養和室)이 있다.

곡원풍하 曲院風荷

향기 멀고 바람 맑은 풍경 뉘라서 그릴 수 있으랴, 香遠風淸誰解圖,

곧추곧추 선 연꽃 아래 오리 한 쌍 졸고 있구나. 亭亭花底睡雙鳧

곡원풍하는 후호(後湖)와 복해 사이에 있다. 항저우의 서호(西湖) 풍경을 본떠서 만들었다. 경관지점의 북쪽에 작은 정원과 앞쪽으로 아홉 개의 아치를 지닌 구공교가 놓인 큰 연못으로 구성되어 있다. 남북으로 400미터, 동서로 130미터, 부지 5만 평방미터, 건축면적 1,450평방미터다. '국원풍하(麴院風荷)'라고도 쓴다. 낙가승경(洛伽勝境), 금오옥동교(金鰲玉蝀橋), 사위가려(四圍佳麗), 음련장홍정(飮練長虹亭) 등이 있다.

동천심처 洞天深處

부디 군자다운 선비가 되고, 願爲君子儒,

이리저리 노닐며 다니진 말지니. 不作逍遙遊.

동천심처는 원명원 본원 동남쪽 복원문(福園門) 안에 있다. 이곳은 황자들이 사는 공간을 중심으로 이뤄져 있다. 남북으로 140미터, 동서로 200미터, 부지 2.8만 평방미터, 건축면적 4,550평방미터다. 여의관(如意館), 성인당(聖人堂), 전수천황(前垂天眠), 중천경물(中天景物), 후천불로(後天不老) 등이 있다.

463

대수법(大水法)의 흔적. 1873년 중국 서편에 근무하던 독일인 관원 올머(Ernst Ohlmer)가 배화가 된 서양루에 들어가
촬영한 사진이다. 근대통치 텅구루(騰画)가 배틀린에서 이 사진을 포함한 올머의 사진들을 찾아 그림과 엮어 책으로 출
판했다. 보에샤만(Ernst Boerschmann) 소장(출전: 騰画 「圓明園歐式宮殿殘迹」, 商務印書館, 1933).